中国法律史

张 生 主编
邹亚莎 副主编

国家开放大学出版社·北京

图书在版编目（CIP）数据

中国法律史／张生主编. —北京：国家开放大学出版社，2022.7（2024.6重印）

ISBN 978-7-304-11407-7

Ⅰ.①中… Ⅱ.①张… Ⅲ.①法制史-中国-开放教育-教材 Ⅳ.①D929

中国版本图书馆 CIP 数据核字（2022）第119076号

版权所有，翻印必究。

中国法律史
ZHONGGUO FALÜSHI

张　生　主　编
邹亚莎　副主编

出版·发行：国家开放大学出版社	
电话：营销中心 010-68180820	总编室 010-68182524
网址：http://www.crtvup.com.cn	
地址：北京市海淀区西四环中路45号	邮编：100039
经销：新华书店北京发行所	
策划编辑：赵文静	版式设计：何智杰
责任编辑：宋亦芳	责任校对：冯　欢
责任印制：武　鹏　马　严	
印刷：天津善印科技有限公司	
版本：2022年7月第1版	2024年6月第5次印刷
开本：787mm×1092mm　1/16	印张：24.75　字数：470千字
书号：ISBN 978-7-304-11407-7	
定价：54.00元	

（如有缺页或倒装，本社负责退换）
意见及建议：OUCP_KFJY@ouchn.edu.cn

前 言

中国法律史是国家开放大学开放教育法学专业（高中起点本科）必修的重要基础性课程，也是法学教育的核心课程。

本教材以历史朝代更替和时间发展为线索，描述中国法律发展的基本脉络和基本规律，其中着重介绍历史上不同时期的法律思想、法律体系、民事法律、刑事法律、司法制度及历史上的重要法制变革，引导学生在纵向比较的基础上加深思考，融会贯通地理解法学理论，完善法学基础知识和学科体系。本教材在总结以往教材编写经验的基础上，广泛吸收中国法律史学科的研究成果，在保证学科体系先进性、适应性的前提下，强调以学生为中心，突出体现国家开放大学的教学特点。本教材每章均设计了导言、学习目标、本章小结、思考题等栏目，使之适应国家开放大学开放教育的需要。同时，我们根据习近平同志在全国高校思想政治工作会议上强调的"把思想政治工作贯穿教育教学全过程，实现全程育人、全方位育人"，把思政的元素也融入教材的编写中。

本教材可供法学专业本科、专科及其他以自学为主的读者选用和参考。

本教材由中国社会科学院法学研究所张生教授主持编写，具体分工如下：北京科技大学文法学院邹亚莎副教授撰写第一章至第五章，中国政法大学法律史学研究院罗冠男副教授撰写第六章、第七章，中国社会科学院法学研究所张生教授撰写第八章、第十一章、第十二章，云南大学法学院胡兴东教授撰写第九章、第十章，清华大学法学院聂鑫教授撰写第十三章，杭州师范大学法学院蒋铁初教授撰写第十四章。

由于作者水平所限，本教材难免存在不足之处，敬请读者赐教，以俾进一步修改完善。

编　者

2022 年 3 月

目 录

导 论 …………………………………………………………… 1

第一章　夏商法律 ………………………………………… 10
　　第一节　中国法的起源 ………………………………… 11
　　第二节　夏朝法律 ……………………………………… 14
　　第三节　商朝法律 ……………………………………… 17

第二章　西周时期的法律 ………………………………… 24
　　第一节　商周之变与法律思想的发展 ………………… 25
　　第二节　法律体系及礼刑关系 ………………………… 27
　　第三节　刑事法律制度 ………………………………… 32
　　第四节　民事法律制度 ………………………………… 36
　　第五节　司法诉讼制度 ………………………………… 40

第三章　春秋战国时期的法律 …………………………… 44
　　第一节　社会转型与"百家争鸣" …………………… 45
　　第二节　春秋时期的法律变革 ………………………… 52
　　第三节　战国时期的法律变革 ………………………… 58

第四章　秦朝法律 ………………………………………… 66
　　第一节　立法思想 ……………………………………… 67
　　第二节　法律体系 ……………………………………… 69
　　第三节　行政法律制度 ………………………………… 72
　　第四节　刑事法律制度 ………………………………… 73
　　第五节　民事法律制度 ………………………………… 83
　　第六节　司法诉讼制度 ………………………………… 86

第七节　秦朝法律的特点与历史教训 ·· 90

第五章　汉朝法律 ·· 95

第一节　重构统一秩序与正统法律思想的形成 ·· 96
第二节　法律体系 ·· 98
第三节　行政法律制度 ·· 101
第四节　刑事法律制度 ·· 106
第五节　民事经济法律制度 ·· 113
第六节　司法诉讼制度 ·· 119

第六章　三国两晋南北朝的法律 ·· 124

第一节　三国两晋时期的法律 ·· 125
第二节　南北朝时期的法律 ·· 134

第七章　隋唐法律 ·· 145

第一节　隋朝法律 ·· 146
第二节　唐朝法律 ·· 153

第八章　宋朝法律 ·· 183

第一节　法律思想与法律体系 ·· 184
第二节　行政法律制度 ·· 193
第三节　刑事法律制度 ·· 197
第四节　民事经济法律制度 ·· 201
第五节　司法诉讼制度 ·· 207

第九章　辽、西夏、金、元时期的法律 ·· 212

第一节　辽、西夏、金的法律 ·· 213
第二节　元朝法律 ·· 228

第十章　明朝法律 ·· 241

第一节　法律思想与法律体系 ·· 242
第二节　行政法律制度 ·· 249
第三节　刑事法律制度 ·· 256

第四节　民事经济法律制度 …………………………………… 261

　　第五节　司法诉讼制度 ………………………………………… 265

第十一章　清朝法律（上） ……………………………………… 271

　　第一节　法律思想与法律体系 ………………………………… 272

　　第二节　行政法律制度 ………………………………………… 277

　　第三节　刑事法律制度 ………………………………………… 282

　　第四节　民商经济法律制度 …………………………………… 287

　　第五节　司法诉讼制度 ………………………………………… 289

第十二章　清朝法律（下） ……………………………………… 295

　　第一节　近代化思潮与法律思想 ……………………………… 296

　　第二节　"预备立宪"与近代化法律改革 …………………… 304

　　第三节　官制改革与行政法律制度 …………………………… 309

　　第四节　民商事法律变革 ……………………………………… 311

　　第五节　刑事法律变革 ………………………………………… 314

　　第六节　司法制度改革与司法制度的半殖民地化 …………… 317

第十三章　中华民国时期的法律 ………………………………… 324

　　第一节　南京临时政府时期的法律 …………………………… 325

　　第二节　北洋政府时期的法律 ………………………………… 333

　　第三节　南京国民政府时期的法律 …………………………… 349

第十四章　传承与发展中华优秀法律文化 ……………………… 366

　　第一节　中国古代优秀法律文化的传承与发展 ……………… 367

　　第二节　近代移植外国法律与本土化调适 …………………… 374

　　第三节　革命法律传统的传承与发展 ………………………… 380

参考文献 …………………………………………………………… 388

导 论

一、中国法律史的概念与研究范围

（一）中国法律史的概念

中国法律史是法学的一门基础学科，也是法学本科教育的基础课程之一。

中国传统法律是中国传统文化的重要组成部分，在数千年的历史发展进程中，其价值理念、基本体系、运作机制一脉相承，却又因应时势屡有变迁。中国自古重视对历史经验的总结和归纳，对于法律发展史方面的专门叙述和评论也起源很早，这些叙述和评论是为中国法律史的滥觞。晚清以来，梁启超等学者以近代科学方法研究法制史学，进而创建中国法律史学科。

（二）中国法律史的研究范围

中国法律史是在法律史料考据的基础上，对中国历史上的法律思想、法律制度、法律事件、法律人物等各种法律现象加以叙述分析，对法律秩序类型的演变、价值做出评判，对法律发展的规律加以总结，从而为当代建设中国特色社会主义法治国家服务的学科。中国法律史是对历史上的法律文化、法律制度等现象进行研究的学科。其研究范围主要包括：

1. 法律思想史的研究

法律思想史以研究历史上法律思想、观点、理论和学说以及它们的产生、发展规律为主要内容。思想对制度有着深刻的影响，是制度建设和发展的基础和前提，制度是思想指导下形成的客观结果。法律思想是当时的法学家、学派对于法律"应然"性的表达。中国传统社会出现了不同的法律思想和学说，这些思想和学说对治国理政、法律治理等内容进行阐释，产生了深远的影响。如法家学派对于法的概念及本质的阐释，影响了古代社会法律的特点；儒家学派的伦理道德思想，造就了古代法律伦理化的特征。同时，在不同时期的法律思想下产生了不同的法律制度。如在夏商时期因对鬼神的崇拜，产生了神权法的法律制度。西汉以后，随着儒家思想占据统治地位，出现了春秋决狱、"亲亲得相首匿"、"八议"等法律制度。法律思想史与立法史、司法制度史有着密切的联系。只有在考察思想史的基础上，才能更深刻地理解当时社会出现的各种法律现象。

2. 立法活动及立法成果的研究

从长期的历史发展来看，我国各个立法时期对于法律、典章制度的制定十分重视，形成了丰硕的立法成果。对于我国历史上各个时期的立法根据、立法社会背景、立法活动、立法体制、立法技术、形成的法律规范等进行研究，可以更全面地了解每个历史时期法制的基本情况和形态。

3. 司法制度

法制最初的含义是法律制度，后来泛指包括立法、司法、法律监督等环节的法律系统和动态的机制。法律史的研究应该以历史上法律实践活动为基础，反映法律实践的全貌。其中司法制度是反映一个社会法制状态和法律实际运行的重要方面。对司法制度的研究，应该既包括静态的司法制度，又包括司法实践和司法运行的过程。因此，法律史对司法制度的研究，既包括司法机关、司法人员、司法体制以及诉讼制度在内的与诉讼活动相关的制度，又包括司法实践这一动态的社会活动，同时还包括历史上具有典型意义和重要影响的案例。通过对司法制度的研究，我们可以更好地掌握各个历史时期的法律实际运行状况。

4. 非成文法形式的法律渊源

在我国古代社会生活中，除国家立法之外，还存在大量的非成文法形式的规则。如礼的价值体系及其规范、家法族规、行业规范以及具有广泛约束力的社会习惯。虽然这些规则并未上升到国家立法的层面，但在很大程度上约束了人们的行为，起到了维护社会秩序、确保社会全面发展的作用。这些实际有效的法律形式也是法律史学的研究对象。

中国法律史作为法学本科教育的基础课程，主要向学生全面、客观地介绍历史上的主要法律思想、法律制度、法律运行及其规律，引导学生运用马克思主义的基本方法，理解、分析、评价历史上的法律现象，促进学生对于法律知识的掌握和法律分析能力的提高，进一步构建起法学理论的知识体系，树立建设中国特色社会主义法治国家的信念。

二、中国法律史学科的发展

中国法律史是我国最早创建的法学学科之一，这一学科最早可以追溯到《汉书·刑法志》。《汉书》是中国古代第一部系统论述刑法史的专书。此后，对历朝刑法史的专门论述成为官方正史的组成部分，历朝共产生了14部"刑法志"。这些"刑法志"在详细记述中国古代近三千年间法律制度的同时，也涉及了法与礼、法律与王朝盛衰之间的关系等问题，成为今天研究古代法制的主要材料来源之一。

法律史作为一门独立的学科，始于20世纪初期。清末改革以后，清朝开始了近代的法律教育，在颁布的《奏定大学堂章程》中规定："此时暂行摘讲近人所编《三通考辑要》，日本有《中国法制史》，可仿其义例自行编纂教授。"清末的京师大学堂、京师法政学堂等高等学校中，最初设定了"中国历代法制考""中国古今刑律考"等课程为必修课程。在梁启超所著《论中国成文法编制之沿革得失》中，首次对中国法制史的学科概念进行了运用。1907年，"京师法政学堂章程"正式确定为中国法制史课程后，中国法制史学科就成为近代大学的必修科目，延续至今。

20世纪上半叶是中国法律史奠基和初步发展的时期。这一时期，出现了一批代表性的法律史研究著作。沈家本的《历代刑法考》、程树德的《九朝律考》等采用传统固有的概念体系对中国法制发展史进行分类描述，杨鸿烈的《中国法律发达史》《中国法律思想史》和《中国法律在东亚诸国之影响》、陈顾远的《中国法制史》等则侧重以西方法学话语体系对传统史料进行分类、整理和研究。前后两种研究方法虽有着较大的区别，但总体均以史料研究见长，理论分析的构建较为薄弱。这些著作在通史的研究上取得较大的研究成果，对汉、唐、明等朝代的研究尤为详备。瞿同祖的代表作《中国法律与中国社会》，在法律史领域，以"法律社会史"的研究视角系统探讨中国传统法律，对拓展法制史的研究有着重要意义。总体而言，在20世纪初，中国法律史学科体系的框架已基本建立，学科的研究已达到相当高的水平，为此后的学科发展奠定了重要基础。

中华人民共和国成立初期，在法学教育体系中并没有开设中国法制史课程，而是仿照苏联法学教育体系，设置了"国家与法权历史"。使用的教材是以历史唯物主义为指导编写的《国家与法的历史》《国家与法权的历史》《中国国家与法权的历史》。在这些教材中，法制的发展历史以人类社会和国家发展形态为线索，在每个时期都按照经济基础、阶级结构、国家制度、法律制度四个部分来安排。这一时期，"确立了以阶级分析为主导的研究方法，实现了中国法律史学科在方法论意义上的转变。但是阶级分析方法在具体研究中的唯一化和教条化运用不可避免地带来了法律史学科研究的僵化。"① "文化大革命"爆发后，法学研究和教学工作陷于停顿，中国法制史的教学与研究的传统也基本处于停滞状态。

改革开放以后，法律史学科成为法学体系中最早恢复的学科之一。在改革开放初期，中国法律史学者站在时代前沿，以实事求是的学术精神展开"人治"与"法治"的讨论，在"法的阶级性与继承性""法的本质""法律面前人人平等"等讨论中，推动了中国法制的建设，也使法律史学科成为当时的"显学"。

20世纪80年代以后，法律史学科摆脱苏联"国家与法权历史"的模式，恢复并确立了"中国法律史学"的学科名称，成为各法学院校的必修课程。中国法律史在传统法律的研究、史料的整理等方面均取得了丰硕成果，在研究深度和广度上得到了很大的拓展，进入繁荣发展的时期。20世纪末，以《中国法制通史》和《中国法律思想通史》等多卷本为代表的通史性著作，代表了法律史研究的重要成果和主流取向。在法制史领域，按照现代部门法的分类方法，各朝代的法律典章可分为宪法、民法、经济法、刑法、司法制度等，依照朝代先后进行分别描述。在法律思想史领域，历代主要人物和派别的思想也得以全面的阐释和挖掘。在研究方法上，确立了马克思主义的指导地位，以原始社会、奴隶社会、封建社会、资本主义社会、社会主义社会五种社会形态说作为学说和研究的基本框架和话语体系。

随着法律史学科的发展，学术研究出现了一些问题，最为突出的是以西方法学的立场、方法以及现代中心主义的方法脱离具体历史语境来研究中国法律，造成对传统法律的误读。单一的研究方法也造成了学科发展的僵化和大量重复的研究。法律史学者在不断反思的基础上，不断拓展史料、研究方法和学科理论。近年来，法律史学科的发展呈现出如下的发展趋势：首先，在研究的思路和理论方法上，开始逐渐摆脱一成不变的方法和固定的表述，文化学、人类学、社会学、经济学、语言学和解释学等理论和中西比较等方法，日益进入法律史学的研究领域，法律史学与其他学科的交叉融合趋势更加明显，研究思路和研究对象也因此大大拓展；其次，从史料的使用看，从原来的以官方历代法典、刑法志为主要的研究资料，扩展至官方档案、地方档案、契约、民间记载乃至小说、戏曲等广泛的形式；最后，从原有的主要对法典的静态研究，逐渐发展到对法律实际运行的动态研究，从原来对于正统法律秩序的关注，发展到对原有社会背景中的习惯法、民间法等，以及法律视野下人与人的社会生活秩序的研究。法律史学的研究展现出日益丰富和多元化的趋势。

---

① 马小红，张岩涛. 中国法律史研究的时代图景（1946—1966）：马列主义方法论在法律史研究中的表达与实践 [J]. 政法论丛，2018（2）：131.

三、学习中国法律史的意义与学习要领

（一）学习中国法律史的意义

中国法律史是法学教育的基础学科，是全国法学学科本科学生必修的核心课程之一。学习中国法律史的意义主要在于：

第一，深化对中国古代优秀法律文化重要性的认识，进一步增强文化自觉和文化自信。中国历史上曾创造了异常辉煌的法律文明，产生了列居世界五大法系之一的中华法系。中华法系源远流长，独树一帜，在世界法治文明史上留下浓墨重彩的一笔。中华法系影响了周边国家，其中以唐律、明律为甚，这与当时中国国力长期居于东亚甚至世界前列，形成了以中国为核心的东亚儒家文明圈有着紧密的关系。学习中国传统法律文化和法理精华，可以弘扬传统法律文化，增强文化自信和民族自信。

第二，借鉴历史，为建设中国特色社会主义法制体系提供历史镜鉴。中国法律史有着丰富的现代价值，对于当代法制建设有重要的借鉴意义。虽然近代以来西学东渐，中华法系已经解体，但某些法律制度和传统法文化仍然沉淀下来，甚至在潜意识层面对当下的法律活动产生影响。学习法律史能够揭示法律的动态发展过程，让我们掌握法律演变过程及其规律，也能让我们理解古今中外法律的融会贯通之处。鉴古方能知今，当代中国建设中国特色社会主义法制体系，解决当下法律发展中出现的各种问题，需要回溯中国历史、借鉴历史经验，传承中华优秀法律文化，从而创造中国法律文明的新辉煌。

第三，有助于完善法律人的知识结构和法律素养。中国法律史是法学教育的基础学科，这一学科提供的法律知识和法理有助于完善法律人的知识结构和法律素养。中国法律史学科的特点是：它将历史与现实融会贯通，以源远流长的制度、思想、文化作为内容，知识体系与历史、政治、哲学、文化等诸多相关学科的知识背景紧密联系、相互交织。学习法律史有助于法学学科学生在完善基础法学知识的同时，培养法律人必需的法理思维。如马小红所说："任何一个民族和国家的法律都凝结着民族的传统文化和精神。如果仅关注现行的法规、法条及法律程序，法律人充其量只是制度的工具。只有在深刻地理解了法律背后的精神时，法律的宗旨在法律执行时才会得以充分的体现。"[①] 学习法律史有助于更好地理解法律背后的法理、文化，有助于法律素养的提高。

---

① 马小红. 珍惜中国传统法：中国法律史教学和研究的反思 [J]. 北方法学，2007（1）：153.

（二）学习中国法律史的学习要领

在学习中国法律史这门课程时，我们需要注意以下几点：

第一，明确中国法律史课程学习的意义，投入、自觉地进行学习。中国法律史课程与其他部门法学习的区别是学习后不能马上学以致用，解决现实中的法律问题。但是法律史课程的学习可以丰富和完善我们的知识结构，有助于我们更好地理解传统法律文化和当代中国法律，帮助我们进行深层次的法律探讨，深化部门法的学习。学习这门课程，应先真正理解学习的意义和目的，提高对于这门课程的重视，从而更为自觉地进行学习。

第二，坚持历史唯物主义的指导，并对传统法律秉持客观、科学、礼敬的态度。中国法律史是法学与历史学的交叉学科，在法律话语、理论及知识结构等方面与当代法律体系存在很大差异。法学专业学生的其他主要当代部门法及法学理论接受的是现代法学思维训练，在学习中可能存在思维的差别和转换的困难。因此，对于中国历史上法律制度的产生、发展、历史演变，我们要以历史唯物主义为指导，从当时实际出发，不复古泥古，不简单否定。同时要对传统法律秉持客观、科学、礼敬的态度，站在当时而非现在的社会背景和情况下理解法律现象，对法律史抱有"温情和敬意"，加以批判地继承。

第三，学习本课程需要理解最基本的古文含义，并有一定的课外阅读量。中国法律史课程的研究成果以史料为基础，它记载在《刑法志》、律典、判例甚至简牍之上，所使用的多是艰难晦涩的古文。我们在课程学习的过程中难免会遇到古文，对于一般的举例等内容，大致明白表达的含义即可。对于关系重要内容的古文，应明确了解其含义，才能更好地掌握课程知识。同时，法律史与古代经济、政治、思想、哲学等方面的知识联系紧密，学好这门课程需要我们在学习教材之余，扩展阅读量，精读相关著作，这样才能取得更好的学习效果。

下面的时间轴，可以粗略地带你领略一下中国法律的发展史。

夏商
- 思想：神权法
- 立法：《禹刑》《汤刑》
- 罪名：昏、墨、贼、杀

西周
- 思想："以德配天""明德慎罚"
- 体系：礼、刑
- 刑罚：五刑、五罚
- 民事：质剂、傅别、六礼、"七出"、"三不去"、嫡长子继承制
- 司法：狱讼、五听、五过、三刺

春秋战国
- 公布成文法:"铸刑书""铸刑鼎"
- 魏国变法
- 商鞅变法

秦朝
- 思想:"以法治国",严刑峻法,"法不阿贵"等
- 法律形式:律、令、法律答问、廷行事、封诊式、"程""课"、语书
- 罪名:危害皇权的犯罪、思想言论方面的犯罪、侵犯财产的犯罪、侵犯人身安全的犯罪、逃避赋役的犯罪、审判方面的犯罪、婚姻家庭秩序方面的犯罪
- 刑法的原则:以身高确定刑事责任能力;区分无犯罪意识;区分故意犯罪和过失犯罪;共同犯罪和集团犯罪从重处罚;教唆犯与实行犯同罪,教唆未成年人犯罪从重处罚;累犯加重处罚;自首减刑或免刑;连坐;诬告反坐
- 刑罚:死刑、肉刑、笞刑、徒刑、耻辱刑、收刑、流刑、赀刑、赎刑
- 司法:"公室告"与"非公室告"、诉讼程序

汉朝
- 思想:从黄老思想到儒家正统思想
- 法律形式:律、令、科、比
- 法律:《九章律》《傍章律》《越宫律》《朝律》共同构成"汉律六十篇"
- 刑罚:废除肉刑的改革
- 刑罚的适用原则:刑事责任年龄、上请、"亲亲得相首匿"、矜老恤幼
- 司法:监察制度、录囚、"春秋决狱"、秋冬行刑

三国两晋南北朝
- 法典:《魏律》《晋律》《北齐律》《北魏律》
- 法典篇章结构的变化
- 法律儒家化:"八议"入律、准五服以治罪、"官当"入律、"重罪十条"入律
- 司法机构的变化

隋唐
- 法典:《开皇律》、《武德律》到《永徽律疏》、《唐六典》
- 法律形式:律、令、格、式
- 刑事:五刑、"十恶"、"八议"、类推适用、区分公罪与私罪、自首、同居相隐、化外人相犯、"六杀""六赃"、保辜
- 司法:"三司推事"制度、审判期限、回避制度、刑讯制度、上诉与直诉、死刑复奏

宋朝
- 思想：理学法律思想
- 立法：《宋刑统》
- 形式：律、令、格、式、编敕、编例
- 刑事：重惩贼盗、折杖法、刺配刑、凌迟刑
- 民事：继承制度、典当、倚当、抵当
- 司法：审刑院、翻异别勘制度、鞫谳分司制度、《洗冤集录》

辽夏金元
- 法典：《重熙条制》《咸雍条制》《天盛律令》《泰和律义》《至元新格》《大元通制》《元典章》
- 思想：指导思想中的民族特点
- 司法：司法机关的变化

明朝
- 思想：重典治国、明刑弼教、法贵简严
- 立法：《大明律》《明大诰》《大明令》《大明会典》
- 刑事：奸党罪、充军刑、廷杖刑、重其所重，轻其所轻
- 司法：三法司、申明亭、厂卫、会审

清朝（上）
- 思想："参汉酌金"
- 法典：《大清律例》《大清会典》
- 刑事：刑罚制度的变化、文字狱
- 司法：刑部、大理寺、都察院、秋审、朝审、热审、调解息讼

清朝（下）
- 思想：近代化法律思想
- 法律变革："预备立宪"、《宪法重大信条十九条》《钦定宪法大纲》《大清现行刑律》《大清新刑律》《钦定大清商律》《大清民律草案》《大清刑事诉讼律草案》《大清民事诉讼律草案》《大理院审判编制法》《法院编制法》
- 司法：清末司法机关的变化、四级三审制、领事裁判权、会审公廨

民国
- 宪法：《临时政府组织大纲》、"天坛宪草"、"袁记约法"、《中华民国临时约法》、"贿选宪法"、《中华民国宪法（1947）》
- 民法："现行律民事有效部分"、《民律草案》、《中华民国民法》
- 法律体系：《六法全书》
- 司法：司法机构与诉讼审判的变革

第一章 夏商法律

导 言

中国是世界上起源最早的文明古国之一，也是法律起源最早的国家之一。中国原始社会末期孕育着法律的萌芽，伴随着早期国家的形成，最终产生了阶级社会的法律。法律的诞生，对于人类进入文明时代具有重要意义。习惯法、"刑起于兵"、祭祀产生的礼等中国法律的起源方式，对中国法律文明的形成具有深远的影响，造就了中华法律独树一帜的个性。追溯传统法中的"刑""法""律"等字眼，有助于我们对于早期法律起源的理解。然而，"刑""法""律"等字的本义及其演变，包含了长久以来古文字学、历史学、法学等学者对甲骨文、金文等的考察和研究，由于资料的缺乏，至今仍没有一个统一的答案。

大约在公元前21世纪，禹代舜取得了最高统治地位，成为诸夏之族的最高统治者，正式建立了夏朝。从此，我国原始社会宣告结束，迈入了文明时代。由于时代的久远和资料的缺乏，我们对夏朝法律制度的研究还较为有限。约公元前17世纪，商朝建立。商朝是中国历史上真正有文字可考的第一个王朝。商朝的法律制度继承了夏制又有所发展，为后来西周法律制度的进一步完备奠定了基础。

学习目标

通过本章学习，掌握以下主要内容：

1. 关于中国早期法的起源的几种学说。
2. 夏商时期的神权法思想。
3. 夏商时期的刑事法律。

4. 夏商时期的监狱。

第一节　中国法的起源

中国是世界上起源最早的文明古国之一，也是最早有人类活动的地区之一。中纬度的优越位置，东临太平洋、西跨世界屋脊的广阔地域，黄土高原及黄土冲积而成的平原，为中华民族的先祖生存活动提供了广袤的土地和良好的环境。阴山山脉和辽河中游以南，青藏高原、横断山脉以东，为先民聚集最多的地域。当代的考古成果显示，大约从一百万年以前，原始人类就已经劳动、生息、繁衍在这片土地上。经过数十万年的时间，由他们组成的原始人群逐渐向氏族转变。大约从数万年以前开始，中国逐渐进入母系氏族公社时期。在公元前5000年前后，伴随着农业、手工业的发展，原始社会从母系社会向父系社会过渡。在早期的中国社会中，孕育着法律的萌芽，并伴随着国家的形成，最终产生了阶级社会的法律。从世界各国来看，法律的起源均经历了较为漫长的过程。关于中国法的起源，主要有习惯法、"刑起于兵"、祭祀产生的礼等。

一、习惯法

在原始社会中，生产力十分低下，人们主要以采集果实、块根和渔猎作为生活的主要来源，过着简陋的生活。在这样的社会中，财产公有，没有私有财产的出现，也没有压迫与剥削，人们共同劳动，相互配合，平均分配，人与人之间是原始的平等关系。如《礼记·礼运》记载："大道之行也，天下为公。选贤与能，讲信修睦，故人不独亲其亲，不独子其子。使老有所终，壮有所用，幼有所长，矜寡孤独废疾者，皆有所养。男有分，女有归。货，恶其弃于地也，不必藏于己；力，恶其不出于身也，不必为己。是故，谋闭而不兴，盗窃乱贼而不作，故外户而不闭，是谓大同。"在这样的社会中，"神农无制令而民从"（《淮南子·氾论训》），"刑政不用而治，甲兵不起而王"（《商君书·画策》）。

原始社会中，管理社会公共事务的机关是氏族组织，调整人们关系的行为准则是氏族习惯。氏族习惯是约束人们共同劳动和分配，解决氏族之间、氏族成员之间纠纷的共同准则。正如恩格斯所指出的："一切争端和纠纷，都由当事人的全体即氏族或部落来解决；或者由各个氏族相互解决……在大多数情况下，历来的习俗就把一切调整好了。"①

进入父系社会后期,出现了新创制的各种石制工具,如石铲、石刀、石镰,进一步促进了农业的发展。这一时期,畜牧业和手工业也有了长足的进步。随着生产力的发展,出现了剩余产品,加速了个人财富的积累,也产生了最初的商品交换。于是,逐渐出现了私有财产,氏族首长的权威和特权随之加强,部落联盟首领和氏族酋长可以取得比常人更多的份额,人与人之间的不平等和阶级分化逐渐出现,进而也就产生了旨在维护私有制和人与人之间不平等的新的氏族习惯。这些习惯主要有确认财产私有的分配习惯,确认氏族首领个人特权的习惯,以及具有一定刑罚性质的氏族习惯等②。《汉书·胡建传》记载:"黄帝礼法曰:壁垒已定,穿窬不由路,是谓奸人。奸人者杀。""奸人者杀"就是具有刑罚性质的氏族习惯,即对行窃的其他氏族成员处以死刑。可见,虽然在原始社会末期已经出现法律的萌芽,但其与阶级社会中的法律还存在较大的区别。

大约在公元前21世纪,禹代舜而取得了最高统治地位以后,成为诸夏之族的最高君长,正式建立了夏朝。从此,我国原始社会宣告结束,开始了以国家和法律为标志的文明时代。如恩格斯所说:"但是现在产生了这样一个社会,它由于自己全部经济生活条件而必然分裂为自由民和奴隶、进行剥削的富人和被剥削的穷人,而这个社会不仅再也不能调和这种对立,反而要使这些对立日益尖锐化。"③ 中国进入"天下为家"的时代。《礼记·礼运》云:"今大道既隐,天下为家,各亲其亲,各子其子,货力为己。大人世及以为礼,城郭沟池以为固,礼义以为纪,以正君臣,以笃父子,以睦兄弟,以和夫妇,以设制度,以立田里,以贤勇知,以功为己。故谋用是作,而兵由此起。禹、汤、文、武、成王、周公,由此其选也。"进入阶级社会以后,财产私有成为普遍,贫富分化愈加显著,阶级矛盾日益严重,偷窃、暴力、欺诈等行为也日益突出。为了解决这些新的社会矛盾,同时为了巩固政权,法律的产生成为历史的必然。统治者对原有的氏族习惯、戒律进行整理、归纳、筛选,将有益于国家统治的习惯法加以利用,增强其规范性和强制性。最初的部分国家法律来自对氏族习惯的整理、提炼和发展。

二、"刑起于兵"

关于中国法的起源,不少学者认为,刑法的起源与氏族之间的战争具有相当紧

---

① 马克思,恩格斯.马克思恩格斯选集:第4卷[M].北京:人民出版社,1972:92-93.
② 张耕.试论中国法的起源及其特点[J].中国政法大学学报,1983(4):72.
③ 马克思,恩格斯.马克思恩格斯选集:第4卷[M].北京:人民出版社,1972:165.

密的联系。在原始社会末期，氏族之间的战争不断。战争在开拓疆土、掠夺奴隶与财富的同时，客观上促进了国家和法律的产生。在战争中，部落联盟军事首长的权力得以强化，加速了氏族社会民主制的解体。原始社会末期的尧、舜时代，部落联盟的最高首长是由民主的禅让制产生的，经众多部落的首领共同推举或承认，才能确立其领导地位。帝尧和帝舜都曾试图打破禅让制，而传位于子，但都失败了。《史记·五帝本纪》记载："尧崩，三年之丧毕，舜让辟丹朱于南河之南。诸侯朝觐者不之丹朱而之舜，狱讼者不之丹朱而之舜，讴歌者不讴歌丹朱而讴歌舜。"在尧帝去世时，尧之子丹朱被各部落首领抵制，最终舜成了部落联盟的最高领袖。但是在战争中，最高军事首长和各级军事首长的权力得以加强，在同一家庭中选出他们的后继者的办法逐渐被确定。恩格斯说："征服民族的最近的代表人是军事首长。被征服地区的对内对外安全，要求增大他的权力。"① 禹传位于其子启，家天下的目标终于得以实现。《史记·夏本纪》记载："及禹崩，虽授益，益之佐禹日浅，天下未洽。故诸侯皆去益而朝启，曰'吾君帝禹之子也'。于是启遂即天子之位，是为夏后帝启。"国家终于替代了氏族公社。

在氏族战争中，为了确保战争的胜利，需要有一种比氏族习惯更具强制力的行为规则来调整在战争中所发生的上下级以及征服者与被征服者之间的关系。首先，严明并且能够得到有效执行的军法是战争胜利的有效保障。夏启在与有扈氏作战前曾颁布军法，据《尚书·甘誓》记载："启与有扈战于甘之野，作《甘誓》……今予惟恭行天之罚。左不攻于左，汝不恭命；右不攻于右，汝不恭命；御非其马之正，汝不恭命。用命，赏于祖；弗用命，戮于社，予则孥戮汝。"其次，战争过程中，面临如何处置战败者的问题。获胜的氏族对战俘采用严厉的规则进行制裁和控制。战争胜利后，这些规则成为统治战败氏族更为普遍性的法律。

在中国法律起源的过程中，"刑起于兵，兵刑不分"的特点表现得十分明显。首先，战争本身为刑罚的一种。晋国范文子认为："夫战，刑也。"意在说明战争即刑罚。其次，战争中的征伐手段，往往成为战争后的刑罚手段。《汉书·刑法志》记载："故圣人因天秩而制五礼，因天讨而作五刑。大刑用甲兵，其次用斧钺；中刑用刀锯，其次用钻凿；薄刑用鞭扑。大者陈诸原野，小者致之市朝，其所繇来者上矣。"最后，战争中的军事长官和司法长官合一。《舜典》中记载对于东夷族和苗蛮族的入侵，舜命皋陶作士，运用五刑对其进行讨伐。皋陶本为司法长官，在这里成为军事长官进行征伐。此后的较长时间，中国司法长官的名称仍留了"刑起于兵"的痕迹。周朝的司法官吏称为"士"，商朝和周朝的最高司法官称为"司寇"，

---

① 马克思，恩格斯. 马克思恩格斯选集：第4卷［M］. 北京：人民出版社，1972：148.

汉朝中央司长官称为"廷尉",这些名称均带有军事长官名称的痕迹。

法律的诞生,是人类进入文明时代的基本标志之一。"刑起于兵"的中国法律起源,造就了早期中国法律异常残酷的特点。但它毕竟制止了野蛮的屠杀,以有序的规则实现了社会秩序稳定,因而仍代表着中国早期社会的文明与进步。

三、祭祀产生的礼

从远古时期开始,中国人就有"鬼犹求食"的观念,认为人死之后进入另外的世界,仍然有饮食之需。后世子孙为了供养死去的先祖,表达对先祖的尊敬和怀念,并获得先祖的保佑,就应不断向祖先供奉食物。供奉祖先的仪式就是祭祀。

礼,在甲骨文中作"豊"字,本是祭祀神灵和祖先的器具,后来供祭的酒也称为礼,之后礼意指为祭祀而举行的仪式。《说文解字·示部》解释说:"礼,履也,所以事神致福也。"意思是说,礼为履行敬拜、请求赐福的仪式。《礼记·礼运》记载:"夫礼之初,始诸饮食,其燔黍捭豚,污尊而抔饮,蒉桴而土鼓,犹若可以致其敬于鬼神。"这段话描述了礼的发端。它起源于人们的饮食供奉和原始的乐舞活动,先民虔诚地将粟和猎物烤炙,在地上挖成酒穴掬捧而饮,载歌载舞,将最丰盛的食物献祭给鬼神,以表达对神明的尊崇和敬畏。

最初的祭祀活动由氏族首领主持,祭祀活动中与死者的亲疏远近决定了在祭祀中的地位。祭祀中包含着先后的顺序和规则,与天地鬼神相通的仪式感使礼具有天然的强制力。后来,随着社会的发展,礼中所包含的等级性日益明显,原来可以由全体氏族成员参加的礼逐渐演变为仅部分人可以参加,氏族贵族垄断了祭祀中的主祭权。礼本身所具有的规则、顺序也被利用。原始状态的礼逐渐由氏族习惯演化为用来区别血缘亲疏、等级尊卑的社会规则。进入阶级社会之后,统治者发现了礼本身所蕴含的等级性与规范性,便不断对礼加以改造,并赋予了一定的强制力,礼遂成为人们必须遵守的社会规范。

发展到西周时期,经过周公制礼,礼进一步系统化和规范化。"周礼"从内容到原则,从人们的行为到思想意识,都成为最高准则,并对中国传统法律文化的发展产生深远的影响。

第二节 夏朝法律

大约在公元前 21 世纪,中国社会进入夏朝,国家产生了。但是由于时代的久远和资料的缺乏，我们对夏朝法律制度的研究还存在着很多困难。孔子在春秋时期就曾感叹夏"文献不足"。对夏朝法律制度的更深入把握，还有待于进一步的史料发现和研究。

一、"天讨""天罚"的神权政治法律观

夏朝的执政和立法秉承的是"天讨""天罚"的神权法思想。在人类社会发展的早期，由于生产力水平的低下以及人类自身的弱小，人们对于自然界的风雨雷电、地震洪水等自然现象缺乏正确的认识，认为存在一种支配自然和人类的超自然力量。进入阶级社会以后，统治者为了巩固国家统治，把国家政权及统治权力说成是神授予的，把法律和审判宣扬为神的意志，从而形成了神权法思想。

神权法思想在人类社会最初的表现形态是所谓的"神明裁判"。王充在《论衡》中记载了被"中国司法鼻祖"——皋陶用獬豸治狱的传说："獬豸者，一角之羊，性知有罪。皋陶治狱，其罪疑者，令羊触之，有罪则触，无罪则不触。"这是传说中的神明裁判制度。皋陶执法公正，遇到曲直难断的情况，便放出独角神兽獬豸，依据獬豸是否顶触来判定是否有罪。《广雅》记载："廌，法也，又兽名。"并在注文中说："似鹿而一角。人君刑罚得中，则生于朝廷。"《说文》则解释："廌，兽也，似山牛，一角。古者决讼，令触不直。"尽管古人对于獬豸（廌）的外形，到底是似羊似鹿似牛的说法不一，但可以肯定的是其特点是独角，其秉性是正直公正。"廌"为世代以神明裁判为常职的部族图腾，这样的部落主要承担和行使专职的神职司法官的职能。神明裁判是人类社会早期自然崇拜的产物。

夏朝的统治者认为，他们的统治权力来自"天"，得到了上天的授权和保护。《史记·夏本纪》记载："帝舜荐禹于天，为嗣。"说明禹能够在舜之后成为天子，除有功德外，还得到了上天的认可和授权。因此，《尚书·召诰》记载："有夏服天命。"《论语·泰伯》记载，大禹"菲饮食而致孝乎鬼神，恶衣服而致美乎黻冕"。禹虽然吃住都很简陋，却以丰盛的祭品虔诚地祭祀鬼神。同时，他们将对异族的讨伐看成上天的意志。《尚书·甘誓》记载，夏启起兵讨伐反对他的有扈氏时说："有扈氏威侮五行，怠弃三正。天用剿绝其命，今予惟恭行天之罚。"夏启将战争宣扬为奉天意而行武力的正义之战。

夏朝统治者认为，作为社会规范的礼或刑都是由"天"创造出来，即"法自天出"。《尚书·洪范》记载："天乃锡禹洪范九畴，彝伦攸叙。"即上天将治国安民的常理传授给禹。《尚书·皋陶谟》记载："天叙有典，敕我五典五惇哉！天秩有礼，自我五礼有庸哉！……天讨有罪，五刑五用哉！"这就明确地将人世间的礼法伦常

视为上天的意志,说其是由"天"创造出来的。

二、《禹刑》及其他法律

(一)《禹刑》

先秦典籍中最早提到《禹刑》的是《左传·昭公六年》,叔向反对子产铸刑书时谈道:"夏有乱政,而作禹刑。"叔向认为夏朝有违反政令的人,因而制定了《禹刑》来稳定秩序。一般认为,《禹刑》可能是夏朝的法律,因纪念先祖夏禹而命名。关于《禹刑》的具体内容已不可考,在文献中仅有零星记载。

《左传·昭公十四年》中提到了夏朝法律中的罪名——昏、墨、贼,杀。《左传·昭公十四年》记载:"晋邢侯与雍子争鄐田,久而无成。士景伯如楚,叔鱼摄理。韩宣子命断旧狱,罪在雍子。雍子纳其女于叔鱼,叔鱼蔽罪邢侯。邢侯怒,杀叔鱼与雍子于朝。宣子问其罪于叔向。叔向曰:'三人同罪,施生戮死可也'。雍子自知其罪,而赂以买直,鲋也鬻狱,邢侯专杀,其罪一也。己恶而掠美为昏,贪以败官为墨,杀人不忌为贼。《夏书》曰:'昏、墨、贼,杀'。皋陶之刑也,请从之。乃施邢侯而尸雍子与叔鱼于市。"其意为,晋国的邢侯和雍子争夺田产,很长时间也没有结果。于是韩宣子命令叔鱼来处理这个案子,认为罪过在雍子。雍子为了贿赂叔鱼,就把女儿嫁给他。叔鱼宣判邢侯有罪,激怒了邢侯,邢侯一怒之下将叔鱼和雍子杀死。"《夏书》曰:'昏、墨、贼,杀'。"自己有了罪而掠去别人的美名是昏,贪婪而败坏官纪是墨,杀人而没有顾忌是贼。依照夏朝法律,昏、墨、贼要被处以死刑。根据这一记载,"昏、墨、贼,杀"是虞舜时期的皋陶所制的刑罚,夏朝应是继承了虞舜时期的有关规定。

(二)夏朝军法

夏朝出现了军队,还出现了保证战争胜利的军法。《尚书·甘誓》记载了夏朝的军法。夏启在讨伐有扈氏之前,历数了有扈氏之罪,上不敬天象,下不敬大臣,因此,此次战争就是奉行上天命令消灭他。战车左边的战士,假如不好好完成左边的战斗任务,就是不奉行命令;战车右边的战士,假如不好好完成右边的战斗任务,是不奉行命令;驾驭战车的战士,如果不好好驾驭车马,也是不奉行命令。奉行命令的,在祖庙里进行奖赏,不奉行命令的,就在社坛里杀掉。

三、国家机关和监狱制度的雏形

夏朝建立了国家管理机关。《礼记》《左传》等记载，夏朝在中央设置六卿、四辅、四正、司徒、太史等官职，协助夏王统治。其中最重要的官吏有负责天地四时的羲氏、和氏，负责掌管畜牧业的牧正，负责掌管膳食的庖正，负责掌管车马和服饰的车正，六卿同时掌管军事等。

同时，按照地域划分行政区域进行管理。《左传·襄公四年》记载："茫茫禹迹，划为九州。"《汉书·郊祀志》则有"铸九鼎，象九州"的记载。夏禹把其统治的地域划分为九个区域，称为"九州"，设"九牧"为州长，其重要职责之一是征收赋税。《国语·周语下》引："《夏书》有之曰：'关石和钧，王府则有'。"注云："言征赋调钧，则王之府藏常有也。"《孟子·滕文公上》也说："夏后氏五十而贡。"百姓每人分田五十亩，国家抽取十分之一的赋税。这些记载表明，夏朝时已经产生了由国家征收赋税的规定。

相传舜时皋陶就被认作"士"，管理五刑。《急就篇》记载："皋陶造狱法律存。"禹时，他仍作法官。有了刑法和审判制度，随之出现了囚禁"罪人"的监狱。《竹书纪年》记载："夏后芬三十六年作圜土。"帝芬是夏朝第八个王，夏王芬建筑圜土来囚禁反抗者。圜土是圆形的土牢。"圜土""夏台""钧台"都是夏朝监狱的名称。

第三节　商朝法律

约公元前 17 世纪，商朝建立。商朝是中国历史上真正有文字可考的第一个王朝。商朝的法律制度，在继承了夏制又有所发展，法律的适用和影响都在不断扩大，并为后来西周法律制度的进一步完备奠定了基础。孔子提到，"殷因于夏礼""周因于殷礼"，这是符合三代的法律制度发展和沿革的客观情况的。

一、天人关系与神权法思想

商朝的法律指导思想沿袭夏朝，仍采用神权法思想，但又有很多变化。与夏朝相比，商朝的"天"发生了变化。夏朝的神权法思想较为简单，在夏人的观念中，

"神"只是一个朦胧的"天",人格化的程度不高。商朝将夏朝模糊的至上神形象清晰化、神秘化,塑造了一个祖先神与至上神合二为一的天帝的形象。《诗经·商颂·玄鸟》记载:"天命玄鸟,降而生商。"《诗经·商颂·长发》记载:"有娀方将,帝立子生商。"这里将商王视为天帝的后代,神不再是王的主人,而是他逝去的父兄,为商朝的统治权力找到了血缘上的依据。这就是帝祖合一的观念。如果说夏朝的王权是神权庇护下的王权,而商朝则是一个被神化的王权。到商朝后期,君主甚至自称"帝",俨然成了地上的神。《尚书·汤誓》记载,商汤在讨伐夏桀时,明确表示"予畏上帝,不敢不正"。商朝将征伐视为上天的意志,将敬神与尊君合为一体,将神权、王权有机地统一起来。

为了充分发挥神权的作用和得到神的保佑,商朝弥漫着浓厚的侍神气氛,神权思想达到顶峰。《礼记·表记》记载:"殷人尊神,率民以事神,先鬼而后礼,先罚而后赏,尊而不亲。"百姓在商王的带领下,从事信奉鬼神的活动。商王信奉鬼神主要表现在祭祀和占卜上。从学术界对甲骨文研究的成果看,甲骨文几乎都是商王及商朝贵族进行占卜的记录,关于国家与社会生活的方方面面,他们都要通过占卜请示上天的意旨。在甲骨卜辞中,可以见到通过占卜来进行立法和司法裁判的情况。《礼记·曲礼上》记载:"卜筮者,先圣王之所以使民信时日,敬鬼神,畏法令也。"商朝以占卜来进行裁判,是为了利用民众的敬神观念实现畏法令、加强统治的目的。

二、商朝的主要刑事法律

(一)《汤刑》

商朝建国伊始,就开始制定一套巩固统治的法律。《左传·昭公六年》云:"商有乱政,而作汤刑。"《汤刑》是商朝的法典。冠以"汤"字,说明有可能是从成汤时就开始修订。成汤所制定的法律制度,经过他的后嗣们几次修订,成为商朝的基本法典。

成汤之孙太甲即位后,不遵行《汤刑》,《史记·殷本纪》记载:太甲立,"不明暴虐,不遵汤法",伊尹将他放逐于桐宫。盘庚统治时期,他发现贵族不愿意迁移都城的原因是在位的大臣本身言行不正,于是决定用先王传下的典制来加以整治。《尚书·盘庚上》云:"盘庚教于民,由乃在位以常旧服,正法度。""法度"即成汤所制定的法律制度,亦即《汤刑》。盘庚在其中很可能增加了有关惩治大臣的法律。祖甲在位时期,也对《汤刑》进行了修订。《竹书纪年》记载:"祖甲二十四年，重作汤刑。"商朝统治者们通过修订《汤刑》，使之更加适应当时社会的需要。

据说商时的刑律条文已达300条之多，《吕氏春秋·孝行览》云："《商书》曰：'刑三百，罪莫重于不孝。'"东汉高诱注："商汤所制法也。"商汤时期的刑律条文有300条，最重的是不孝罪。

（二）主要罪名

1. 不从誓言

不从誓言是军法中的罪名。誓言是国王对军队的誓师词，在商朝，誓言就是军事法律。《尚书·汤誓》中，成汤对全军将士说："尔不从誓言，予则孥戮汝，罔有攸赦。"对不听从军事命令的人，要给予最严厉的惩治。成汤宣布对这些人的处罚是或者杀掉，或者降为奴隶，绝不宽赦。

2. 颠越不恭

《尚书·盘庚中》中，盘庚在迁都前对臣民说："乃有不吉不迪，颠越不恭，暂遇奸宄，我乃劓殄灭之，无遗育。""颠越不恭"即做坏事，不听从国王的命令。有这些行为的人，盘庚就要对其处以死刑，并且剿灭全家，即"无遗育"。

3. 谣言惑众

谣言惑众是盘庚时期颁布的一个罪名。盘庚在迁都前后遭到了很多贵族的反对，一部分贵族还制造谣言，煽动平民起来反对。因此，盘庚在迁都时对臣民说，若有人"胥动以浮言，恐沈于众"（《尚书·盘庚上》），他就要用严厉的手段将其"扑灭"。所谓"扑灭"，是对制造谣言者以严惩，将其杀掉。

4. 不孝

据记载，在商朝，刑罚最重的罪是不孝。不孝是不孝敬父母的行为。商朝已有宗法制度，实行"兄终弟及"或"父死子继"，整个国家是建立在家族的基础上，国在家的基础上浇铸而成。设立不孝罪是为了维护家庭伦常关系，也是为了维护国家统治。因此对不孝罪加以重刑处置。

5. 弃灰于公道

《韩非子·内储说上》记载："殷之法，弃灰于公道者，断其手。"对于将灰土扬弃于公道的人，实施砍断其手的刑罚。沈家本在《历代刑罚考》中认为："此法太重，恐失其实。"春秋时代孔子曾解释说：若弃灰于道时，恰遇路过的人，使他满面蒙尘，其人必怒，因怒而发生斗殴。斗殴罪按照法律要灭三族。弃灰于公道看起来轻，实则重，故要用重刑。还有学者认为，弃灰于公道可能是一种巫术，因此要受到严惩。

（三）刑罚

殷商时期，由于国家职能渐趋完备，刑罚的种类和对象的范围都在不断扩大。从甲骨文和文献的记载来看，商朝的刑罚种类繁多，粗暴而又残酷，具有相当典型的原始性。

1. 五刑

从文献和甲骨文记载看，商朝已经有五种刑罚的相关记录，形成了五刑体系。五刑从重到轻分别是死刑、宫刑、刖刑、劓刑、墨刑，主要为生命刑和肉刑。

（1）死刑。死刑是剥夺犯人生命之刑罚。商朝采用各种残酷方法，剥夺人的生命。从文献和遗存中可以考证的有：

①大辟。大辟是砍头的刑罚。甲骨文中的"伐"字，就是用戈这种刑具割人头之象形。此即刑罚中的大辟。在甲骨文中有"奚戎"字，此字从奚从戎，一般认为是以钺砍人头。钺即斧钺，是古代用以砍杀的武器和刑具。田野考古发掘出从新石器时代到商朝的大量石钺、玉钺和有纹饰的青铜钺。

②族诛。族诛又称灭族，是一人犯法，剿灭全家的株连。《尚书·盘庚》记载，盘庚为了迁都的计划，对臣民进行规劝，告诫臣民，如果有人不肯听奉上命，就要把他及全家都杀掉灭绝。

③对剖。《史记·殷本纪》记载，比干劝谏纣王，纣王大怒说："吾闻圣人心有七窍。"剖比干，观其心。"剖"是掏出心脏的酷刑。剖刑在甲骨文中称为"卯"。"卯"字本义是"剖分"，是将一个物体从中间剖分的形状，用于刑罚是将心脏掏出分为两半的死刑。

④炮烙。炮烙或名之曰"炮格之刑"。《史记·殷本纪》记载："纣乃重刑辟，有炮格之法。"《集解》引《列女传》云："膏铜柱，下加之炭，令有罪者行焉，辄堕炭中，妲己笑，名曰炮格之刑。"《吕氏春秋·过理》称之为"炮格之刑"，高诱注云："格以铜为之，布火其下，以人置上，人烂堕火而死。"一般认为是使人行走在烧红的铜柱上，布火于其下加热，罪犯坠落火中烧死的刑罚。

⑤醢刑。醢即肉酱，醢刑是将人捣成肉酱的刑罚。《史记·殷本纪》记载："九侯有好女，入之纣。九侯女不憙淫，纣怒，杀之，而醢九侯。"

⑥脯刑。脯即干肉，脯刑是将人晒成肉干的刑罚。《史记·殷本纪》记载："鄂侯争之强，辨之疾，并脯鄂侯。"

（2）宫刑。代表宫刑的甲骨文一边为男子生殖器的象形，另一边为甲骨文中常见的刀字。整个字形像用刀割掉人之生殖器的形状。目前尚未发现商朝对女子施行宫刑的史料。

(3) 刖刑。刖刑是砍掉一只脚的刑罚。在甲骨文中，刖为用手持锯砍掉人的一足之形。甲骨文中关于刖刑的记载较多，在商朝的墓葬中也有发现。1971年，安阳后岗 M16 西侧二层台出土的一个殉葬人，骨架保存完好，只缺少一个下肢骨。[①] 1973年台西遗址中发现的一具陪葬人架，膝盖骨以下被砍去，从胫骨的断面可以明显地看出用刀砍的痕迹，很可能是在受刖刑后殉葬[②]。殷商甲骨文中经常有派人追亡奴的记载，刖刑的实施也成为一个防止奴隶逃亡的办法。殷商时期刖刑使用比较多可能与此相关。

(4) 劓刑。劓刑是割鼻子的刑罚。在甲骨文中，劓为以刀割鼻之形。《说文解字》云："劓，劓或从鼻。"段玉裁注："刀鼻会意。"

(5) 墨刑。墨刑是在罪犯面部刺上文字或记号，留下永久印记的刑罚，也被称为黥刑。《说文解字》云："墨，黥也。先刻其面，以墨窒之。"墨是用刀刺刻罪人的面部，然后填充墨色，在结痂后成为永久犯罪的标志。《汤刑》之官刑有"臣下不匡，其刑墨"的记载，其中的墨就是指墨刑。墨刑较之其他肉刑，不会带来人体功能性的永久损伤，但留在人的脸上，是一种耻辱性的记号。一般来说，墨刑的对象是俘虏或者是犯罪较轻的人。

2. 其他刑罚

(1) 徒刑。徒刑是强迫罪犯服役的刑罚。商朝开始驱使囚犯劳动。因此，在商朝被囚禁的罪犯，不只是被限制自由，还要从事体力劳动。据说武丁时期著名的辅佐傅说，就是一个身穿囚衣、用绳子系着、在傅险地筑城的罪犯。

(2) 流放。流放是一种古老的刑罚，起源于氏族社会后期，是将罪犯逐出本族，流放到外地的刑罚。在人类社会早期，人类对抗自然的能力较差，将其驱逐出群体，任其在外自生自灭，可以说是一个比较重的刑罚了。"承汝俾汝惟喜康共，非汝有咎比于罚"（《尚书·盘庚中》）是商王劝说族众迁都之语。蔡沈注："凡我所以敬汝使汝者，惟喜与汝同安尔，非为汝有罪，比于罚而谪迁汝也。"谪迁的意思是谪降而迁徙到边地。

三、民事、婚姻、继承制度

在商朝，王位继承制度经历了长期的斗争，从早期到晚期发生了较大的变革。早期王位继承制度，以"兄终弟及"为主、"父死子继"为辅，即兄死后由其弟继

---

① 中国科学院考古所安阳发掘队. 1971年安阳后岗发掘简报［J］. 考古，1972 (3)：19.
② 河北省文物研究所. 藁城台西商代遗址［M］. 文物出版社，1985：157.

承王位，弟死后依次由年少的弟继承，到最年少的弟死后，再由长兄之子继承王位。然而，在这期间，发生了很多次围绕王权的争夺斗争，极大地危害了政权的稳定。盘庚迁都以后，"父死子继"逐渐成为王位继承的主要制度，"兄终弟及"落了下风。到商晚期，"父死子继"的王位继承制度最终确立。商朝共十七世、三十王，其中，"兄终弟及"者十四王，"叔侄相继"者四王，"父死子继"者十二王。"父死子继"者多发生在商朝后期。

"父死子继"实行嫡长子继承制度。所谓嫡长子继承制度，是指由正妻所生长子继承王位的制度。司马迁说："辛乙长子曰微子启，启母贱，不得嗣。少子辛，辛母正后，辛为嗣。辛乙崩，子辛立，是为帝辛，天下谓之纣。"（《史记·殷本纪》）唐朝司马贞明确地指出："故启大而庶，纣小而嫡。"（《礼记·曲礼》）纣王虽较之其兄启年少，但因为其母为正妻，因此纣王得以继承王位。商朝继承法的核心是身份继承制，身份一经继承，则土地、财物、奴婢等随之继承。

商朝法律规定实行一夫一妻制。甲骨卜辞"有祀直系，并排配偶"。但是配偶的数量不受限制。商王的配偶分为后、娣、嫔、妃、妻、妾等。据史家统计，商武丁有配偶64人，只有后才算妻，余皆婢也。贵族间的婚姻还实行娶妻则姊妹随嫁的媵嫁制。对于女子则严格限制，要一嫁而终。

四、司法制度

商王掌握最高行政权力，又是最高军事首领和最高司法官。他掌有生杀予夺的权力，有权裁决一切诉讼案件。商王之下的最大司法官是司寇，下设有正、史等司法官吏。在地方，分畿内畿外，畿内司法官称多田、亚，畿外称士、蒙士，实行三级三审。在商朝的司法活动中，都有占卜者参与，体现了神权对于司法的影响。《礼记·王制》叙述了可供参考的商朝诉讼与审判程序："成狱辞，史以狱成告于正，正听之，正以狱成告于大司寇，大司寇听之棘木之下。大司寇以狱之成告于王，王命三公参听之。三公以狱之成告于王，王三又，然后制刑。"其真实性有待于进一步的史料确认。

商朝的监狱称为圜土，其中关押的主要是处以身体刑、自由刑的罪犯。《史记·殷本纪》记载，纣王将周文王囚在羑里。羑里即今河南省安阳市汤阴县北的羑里城遗址，因此，后世的史书也称商时的监狱为"羑里"。

本章小结

中国是世界上法律起源最早的国家之一。在中国的原始社会末期，孕育着法律的萌芽，并伴随着国家的形成，最终产生了阶级社会的法律。关于中国法的起源，主要有习惯法、"刑起于兵"、祭祀产生的礼等几种学说。

夏朝秉承的是"天命""天罚"的神权法思想，主要法律为《禹刑》，并出现了保证战争胜利的军法。同时，夏朝出现了国家机关和监狱制度的雏形。

商朝的法律指导思想仍采用神权法思想，并将神权、王权有机地统一起来。商朝的主要刑事法律为《汤刑》，出现了不从誓言、颠越不恭、谣言惑众、不孝、弃灰于公道等罪名，形成了死刑、宫刑、刖刑、劓刑、墨刑的五刑体系。在长期的斗争中，最终在商晚期确立了"父死子继"的王位继承制度。

思考题

1. 论述中国法的起源。
2. 论述夏商时期的神权法思想。
3. 论述《禹刑》。
4. 论述商朝的主要刑罚。
5. 论述商朝的民事法律制度。

第二章 西周时期的法律

导 言

公元前11世纪中期,周朝建立,开始了长达800余年的统治。公元前7世纪,由于犬戎的入侵,周平王迁都洛邑,之后长达300余年的统治,史称西周。西周是我国法制发展史上的一个重要时期,后世2000余年的中国法律典章制度和法律思想的基本框架都大致奠基于西周。西周所提出的"以德配天""明德慎罚"的主张,后来被儒家发展成"德主刑辅,礼刑并用"的基本法律思想和治国方略,成为影响后世的重要法律思想。西周时期另外一件影响深远的政治法律事件是周公制礼,在周公的主持下,将前代零散的、用于祭祀的礼加以整理、修订,使之系统化、制度化,从而使"依礼治国"的礼治思想成为当时乃至影响后世的治国理念。有关礼的观念与学说是中国法律中最有特色的部分,是传统法文化的核心。礼与法的相互渗透与结合构成了中国法律最本质的特征和特有的中华法文化。此外,西周的民事和刑事法律制度较之前代都有较大的进步,中华法律文明在此有了长足的发展。

学习目标

通过本章学习,掌握以下主要内容:
1. 西周时期神权法的衰落及"以德配天""明德慎罚"的思想。
2. 礼的起源、原则和本质、作用。
3. 礼与刑的关系。
4. 西周时期的刑事法律原则。

5. 西周时期的婚姻制度和继承制度。

第一节　商周之变与法律思想的发展

神权法思想形成于夏朝，极盛于殷商，动摇于西周。殷商时期的神权法思想发展到西周时期，历经了重大变革。

代商自立以后，西周统治者宣扬"君权神授"，认为自己是"得天命"而取得政权。大盂鼎的铭文中有"不（丕）显玟（文）王受天有大令（命）"。《尚书·梓材》中有"皇天既付中国民，越厥疆土于先王"。然而，在思想领域，周人"得天命"的思想面临着理论挑战：商朝的统治者宣扬自己"受命于天"，是神的子孙，西周统治者也宣扬"君权神授"，认为自己"得天命"，那么到底存不存在天帝？如果存在天帝，为什么抛弃了商王？西周灭商，是不是一种以下犯上、以臣弑君的行为？新政权建立的合理性又在哪里？有一天会不会也抛弃周朝？因此，必须有一种新的理论来解释"汤武革命"的合理性和合法性[①]。

针对这些问题，西周统治者舍弃了商朝的"帝"和"上帝"的概念，引入了"上天"的概念。西周的统治者提出，"天命"是存在的，但上天并不是哪一族的祖先神，而是天下各族共有之神，重新将至上神和祖先神分开。《左传·僖公五年》引《周书》："皇天无亲，惟德是辅。"《尚书·康诰》中也说"惟命不于常"。也就是说，在周人看来，由于神是各族共有之神，因而"天命"不是固定不变的。

为了解释天命转移的问题，西周的统治者引入"德"的概念，提出"以德配天"的政治概念。《尚书·多士》记载："惟天不畀不明厥德。""天命"只赋予具有德行的人，上天不会将"天命"赐予那些无德的人。作为一个统治者应当"以德配天"。商朝的祖先因为有德，"克配上帝"，因而天命归殷，而纣王无德，因此上天收回天命。周人灭商，是因为文王、武王有德，因此不存在逆天的问题。《尚书·多士》记载："非我小国敢弋殷命。惟天不畀允罔固乱，弼我，我其敢求位？惟帝不畀，惟我下民秉为，惟天明畏。"这里周公认为殷的灭亡完全是出于上天的意志，应该敬畏天命。

在"以德配天"的基础上，西周的统治者提出"敬天保民"。德的内涵十分丰

[①] 曾宪义. 中国法制史[M]. 北京：北京大学出版社，2000：36.

富，包括敬天、孝祖、保民等内容，其中最为核心的问题是"保民"。"天听自我民听，天视自我民视。""民之所欲，天必从之。"（《尚书·泰誓》）上天会倾听来自百姓的呼声，作为执政者，应满足百姓真正的需求。只有爱民、保民，才可能保住天命，因此，《尚书·召诰》中说："以小民受天永命。"

"敬天保民"。首先，统治者应注重自身道德，体察民情，力戒荒淫。即使统治者处于安逸的环境，也要体察民情，了解普通百姓的艰辛。其次，统治者应施德政于民，爱护百姓。《尚书·洪范》记载："天子作民父母，以为天下王。"统治者应像父母爱护子女一样来爱护自己的百姓。《尚书·无逸》记载："能保惠于庶民，不敢侮鳏寡。"统治者要施惠于百姓，即使对无依无靠的人也要善待。

"以德配天"在司法领域，体现为"明德慎罚"。周公在"三监之乱"以后，对康叔加以训诫，希望康叔将"明德慎罚"贯彻实施于殷地。"明德慎罚"意味着统治者应当施"德教"于民，教民向善，对刑罚的使用要采取谨慎宽缓的态度。《尚书·多方》记载："厥民刑，用劝。……罔不明德慎罚，亦克用劝；要囚殄戮多罪，亦克用劝；开释无辜，亦克用劝。"这是阐明德教，鼓励、引导人民一心向善，用刑要谨慎、宽缓。

"明德慎罚"思想主要体现在：其一，反对专任刑罚，主张德刑并用。《尚书·吕刑》记载："士制百姓于刑之中，以教祗德……敬忌，罔有择言在身。惟克天德，自作元命，配享在下。"司法官吏通过公正、恰当的刑罚手段来制约百姓，教育百姓实践道德。刑罚之目的在于劝民向善。其二，主张中刑，反对重刑滥杀。《尚书·吕刑》中多次强调中刑，即"公正""适度"的刑罚，主张罚当其罪，反对重刑滥杀。其三，反对族诛连坐，主张罪止一身。周公改变了殷商实行的"罪人以族"的株连做法，奉行文王"罪人不孥"的思想，反对族诛连坐，强调"父子兄弟，罪不相及"（《左传·昭公二十年》）。

西周神权法思想的变革，在中国古代政治和法律思想发展历史中具有十分重要的意义。西周"以德配天""敬天保民"理论的提出，意味着神权法思想的衰落以及国家权力格局的改变，从此神的地位衰落了，民众的力量开始受到重视，人的地位在上升，王权受到限制。同时，西周"德"和"保民"思想的提出，成为后世"民本"思想的来源。以孔子为代表的儒家学者对这一思想加以推广和深化，使之成为传统政治法律思想中的积极因素。西周所提出的"以德配天""明德慎罚"的主张，后来被儒家发展成"德主刑辅，礼刑并用"的基本法律思想和治国方略，成为影响后世2000余年的重要法律思想。

第二节　法律体系及礼刑关系

西周时期法律体系的形成、各种法律形式，特别是西周时期礼与刑的关系反映了中国传统法律的独特性。

一、立法概况

（一）九刑

周在灭商之前，已初步建立国家体制，并制定了相应的法律。《左传·昭公七年》记载，"周文王之法：有亡荒阅。"所谓"有亡荒阅"之法，是指对于逃亡的奴隶，实行大规模搜捕的法律。

西周建立后，国家政权不稳定，统治者因此而制定刑事法律规范。其中确认曾存在的为《九刑》一书。《左传·昭公六年》有"周有乱政，而作九刑"的记载。据《逸周书·尝麦解》记载，该"九刑"为"刑书九篇"。其成书年代应为成王亲政元年四月，成王第一次在宗庙做祈祷，还向太祖文王祭献新麦。在这个月，成王命令大正修订刑书。"九刑"早已佚失，因此对于《九刑》的内容还存在争议。有学者认为是九种刑罚，即五刑加上鞭、扑、流、赎四刑。

《九刑》虽已失传，但《左传·文公十八年》保存了其中的片段："毁则为贼，掩贼为藏，窃贿为盗，盗器为奸。主藏之名，赖奸之用，为大凶德，有常无赦。"按照这一规定，毁坏法度谓之贼罪，隐匿贼人是为赃罪，窃取财物属于盗罪，偷盗名器构成奸罪，均属重大犯罪，应以常刑严惩，不得赦免。由此可见，《九刑》中有关于危害国家利益与社会秩序的刑事犯罪的规定。

（二）《吕刑》

西周中叶，"王道衰微""文武之道缺""诸侯有不顺服者"，社会矛盾日益尖锐，统治危机加剧。为了改变时局，穆王命司寇吕侯"作修刑辟"（《史记·周本纪》），主持制定《吕刑》。《吕刑》的原本今已失传。《尚书》中现存《吕刑》一篇，是吕侯制定法律后遗存的官方档案文献。由于《尚书·吕刑》的存在，《吕刑》的内容得以保存下来。

《吕刑》的主要内容包括：①《吕刑·书序》曰："吕命穆王训夏赎刑，作《吕刑》。"说明夏朝已有赎刑，并对西周的赎刑制度加以阐述。②叙述五刑源自"苗人制刑"，详细地规定了西周的五刑、五过制度。③规定了有关的司法原则和诉讼审理制度，如刑罚世轻世重原则、定罪重视证据、罪刑要相当、罪疑从赦、刑罚的加减以及刑法的灵活适用等。④对司法官吏的品德修养和专业素质做了规定。⑤有关诉讼程序的规定，如在诉讼程序中有"诅盟"的规定。

《吕刑》是一部具有刑法与刑事诉讼法性质的法律，是西周时期立法、司法及法律思想的较高成就。

（三）周公制礼

周公制礼是指周朝初年天下初定之时，由周公姬旦主持，在总结了夏礼和殷礼的基础上，结合周族的习惯所进行的一场大规模的对于礼的汇编活动，从而形成能够适用于当时社会各个领域的规范体系——周礼。"依礼治国"的礼治思想是周公的治国理念，周礼中的许多规范是靠国家强制力来保证执行的，在当时，礼既具有"经国家、定社稷"的国家根本大法的性质，又是人类社会的基本规范。

二、礼的起源、原则和本质、作用

礼是贯穿于整个古代社会的重要政治制度和法律制度，对中国传统社会产生了广泛而深远的影响。有关礼的观念与学说是中国法律中最有特色的部分，是传统法文化的核心。礼与法的相互渗透与结合构成了中国法律最本质的特征和特有的中华法文化。

（一）礼的起源

一般认为礼起源于祭祀，它指"盛玉以奉神人之器""又推之而奉神人之事通谓之礼"①。礼孕育于原始社会末期。《史记·五帝本纪》记载，尧命舜摄政，"修五礼"；舜命伯夷为秩宗，"典三礼"。礼在夏商时期为统治者所重视，逐渐形成和发展起来。西周的礼正是在继承前代的基础上发展而来。《论语·为政》记载："殷因于夏礼，所损益，可知也；周因于殷礼，所损益，可知也。"但是周礼较之夏商的礼制又有许多变革。

礼在西周时期定型和成熟的标志为周公制礼。在周公的主持下，将前代零散的、

---

① 王国维. 观堂集林：第1册[M]. 北京：中华书局，1991：291.

用于祭祀的礼加以整理、补充、修订，使之系统化、制度化，成为一整套以宗法等级制度为核心的典章制度和礼仪规范，这是周公制礼的成果。礼不仅规定政治制度、军事制度、司法制度等，还成为约束人们言行的规范。周礼的内容涉及政治、经济、司法、行政、道德教化、丧葬嫁娶、宗教祭祀各个方面。正如《礼记·曲礼上》记载："道德仁义，非礼不成；教训正俗，非礼不备；分争辨讼，非礼不决；君臣上下、父子兄弟，非礼不定；宦学事师，非礼不亲；班朝治军、莅官行法，非礼威严不行；祷祠祭祀、供给鬼神，非礼不诚不庄。"

礼的内容包括三个层面的含义：①作为国家政治和法律指导思想的礼。《礼记·大传》记载："亲亲也，尊尊也，长长也，男女有别，此其不可得与民变革者也。"以"亲亲""尊尊"为核心的礼，是国家一切制度和法律的根本准则，具有最高的法律效力。②作为法律规范的礼。周礼对人们的言行进行约束，告诉人们应该做什么，禁止做什么，并且这样的约束具有国家强制力。这是一种作为国家强制范围的礼。③作为程序和仪式的礼仪。礼仪主要规定人在社会生活中应当遵守的办事程序和仪式。礼仪的规定遍布当时社会生活的各方面，内容上有五礼、六礼和九礼之说。在当时，这些礼仪规则多具有强制性，尤其是那些重要的礼仪一旦违反，会受到国家的制裁。但是一些礼仪仅为一种伦理道德规则，不具有法律强制性。

（二）礼的原则和本质

周礼以"亲亲""尊尊"为基本原则。"亲亲"指在家族内部，必须爱护自己的亲属，必须父慈子孝，兄友弟恭，小宗必须服从大宗，其核心在于孝，即所谓"亲亲父为首"。"尊尊"指在政治地位上，地位低的人必须尊敬和服从地位高的人，严格上下等级秩序，不得僭越，其核心为尊君，即所谓"尊尊君为首"。"亲亲"旨在维护家长制，"尊尊"旨在维护君主制。二者都是为巩固宗法等级制服务的。礼的本质即宗法政治等级规范。"亲亲"在于维护血缘等级，"尊尊"在于维护国家政治等级。

西周是一个以宗法制为基础的国家。宗法制以血缘关系为纽带，将家族与国家组织一体化。国是家族的扩大，家是国的基础。根据礼制的"亲亲""尊尊"原则，血缘关系有亲疏远近、政治关系有尊卑贵贱之分。以自然的人伦关系来确定尊卑上下的名分，使得这一等级制度罩上了一层温情脉脉的面纱。

（三）礼的作用

礼的作用体现在以下五个方面：

（1）礼是区别人与动物的一个标准。周人将礼看成人和动物的区别。人所以为人是人知礼，遵守了礼的规定。《礼记·曲礼上》记载："使人以有礼，知自别于禽兽。"而那些不知礼的人和民族，在周人眼里无异于禽兽。因此，在周人的认识中，礼是文明和教化的象征。

（2）礼具有国家根本大法的性质，是"经国家，定社稷"的最高法则。周公制礼以后，礼成为国家政治制度和法律制度的基本规范。"以礼治国"成为周朝的根本治国方案。

（3）礼是人们社会生活的基本规范，人们在进行政治活动和社会交往的过程中尤其要遵守礼的规范，礼是"天之经也，地之义也，民之行也"（《左传·昭公二十五年》）。

（4）礼确定等级制度，维护和谐的社会秩序。礼区分贵贱、尊卑、长幼、亲疏之别，维护宗法制度。礼虽然确定等级秩序，却是以血缘亲情的形式体现出来的，以实现社会和谐。因此，《论语·学而》记载："礼之用，和为贵。先王之道斯为美。"

（5）礼是社会万物的具体准则，是判定一切是非对错的标准。礼可以"定亲疏，决嫌疑，别同异，明是非也"（《礼记·曲礼上》）。

周人赋予礼以最崇高的地位，认为只有礼才能维持国家安定，社会和谐，保障人民安定。礼在西周时期产生了重要作用，后世儒家将西周的旧礼改造成适应当时社会的新礼后，对后世各朝代均产生了极其深远的影响，以致古代中国也被称为礼制社会。

三、礼与刑的关系

当代对于法的理解来自西方，和中国古代有很大的不同。近代思想家严复在向国人介绍西方法律时格外提醒道："西文法字，于中文有理、礼、法、制四者之异译，学者审之。"[①] 以现在的法学概念去理解，西周时期的礼和刑都是广义法的范畴。

（一）礼和刑的联系

在西周时期，礼是最根本的社会规范，起着重要的作用。礼是周朝国家政治和法律的指导思想，是典章制度和礼仪规范，也是法制的重要组成部分。刑则仅指以法定五刑或者九刑为基础的刑事规范的集合，是以刑统罪模式编纂的刑事法规汇编。

---

① 张晋藩. 中国法制通史［M］. 北京：法律出版社，1999：118.

因此，礼与刑是一套统一的治理制度之下的两个方面。二者的目的都是维护国家稳定、调整社会关系、规范人们的生活行为。从适用上看，两者有适用的先后顺序和保障关系，即"礼之所去，刑之所取，失礼则入刑"（《后汉书·陈宠传》）。对于严重地违反礼的行为，则由非刑的制裁方式予以规制，因此，二者相互依存、相辅相成。

（二）礼和刑的区别

1. 礼和刑的作用不同

《礼记》中对礼、乐、刑、政四者的作用进行了精确的阐述："礼以导其志，乐以和其声，政以一其行，刑以防其奸。"礼的作用是对人们进行教化，引导人们的心智，而刑的设立主要是为了防止人们走向奸佞。因此，在发挥社会规范作用的过程中，礼是积极的规则，是禁恶于未然的预防；刑是消极的处罚，是惩恶于已然的制裁。

2. 礼和刑的地位不同

虽然在制度层面上二者相互依存，但是从价值上讲，礼为刑的指导原则。礼的基本原则和规范，对刑的制定和适用具有指导意义。因此，礼居于主导地位，而刑居于辅助地位。

3. 礼和刑的适用范围不同

对于礼和刑罚适用范围的区别，《荀子》将其论述为："由士以上则必以礼乐节之，众庶百姓则必以法数制之。"对于贵族，应以教化为主，以宽为本，辅之以刑罚。在庶人及奴隶中，应以刑罚为主，以严为本，辅之以教化。《礼记·曲礼上》将其论述为："礼不下庶人，刑不上大夫。"需要明确的是，"礼不下庶人"不是说庶人及奴隶不受礼的约束。"刑不上大夫"也不是说贵族绝对的不受刑的制裁。商周时期，不乏贵族受到惩罚的记载。周公平"三监之乱"后，杀其兄管叔，放逐其弟蔡叔，就是严惩周王室重要成员的例证。

（三）"礼不下庶人"与"刑不上大夫"

"礼不下庶人"指的是贵族之礼不适用于庶人。贵族之礼是用来约束贵族言行的，因此一些烦琐且花费较大的礼，庶人阶层没有能力承受，并不适用。庶人需要遵循为庶人制定的礼仪。如《礼记·王制》规定葬礼："天子七日而殡，七月而葬。诸侯五日而殡，五月而葬。大夫、士、庶人，三日而殡，三月而葬。"庙制"天子七庙，三昭三穆，与太祖之庙而七……庶人祭于寝"。《礼记·曲礼下》规定挚见礼："凡挚，天子鬯……庶人之挚匹。"丧礼："天子死曰崩……庶人曰死。"在称谓上："天子之妃曰后……庶人曰妻。"因此，礼所规定的各种义务，不仅贵族们要遵守，庶民百姓也必须遵守，只不过是贵族之礼不适用于庶人。

"刑不上大夫"是说大夫以上贵族在适用刑罚时保有特权制度，为了维护贵族整体利益，肉刑尤其是宫刑原则上不适用于贵族，即"公族无宫刑，不翦其类也"（《礼记·文王世子》）。同时，贵族适用死刑时应采取体面的形式。

第三节 刑事法律制度

一、刑法原则

（一）"罪疑有赦"

"罪疑有赦"的原则是指对于没有确凿证据，不能做定罪处理的疑案，作宽赦减等处理。《尚书·吕刑》继承了"罪疑惟轻"的刑法精神，明确提出了"罪疑有赦"的原则："五刑之疑有赦，五罚之疑有赦，其审克之。"孔颖达注疏曰："五刑之疑有赦，赦从罚也。五罚之疑有赦，赦从过也，过则赦之矣。其当清证审察使能之，勿使妄入人罪，妄得赦免。"也就是说，按五刑判决有疑问的，可以从轻按五罚判决，按五罚判决还有疑问的，可以赦免。《礼记·王制》记载："疑狱，氾与众共之；众疑，赦之。"也就是说，案情存有疑点的案件，广泛征求群臣意见后，大家一致认为其案不实时，则赦免其罪。这里既突出了证据的重要性，也说明了罪证不符则赦之的原则。

（二）刑罚世轻世重

《尚书·吕刑》云："轻重诸罚有权。刑罚世轻世重，惟齐非齐，有伦有要。"也就是说，根据社会形势的变化，刑罚的适用要因时、因地制宜，灵活适用。《周礼·秋官司寇·大司寇》中有类似的记载："掌建邦之三典……一曰，刑新国用轻典；二曰，刑平国用中典；三曰，刑乱国用重典。"郑注云："新国者，新辟地立君之国。用轻法者，为其民未习于教。平国，承平守成之国也。用中典者，常行之法。乱国，篡弑叛逆之国。用重典者，以其化恶，伐灭之。"周人认为，对于新建之诸侯国，应用轻刑，以使百姓对新国新法有适应的时间；对于稳定的国家，用中刑；

对于叛乱之国，用重刑。因此，要根据各个时期社会的不同状况，灵活地判断刑罚应该从轻还是从重适用。

在案例的审判中，西周统治者主张根据具体刑事案件的情节和现实情况做出灵活裁断，做到相对的公平。《尚书·吕刑》记载："上刑适轻下服，下刑适重上服。"也就是说，虽犯重罪，但适宜轻判的，则轻判；虽犯轻罪，但适宜重判的，则改用重刑。

（三）比附类推

西周时期，要求司法官吏裁断案件要以刑书为依据，做出判决。法律没有规定的，要按照轻重比例定罪，即依据审判的成案比附定罪量刑。《尚书·吕刑》曰："上下比罪，无僭乱辞。勿用不行，惟察惟法，其审克之。"《礼记·王制》云："凡听五刑之讼……必察小大之比以成之。"也就是说，判决时，要按轻重合理定罪，不要使供词与判词出现错乱，比附律例断狱，要明察案情，按今时之法审讯，要谨慎地审核。《周礼·秋官司寇·大司寇》有"凡庶民之狱讼，以邦成弊之"的记载。邦成也就是过去的所判之案，有成案的，依旧例比附判之。可以说，这是中国最早的类推适用的雏形。

（四）罪刑相当

"中"是贯穿于《吕刑》全篇的刑罚原则。所谓"中"，是指司法官吏在断狱时，必须做到不偏不倚公正审理，刑当其罪，宽严适中。《吕刑》中多次提及"中"字，如"士制百姓于刑之中""明于刑之中"等。这与《周礼·秋官司寇·小司寇》亦多次言"中"相印证。孔颖达注疏说："衷之为言，不轻不重之谓也。"在西周时期，无论是立法还是司法原则都强调"中"，这和"明德慎罚"的思想相一致，也体现了西周时期对于公正的追求。

（五）区别过失犯罪与故意犯罪、偶犯与惯犯

西周时期，统治者在定罪量刑时已开始区别过失犯罪和故意犯罪、偶犯和惯犯。《尚书·康诰》记载："人有小罪，非眚，乃惟终自作不典；式尔，有厥罪小，乃不可不杀。乃有大罪，非终，乃惟眚灾；适尔，既道极厥辜，时乃不可杀。"其中的"眚"指的是过失犯罪，"非眚"指的是故意犯罪；"非终"指偶犯，"惟终"指惯犯。因此，凡属故意犯罪或者惯犯，即使罪行较轻，也要从重惩处；凡属过失犯罪或偶犯，即使罪行较重，也可从轻处罚。西周时期的训匜铭文载，牧牛与其长官争讼，犯诬告罪而被审判，伯扬父判决时说，"我义（宜）鞭女千，黜女。今我赦

女"①。意思是"我本应打你一千鞭,再施以墨刑,现在我减轻对你的处罚",这样做的一个非常重要的原因是牧牛为初犯,故从轻处理。

(六) 罪止于一身

按照古老的血亲复仇原则,一个人应当为他死去的血缘亲属复仇,这种观念也促成了国家形成之初"族诛连坐"的野蛮刑罚。殷商时期实行"罪人以族"的株连做法,周公改变了这样的法律,奉行文王"罪人不孥"的思想,反对"族诛连坐",主张罪止于一身。《左传·昭公二十年》引《尚书·康诰》:"父子兄弟,罪不相及",就是在强调一人犯罪,不株连父子兄弟等亲属。

二、主要罪名

(一) 对神的犯罪

西周时期神权法的思想虽然衰落了,但周人对天仍保有崇敬的态度。"明德敬天"体现了对天的敬畏与重视。因此,对天、神的不敬被视为一种极为严重的犯罪行为,其中包括不祭山川神祇罪、假借鬼神惑众罪、渎神罪。

1. 不祭山川神祇罪

《礼记·王制》记载:"山川神祇,有不举者为不敬;不敬者,君削以地。""国之大事,在祀与戎。"当诸候违背礼制,不祭祀属地内的山川神祇时,以不敬罪削减其封地。

2. 假借鬼神惑众罪

《礼记·王制》记载:"假于鬼神,时日,卜筮以疑众,杀。"也就是说,假借鬼神之名,招摇撞骗以蛊惑人心者,处以死刑。

3. 渎神罪

《周易》记载:"覆公餗,其形渥。"餗为一种祭祀用的食物。也就是说,倾倒了王公祭祀神灵的食物,是对神的亵渎,要被处以墨刑。

(二) 侵犯王权的犯罪

1. 不从王命罪

《尚书·多方》载周公代成王发布的命令:"乃有不用我降尔命,我乃其大罪殛

---

① 秦永龙. 西周金文选注 [M]. 北京:北京师范大学出版社,1992:125.

之。"如果不听从王命，则要受到严重的处罚。《国语·周语上》记载，周宣公时，樊仲山父曰："犯王命必诛，故出令不可不顺也。"这一罪名，体现了对于王权的维护。

2. 放弑其君罪

《周礼·大司马》记载："放弑其君则残之。"也就是说，放逐并弑杀君主的，要处以死刑。在王权神授的时代，君主神圣不可侵犯，弑杀君主被视为大逆不道的严重犯罪。

（三）其他犯罪

1. 诬告罪

《国语·周语上》记载："厉王虐，国人谤王。邵公告曰：'民不堪命矣！'王怒，得卫巫，使监谤者，以告，则杀之。国人莫敢言，道路以目。"周厉王时，统治残暴，对周厉王进行议论的，构成诽谤罪，并处以死刑。前文提到的训匜铭文中，也记载了牧牛诬告其长官而被判处刑罚的案例，证明了诬告罪的存在。

2. 不孝不友罪

《尚书·康诰》记载："元恶大憝，矧惟不孝不友。"不孝敬父母和不友爱兄弟，都是罪大恶极的犯罪。因为不孝不友的行为，违背了周礼中"亲亲""尊尊"的基本原则，所以为统治者所重视。《尚书·康诰》记载："乃其速由文王作罚，刑兹无赦"，可见其是无法赦免的重罪。

3. 群饮罪

周朝严禁聚众饮酒的行为，将其视为应处以死刑的重罪。《尚书·酒诰》记载："群饮，汝勿佚，尽执拘以归于周，予其杀。"也就是说，如果有人聚众饮酒，就将饮酒者逮捕，并且处以死刑。这是西周统治者鉴于商朝统治者饮酒作乐而亡的教训所做的法律。

4. 寇攘奸宄罪

《尚书·康诰》记载："凡民自得罪，寇攘奸宄。""寇攘"为抢劫财产的强盗行为；"奸宄"为窃盗行为。强盗和窃盗的行为，不仅侵犯他人财产，侵害他人人身，还危害社会秩序，因而被西周统治者列为重罪加以处罚。

5. 杀人越货罪

《尚书·康诰》记载："凡民自得罪……杀越人于货。"杀人越货是指杀人并抢夺财物的行为。杀人越货与寇攘的不同在于，寇攘作为强盗行为，可能杀人也可能不杀人，而杀人越货则通过杀人手段达到抢夺财物的目的。这一罪行对他人生命安全和社会秩序都有重大的伤害，因此，杀人越货罪被视为杀无赦的重大犯罪。

三、刑罚体系

《尚书·吕刑》中记载了五刑与五罚的刑罚体系。西周时期的基本刑罚延续殷商时期，规定了墨、劓、剕、宫、辟五种刑罚，"墨罚之属千，劓罚之属千，剕罚之属五百，宫罚之属三百，大辟之罚其属二百。五刑之属三千。"

五罚是西周的一种赎刑制，"罚"是指罚金，五罚即以铜赎罪的五个等级，与五刑相对应。根据《吕刑》，五罚的适用条件为"五刑不简，正于五罚"，只在犯罪情节可疑的前提下才允许赎刑。其罚金等级是："墨辟疑赦，其罚百锾，阅实其罪。劓辟疑赦，其罚惟倍，阅实其罪。剕辟疑赦，其罚倍差，阅实其罪。宫辟疑赦，其罚六百锾，阅实其罪。大辟疑赦，其罚千锾，阅实其罪。""锾"是指"罚金"的重量，也就是说，墨、劓、剕、宫、辟五种刑罚要缴纳的赎金分别为一百锾、二百锾、五百锾、六百锾和一千锾。"穆王训夏赎刑，作《吕刑》"，《吕刑》在继承前代的基础上，将赎刑扩大到五刑，这是西周法制的一个重要发展。同时，西周时期铜价昂贵，五罚也是当时经济与私有制发展的反映。

此外，西周青铜铭文中还有关于放刑（流刑）的可靠记载。放刑也称流刑，是将有罪者放逐并限制其自由的刑罚。

第四节　民事法律制度

一、所有权

西周时期主要的财产为土地及其之上的奴隶。当时，土地王有的观念十分牢固。国家土地被认为是上天所赋予周王的。对于土地及其附着于土地上的人来讲，名义上都为周王所有，如《诗经·小雅》所言："溥天之下，莫非王土；率土之滨，莫非王臣。"

西周时期实行分封制，即国家体制实行从上而下层层封受的形式。周王自称天子，是天下的大宗，将国土分封给小宗——诸侯，受封者包括大批同姓子弟、姻亲、少数异姓功臣。诸侯在其封地内是大宗，再把自己所受封的部分土地分给诸子，即卿大夫。从而形成"天子—诸侯—卿大夫"的政治结构。周王的土地所有权，不仅表现为分配诸侯土地，更表现为可以收夺诸侯封地。除此之外，周王还直接控制不少的土地，如王畿、山林川泽等。诸侯、卿大夫等贵族拥有实际的土地占有权和收益权。在西周，土地可以交换但是不能买卖，这就是所谓的"田里不鬻"。五祀卫鼎的铭文等记载，土地交换时，有执政大臣到场，表明天子对于土地的支配权力。

到西周中后期，随着王室日益衰微，诸侯势力的不断增强，周王对土地的所有权不断受到挑战，"田里不鬻"的局面开始改变，出现了土地买卖、赠与等情况。

二、契约制度

（一）买卖契约

西周时期的买卖契约称为质剂。《周礼·天官冢宰·小宰》记载："听卖买以质剂。"质剂为买卖的凭据，用以止讼。《周礼·地官司徒·司市》记载："凡卖儥者质剂焉，大市以质，小市以剂……以质剂结信而止讼。"质与剂的不同在于，质的形状长一些，剂的形状短一些。在进行奴隶、牛马等买卖时，使用长一些的质；在进行珍宝、兵器等买卖时，使用短一些的剂。不论是质还是剂，都是在竹简或者木简上写明契约的内容，再从中间劈成两半，双方各执一面。质剂由官府制作，质人是管理质剂的人，即市场管理人员，他们代表国家对交易行为进行规范。

（二）借贷契约

傅别为西周时期借贷契约的形式。《周礼·天官冢宰·小宰》记载："听称责以傅别。"傅别与质剂都是写在竹简或者木简上，两者的区别在于，质剂两面的内容相同，从中间劈成两半，双方各执一面；傅别上的内容从中间一分为二，各执其一，两者相合才能通读。傅别记载借贷关系的内容，为借贷发生的依据，也是发生纠纷时诉讼的证据。《周礼·秋官司寇》记载："凡以财狱讼者，正之以傅别、约剂。"这说明，在发生诉讼纠纷时，傅别可以作为案件判决的依据。

（三）租赁契约

鬲攸从鼎为西周后期厉王的青铜器，上有铭文102字。鼎铭记载的是一件难得的较为完整的土地租赁争讼判例。鼎铭译文如下：

周厉王三十二年三月初一日辰时（上午7~9时），周王在周康宫的夷王太室。鬲从把攸卫牧告到周王处。鬲从说："攸卫牧已经租赁了我的土地，却未能给我鬲从偿付地租。"周王听后，命令一个叫南的书记员将此案件原告、被告双方带到掌管司约的官员虢旅处，让违背契约的被告攸卫牧对司约官宣誓。虢旅让被告攸卫牧宣誓服罪说："我如果不全部付给曶从租金，酬谢他租给我的田邑，就甘愿被处以流放刑。"攸卫牧依虢旅所指示宣了誓，服从周王对自己的败诉判决。胜诉的曶从因此而制作了纪念自己荣耀的祖父丁公、父亲㠱公的尊贵的宝鼎，将胜诉的案件镌刻于上，希望自己的子孙万代永远享用宝藏①。

从曶攸从鼎铭文的记载可以看到，西周晚期已经存在租赁契约，国家保护租赁契约。

三、婚姻制度

（一）婚姻制度的原则

1. 一夫一妻制原则

西周时期确定了婚姻制度中的一夫一妻制原则。西周国王及各级奴隶主贵族，因地位不同，法律规定可有不同数量的妾，但是只能有一个正妻。《礼记·昏义》记载："古者天子后立六宫、三夫人、九嫔、二十七世妇、八十一御妻。"《礼记·曲礼下》谓："天子有后，有夫人，有世妇，有嫔，有妻，有妾。"其中所说的"后"即天子的正妻，其余均为名分不同的妾。西周确立的一夫一妻制原则，是为了稳定国家和家族秩序。一夫多妻制时代，众多的妻名分、地位相同，所生王子名分无异，因而众王子均有继承权。王子们为争夺继承权，造成战争频发，内耗严重，国家动荡不安。在家族内部也是如此。为了确定继承人的人选，将众多配偶的地位加以区分，由正妻所生的长子来继承爵位和财产，从而有助于国家和家族的稳定。

对于一夫一妻制及婚姻中男尊女卑的地位，周朝还以阴阳学说和自然现象加以解释："大明（日）生于东，月生于西，此阴阳之分，夫妇之位也。"（《礼记·礼器》）"天子之与后，犹日之与月，阴之与阳，相须而后成者也。"（《礼记·昏义》）用阴阳学说论证了一夫一妻制度和夫妻地位的合法性。

2. 同姓不婚

同姓不婚是周礼规定的一项原则。姓，是由母系氏族社会发展起来的一种血缘关系的标志。西周的同姓一般为具有血缘关系的亲属。在西周时期，人们就认识到"男女同姓，其生不蕃"的道理。为了子孙繁衍、家族昌盛，周礼严格禁止同姓通

---

① 冯卓慧．从传世的和新出土的陕西金文及先秦文献看西周的民事诉讼制度［J］．法律科学（西北政法大学学报），2009（4）：162．

婚。同时，同姓不婚还具有一定的政治目的。"取于异姓，所以附远厚别也"，通过和其他姓氏实行通婚，可以达到联合其他家族，壮大本家族政治势力的目的。

（二）婚姻的缔结

西周时期，婚姻主要为了家族利益，即"将合二姓之好，上以事宗庙，而下以继后世者也"（《礼记·昏义》）。因此，婚姻缔结的权力也掌握在父母的手里。婚姻的缔结首先要有"父母之命，媒妁之言"。《诗经·国风·齐风》曰："取妻如之何？必告父母，……取妻如之何？匪媒不得。"可见，"父母之命，媒妁之言"是婚姻必经的程序。

六礼是西周的婚礼要经历的六道程序，即纳采、问名、纳吉、纳征、请期、亲迎。纳采是男家以雁为贽礼，请媒人前去女家求婚；问名是男家请媒人问清女子的姓名、生辰，然后男家卜于家庙，占其吉凶；纳吉是卜得吉兆，通知女家，与女家正式订婚；纳征是男家将聘礼送给女家，此为六礼中最重要的程序；请期是男家选定吉日，与女家商定婚期；亲迎即至成婚日，男子亲往女家，迎女归家。六礼完成后还要行拜见舅姑之礼与庙见之礼。成婚第二天清晨，新妇要着盛装拜见公婆，取得公婆的承认。三个月后，新妇要在家庙中祭拜祖先，取得祖先的默认。至此，新妇才算正式加入夫宗，成为夫家家族中的一员。

（三）离婚

西周时期，以休妻作为离婚的主要形式。"七出"是男子休弃妻子的七项法定理由。《大戴礼记·本命》记载："妇有七去：不顺父母去，无子去，淫去，妒去，有恶疾去，多言去，盗窃去。不顺父母，为其逆德也；无子，为其绝世也；淫，为其乱族也；妒，为其乱家也；有恶疾，为其不可与共粢盛也；口多言，为其离亲也；盗窃，为其反义也。"因此，七项法定理由指的是不孝敬父母、没有生儿子、淫乱、嫉妒、患有严重的疾病、多言多语、盗窃。以上七出的原因，大多是以夫家家族的利益为考量的。

婚姻本身事关家族和社会稳定。因"七出"的权利单方面掌握在丈夫的手中，为了避免大量女性无家可归，引起社会问题，周礼还规定了"三不去"，即限制男子休妻的三个条件："妇有三不去：有所取无所归，不去；与更三年丧，不去；前贫贱后富贵，不去。"（《大戴礼记·本命》）也就是说，当妻子已无家可归、妻子与丈夫共同为公婆守孝三年、娶妻子时丈夫贫贱后发达富贵的三种情况下，丈夫不能休妻。何休注《公羊传》对其原因做了解释："尝更三年丧不去，不忘恩也；贱取贵不去，不背德也；有所受，无所归不去，不穷穷也。"

四、继承制度

西周时期，在宗法制度下，形成了嫡长子继承制。武王死后周公旦摄政时期，为了防止同室操戈的现象出现，"故有传子之法，而嫡庶之法与之俱生"[①]，确立了嫡长子继承和预先册立太子的制度。根据嫡长子继承制度，择立太子的标准是"立適（嫡）以长不以贤，立子以贵不以长"（《春秋公羊传·隐公元年》）。除了祭祀权和爵位由嫡长子继承外，财产也由嫡长子继承。嫡长子继承制解决了由政治权力至经济占有的法定继承关系，也确保了周王室世代天下大宗的地位。此后的2000多年中，嫡长子继承制作为一种政治传统深入人心，在王朝实践中发挥了稳定政局的作用。

第五节 司法诉讼制度

一、司法机关

西周时期，周王掌握最高的司法权力。这从西周鬲攸从鼎铭文等记载和史料中能够得到印证，应是确定的史实。

对于西周时期是否形成了专职的司法官吏，学界多有争论。一些学者根据《周礼》认为，大司寇为最高的司法官吏，主要职责就是掌国家刑法，"大司寇之职，掌建邦之三典，以佐王刑邦国，诘四方。……以两造禁民讼，入束矢于朝，然后听之。以两剂禁民狱，入钧金，三日乃致于朝，然后听之。"小司寇为大司寇副职，负责具体的司法工作。其下职官还有士师、乡士、遂士、县士、方士、讶士、朝士、司民、司刑、司刺、司约、司盟、职金、司厉、犬人、司圜、掌囚、掌戮等，均属掌刑狱诉讼之官，因此，西周已形成了体系化的司法机关。但是随着越来越多的金文资料的出现，更多学者认为，成书于战国时代的《周礼》并不是西周职官情况的真实记录，而是对西周的官制理想化的描述，完全以此来断定西周的职官设置是不可靠的。

---

① 王国维. 殷周制度论 [M]. 北京：北京图书馆出版社，1998：2.

从西周金文资料的考察来看，至西周中晚期，金文中出现了"司寇"二字的记载，司寇的职能更侧重于治理刑狱之事。在西周时期也并未出现专职的司法官吏。许多铭文记载中，都有周王临时指派官吏审判的情况。

二、诉讼制度

（一）起诉

西周时期，一般狱讼的开端是相关人向周王或者其他审理者提起告诉。在西周金文中，常表述为"以告于"或"以讼于"的法律词汇。如五祀卫鼎铭文记载："卫以邦君厉告于邢伯。"曶攸从鼎铭文记载："以攸卫牧告于王。"通常通过一方的告诉引发诉讼程序。

西周时期，开始对民事诉讼和刑事诉讼有所区别，分别称为"讼"和"狱"。《周礼·秋官司寇》记载："以两造禁民讼，入束矢于朝，然后听之。以两剂禁民狱，入钧金，三日乃致于朝，然后听之。"郑玄注曰："讼，谓以财货相告者。狱，谓相告以罪名者。"这就将以财产相告的民事诉讼和以罪名相告的刑事诉讼区别开。民事诉讼的费用为束矢，即一百支箭；刑事诉讼则需缴"钧金"，一钧等于三十斤，"金"即铜，所以刑事案件的诉讼费用为三十斤铜。

（二）审理

在审理案件的过程中，要求"两造具备"，即要求双方当事人都亲自到庭。《尚书·吕刑》记载："两造具备，师听五辞。"法官通过双方到庭，倾听两方的陈述，全面了解案件，以做到"兼听则明"。

在审理过程中，法官会讯问当事人，并就当事人陈述或口供的矛盾之处予以反复诘问，以求得真相。《尚书·吕刑》所言："察辞于差。"差，即供词中参差矛盾之处。

在审讯中，还要"师听五辞"，即五听，要求案件审理者通过辞听、色听、气听、耳听、目听五种审讯方法，对诉讼双方的主张与举证进行内心确认。根据东汉郑玄的注释，辞听是"观其出言，不直则烦"，即观察当事人的陈述，理屈则言语错乱、前后矛盾；色听是"观其颜色，不直则赧然"，即观察当事人的面部表情，理屈则面红耳赤；气听是"观其气息，不直则喘"，即观察当事人的呼吸，理亏就会紧张喘息；耳听是"观其听聆，不直则惑"，即观察当事人的听觉反应，理亏则有可能由于紧张、分神等原因听不清；目听是"观其眸子，视不直则眊然"，即观察当事人的眼睛，理亏则不敢正视。这种察言观色的审判方法，利用了人的心理和生理学的反应，具有一定科学性，为以后各朝代所继承。

（三）判决

通过案件的审理，审判者根据各项证据，最终做出定罪量刑的裁判。裁判的原则为"阅实其罪""惟察惟法"（《尚书·吕刑》）。一方面，审判者要根据案件事实进行裁判，只有检查属实的，才可"正于五刑"；另一方面，审判者要依照法律进行裁判。若刑书中没有规定的，审判者则用已行的案例来比附定罪科刑。

三、监狱

西周时期，监狱称"圜土"，又称"囹圄"。西周的监狱较前朝有一些变化，所关押的是尚未达到五刑程度的轻微刑事犯。《周礼·秋官司寇》记载："以圜土聚教罢民。"说明当时的监狱除了关押罪行较为轻微的罪犯，还收监不能证明自己身份的无业游民、流浪汉等，在统治者看来，这类人存在犯罪的可能性。因此，当时的监狱还具有教化改造的功能。

《周礼》对西周的监狱有详细的记载。司圜是具体负责狱政官吏的官员。"司圜掌收教罢民。凡害人者，弗使冠饰，而加明刑焉。任之以事，而收教之。能改者，上罪三年而舍，中罪二年而舍，下罪一年而舍，其不能改而出圜土者，杀。虽出，三年不齿。"（《周礼·秋官司寇·司圜》）罪犯如能够改过自新，重罪服三年劳役后释放，中罪服两年劳役后释放，轻罪服一年劳役后释放。当然，其真实性还有待于其他出土文献的进一步印证。

本章小结

西周建立后，统治者提出"以德配天"的概念及"敬天保民""明德慎罚"的思想。"以德配天""明德慎罚"的主张是后世"德主刑辅，礼刑并用"思想的滥觞。

西周时期的主要法律有《九刑》《吕刑》。除刑法外，"礼"是最根本的社会规范，起着重要的作用。

在刑事法律领域，形成了"罪疑有赦"，刑罚世轻世重，比附类推，罪刑相当，区别过失犯罪与故意犯罪、偶犯与惯犯，罪止于一身等一系列的刑法原则，形成了五刑与五罚的刑罚体系。在民事方面，出现了买卖契约、借贷契约、租赁契约等形式，形成了以六礼、"七出""三不去"为主要内容的婚姻制度。在诉讼审判领域，开始对民事诉讼和刑事诉讼有所区别。在审判中，要求审理者通过五听，对诉讼双方的主张与举证进行内心确认。

思考题

1. 论述西周时期神权法思想的重大转变。
2. 论述西周时期礼的内涵。
3. 论述礼与刑的关系。
4. 论述西周时期的刑法原则。
5. 论述西周时期的六礼、"七出""三不去"。

第三章 春秋战国时期的法律

导 言

春秋战国时期，随着铁器、牛耕的发展，社会生产力水平大幅提高，这使得井田制趋于瓦解，土地私有制逐步确立，三代以来原有的分封、宗法制度受到严重冲击，社会形成了"礼崩乐坏"的乱局。新的政治格局的出现需要新的理论作为支撑，我国历史上著名的思想解放运动"百家争鸣"拉开序幕。社会经济、政治及文化的巨大变化也促进了这一时期法律制度的变革。

春秋时期，新兴地主阶级登上历史舞台，符合其利益追求的公布成文法运动轰轰烈烈地展开，郑国子产"铸刑书"，晋国赵鞅"铸刑鼎"，打破了"刑不可知，威不可测"的法律状态，使我国法律完成了由习惯法向成文法的转变，在沉重打击宗法等级制度的同时，促进了生产关系的发展。战国时期，公布成文法运动得到进一步发展，李悝著《法经》，初步确立了成文法典的基本体例和原则，对后世成文法典的编纂产生了深远影响。

战国时期出于富国强兵的需要，各国逐渐倾向于采用法家理论治国，并适时变法求强，其中最为彻底的变革运动为秦国的商鞅变法。商鞅在当时经济衰微、政治动荡的秦国推行变法改革。一系列改革措施使秦国的经济实力、军事实力得到显著提高，君主专制、中央集权得到加强，为秦国最终的发展与强大起到了极大的推动和促进作用。

学习目标

通过本章学习，掌握以下主要内容：

1. "百家争鸣"中各学派的法律思想。
2. 春秋时期的公布成文法运动。
3. 春秋战国时期行政法律、刑事法律以及司法制度的变革。
4. 《法经》产生的背景、主要内容及历史地位。
5. 商鞅变法及其历史意义。

第一节 社会转型与"百家争鸣"

一、春秋战国时期的社会转型

春秋战国是我国古代社会经济政治面貌发生巨大变革的重要时期，在这一时期我国进行了社会转型，由血缘社会逐步转变为地缘社会，由封建诸侯、贵族分权的时代转变为君主专制集权的时代。春秋战国时期的社会转型主要表现在经济、政治和思想文化三个层面。

春秋时期社会经济的变化首先体现在生产工具的发展。从新近出土的铁器可以看到，春秋时期尤其是中晚期，铁器已较为普遍，其分布领域遍布全国，如陕西陇县边家庄出土铜柄铁剑一件[①]，甘肃灵台县景家庄出土春秋早期铜柄铁剑一把[②]。考古发掘与文献资料证明春秋时期冶铁手工业的发展和开始用于制作生产工具。随着冶铁业的发展、铁农具的普及、牛耕技术的推行、水利灌溉事业的发展，以及土壤改良技术的提高，农作物的产量大幅提高，这一时期的农业迅速发展。农民劳动生产率的提高，使他们在耕种私田和公田之外，还能有剩余的劳动力，于是他们便在井田外开垦荒地。井田制因此受到冲击，趋于瓦解。此外，井田的"十一"地租或军赋也难以满足各诸侯国统治者日益奢靡的生活和日益频繁的兼并战争，各国统治者为了增加赋税，也不得不改变井田的疆界，增加农田的面积，承认农民在井田之外开垦的荒地为合法之田。在齐国、晋国等实力强大的诸侯国纷纷实行税制改革后，公元前594年，鲁国实行"初税亩"，标志着鲁国放弃了在公田上借民力以耕田的剥削方法，承认土地私有，并按照个人耕种的土地征税。传统土地制度的崩溃也成为瓦解宗法制度的重要经济因素。

---

① 张天恩. 边家庄春秋墓地与汧邑地望 [J]. 文博，1990（5）：227.
② 刘得祯，朱建唐. 甘肃灵台县景家庄春秋墓 [J]. 考古，1981（4）：300.

由于作为经济基础的"井田制"的瓦解，与之并行的上层建筑"分封制"和"宗法制"也必然会受到冲击。顾炎武在其著作《日知录·周末风俗》中生动描述了春秋战国时期社会变化的几大特点："如春秋时，犹尊礼重信，而七国则绝不言礼与信矣。春秋时，犹宗周王，而七国则绝不言王矣。春秋时，犹严祭祀，重聘享，而七国则无其事矣。春秋时，犹论宗姓氏族，而七国则无一言及之矣。春秋时，犹宴会赋诗，而七国则不闻矣。春秋时，犹有赴告策书，而七国则无有矣。邦无定交，士无定主，此皆变于一百三十三年之间。"由此可见，春秋末年，原有的血缘宗法制社会阶级结构逐渐解体，王室经济和军事实力的衰微导致周王失去了对诸侯国的控制，权威扫地，实力较强的诸侯国逐步发展壮大，"礼乐征伐自天子出"逐步转变为"礼乐征伐自诸侯出"。周礼中的一些重要制度也不再被遵守，社会形成了所谓的"礼崩乐坏"的局面。

由于社会结构的重新调整，现实政治发生巨大转变，它需要新的理论来为自己提供存在的合法性证明，这便要求知识阶层提出符合新时代的法治思想和精神产品。这一时期，原来的"学在官府"、贵族垄断文化的局面被打破，出现了"天子失官，学在四夷"的新格局。在这个大变革的时代，不同学派和众多思想家不断涌现，形成了我国历史上一次著名的思想解放运动——"百家争鸣"。以儒家、法家、道家、墨家为代表的"百家"展开思想上的大论战，逐步突破了宗法礼治的束缚，从对"礼"的损益到对"礼"的否定，形成了以中央集权、君主专制为特征的法治思想。

二、"百家争鸣"的思想格局

（一）儒家的法律思想

儒家思想是中国文明经历了夏、商、周近1700年之后，由思想家孔子所创立的。孔子生活在春秋时期的鲁国，鲁国是诸侯国中受周文化影响深远的国家。孔子钦佩周公，向往"郁郁乎文哉"的西周时期，一生的志向就是重建西周的礼治秩序。孔子在继承前代思想的基础上，创造了以"仁"为核心的思想理论体系，秉持"礼治""德治""人治"相结合的法律思想。

1. 孔子的法律思想

孔子创立的儒家学说以"仁"为核心。"仁"在孔子的学说中，有以下三个含义：首先，孔子提出"仁者，人也"（《中庸》）。"仁"代表了孔子对人之所以为人的思考。孔子对人的要求，着重于从人的道德去要求。在孔子人之为人的所有道德价值体系中包含了各个方面的道德，"仁"在孔子的道德价值体系内处于最高地位，对其他道德起统率作用，为众德之德。其次，"仁"是解决人与人之间关系的方案。"樊迟问仁，子曰：'爱人'。"爱人是与他人的相处之道。"仁"以情感和本性为基础。在人所有的情感中，亲情最为核心。在此基础上，孔子又强调"父父、子子"，"父慈子孝，兄友弟恭"，家庭成员各守自己的名分和义务，才能实现家庭的和谐，乃至天下的太平。最后，从政治治理的角度看，孔子主张外在礼制和内在德治的结合。

所谓"礼治"，是指统治者应当按照"礼"所规范的社会等级秩序和人伦关系来治理国家。在"礼崩乐坏"的春秋末期，孔子怀念周王朝繁盛时期的礼治状态，提出了"大同"的社会理想，反复强调"为国以礼""克己复礼"，认为应该通过"正名"和"行仁"来恢复西周时期的"礼"。"礼治"以"五伦"为中心，儒家认为体现尊卑贵贱的"五伦"是礼的核心，是天道之理，不容冒犯。在以"五伦"为核心的基础上，主张严格遵守"君君、臣臣、父父、子子"的宗法等级名分，遵照"君使臣以礼，臣事君以忠"，要求立法、行事必须"名正言顺"。"礼治"既要求以家族为本位，序尊卑，强调"亲亲"，又要求以社会等级为基础，别贵贱，强调"尊尊"。

所谓"德治"，是指统治者应当以德服人，以德治理国家。孔子说："为政以德，譬如北辰。"（《论语·为政》）这就强调当政者如果以德治理国家，人民就会心悦诚服地拥戴他们。孔子认为："道之以政，齐之以刑，民免而无耻。道之以德，齐之以礼，有耻且格。"（《论语·为政》）只有用道德去引导人民，用礼仪去感化人民，人民才会有所敬畏，才会常怀廉耻之心，才会明辨是非。在德与刑的关系上，儒家主张"德刑并用，以刑辅德"，儒家虽然推崇用礼和道德去教化人民，但并不否定刑罚的必要性，其把刑罚视为一种辅助手段，认为当教化没有起到相应的作用时，可以通过刑罚来约束人民。

所谓"人治"，即"为政在人"，"人"不是指普通百姓，也不是指在任君主，而是指那些"仁以为己任"的"仁人""良人"。孔子认为人与法相比，人的作用是首要的，"其人存，则其政举；其人亡，则其政息。……故为政在人。"（《礼记·中庸》）是否由德才兼备的人管理国家，这是国家兴亡的关键。孔子认为，有德行的君主要做到富民，要爱惜民力，"使民以时""节用而爱人""薄赋敛则民富"。孔子说："有君子之道四焉：其行己也恭，其事上也敬，其养民也惠，其使民也义。"（《论语·公冶长》）为政者不仅要品德高尚，而且要教民。孔子所构建的理想社会是每个人的"仁"的品格的形成，并最终从内心遵从社会规范，因此，政治管理在于改变人的内心和品格，为政者的率先垂范最终也是为了实现这一目的。统治者以自己的德行教化人民，示范大众，就可以达到垂拱而治。

2. 孟子、荀子的法律思想

儒家思想的另外两位代表人物孟子和荀子对孔子的思想进行了发展。孟子主张把"仁"的思想发展成为"仁政"，主张"不以仁政，不能平治天下"，"施仁政于民，省刑罚，薄税敛"。他提出"民贵君轻"的民本思想，认为人民、国家比国君更重要，并提出"性善论"的伦理观。

荀子主张"仁义""王道""以德服人"，提出"君舟民水"的民本思想和"性恶论"的伦理观。"以礼治国"是荀子政治思想的核心，也是荀子礼治思想的核心。他说："人之命在天，国之命在礼。"（《荀子·天论》）。"国无礼则不正。礼之所以正国也，譬之犹衡之于轻重也，犹绳墨之于曲直也，犹规矩之于方圆也。"（《荀子·王霸》）他认为人们都应严格按照礼所规定的等级分享权力和物质利益。在隆礼的同时，荀子意识到礼义的局限性，他认为社会的治理不仅需要非强制性的规范——礼义，还需要强制性的法度。荀子认为，"人性本恶"导致了社会对礼义和法制的需要，礼义的作用为"化"，而法制的作用为"禁"。荀子常将礼与法并举，"隆礼尊贤而王，重法爱民而霸。"荀子的思想，一方面继承了儒家传统的礼治思想，将礼视为治国的根本原则与手段，另一方面又竭力渲染法的不可替代的政治功用，将其提高到之前儒家学者所未及的高度。荀子对儒家思想的这一革新，是面对战国时期法家对儒家的强烈冲击，糅合儒家礼治与法家法治于一体的结果。

（二）法家的法律思想

法家虽然成熟较晚，但其成形很早，最早可追溯到夏商时期的理官，其在战国时期走向成熟。春秋战国时期亦称之为刑名之学，经过管仲、士匄、子产、李悝、吴起、商鞅、慎到、申不害、乐毅、剧辛等人的大力发展，遂成为一个学派。战国末期，韩非对他们的学说加以总结、综合，集法家之大成。法家主张依法治国，最为重视法律的作用，其代表了新兴地主阶级的利益。

1. 法的本质

关于法的本质，法家主张：①"法"是国家制定和公布的成文命令。韩非指出："法者，编著之图籍，设之于官府，而布之于百姓者也。"（《韩非子·难三》）②"法"是民众的行为准则。慎到指出："法者，所以齐天下之动，至公大定之制也。"慎到认为"法"是"齐天下之动"，是规范和统一天下民众的一种制度。管子也认为，"法者天下之仪也"（《管子·禁藏》），他主张法律要规范民众的行为。③"法"应具有强制力和制裁力。不同于儒家主张的通过"礼"来正面引导，法家偏重于从消极方面进行强制，认为"法"是强制性的禁令。法家将"法"与"令"结合使用，二者皆具有强制性，表现为强制的制裁。④"法"要公正、客观。法家把"法"比作度量衡，并从这一角度给"法"下了定义。《管子·七法》记载："尺寸也，绳墨也，规矩也，衡石也，斗斛也，角量也，谓之法。"《管子·明法解》记载："法者，天下之程式也，万事之仪表也。"法如同规矩、绳墨、丈尺一样是人们行事行为应遵循的准则，这都是在强调法的规范作用及公正客观性。

2. 法的作用

管子将法律的作用概括为："法者，所以兴功惧暴也；律者，所以定分止争也；令者，所以令人知事也。"（《管子·七臣七主》）法家认为，法律的首要作用是"定分止争"。慎到说："一兔走街，百人追之……积兔满市，过而不顾，非不欲兔也，分定之后，虽鄙不争。"（《慎子·逸文》）由此可见，法家认为，对于所有权已经确定的财产，不要再争夺，否则就会受到法律的制裁。这是以土地私有制为基础的财产私有观念进一步发展的反映。法律的另一个重要作用是"兴功惧暴"。"兴功"的目的是富国强兵，这是为了满足统治者进行兼并战争的需要，而"惧暴"的目的是压迫民众，使其不敢反抗。此外，法律还有"令人知事"，即发布行政命令的作用。

3. 法的起源

法家认为，法律是社会发展到一定阶段的产物。人类社会初期没有法律，后来由于人与人、族与族之间的争夺和矛盾，为了"定分止争"，需要"立禁""立官""立君"，才产生了法律。法家认为，法律的作用在于"止争"和"立禁"，其本身带有强制的属性，法家甚至承认法律是"内行刀锯，外用甲兵"的暴力。

4. 推行法治的方法

法治是法家思想的核心，也是其与儒家治国理论的争论焦点。法家认为，首先，推行法治要"以法为本"，立法者要"当时而立法"，适应时代的要求；要"因人情"，使"令顺民心"，实质上是使法律符合新兴地主阶级的意志；要考虑"人力之所能为""毋强不能"。其次，法律应成为民众言行的统一标准。法律应具有绝对权威，具有相对稳定性，不可随意更改，且要以成文的方式向民众公布。再次，要善用赏罚。法家从其"好利恶害"的人性论出发，认为行赏施罚是贯彻法律的唯一有效手段。最后，坚持"法""术""势"相结合的治国方略。商鞅、慎到、申不害三人分别提出"重法""重术""重势"的治国方略，法家思想的集大成者韩非提出了将三者相结合的思想。"法"是指健全法制，"术"是指驾驭群臣、掌握政权、推行法令的策略和手段，"势"是指君主要独掌军政大权，韩非认为只有将三者相结合，才能实现"法治"。

（三）墨家的法律思想

墨家约产生于战国时期，其创始人是墨翟。墨翟是鲁国人（一说宋国人），出身于小手工业者。墨家是一个代表小生产者利益的学派，也是唯一一个代表劳动人民利益的学派。墨子生活于保留周文化最为丰富的邹鲁之地，且时代晚于孔子，曾受到儒家学说的影响。据说他早年曾"学儒者之业，受孔子之术，以为其礼烦扰而不说，厚葬靡财而贫民，久服伤生而害事，故背周道而用夏政"（《淮南子·要略》）。所以，从学术渊源上看，儒、墨两家有着很大的一致性。但墨家对西周的礼乐制度采取了不同于儒家的态度，认为儒家礼制过于烦琐、劳民伤财，因此另立门派，创立了墨家学派。

1. "兼相爱、交相利"的法律观

"兼相爱、交相利"的思想是墨家思想的核心。墨家认为，战国时代是一个强执弱、众劫寡、富侮贫、贵傲贱的乱世，民众之所以过着"饥者不得食，寒者不得衣，劳者不得息"的痛苦生活，是因为他们皆"不相爱"。墨子说："以兼相爱，交相利之法易之。"（《墨子·兼爱中》）墨子所向往的理想社会是"天下之人皆相爱"，他主张"兼相爱、交相利"，反对"别相恶、交相贼"。所谓"兼相爱"，是针对"别相恶"而言的，它要求"天下之人皆相爱，强不执弱，众不劫寡，富不悔贫，贵不敖贱，诈不欺愚"（《墨子·兼爱上》），不别亲疏、贵贱、贫富，无所差别地爱所有人，这显然与儒家的"爱有等差"有着鲜明的区别。所谓"交相利"，是针对"交相贼"而言的，是指所有人都应该以对对方有利作为自己的行为准则，人们之间应互相帮助，反对战争和争夺。这也代表了小生产者建立互助互利、人人和睦的社会的愿望。

2. "以天为法"的自然法思想

墨子心中的"天"是具有人格的，它有思想，有好恶，墨子将其称为"天志"。墨子相信并尊崇上天，并将天的意志作为法律效力的来源与基础。因此，杨鸿烈说："墨子是主张敬天的法治主义。"[①] 墨家很重视"法仪"或"法度"的作用。对于以何为法，墨子说："以天为法，动作有为必度于天。天之所欲则为之，天所不欲则止。"（《墨子·法仪》）可见，"天志"就是衡量一切是非善恶的最高准则。墨子主张应以天的欲、恶来确定人们的行为准则。他宣称："天欲人之相爱相利，而不欲

---

① 杨鸿烈. 中国法律发达史（上）[M]. 上海：上海书店，1990：68.

人之相恶相贼也。"也就是说,"以天为法"就应以"兼相爱、交相利"为"法",墨家将"兼相爱、交相利"视作"天志"。

3. "一同天下之义"的法律起源论

墨家认为,人类社会初期,没有国家,没有法律,整个社会处于混乱的状态。在国家和法律产生之前,"一人则一义,二人则二义,十人则十义"(《墨子·尚同下》)。每个人都有自己对于是非的判断标准,人人意见不一,大家因而互相争夺、互相亏害。因此,墨家提出了"尚同"的主张,要求各级正长直到天子必须"一同天下之义"。这就需要"选天下之贤可者,立以为天子"(《墨子·尚同上》),然后由天子"发宪布令于天下之众"(《墨子·尚同下》),这种上自天子,下至正长的行政体系的形成,是国家产生的标志之一。

(四)道家的法律思想

道家作为"百家争鸣"中一个重要的思想流派,起源于春秋战国时期,其代表人物是老子和庄子。老子是道家学派创始人。他姓李名耳,字聃,春秋时期楚国人。现存《老子》八十一章,又称《道德经》,记述了老子的思想。庄子,名周,战国时期宋国人。现存《庄子》三十三篇,一般认为内篇七篇为庄子自著,外篇十五篇、杂篇十一篇是后人所作。

道家以"道"为核心,认为大道无为,主张道法自然,提出道生法、以雌守雄、刚柔并济等政治、经济、治国、军事策略,具有朴素的辩证法思想。道家的法律思想主要是从"道"出发引申的"惟道是从""无为而治",老子和庄子从不同角度对这一观点进行了阐述,以这一观点为核心的法律观也对此后政治法律制度产生了深远影响,创造了诸如汉朝"文景之治"的辉煌。

1. 老子"道法自然"的法律观

"人法地,地法天,天法道,道法自然"是老子法律思想的核心。"道"既指宇宙万物的本原,又指万物的规律。老子认为"道"可生育万物,但它是毫无意志、无目的的。道是公正无私的、永恒的、普遍的存在,是世间一切秩序、规则的源泉。"大道废,有仁义",道是最高准则,"失道而后德,失德而后仁,失仁而后义,失义而后礼"(《道德经》三十八章)。因此,他批判儒家的德、仁、义、礼都是违背最高准则后的产物。他认为人世间的法则应顺应天地万物之自然,以自然为法则。因此"道常无为而无不为""道法自然"。他认为人类立法应持"以天合天"的态度,切不可"以人灭天"。

与此同时,老子主张最理想的治国方案是"无为而治",强调自然的天道是

"无为"的，人们遵循天道行事，就要自然无为。这也是其"道法自然"思想在治国理政方面的体现。"天地不仁，以万物为刍狗；圣人不仁，以百姓为刍狗。"(《道德经》第五章）这是老子对"自然无为"思想做出的说明。"无为而治"要求人"处无为之事，行不言之教"，提倡"不争之德"，同时也要求国家治理者具有"无为"的品格。他认为统治者应顺应自然，不因私欲而有违自然规律。"其政闷闷，其民淳淳；其政察察，其民缺缺"(《道德经》第五十八章），也就是说，为政宽厚而不严苛方能使民淳朴。老子反对沉重的赋税，"民之饥者，以其上食税之多"（《道德经》第七十五章）。他还反对苛刑，"法令滋彰，盗贼多有"（《道德经》第五十七章），"民不畏死，奈何以死惧之"（《道德经》第七十四章）。他认为，人为的刑杀并不是遏制犯罪的有效手段，反而使盗贼泛滥。

此外，老子还主张"不仁、无私"，"不仁"是指"不偏爱"。"天道无亲，常与善人。""善人"是指行动符合自然的人，行动符合自然，就会得到"天道"的帮助，行动违反自然，便会受到"天道"的惩罚。由于"天道"具有公正、无私的特点，那么在顺应"天道"的法律前要一视同仁，不能厚此薄彼。

2. 庄子自然主义的法律观

庄子是道家的主要代表人物，与道家始祖老子并称为"老庄"。庄子和老子都把"道"视为天地万物的本原和主宰，承认在"人定法"之外"天道"的存在。庄子认为"天道"具有自然无为、公正无私、广大无边、无所不在的特征，所以要求人们"循道而趋"。同时庄子也主张"无为"是根本，既然"天道"已经是最完善的了，就不要加以人为。与老子不同的是，庄子在推崇自然法的同时，对人定法持根本否定态度，主张毁弃一切法度，认为君主制定和颁布"经式义度"是"欺德""逆天道"的行为，应当让人们返回到蒙昧无知的"至德之世"，这种虚无主义的思想在我国法律思想的发展史上产生了消极影响。

第二节　春秋时期的法律变革

一、公布成文法的运动

春秋初期，各诸侯国基本沿袭西周的法律制度，但到了春秋中晚期，政治、经济、思想文化领域的变化引起了法律制度的重大变革，以郑国、晋国为代表的各诸侯国纷纷开始制定并公布以保护私有财产为中心的成文法律。成文法的公布逐渐从郑国、晋国扩展到其他国家，成为当时时代的法律潮流。

（一）郑国子产"铸刑书"

公元前536年，郑国执政子产命令把郑国的法律条文铸到鼎上，公布于众，令国民周知这是国家常用的法律，史称"铸刑书"。这也是我国历史上第一次公布成文法的运动。子产，郑穆公之孙，名侨，于公元前543年至公元前522年执掌郑国国政20余年，是春秋时期著名的政治家。子产执政时力图通过改革以挽救郑国的衰落。在土地方面，他主张推行"作封恤"的改革措施，整顿疆界土地沟渠，开亩树桑；在税收方面，他主张按田亩征收税赋，消灭井田制，承认土地私有；在军事方面，他主张允许私有土地上的农民充作甲士，增强了军事实力。在他执政过程中，引起反响最大的是"铸刑书"事件。

除子产外，郑国还有另一位制定成文法的实践者——邓析。在子产"铸刑书"后，邓析将成文法条文私自刻在竹简上，编制成"竹刑"。虽然邓析后来被郑国贵族所杀，但其编制的"竹刑"得到了郑国的认可，具有法律效力，"竹刑"在郑国的成文法公布运动中也起到了重要的作用。

（二）晋国赵鞅"铸刑鼎"

在子产"铸刑书"的23年后，公元前513年的冬天，赵鞅和荀寅率领晋国军队在汝水之滨修建城防工事，同时，向晋国民众征收"一鼓铁"，铸造载有范宣子所制定的"刑书"[①]的大鼎，史称"铸刑鼎"。《左传·昭公二十九年》记载："冬，晋赵鞅、荀寅帅师城汝滨，遂赋晋国一鼓铁，以铸刑鼎，著范宣子所为刑书焉。"这是晋国开始正式公布成文法，也是我国历史上第二次公布成文法的运动。

（三）公布成文法所引起的争议

春秋时期，新兴地主阶级登上历史舞台，他们坚决反对原有贵族垄断法律，要求将成文法公之于众，以维护自己以私有财产为中心的各种权利。对于子产"铸刑书"，旧贵族的代表叔向表示强烈反对。《左传·昭公六年》记载，叔向在给子产的信中说："昔先王议事以制，不为刑辟，惧民之有争心也……民知有辟，则不忌于上，并有争心，以征于书，而徼幸以成之，弗可为矣。……'国将亡，必多制'，

[①] 范宣子在晋平公时任晋国执政，曾制"刑书"。孔颖达疏曰："范宣子制作刑书，施于晋国，自使朝廷承用，未尝宣示下民。"

其此之谓乎!"叔向反对把法律明文公布出来,主要理由是原来的法律掌握在王公贵族手中,因而平民尊重和忌惮贵族。人们一旦知道了法律的条文,就不会再看重道德,遵守礼仪,而会以法律和贵族相抗衡,从而危害贵族阶层的利益。面对叔向的尖锐批评,子产在给叔向的回信中言其"铸刑书"的目的是"不能及子孙,吾以救世也"。公元前513年,晋国赵鞅"铸刑鼎"后,同样遭到了孔子的强烈反对。孔子说:"晋其亡乎!失其度也。"其认为成文法的公布破坏了社会原本的尊卑贵贱等级制度,"民在鼎矣,何以尊贵?贵何业之守?""贵贱无序,何以为国?"

从上述文献记载中可以发现,对公布成文法持相反意见的双方,争议的焦点主要表现在两个方面:

一是对于社会调控手段的选择不同。以儒家为代表的春秋时期的思想家认为,社会规范应该分为三个层次,首先是"德",其次是"礼",最后才是"刑"。在叔向、孔子等人看来,"德""礼""刑"是有高低、优劣之分的,使用的次序断然不能颠倒。他们认为春秋时期出现王室衰微的情况,是因为礼的教化大不如前,故要"克己复礼",而非摒弃礼法,通过公布成文法的形式来改变社会秩序。以子产为代表的革新派认为,"礼崩乐坏"已成既定事实,要想"救世"必须进行变革,谋求新的出路。将"刑罚"作为调控社会的手段是更加务实的方式,要想通过这种方式来进行变革,就必须废除当时的"议事以制,不为刑辟"的做法。公布成文法可以让法律透明化和确定化,使百姓能够知道法律的具体内容而主动遵守,同时明确不遵守法律将会受到相应的刑罚。

二是所追求的目标不同。叔向、孔子等人反对公布成文法,是因为他们认为仅依靠强制手段建立的理想社会是不能长久的,即使通过公布成文法让社会恢复安定状态,百姓也只会"民免而无耻"(《论语·为政》)。他们认为公布成文法是一种急功近利的做法,只有"礼治"才能对百姓进行教化,感化人心,最终实现"有耻且格"(《论语·为政》)。在主张公布成文法的革新派看来,在当时"礼崩乐坏"的社会环境下难以通过"礼治"来稳定社会秩序,不如退而求其次,通过公布成文法发挥刑的威慑作用,使人"不得为非",这是实现"救世"最简捷有效的手段,因此他们不问百姓内心的道德秩序。

(四)公布成文法的意义

公布成文法的运动,在当时具有巩固改革成果的作用,同时,成文法的公布在我国法制史的发展上具有重大的意义。首先,它打破了"刑不可知,威不可测"的早期社会的法律形态,使定罪量刑具有了一个公开且统一的标准,完成了法律从习惯法到成文法的转变;其次,它打破了三代以来礼刑合一的法律体系,弱化了礼在社会规范中的作用,为战国时期法家思想的发展与实践奠定了基础;再次,它打破了"刑不上大夫"的量刑原则,限制了旧贵族的特权,沉重打击了传统的宗法等级制度;最后,成文法的公布体现了新兴地主阶级争夺政治地位、保障人身安全和保护土地私有权的要求,极大地推动了新的生产关系的发展。

二、行政法律的变革

(一)中央官僚制度的形成

春秋早期,诸侯国内部仍主要实行世卿世禄制度,贵族特别是族长凭借特权阶层身份,可在本国世代为官,即所谓"官有世功,则有官族"(《左传·隐公八年》)。当时,各诸侯国主要的执政和政务官,统称为卿,卿是军、政合一的高级官,由世袭的卿大夫担任。在春秋时期,卿可分为上、中、下三等。《左传·成公三年》记臧宣叔曰:"次国之上卿当大国之中,中当其下,下当其上大夫。小国之上卿当大国之下卿,中当其上大夫,下当其下大夫。"但卿分三等很可能是西周之制。从史料的记载看,当时仅齐国有三等之卿的明确记载,郑国、晋国等国家仅有上卿、下卿的记载。

到春秋后期,各诸侯国相继出现文武分职。齐景公即位时,崔杼有功被立为右相,庆封为左相,这是最早的以"相"名官,文武分职也由此逐步得到发展。三家分晋以后,同时设置"将军"和"相",说明文武职已经分离。"故贵为列侯者,不令在相位;自将军以上,不为近大夫。"(《战国策·赵策一》)可见,此时世卿世禄制度正在向官僚制度过渡。

春秋时期,虽然西周的世卿世禄制度仍然占据主导地位,但是在基层官吏的选用上,"任人唯贤"的原则已经开始显现。地位卑下但有能力的知识分子能够得到各诸侯国的统治者的重用而担任高官,甚至一些人才可以进行跨国别的流动。

(二)地方郡县制的建立

春秋时期,一个新的政治制度——郡县制开始出现。这一制度原本是政治上的权宜之计,国君对新占领的土地,并没有按照"分封制"分封下去,而是"悬而未封",设为一级行政管理机关,由国君直接控制。这一制度下国君的实力远胜于"分封制"下的国君。楚国和晋国是春秋时期最早设立郡县的两个国家,春秋初期,楚国设立了县。史料记载,楚武王灭掉权国,将其改建为县,将县作为一级行政组织,县的长官由君主直接控制,是为"设县之始"。秦国也是较早设县的诸侯国,其历史可以追溯到秦武公时期。秦武公即位之后,秦国的国力逐渐增强,在对外战争中不断取得胜利。在新扩张的领土上,出现了直接受中央机构管辖的县。公元前688年,秦武公攻打邽、冀两地的戎族,开始把这两地作为秦国的县进行管理。次年,又设置了杜、郑两个县。

春秋后期,晋国设立了郡。目前最早见于记载的是公元前650年,晋公子夷吾私于公子挚曰:"君实有郡县。"此外,公元前493年,赵简子率师伐齐,誓词中有"克敌者,上大夫受县,下大夫受郡"(《左传·哀公二年》)的记载。郡设在新得到的边地,因为边地的位置偏僻,地广人稀,所以虽然面积比县大,但是地位比县低。郡的长官称为"守"或"太守",既是行政长官,又是军事长官。

郡县制的出现,增强了国家实力,加速了古代宗法分封制度的瓦解,推动了诸侯国中央集权制的形成。尤其是春秋战国时期的秦国,借助郡县制的建立,使国家实力大大增强,最终完成了统一六国的大业。

三、刑事法律的变革

(一)刑罚的种类

春秋时期的刑罚种类沿袭西周,刑种主要分为肉刑、死刑、自由刑、财产刑、流刑、群体刑等。肉刑是指强制造成犯罪者生理终身残疾的刑罚,主要包括五刑中的墨刑、劓刑、剕刑、宫刑,此外还有鞭、挟、贯耳等刑。死刑是指剥夺生命之刑,是五刑中最重的刑罚,名目主要包括斩、杀、戮、焚、醢、辕、烹、赐死等。自由刑是指限制或剥夺人自由的刑罚,主要包括惩役刑、有期徒刑、无期徒刑等。财产刑是指剥夺犯罪者部分或全部财产的刑罚,根据惩罚对象缴纳物的不同,可以划分为金罚和物罚。流刑主要是指流放、驱逐等。群体刑主要适用于整个宗族,方式有逐族、灭族等。

从总体上看,春秋时期的刑罚仍延续前代的特点,表现出以肉刑和生命刑为主,是较为残酷的。同时,春秋时期的刑罚并未通过建立完整的法典而加以详细规定,也未形成严整的体系。因此,有学者认为:"在春秋法制与战国以后的法制之间有一条时代分界线……在这条时代分界线之后是刑罚法定时代,之前是刑罚的非法定时代。与此相应,刑罚法定时代的战国、秦汉法制属于成文法时代,而刑罚非法定时代的春秋法制属于前例法时代。"[①]

---

① 徐祥民. 略论春秋刑罚的特点 [J]. 法学研究, 2000 (3): 159-160.

（二）刑罚的原则

1. 刑不上大夫

春秋时期的刑罚具有鲜明的阶级性。"刑不上大夫"原则是宗法等级制度在法律上的体现。大夫以上的贵族犯罪在执行时享有特权，"不执缚系引，不使人颈盭，不捽抑"，处死刑不"于市"，而"于朝"。贵族在刑事方面的特权集中反映在"八辟之法"制度中。《周礼·秋官司寇·小司寇》记载："以八辟丽邦法，附刑罚：一曰议亲之辟，二曰议故之辟，三曰议贤之辟，四曰议能之辟，五曰议功之辟，六曰议贵之辟，七曰议勤之辟，八曰议宾之辟。"春秋时期延续西周的"八辟之法"。亲指亲族，故指故交，贤、能、功、勤指各类臣工，贵指世家贵胄，宾指前代王者之后，"八议"者本人及其亲属，在触犯刑律的时候，都享有减免刑罚的法律特权。"八辟之法"是后世"八议"制度的渊源。

2. 区分故意犯罪与过失犯罪、偶犯与惯犯

春秋时期的区分犯罪故意与过失的刑罚原则，是在西周"宥过无大，刑故无小"的基础上发展而来。这一原则将犯罪者对于自己的行为危害有无认识，以及犯罪行为的态度是"惟终"还是"非终"作为定罪量刑和适用刑罚的依据。

3. 同罪不同罚

"同罪不同罚"是"刑不上大夫"的具体运用，是宗法等级制度在刑罚上的具体体现。奴隶主贵族与普通百姓无论是在刑具使用、处决地点还是刑徒等方面都有所不同。处罚时，按照罪犯的罪行轻重，参考其身份等级，实行轻重不同的处罚，在法律面前实行公开的不平等原则，官吏和有爵位的人可以从轻处罚，官爵高的人和贵戚可以减刑或赎罪。

4. 上下比罪，类推定罪

春秋时期适用上下比罪，类推定罪的原则。类推定罪即对于法无明文规定的犯罪，比照相类似的条款定罪。《荀子·大略》记载："有法者以法行，无法者以类举。"《尚书正义》记载："上下比方其罪。"因此，在法无明文规定的前提下，法官可以通过比附类推或成例比附的方式来定罪科刑。

四、司法制度的变革

春秋时期，司法权既表现为裁判权，又表现为执法权。司法主体也呈现多元性，横向来看，既有专门负责司法裁判事务的"专职法司"，如司寇、士、理等，又有

在其管辖范围内具有一定司法权的"兼职法司",如司徒、司马、司空等。纵向来看,从天子、盟主、诸侯到卿大夫、县大夫,都在其管辖范围内掌握着一定的司法权。各司法主体的司法权呈现出交叉性和复杂性的特点。

春秋时期仍然处于宗法贵族以"礼"为治的时期,因此,司法裁判活动具有鲜明的时代特征,即议事以制、合乎礼、讲求实效。所谓议事以制,是指贵族阶层根据某种原则和规则,对纠纷和诉讼("事")进行裁断,以分清是非和有罪无罪。合乎礼是指符合宗法原则,各种裁判依据符合礼的规定和精神。讲求实效是指要综合各种因素,以做出能够实现裁判者所想要达到的效果的裁判。春秋后期的"铸刑书""铸刑鼎"既反映了裁判方式由"议事以制"向"罪行法定"的转变,也反映了裁判依据由"依于礼"向"据于刑"的转变,是政体由宗法贵族制度向君主专制制度转变在司法方面的体现。

第三节　战国时期的法律变革

一、魏国变法与《法经》

(一) 魏国变法

战国时期魏国魏文侯当政时,任用李悝为相。为了使魏国走向强盛,李悝在魏国推行了他的变法主张。李悝在魏国的变法,是中国变法之始,在中国历史上产生了深远的影响,后来著名的商鞅变法、吴起变法等,无不受到李悝变法的影响。从李悝变法开始,战国时期的政治、法律、军事、经济、文化革新逐渐深入到更广泛的层面,整个社会结构和制度发生改革和变动。由此,中国文明进入更广泛、更深刻的阶段。李悝变法的主要内容包括以下几点:

(1) 废除奴隶制时代的世袭制度,根据能力来选拔官吏,取消旧贵族原本享受的世袭俸禄,用来招募贤才,发展生产。

(2) 正式废除中国传统的井田制,采取"尽地力之教"的政策,鼓励百姓垦荒。废除原本井田制下的土地界限,允许土地私有买卖。同时,对国家境内的所有土地进行测评,估算国家的土地产量,制定合理的税收政策。按照土地的贫瘠标准,分配土地给农民,充分调动农民生产的积极性。

（3）实行法治，建立体系化的魏国法律《法经》，对于国家法令、政府职能、官员的升迁奖惩、军功的奖励，都做了较为完备的规定。

（4）改革军事制度，建立"武卒"制，对军队的士兵进行考核，奖励其中的优秀者，并且按照不同士兵的作战特点，重新将他们进行队伍编排，发挥军队的作战优势。

（二）《法经》的产生

1. 《法经》产生的背景

自郑、晋两国公布成文法后，其他各国也纷纷仿效，公布成文法运动拉开序幕。战国时期，魏国李悝为了巩固其变法成果，汇集各国立法、司法经验，著成《法经》一书，成为春秋各国公布成文法运动的顶峰。《法经》通过魏文侯予以公布，并以法律的形式肯定和保护变法，稳定国家和社会秩序。《法经》作为我国历史上第一部比较系统的成文法典，成为以后历代法典的蓝本，对后世的法律发展产生了深远的影响。

2. 《法经》的主要内容

《法经》内容早已失传，《晋书·刑法志》保存了其指导思想和篇目："悝撰次诸国法，著《法经》。以为王者之政，莫急于盗贼，故其律始于《盗》《贼》。盗贼须劾捕，故著《网》《捕》二篇。其轻狡、越城、博戏、借假不廉、淫侈、逾制以为《杂律》一篇，又以《具法》具其加减，是故所著六篇而已，然皆罪名之制也。"根据记载，《法经》的内容有六篇，即《盗》《贼》《网（囚）》《捕》《杂》《具》。

李悝认为，"王者之政，莫急于盗贼"，因此将《盗》和《贼》列于篇首。《盗》是打击侵犯公私财产行为的法律；《贼》是有关危及政权稳定和人身安全的法律。维护私有财产和社会秩序皆是地主阶级的需求，因而《法经》主要反映的是地主阶级的利益，以巩固统治秩序为出发点。《网》也称《囚》，是囚禁和审判罪犯的程序性法律规定，即"盗贼须劾捕，故著《网》《捕》二篇"。《捕》是关于追捕盗贼以及其他犯罪者的法律规定。《杂》是对盗贼以外的其他犯罪与刑罚的规定。《晋书·刑法志》记载，其包括对"轻狡、越城、博戏、借假不廉、淫侈逾制"等违法行为的惩罚；还规定了"六禁"，即淫禁、狡禁、城禁、嬉禁、徒禁、金禁。《具》是规定定罪量刑的通例与原则的法律，相当于现代刑法典的总则部分。

3. 《法经》的历史地位

《法经》作为中国历史上第一部比较系统、完整的成文法典，对中国法制史的发展产生了深远影响，具有重要的历史地位。首先，《法经》是战国时期政治改革的重要成果之一,是对战国时期立法的全面总结。其次,《法经》初步确立了成文法典的体例和基本原则,标志着中国古代的立法技术开始走向成熟。它所具有的以刑为主、诸法合体的编纂特点及篇章结构等,都为后世所继承,为后世成文法典的编纂奠定了基础。再次,《法经》是我国第一部代表地主阶级利益、维护其统治秩序的成文法典,为后世成文法典之所宗。最后,《法经》的出现便于司法官准确适用法律和定罪量刑,有利于司法的统一,其将实体法和程序法大致区分开来,也有利于按客观规律指导法律实践活动。

二、商鞅变法及其历史意义

战国时期是中国社会大变革、大动荡的历史时期。在这一时期,诸侯国之间不断开展兼并战争以争夺生存空间,在激烈的群雄争霸中,逐渐产生了七个强国,即齐、楚、燕、韩、赵、魏、秦。各诸侯国为了避免在战争中失败或被他国兼并,纷纷进行变法改革,力图实现富国强兵的目标。秦国的商鞅变法则是这一时期诸国中最为彻底的一次变革运动,其改革手段适应了当时时代发展的需求,使秦国迅速崛起,并为秦国最终统一六国打下了坚实基础。

商鞅,卫国人,是卫国国君的后裔,姬姓公孙氏,故又称卫鞅、公孙鞅。后因在河西之战中立功获封商于十五邑,号为商君,故称之为商鞅。商鞅是战国时期著名的政治家、改革家、思想家,亦是法家学说的代表人物。吕思勉先生在其著作《中国通史》中言"秦国之强,起于献公而成于孝公",而秦孝公时期的国力强盛离不开商鞅变法的促进与推动作用。

(一)商鞅变法的历史背景

战国七雄中,唯有秦国位于西部,地处关中蛮荒之地,总体国力远落后于中原各诸侯国。商鞅变法前,秦国的经济发展严重滞后,仍然采用原始落后的经济制度,国家政权被牢牢地掌握在几个氏族大家手中。春秋时期中原各国进行的经济改革,秦国到战国时才进行。秦简公时期实行"初租禾",对耕地收实物税,落后于鲁国"初税亩"180余年。由于秦国经济落后,所处的地理位置也被其他先进的中原国家认为是夷域,其在诸侯国中地位卑微,不能参加诸侯会盟。为此,秦孝公深感"诸侯卑秦,丑莫大焉"。

商鞅变法前,秦国的政治制度也相对粗糙,其落后的经济制度束缚了政治制度的发展。当时的秦国依然坚持春秋时期分封制、宗法制的治国方略,政治制度落后、结构单一,社会动荡不安。在文化方面,山东六国由于立国都在周朝初年,因此传承了许多周朝先进的文化，而秦国受封相对晚于其他几国，地理位置偏僻，又与文化更加落后的西戎为邻，不免沾染了西戎的习气。

在这样的历史背景下，刚即位的秦孝公面对秦国生存与发展的危机，乃下《求贤令》："宾客群臣有能出奇计强秦者，吾且尊官，与之分土。"于是山东士子争相投秦，法家学说的忠实推崇者商鞅也来到秦国，展开了改变秦国历史命运的商鞅变法。

（二）商鞅变法的主要内容

1. 经济方面

（1）废井田，开阡陌封疆。商鞅主张废除西周的土地制度——井田制，承认土地私有，普通百姓可以通过开荒、购买等渠道获得土地。这一举措以法律的形式固定下来，保护了土地私有，大大提高了新兴地主阶级发展农业的积极性，使生产关系得到进一步深化，符合当时时代发展的需求，也稳固了新兴地主阶级的政治势力。

（2）奖励耕织，重农抑商。商鞅认为国家的存续与发展离不开农业的支持，因此要把发展农业放在首要位置，主张农为本，轻农税，保护农业生产力。其主张奖励耕织，生产粮食布帛多的家庭可以免除徭役。同时，商鞅认为"夫地大而不垦者，与无地同""故为国之数，务在垦草"（《商君书·算地》）。为了鼓励劳动人民积极垦荒，他建议秦孝公颁布了《垦草令》，推出了促进垦荒的20多种办法，大大刺激了秦国的农业发展。为了将劳动力捆绑在土地上，商鞅抑制工商业的发展，重征商税，因从事工商业而生活贫穷的工商户全家大小要受到惩罚。

（3）统一度量衡。商鞅变法前，由于度量衡的不统一抑制了秦国各地的经济往来，出于保障税收的目的，商鞅将秦国的度量衡进行了统一，这一举措既为秦国各地的经济、文化往来提供了便利，又为秦始皇最终统一度量衡打下了基础。

2. 政治方面

（1）废除世卿世禄制，加强君主集权。战国时期，周王室势力衰微，各诸侯国国王掌握着极大的政治、经济、军事权力，因而君主集权是商鞅进行政治制度改革的首要任务。君主集权的目的是将权力收归中央，由秦王统一行使，以防止宗室乱政，保证君主权力的稳定性。商鞅主张君主"垂法而治"的目的是使君主"独制于天下而无所制"，从而实现至高无上的君主权力。

（2）设立县乡里长管辖。商鞅将全国乡邑合成31个县，县的行政长官由中央直接任免，以实现中央对地方的有效控制，加强君主集权。县的长官称为"县令"或"县长"，他们与君主之间不存在血缘关系，这些职位也不是世袭的，商鞅建立起一套完整的官员考核、升迁、奖惩机制，使官员中政绩卓著者得到赏赐、升迁，不力者受到辞退、罢免。这一制度有效削弱了宗族势力，使行政效率得到提高，中央集权得到加强。

（3）设立严格的户籍制度。商鞅对户籍制度进行了相应的改革，把五户人家列为一个"伍"，两个"伍"称为"什"，"什"或"伍"中只要有一家出现违法犯罪，其他家要进行举报，并实行连坐。这一制度极大地削弱了宗室贵族的势力，进一步加强了君主专制和中央集权。

3. 军事方面

在军事上，商鞅主张实行军功爵制度，禁止私斗。其将军人在战场上的杀敌数量与爵位功勋结合起来，制定了二十等爵制度，根据军功大小授予爵位。如在士兵中"能得甲首一者，赏爵一级，益田一顷，益宅九亩"（《商君书·境内》），对于战争中没有战功或逃跑的士兵"不得，无返"。同时，禁止私斗，私斗者将会受到严厉的处罚。这样的军事政策使秦国士兵勇于在战场上杀敌并且"怯于私斗"，秦国的军事实力也因此得到显著增强。

（三）商鞅变法的历史意义

商鞅变法是战国时期一次比较彻底的变革运动，其从根本上改变了秦国的国家发展命运，为秦国开创了符合时代发展要求的新制度。在商鞅变法的推动下，秦国的改革成果得以巩固，贫穷落后的社会面貌得以改善，综合国力得到全面提高，富国强兵的目标得以实现。

商鞅变法的历史意义是深远的，在经济上，其改变了三代社会固有的生产关系，废井田、开阡陌，从根本上确立了土地私有制，满足了新兴地主阶级的利益需求；在政治上，其打破了原有的血缘宗法制度，使国家的机制更加健全，进一步维护和巩固了君主专制和中央集权；在军事上，其设立军功爵制度，奖励军功，极大地提高了秦国的军事实力，达到了强兵的目的。总体而言，商鞅变法是顺应时代发展的产物，促进了秦国的经济发展和社会进步，为秦国最终统一六国奠定了坚实的基础，也对中国古代社会的发展起到了重要影响。

三、行政法律的变革

（一）中央官僚制度的发展

战国时期，各诸侯国为了进一步加强中央集权，削弱奴隶主贵族的势力，纷纷采用"见功与赏""因能授官"的方式委任职官,添设爵位,逐渐形成了一套比较完整的官僚制度,包括荐举、军功授官、养士制度、客卿制度等。与官僚制度相联系的玺印制度、兵符制度、上计制度、俸禄制度等也在这一时期得到发展,进一步促进中央集权制度的加强,也为中国后世官僚制度的发展奠定了基础。

(二)地方郡县制的发展

战国时期,随着社会经济的不断发展以及各诸侯国之间的交往愈加密切,边防设郡之地逐渐繁盛,内地的县逐渐增多,需要建立起更高一级的管理机构,于是就形成了郡、县两级制的地方管理体系,郡统县的郡县制由此建立。郡的长官称为"守"或"太守",既是行政长官,又是军事长官,多由武将担任。

战国时期,三晋首先建立以郡统县的郡县制。到战国末年,各诸侯国的郡县设立已非常普遍。在秦国,商鞅变法后,"集小乡邑聚为县,置令、丞,凡三十一县"(《史记·商君列传》),在全国范围内普遍设置了县。此后,在边境设置了陇西、北地郡,建立了郡、县两级制。在这之后,秦国将士在战争中开拓的区域,以及兼并六国过程中所灭的国家,也都改置为郡。按照《史记》所载,秦始皇统一六国前一年,秦所置郡已有27个。

四、刑事法律的变革

战国时期,各诸侯国继承了商周以来的五刑,死刑和肉刑被大量适用,刑罚手段繁多且残酷。战国时期死刑主要有车裂、腰斩、弃市、凿颠、抽肋、镬烹等。战国时期也有流放之刑,如秦孝公时商鞅变法,"秦民初言令不便者有来言令便者,卫鞅曰'此皆乱化之民也',尽迁之于边城"(《史记·商君列传》),此处的"迁"即流刑。战国时期也出现了笞刑、耐刑、髡刑等比较轻的刑罚。关于笞刑,秦律规定:"城旦舂毁折瓦器、铁器、木器,为大车折(輮),辄治(笞)之。直(值)一钱,治(笞)十;直(值)廿钱以上,訾(熟)治(笞)之。"[①] 笞刑是以竹或木板等拷打犯人臀部、背部或大腿的刑罚;耐刑是强制剃除鬓毛、胡须的刑罚;髡刑是强制剃除人的头发的刑罚。耐刑轻于髡刑。

与此同时,随着社会的变革,刑罚领域也出现了新的变化,如赎刑、徒刑得到广泛适用。赎刑是指按规定或经允许缴纳一定钱财折抵原定刑罚的刑罚方法。《尚书·吕刑》所载"五刑之疑有赦",指对适用五刑有疑义而应予赦宥的案件,均可

---

① 睡虎地秦墓竹简整理小组. 睡虎地秦墓竹简[M]. 北京:文物出版社,1990:53.

折为赎刑。战国时期，赎刑得到了广泛适用，适用范围也被扩大，基本所有刑罚都可以赎免，如"赎黥""赎耐""赎迁""赎鬼薪鋈足""赎宫""赎死"等。徒刑是指剥夺犯罪人的人身自由，监禁于一定的场所并强制劳动的刑罚方法。在东周之前徒刑就已经产生，《周礼·秋官司寇·掌戮》记载："墨者使守门，劓者使守关，宫者使守内，刖者使守囿，髡者使守积。"战国时期的徒刑，主要有鬼薪、白粲、城旦、舂等。鬼薪是令男性罪犯为宗庙砍拾柴火；白粲是令女性罪犯选精米以供祭祀；城旦是令男性罪犯筑城；舂是强迫女性罪犯从事舂米的繁重劳动。

五、司法制度的变革

战国时期，各诸侯国国君掌握最高司法审判权，并建立了从中央到地方的各级司法组织。各国中央司法机构的名称有所不同，如秦国设置"廷尉"，楚国设置"廷理"，齐国设置"大理"等。地方的司法审判权由郡县行政长官兼理，这是中国历史上长达两千年的行政长官监理司法制度的开端，形成了中国历史上行政、司法不分的格局。

在诉讼审判上，不少制度沿用西周的规定，如请原被告双方到庭对质辩论的制度。《左传》记载的卫成公与元咺之间的诉讼①、王叔陈生与伯舆争政②，都要求双方到庭对质，以查明真相。再如五听之法、对疑难案件宽宥的做法等。另外，成文法的颁布及战国时期各国法律的逐步建立，为废除贵族"临事制刑"的局面以及司法者援法裁断奠定了良好的基础。

本章小结

春秋战国时期，儒、法、道、墨等学派纷纷提出政治主张和法律主张，为社会变革提供了理论基础。在思想论战和政治实践中，法家理论逐渐占据主流。

春秋中晚期，以郑国、晋国为代表的各诸侯国纷纷开始制定并公布成文法律，以郑国子产"铸刑书"、晋国赵鞅"铸刑鼎"为开端，逐渐扩展到其他国家，成为当时的法律潮流。

战国时期，魏国的李悝变法在中国历史上产生了深远的影响。李悝所著《法经》初步确立了成文法典的基本体例和原则。秦国的商鞅变法是这一时期诸国中最

---

① 详见《左传·僖公二十八年》。
② 详见《左传·襄公十年》。

为彻底的一次变革运动，一系列的改革措施使秦国的经济实力、军事实力得到显著提高，君主专制、中央集权得到加强，为秦国最终统一六国起到了重要的推动和促进作用。

思考题

1. 公布成文法运动对于中国法制的发展有哪些影响？
2. 简述"百家争鸣"中各学派的核心法律思想。
3. 简述《法经》的产生的背景、主要内容及历史地位。
4. 春秋战国时期刑事法律变革的主要内容有哪些？
5. 简述商鞅变法的主要内容及历史意义。

第四章 秦朝法律

导言

公元前230—前221年，嬴政在李斯、尉缭的辅佐下，采取远交近攻的策略，"奋六世之余烈，振长策而御宇内，吞二周而亡诸侯，履至尊而制六合，执棰拊以鞭笞天下，威振四海"（《过秦论》）。他在公元前221年统一中国，成为历史上第一个皇帝，称"始皇帝"。秦始皇在商鞅变法成果的基础上，进一步践行法家学说。迄今为止，从我国已经出土的云梦秦简、里耶秦简和岳麓书院藏秦简等史料中，可以看到秦律的部分面貌。秦律繁杂细密，内容丰富，一切皆有法式。其立法思想、成文法律和司法制度中有不少可取之处，然秦朝法律失败的教训也值得深思和借鉴。

学习目标

1. 秦朝的立法指导思想。
2. 秦朝的主要法律形式。
3. 秦朝的定罪量刑原则。
4. 秦朝的司法制度。
5. 秦朝法律的特点与历史教训。

第一节　立法思想

一、"以法治国"，严刑峻法

法家主张"以法治国"，以严刑峻法维护国家的安定和秩序。自商鞅变法以来，秦国就特别注重制定法律，用法律来治理国家。秦朝建立的十几年时间内，制定了大量的法律。司马迁在《史记》中评价秦始皇为"刚毅戾深，事皆决于法"（《史记·秦始皇本纪》）。1975 年出土的湖北云梦睡虎地秦墓竹简共有 1155 枚，包括《秦律十八种》《秦律杂抄》《法律答问》《封诊式》等在内的诸多法律。秦朝不仅在打击刑事犯罪上有明确的法律，而且在军事、民事、经济、官制、行政等方面都有详细的立法，数量多，种类丰富，足以窥见当时统治者对制定法律的重视。《盐铁论》中描述说"昔秦法繁于秋荼，而网密于凝脂""礼义废而刑罚任也"。

记载秦之功业的《琅琊刻石》上刻有："古之五帝三王，知教不同，法度不明，假威鬼神，以欺远方，实不称名，故不久长。其身未殁，诸侯倍叛，法令不行。"（《史记·秦始皇本纪》）这一史料揭示了秦朝重视法律，并且要在全国范围内执行统一的法律的原因：一方面是由于法律作为万物应该遵守的纪律规则，具有公平公正的特性，所谓"端平法度，万物之纪"；另一方面在于吸取秦朝统一以前法度不行，借助鬼神之说审判，导致诸侯割据纷争、天下战乱的教训。

秦朝法律繁多，在刑事方面立法的严苛性同样不容忽视。《商君书》中记载奖励告奸，"不告奸者腰斩"，刑罚残酷，死刑就有绞刑、枭首、腰斩、车裂等，商鞅就是被秦惠文王以车裂的方式处以极刑的。另外还有耻辱刑、肉刑、徒刑、劳役刑等刑罚。《盐铁论·刑德》中记载"（秦时）劓鼻盈蔂，断足盈车，举河以西，不足以受天下之徒"。《汉书·刑法志》中用"专任刑罚……而奸邪并生，赭衣塞路，囹圄成市"来形容秦朝刑罚的残酷性。

二、海内为郡县，法令由一统

《泰山刻石》是记录秦始皇统一中国的丰功伟绩的碑石，是秦始皇东巡郡县登临泰山时由群臣所作。《泰山刻石》前半部分记载："皇帝临立，作制明〔法〕，

〔臣下修饬〕。""治道运行,者产得宜,〔皆有法式〕。"其碑文介绍了始皇帝登基继位,订立了制度,申明了法令,使官吏们都能够严格守法。秦始皇的治国方略得以实行,各种生产安排得当,一切都合乎法度。虽然其前半部分是为了记录秦始皇统一中国的功业,但也描绘了秦始皇治理天下,废除原来六国的法律,在全国范围内制定统一适用的法律,百姓臣下无一不遵守的场景。

为了实现统一的局面,秦朝建立后采取了一系列有助于加强中央集权、建立统一制度的措施:首先,嬴政改名号,建帝制,自号"始皇帝"。皇帝自称"朕","法自君出",命曰"制",令曰"诏","制"和"诏"具有最高法律效力。"事无大小皆决于皇帝"(《汉书·刑法志》),皇帝集立法权、司法权、行政权、意识控制权等大权于一身。其次,在地方上大力推行郡县制,出现了"海内为郡县,法令由一统"(《史记·十二本纪·秦始皇本纪》)的局面。再次,以秦国的制度为标准,进行了统一文字、货币、度量衡等改革。最后,为了进行思想上的控制,秦始皇进行"焚书坑儒"。"焚书坑儒"后,先秦诸子百家的学术活动,在社会上受到了抑制。[①] 在秦朝,法家思想成为主要的指导思想,"以法为教""以吏为师"的文化专制主义服务于专制统治。

三、"法不阿贵",刑无等级

"刑不上大夫"是三代以来法制的重要原则。这项原则受到了法家的严厉挑战。根据法家的"法治"思想,统治者要用法律规定来治理国家,法律成为判断是非曲直、治理社会的唯一标准。秦国及秦朝统一后的法律体现出"不别亲疏,不殊贵贱,一断于法"(《汉书·传·司马迁传》)的特征,如商鞅在变法时,面对太子违法,商鞅不顾种种压力,处罚其师傅。

法家主张"缘法而治":"明王之治天下也,缘法而治,按功而赏。"(《商君书·君臣》)这种"缘法而治"具有普遍性,官吏臣下或黎民百姓,一律都要遵守律令的规定,只有君主例外。作为法家的基本主张,商鞅改法为律,这不仅是名称上的变化,更体现了法律的普遍性和公开适用性。

法家主张"壹刑"。"所谓壹刑者,刑无等级,自卿相、将军以至大夫、庶人,有不从王令、犯国禁、乱上制者,罪死不赦。有功于前,有败于后,不为损刑。有善于前,有过于后,不为亏法。"(《商君书·赏刑》)法家认为,依照法律治理国家,赏罚分明,毫不徇私,刑无等级,犯上作乱者,即使是卿相、将军,也会受到

---

① 徐复观. 两汉思想史: 第2卷 [M]. 上海: 华东师范大学出版社, 2001: 53-54.

惩处。在秦朝建立后,"法不阿贵",刑无等级的法家思想得以继续适用。

第二节　法律体系

一、主要立法

秦朝的法律未能完整地保留至今,我们只能借助各种史料对秦律有所了解。1975 年湖北江陵出土的 1 155 枚云梦秦简包含了律、法律答问、廷行事和封诊式等多种法律形式。以现在的法学分类来看,它已具备了刑法、诉讼法、民法、军法、行政法、经济立法等方面的内容,其中在刑法方面最为发达。具有法律效力的文件主要包括《秦律十八种》《秦律杂抄》《效律》《封诊式》《法律答问》等。

《秦律十八种》《秦律杂抄》《效律》规定了秦朝的各种管理制度,是秦律的主体部分,被称为秦律二十九种,或简称秦律。

(一)《秦律十八种》

《秦律十八种》具有比较完整的条文,律名包括:《田律》《厩苑律》《仓律》《金布律》《关市律》《工律》《工人程》《均工》《徭律》《司空律》《军爵律》《置吏律》《效》《传食律》《行书律》《内史杂》《尉杂律》《属邦》。

《田律》是有关农田水利管理、农业种植、畜牧业渔业生产、旱涝虫灾害和保护自然资源(如禁止捕捉幼小鸟兽、禁止滥砍滥伐)的法律。《田律》记载:"春二月,毋敢伐材木山林及雍(壅)堤水。不夏月,毋敢夜草为灰。"农业生产应遵循自然规律,顺应农时、气节变化,春耕秋收,因时制宜。《厩苑律》是有关牛马牲畜饲养的法律;《仓律》《金布律》《关市律》分别是有关仓库种子入库管理和货币、财务、市场交易以及关、市税收方面的法律;《工律》《工人程》《均工》是有关手工业者管理和官营手工业生产的法律;《徭律》是有关征用人民无偿劳动服徭役的法律;《司空律》《军爵律》《置吏律》《传食律》《内史杂》《尉杂律》是有关官吏的任用、职务、管理以及军队士兵封赏功爵的法律;《效》《行书律》《属邦》分别是有关官府物资财产、文书传送以及少数民族管理的法律。

(二)《秦律杂抄》

《秦律杂抄》包含《除吏律》《游士律》《除弟子律》《中劳律》《藏律》《公车

司马猎律》《牛羊课》《傅律》《屯表律》《捕盗律》《戍律》，共11种律文。

（三）《效律》

《效律》是对核验县和都官物资账目进行管理的规定，其中对兵器、铠甲、皮革等军备物资的管理非常严格，同时还规定了度量衡的制式、误差等。

（四）《封诊式》

《封诊式》是对官吏审理案件的要求和各类案例的程式，共分25节。其中"治狱"和"讯狱"是诉讼和审判的一般原则规定，其他是关于对案件进行调查、勘验、审判的规定，还包括了具体案例。

（五）《法律答问》

《法律答问》是刑事法律条文及其解释。为了维护法律的统一性，秦朝的法律解释由专门的司法官吏统一进行，因此也具有法律效力。如《法律答问》记载"司寇盗百一十钱，先自告，可（何）论？当耐为隶臣，或曰赀二甲。"意思是说，甲盗窃，赃值一千钱，乙知道甲盗窃，分赃不满一钱，乙应如何论处？司寇回答说，与甲同样论处。出土的云梦秦简中《法律答问》共有187条，涉及刑事案件的定罪量刑。

二、主要法律形式

（一）律

律原指音律，原意为审定音高标准的一种定音器。商鞅变法时期"改法为律"，并参考了李悝的《法经》，制定、颁布、实施成文法《秦律》，用以说明秦律具有规范性、普遍适用性和稳定性。

（二）令

令又称诏、制，是皇帝针对某些具体事项制定的临时性法令，《语书》记载："古者，民各有乡俗，其所利及好恶不同，或不便于民，害于邦。是以圣王作为法度，以矫端民心，去其邪避（僻），除其恶俗。法律未足，民多诈巧，故后有间令下者。"统治者认为，因各地民风、民俗不同，各地百姓的好恶也不同，法律不足以规范所有事情，有其局限性。因此皇帝可以通过制定令来弥补秦律的不足。令由皇帝制定并颁布天下，其效力往往高于律。

（三）法律答问

法律答问是指对法律条文、名词术语和律义所做的法律解释，法律解释具有和法律同等的效力。法律答问这种解释法律的形式被后世历法所沿用，如唐朝的《唐律疏议》。

（四）廷行事

廷行事是司法机关有关案件的判例。在成文法律不能解决当下案件时，可以参考司法机关之前的判例。

（五）封诊式

封诊式是有关司法机关审判原则、治狱、讯狱程式以及案件的勘验、调查、查封、审判和具体案例等方面的规定。

（六）"程"

"程"为标准、额度的意思。秦朝法律有《工人程》，是有关官营手工业者生产定额、确保质和量的法律。《工人程》中有"隶臣、下吏、城旦与工从事者冬作，为矢程，赋之三日而当夏二日"，规定了隶臣、下吏、城旦在冬天劳作时，可以放宽标准，三天收取相当夏天两天的产量即可。

（七）"课"

"课"是关于工作人员考核标准的法律。秦朝法律有《牛羊课》，是有关牛羊饲养的法律，《牛羊课》中有"牛大牝十，其六无子，赀啬夫、佐各一盾。羊牝十，其四无子，赀啬夫、佐各一盾"，规定了饲养的牛羊如果不生幼崽，达到一定数量会受到处罚。

（八）语书

语书是南郡守腾对县、道级官吏发布的告示，是一种地方性法律。为人臣下不仅要通晓法律，运用法律治理地方，还要以身作则，遵守法律的规定。

第三节 行政法律制度

秦朝的行政立法颇多，被发现于睡虎地秦墓主人喜腹下的《为吏之道》和《语书》从中央立法和地方立法两个层面描述了官员的为官之道。除《为吏之道》和《语书》外，《除吏律》《置吏律》《内史杂》《尉杂律》《军爵律》《中劳律》《传食律》《行书律》等都是有关行政司法官吏、军官的任选、罢免、调动、奖惩、课考、爵位，以及文书传送和驿传伙食等方面的规定。

一、行政机关的设置

秦始皇作为国家最高统治者，集立法、行政、司法裁判、经济、政治、军事、监察等最高权力于一身。为了加强中央集权，维护皇权的专制统治，秦始皇确立了皇帝制度，在中央形成了以皇帝为核心、以三公九卿为辅佐的政治官僚管理体制。

三公九卿制度是秦朝统一后，在借鉴、整合战国时期六国官僚管理体制基础上形成的中央行政官吏管理制度。秦朝的三公是指丞相、御史大夫和太尉，分别协助皇帝处理政事、监察百官和掌管军事。三公之下设九卿，九卿是指奉常、郎中令、卫尉、太仆、廷尉、典客、宗正、治粟内史和少府，掌管宗庙祭祀、宫城守卫、典礼礼仪、文化教育、少数民族交往、农田谷物等事务。三公之间互不隶属，直接听命于皇帝。商鞅变法时期废除世卿世禄制，实行俸禄制和军功爵制，三公九卿皆由皇帝任免调动，不得世袭。

秦朝在地方设郡、县两级行政管理机构，县（少数民族聚居区设道，与县平级）下设有乡、亭、里。郡设郡守、监御史、郡尉三个互不隶属的主要官员，郡守的权力非常大，除了监御史和郡尉由皇帝任免外，郡守可以任命郡内的其他官员。县是秦朝最低一级的行政机关，设有县长（县令）、县丞和县尉等，县长（县令）是最高的县级行政官员。县以下设有乡，乡以下设有亭，亭以下设有里；乡、亭、里是基层群众自我管理组织，没有行政职权。

二、官吏管理制度

秦朝的中央官吏和地方行政长官皆由皇帝选拔、任免、考核、调动、奖惩，

《除吏律》《置吏律》《军爵律》等法律都有对官吏的管理规定。

秦朝不仅用统一而严苛的法律约束百姓，也用来约束官吏。秦朝日渐强大的一个重要原因是实行俸禄制和军功爵制，不再重视血缘宗族的影响，削弱旧贵族的实力，将整个国家的行政管理统一集权到皇帝手中。云梦秦简《为吏之道》中开篇就提到"凡为吏之道，必精洁正直，慎谨坚固，审悉无私，微密纤察，安静毋苛，审当赏罚"，总体说明了对官吏提出的职业道德要求。《为吏之道》还规定了以"五善"和"五失"作为官吏道德品质的考察要求。官吏要忠于朝廷、慈善爱民、廉洁奉公、勤勉谦虚、利国利民、审慎稳妥，不得贪赃枉法、夸夸其谈、犯上作乱、贪婪好利，不能疏于职业责任、玩忽职守，不能自作主张、擅自决断。"五善"都具备的要行赏，有"五失"的则要处罚。

秦朝主张对官吏要"因能而受官"（《韩非子·外储说左上》）。官吏既要拥有处理政务、军务的能力，又要通晓法律令的内容，依法办事。"凡治事，敢为固，谒私图，画局陈隽以为耤。""兴事不时，缓令急征，夬（决）狱不正，不精于材（财），法（废）置以私。"（《为吏之道》）强调了官员不徇私情，不以权谋私，断案公正。

秦朝对官员的考核沿用战国时期的上计制度。上计的范围很广，除了主要考核垦田、户口、赋税、粮食产量等经济情况，还包括断狱等内容。每年年末，一般由县级官吏把下一年预算写在木券上，送交朝廷。第二年年终再把辖区内的实际情况汇报给朝廷，以此作为官吏奖惩的依据。如《仓律》记载："宦者、都官吏、都官人有事上为将，令县贳（贷）之，辄移其禀县，禀县以减其禀。已禀者，移居县责之。"除此之外，秦朝还存在皇帝巡行、郡县长官派人考核等多种考核方式，以加强对官吏的管理。

第四节　刑事法律制度

一、刑法的原则

（一）以身高确定刑事责任能力

秦律以身高而非实际年龄作为刑事责任能力认定的标准。《仓律》记载："隶臣、城旦高不盈六尺五寸，隶妾、舂高不盈六尺二寸，皆为小。"男性身高满六尺五寸，女性身高满六尺二寸，视为成年。不足该身高标准的为未成年，可以不负刑事责任或减轻刑事处罚。

（二）区分无犯罪意识

秦律将有无犯罪意识作为认定罪与非罪的根据之一，所谓犯罪意识，是指行为人主观的犯罪动机，在某种情况下无犯罪动机的，尽管与他人的犯罪活动有所牵连，也不加追究。《法律答问》记载："甲盗钱以买丝，寄乙，乙受，弗智（知）盗，乙论可（何）殹（也）？毋论。"意思是说，乙在为甲存放丝时，不知道丝是甲用赃款购买的，所以乙不会受到法律惩罚。

（三）区分故意犯罪和过失犯罪

秦律重视故意犯罪与过失犯罪的区别。秦律中故意称为端或端为，过失称不端。故意犯罪的处罚重于过失犯罪。

（四）共同犯罪和集团犯罪从重处罚

秦律在处罚侵犯财产罪上，两人或两人以上实施的犯罪要比单人实施的罪行惩罚要重，五个人以上的犯罪为集团犯罪，集团犯罪较个体犯罪和一般共同犯罪量刑要重。《法律答问》记载："五人盗，赃一钱以上，斩左止（趾），又黥以为城旦；不盈五人，盗过六百六十钱，黥劓以为城旦。"

（五）教唆犯与实行犯同罪，教唆未成年人犯罪从重处罚

《法律答问》记载："甲谋遣乙盗，一日，乙且往盗，未到，得，皆赎黥。"甲教唆乙犯罪，二人同样要受到黥的处罚。如果被教唆人按照法律是未成年人，教唆犯应当从重处罚。《法律答问》记载："甲谋遣乙盗杀人，受分十钱，问乙高未盈六尺，甲何论？当磔。"甲教唆身高不足六尺的乙犯罪并分赃，甲要被处死。

（六）累犯加重处罚

多次犯罪者为累犯，秦律规定了累犯加重处罚的原则。《法律答问》规定："当耐为隶臣，以司寇诬人，何论？当耐为隶臣，又系城旦六岁。"按照诬告反坐的相关规定，"以司寇诬人"当处以司寇刑，因是累犯，加重处罚，实际上处以系城旦六年。

（七）自首减刑或免刑

《法律答问》记载："把其假以亡，得及自出，当为盗不当？自出，以亡论。其得，坐赃为盗。"秦律规定，凡携带所借公物逃亡、事后又能够主动归还的，不计盗窃罪，只计逃亡罪，如果被捕获就要按照赃值定盗窃罪。

（八）连坐

连坐是指因他人犯罪而连带受刑，秦律规定的连坐大体上可分为同居连坐、什伍连坐、官吏上下级和同级之间连坐。《索隐》记载："收司谓相纠发也。一家有罪而九家连举发，若不纠举，则十家连坐。"

（九）诬告反坐

对于诬告，秦朝实行反坐原则。秦律规定，故意捏造事实陷害他人的行为构成诬告罪，按被诬告人所受到的刑罚，对诬告者实行相同的处罚。睡虎地秦墓竹简中记载了"反其罪"的规定，《法律答问》中也记载："伍人相告，且以辟罪，不审，以所辟罪罪之。"为了防范因奖励"告奸"而可能产生的社会动荡等负面影响，秦律限制并严惩诬告行为，以达到"省刑息诬"的目的。

二、主要罪名

根据云梦秦律和文献记载，秦朝法律中涉及的犯罪种类大致有以下七种。

（一）危害皇权的犯罪

1. 侵犯或威胁皇帝的人身安全罪

秦朝法律绝对禁止任何侵犯皇帝人身安全的行为。公元前218年，张良率力士刺秦始皇于博浪沙，误中副车，秦始皇大怒，"乃令天下大索十日"，在全国范围内大力搜索抓捕凶犯。法律不只保护皇帝本人，《秦律杂抄》还规定，如果伤害供皇帝驾车使用的马，马皮破一寸，罚一盾；二寸，罚二盾；超过二寸，罚一甲。甚至有意或者无意泄露皇帝言语、住所的，也要被处以死刑。

2. 谋反罪

谋反罪指阴谋推翻秦朝统治、危害皇权和中央集权的想法和行为，不论是否付诸行动，也不论是否故意过失，不论首、从犯，一律严加惩处，宁枉勿纵。《史记》

记载，商鞅、吕不韦、李斯、赵高等人均以谋反罪被严惩。

3. 不忠罪

秦律虽然没有明确的条文规定不忠的定义，但官员只要被加以"不忠"的罪名，即可被处死。蒙恬、蒙毅都是以"为人臣不忠"的罪名被赐死的。

4. 违抗命令罪

《商君书·赏刑》规定："自卿相、将军以至大夫、庶人，有不从王令、犯国禁、乱上制者，罪死不赦。"违抗命令存在两种情形，第一种情形为直接违抗，即犯令与废令，犯令指做出命令所禁止的行为，废令指不履行命令所要求的行为。《法律答问》记载，官员一旦违抗王令，即要承担刑事责任。第二种情形为间接违抗，即表面顺从实则废置王令不予执行，《秦律杂抄》记载："伪听命书，废弗行，耐为候；不避席立，赀二甲，废。"官员装作听从朝廷的命书，实际上废置不予执行，对这种行为要处耐为候；官员聆听命书时，不离开席位站立，罚二甲，撤职永不叙用。

（二）思想言论方面的犯罪

1. 以古非今罪

以古非今即引用前朝的旧事，来讽刺攻击当朝的政策措施。《史记·秦始皇本纪》记载，公元前213年，秦始皇特颁布《挟书律》，下令"焚书坑儒"，并下诏"有敢偶语诗书者弃市。以古非今者族。吏见知不举者与同罪。"有敢私下里谈论《诗经》《尚书》的人，押解于闹市执行死刑，并将其暴尸街头，以古非今的人诛其九族，知情却不上报的官吏同罪。

2. 诅咒诽谤罪

对皇帝进行诽谤或散布谣言的人，将被严惩。《史记·高祖本纪》中记载，在秦朝，"诽谤者族，偶语者弃市"。公元前211年，有人在落到东郡的陨石上刻了"始皇帝死而地分"，秦始皇得知后立刻派官吏追查，没能找到刻字者，就以诅咒诽谤朝廷的罪名，将居住在那块陨石附近的千万户民众悉数斩首。

3. 投书罪

投书即投匿名信件。当时匿名书信的内容多是反对政权统治、批评国家政策的语言，统治者害怕这类信件的扩散会威胁到自身地位，故加以严格管控，极力杜绝匿名信件的传播。《法律答问》记载："有投书，勿发，见辄燔之；能捕者购臣妾二人，系投书者鞫审谳之。"意思是说，发现匿名信后不得拆看，应该立刻将信件烧毁；能把投信人捕获的，奖给男、女奴隶二人，持有、保留匿名信的人应该被囚禁起来审讯定罪。

（三）侵犯财产的犯罪

1. 盗窃罪

在秦朝，侵犯财产方面的罪名主要是"盗"，盗窃罪在当时被列为重罪，秦律有大量篇幅对其内容进行规定。按盗窃数额量刑，同时有共盗、群盗之分：共盗指5人以上共同盗窃，秦律对"盗"者、匿赃者、分赃者、同谋者以及知情者都详细规定了惩罚条款；群盗指聚众反抗统治秩序，犯者罪加一等。

2. 盗徙封罪

私自移动他人田界是侵犯他人土地所有权的行为，将会被处以极刑。这说明在秦朝，法律已经对土地所有权加以保护了。

3. 损害国家财物罪

《法律答问》记载，官员已向百姓收取了田赋而不上报给国家，以匿田罪论处。《司空律》规定：有私用官有牛车，以及借用者不好好喂牛，使牛变瘦的；不修缮车，使车翻倒，使车轮扭曲的；不把车盖好，使车围和车伞断裂的，主管牛车的人和领用牛车的吏和官长都有罪。

（四）侵犯人身安全的犯罪

侵犯人身安全的犯罪主要是指杀人和伤人的犯罪行为，即所谓的"贼"，是秦律所严厉打击的对象之一。为了打击这类事件，并减轻其损害程度，秦律给犯罪行为发生时的旁观者规定了救助义务，否则将承担刑事责任。《法律答问》记载："有贼杀伤人冲术，偕旁人不援，百步中比野，当赀二甲。"如果有杀人或伤人的事件发生，如果在场者不提供救援，且与其距离在百步之内的，应罚以二甲。

1. 杀人罪

秦简中把杀人罪分为四类：贼杀（故意杀人）、牧杀（谋杀）、盗杀（因盗而杀）、擅杀（对特定对象的故意杀害，如擅杀子），从杀伤的性质认定到凶器的鉴定，从伤势的轻重到量刑，都有具体规定。值得注意的是，官吏捕拿罪犯，杀伤犯人也定罪。若杀死，定四岁刑；杀伤，耐为隶臣。秦朝对杀人罪打击力度极大，以《法律答问》记载的一个案件为例："士五（伍）甲毋（无）子，其弟子以为后，与同居，而擅杀之，当弃市。"士伍甲杀了从弟弟那里过继来的养子，法律却并未考虑父杀子是否应当减轻刑罚，直接对其判处了死刑。

2. 伤害罪

伤害罪是一般性的犯罪，根据伤害行为特征的不同，分为三种类型："殴伤人"

"斗伤人""贼伤人",即殴打伤害罪、斗殴伤害罪和杀伤罪。"殴伤人"主要发生在家族内部,一般指的是子女殴打辱骂尊长的行为;"斗伤人"是在斗殴的过程中伤害了他人,分为使用凶器斗殴伤人和未使用特定凶器伤人;"贼伤人"为蓄意伤害,在主观上表现为故意,使用了特定凶器,且造成的伤害程度达到了相关标准。

(五) 逃避赋役的犯罪

1. 逃避赋税罪

秦律规定,逃避赋税的行为都要加以处罚。秦朝民众的各种租税负担相当沉重,各项赋税总和《汉书》记载为"收泰半之赋",即将近收入的一半。赋税主要分田租和口赋两种。田租是按土地面积所征收的土地税,口赋是按人口所征收的人头税。田租方面,《田律》规定了按田亩需交税的数量,禁止逃避田租。《法律答问》规定,乡里负责收税的部佐如果已收取了田赋而不上报给国家,以匿田罪论处。口赋方面,《傅律》规定:隐匿成年的情况或申报残疾的情况不确实,里典、伍老应赎耐。不符合年老免税的条件或已经符合条件而不加申报的,罚二甲。

2. 逃避徭役罪

秦朝徭役繁重,从建筑修缮到货物运输,覆盖范围较广。秦律规定,男子满十七岁去官府登记("傅籍")后就有服劳役的义务,其中"老"(老人)、"小"(孩童)、"癃"(残疾人)可免于徭役。为了逃避徭役伪装成这三类人群,称"酢(诈)伪",征发徭役不按时报到服役者,称"不会";接到征发命令而逃避徭役者,称"逋事";到服役地点报到后逃亡者,称"乏徭"。以上逃避徭役的行为都要受到制裁,或罚金或流放。被买通协助他人逃避徭役或知情却隐瞒不报的,也要受到处罚。此外,违期服役同样会被处罚,《徭律》规定:为朝廷征发徭役,如耽搁不加征发,应罪二甲;迟到三天到五天,斥责;六天到十天,罚一盾;超过十天,罚一甲。

(六) 审判方面的犯罪

1. 诬告罪

秦律规定,诬告罪分为诬人罪和告不实罪,故意捏造事实与罪名控告他人为"诬人",主观非故意、控告不实为"告不实"。诬告罪实行反坐原则,即以被诬告罪名所应受的处罚反过来制裁诬告者。

2. 见知不举罪

秦律规定,官吏发现了违法犯罪的行为而不检举,便构成见知不举罪。

3. 不直罪

故意从重或从轻判刑，构成不直罪。《法律答问》规定："罪当重而端轻之，当轻而端重之，是谓'不直'。"

4. 纵囚罪

包庇罪犯使之不被判刑，构成纵囚罪。包庇罪犯的行为包括应当定其罪而故意不定罪，以及减轻案情使其不构成判罪标准来判处无罪等。

5. 失刑罪

秦律规定，由于工作过失，导致判刑过轻或过重的，构成失刑罪。

（七）婚姻家庭秩序方面的犯罪

1. 非法婚姻罪

合法婚姻关系的成立与解除，必须经过官府的批准。未达到法定婚龄而结婚、重婚、"弃妻不书"（休妻不合法定手续）等情况下的非法婚姻，均不受秦朝法律承认和保护，甚至会受到刑事处罚。

2. 破坏婚姻关系罪

通奸、强奸、妻子私逃、丈夫殴打妻子等行为，为法律所禁止。

3. 破坏家庭秩序罪

破坏家庭秩序包括子不孝、子女控告父母、擅自杀子、乱伦、卑幼殴打尊长等。

三、主要刑罚

秦朝奉行法家的"重刑主义"，刑罚残酷、种类繁多。

（一）死刑

死刑又称大辟，是剥夺罪犯生命的最严厉刑罚。据文献记载，秦朝的死刑存在着十余种执行方法。

1. 绞刑

绞刑是指用绳子将犯人勒死的一种刑罚。这种执行方法能保存完整实体，作为处死方法而言相对较轻。

2. 腰斩

腰斩是指斩腰处死的一种刑罚。《史记·李斯列传》记载："论腰斩咸阳市。"

3. 弃市

弃市是指在人群密集的闹市中执行死刑的一种刑罚。这种处罚方式可以震慑他人，以减少犯罪。《礼记·王制》记载："刑人于市，与众弃之。"

4. 戮刑

戮刑是指行刑前先对罪犯施以耻辱刑示众，随后再斩首的一种刑罚。《法律答问》记载："戮者何如？生戮，戮之已乃斩之之谓也。"

5. 具五刑

具五刑是指对犯下重罪的犯人先施以各种肉刑，然后再执行死刑的一种刑罚。《汉书·刑法志》记载："'当三族者，皆先黥、劓，斩左右止，笞杀之，枭其首，菹其骨肉于市。其诽谤詈诅者，又先断舌。'故谓之具五刑。"

6. 枭首

枭首是指将犯人斩首，并将头颅悬挂起来示众的一种刑罚。《汉书音义》记载："悬首于木上曰枭。"

7. 车裂

车裂是指将犯人处死后再肢解的一种刑罚。据《史记》记载，荆轲、宋留、商鞅都死于这种方式。

8. 磔

磔又称矺，是用分裂肢体的方法将人处死的一种刑罚。这种处罚方式相对于车裂更为残酷。《史记·李斯列传》记载："十公主矺死于杜。"

9. 坑

坑是指将人活埋处死的一种刑罚。秦始皇"焚书坑儒"的"坑"即活埋。

10. 定杀

定杀是指把患有疾病瘟疫的罪犯，投入水中淹死或生埋的一种刑罚。《法律答问》记载："疠者有罪，定杀。定杀何如？生定杀水中之谓也。或曰生埋，生埋之异事也。"

11. 囊扑

囊扑是指把人装进袋子里面扑打致死的一种刑罚。《说苑·正谏》记载，茅焦曾指责以此方式杀害太后私生子的秦始皇"囊扑两弟，有不慈之名"。

12. 族刑

族刑也称"夷三族"，是指将罪犯本人和三族连坐处死的一种刑罚。关于三族的范围，有说是父母、兄弟、妻子，也有说是父族、母族、妻族。

（二）肉刑

肉刑也称体刑，是残害犯罪者的肌肤、肢体、生理机能，致使其终身残疾的一种残酷的刑罚。肉刑主要分为四大类：

1. 黥刑

黥刑又称墨刑，是指在犯人的额部刺字涂墨，形成终生的伤疤的一种刑罚。这种刑罚除了对肉体造成伤害，也会达到精神的羞辱效果。

2. 劓刑

劓刑是指割掉犯人鼻子的一种刑罚，比黥刑更重。

3. 刖刑

刖刑包括斩左止（趾）、膑、鋈足等。斩左止（趾）是斩去犯人的左足；膑是卸掉犯人的膝盖骨；鋈足，有说是戴脚镣，也有说是断足。

4. 宫刑

宫刑即腐刑，指的是男子割去生殖器，女子幽闭中，属于肉刑中最重的刑罚。据《汉书·景帝纪第五》的记载，宫刑在文帝时曾被废除，在景帝时开始成为死刑的替代刑。

（三）笞刑

笞刑是用竹子、木棍抽打犯人的身体，是惩罚轻微犯罪行为或刑讯拷问时的常用手段，秦律规定笞打的数量有"笞十""笞三十""笞五十""笞百""熟笞之"等不同的等级。

（四）徒刑

徒刑是限制罪犯人身自由，并罚其作苦役的刑罚。秦朝的徒刑包含国防建设、工程兴建、交通运输及工农业生产等各方面，常常和其他肉刑并科使用。秦朝的徒刑大致有以下五类：

1. 城旦舂

这是一种强制男女犯人从事筑城、舂米等苦役的刑罚。《汉书·惠帝纪》记载："有罪当刑及当为城旦舂者。"应劭注曰："城旦者，旦起治城；舂者，妇人不预外徭，但舂作米。"在实际执行中，男女罪犯服苦役并不限于筑城、舂米。城旦舂执行期间，犯人不得与一般人接触，服役要穿囚衣、戴囚帽、佩戴刑具，受专人监视。城旦包括无附加肉刑和有附加肉刑两种，二者在刑期执行上有所差异。无附加肉刑的称"完为城旦"或"完城旦";有附加肉刑的称"刑为城旦"或"刑城旦"。后者根据罪行轻重可附加不同的肉刑,如"黥为城旦""黥为城旦舂""黥劓为城旦""髡为城旦""斩左止(趾),又黥以为城旦"等。

2. 鬼薪、白粲

这是一种强制男犯人为宗庙入山砍柴,女犯人为宗庙择米的刑罚。这类苦役多服务于宗祠。《汉旧仪》记载:"鬼薪者,男当为祠祀鬼神伐山之薪蒸也;女为白粲者,以为祠祀择米也。"在实际执行中,这种刑罚也包含手工业生产活动等其他形式的苦役,并可附加其他肉刑适用。鬼薪、白粲的刑级轻于城旦舂,重于隶臣妾。

3. 隶臣妾

隶臣和隶妾统称隶臣妾,是指因本人犯罪或被俘、亲属连坐而充作官奴的人,男的称隶臣,女的称隶妾。《汉书·刑法志》记载:"鬼薪白粲一岁,为隶臣妾。隶臣妾一岁,免为庶人。"颜师古注:"男子为隶臣,女子为隶妾。"隶臣、隶妾的刑级轻于鬼薪、白粲。

4. 司寇

《汉旧仪》记载:"罪为司寇,男备守,女为作如司寇。"男犯人伺察寇贼,女犯人服相当于司寇的劳役,由于其往往从事的是舂米的苦役,故称"舂司寇"。司寇是轻于隶臣妾而重于候的一种徒刑。

5. 候

候是一种用来伺望敌情的刑罚,刑期多为一年。《说文解字》记载:"候,伺望也。"

(五)髡、耐、完刑

髡、耐、完是轻刑,不同于实际危害人体的其他肉刑,是一种耻辱刑,常作为附加刑和徒刑结合施行。髡刑是指剃光犯人头发;耐刑指仅剔去鬓毛和胡须;完刑则近似于髡和耐,有说其含义为"完其发",剔除其他毛发仅留头发。

(六)收刑

收刑又称收孥、籍设,属于连坐的类型,是将罪犯的妻子、儿女没收归官府,罚他们充作官奴婢的一种刑罚。

(七)流刑

流刑是指把罪犯押解到偏远边境地区从事苦役的一种刑罚,是对死刑和肉刑从宽处理的一种减刑措施，分为迁刑、谪刑和逐刑三种。迁刑用于官吏与民，家属需要随迁，终身不得离开被迁往的地点；谪刑多用于官吏，分为有罪流放和无罪流放，无罪流放通常是政治地位低下导致；逐刑用于外国人，如秦朝宗室贵族曾主张把客居本国境内的游士、客卿驱逐出境。

（八）赀刑

赀刑属于财产刑，是由执法机关强制执行使犯人遭受经济损失的一种制裁手段。赀刑应用范围较广，从官吏的失职行为到百姓的一般违法犯罪行为都可适用。赀刑通常分为赀物、赀金和赀劳役三类，赀物主要是赀盾和赀甲；赀金主要是赀布和赀钱；赀劳役主要是赀徭和赀戍。

（九）赎刑

赎刑是赎免刑罚的一种形式，是用缴纳一定数量的金钱、财物或者用服劳役来代替已经判处的刑罚。它与赀刑不同。赎刑不属于独立的刑种，是以金钱、劳役等方式替代履行事先已经判决的他种刑罚，而赀刑是依法直接判处应当缴纳一定财物的惩罚，是一个独立的刑种。赎刑适用范围很广，从轻刑到死刑都可以赎免。云梦秦简记载赎刑有"赎耐""赎迁""赎黥""赎鬼薪鋈足""赎宫""赎死""赎罪"等多种方式，并分成不同的赎等。

第五节　民事法律制度

秦律中有关民事的法律规范内容大部分混杂在刑法、行政管理法规以及其他单行法规之中，或者作为惯例加以适用，没有单行的民事法律，但调整民事法律关系的法律已经存在。

一、户籍制度

秦律建立了户籍制度和名籍制度，以利于征兵和征税，并加强对人民的直接统治。

关于户籍制度，《法律答问》记载："何谓同居？户为同居。"户以家庭为基本单位，与住所相联系，作为一种社会单位在民事关系中享有独特的权利和履行相应的义务。秦国限制居民任意迁徙，在登记户口时要标明姓名、年龄、是否有残废疾病等情况，严禁登记户口时弄虚作假。

名籍制度即居民应向官府登记名字，《商君书·境内》记载："四境之内，丈夫女子皆有名于上，生者著，死者削。"国内居民无论男女，出生时要向官府登记注册，死亡后要向官府报告注销。

二、所有权

所有权是指所有人对所有物的占有、使用和处置的权利，秦律承认和保护的所有权包括国家所有权和私人所有权。

国家所有权的客体较为广泛，除了大量的生活资料（如粮食、布帛之类），还包括绝大多数自然资源（如土地、山林、河川、矿藏等），以及国家直接经营的农庄、牧场和专门从事矿冶、铸钱、制盐、器具及兵器制造等工作的手工业作坊等。国家所有权的实现方式有收归国有、征战掠夺、征收赋税、籍没罚款、赎金收入等。

私人所有权的客体包括私人所拥有的生产资料和生活资料，如土地、房产、牲畜、奴隶、生产工具等，私人所有权的实现方式有劳动收入、国家赏赐、买卖交易、继承等。秦统一后，于公元前216年下令"使黔首自实田"，要求人民向官府据实登记所有田地，国家承认其土地所有权，但同时必须负担田租税，私人可通过国家授权和买卖流转等方式取得土地所有权。当财产归属发生争议时，当事人有权向官府起诉，通过诉讼确认财产所有权的归属。

所有权消灭与变更的方式主要包括所有人转让和放弃所有权、所有物毁损和灭失、奴隶逃亡等。

三、民事契约

秦朝债的法律关系主要有买卖契约、借贷契约、雇佣契约及租借契约等。契约分为左券和右券，"操右券以责"是指债权人持有右券可以要求债务人履行义务。《法律答问》记载："何谓'亡券而害'？亡校券右为害。"债权人如果丢失了作为凭证的右券，就会丧失债权。

（一）债务人必须偿还自己所欠的公私债

加害人因非法行为给他人人身或财产造成损失的，需承担相应的民事责任，即使加害人受到刑事处罚，其民事侵权之责也不能免除，应当返还原物或赔偿损失。

《法律答问》记载："盗盗人,卖所盗,以买它物,皆畀其主。"盗窃犯出卖所盗窃来的东西购买其他物品的,都应该归还原主。某些情况下,债务人的死亡也会导致所欠债务归于消灭。

秦律规定,欠官府债务无力偿还时,可以通过劳役抵偿,与官府之间有债务债权关系的百姓如果迁往外地,可直接向新迁入地的官府偿还债务或接受官府的还债。

(二)禁止债权人以扣押债务人人身的办法强行索债

秦律禁止用人质为债务担保。《法律答问》记载:"百姓有责(债),勿敢擅强质,擅强质及和受质者,皆赀二甲。"百姓间有债务的,不准擅自强行索取人质,擅自强行索取人质以及双方同意质押的,均罚二甲。

四、婚姻制度

(一)婚姻的成立

秦朝无后世良贱身份地位的限制,允许良贱通婚。根据秦律,结婚必须到官府进行登记,婚姻关系自登记后即受到法律的保护。《法律答问》记载:"女子甲为人妻,私逃,被捕获以及自首,年小,身高不满六尺,应否论处?"答:"婚姻曾经官府认可,应论处;未经认可,不应论处。"也就是说,抓捕到私逃的已婚女子按法律为未成年,是否将其论处应当根据婚姻关系有无经过官府认可。

(二)夫妻双方在家庭中的地位

一方面,秦律维护男尊女卑,家庭财产由丈夫支配,妻子在夫权统治之下处于附属地位,婚后有到丈夫家共同生活的义务。丈夫若被判处流刑,妻子需跟随其一同流放。另一方面,秦律保护妻子的人身不受丈夫侵犯的权利,丈夫殴打妻子属于违法行为。秦律还要求夫妻相互忠诚,妻子和丈夫享有平等"告奸"的权利,男女通奸的双方都被认为是犯罪。

(三)婚姻的解除

婚姻关系的解除,也必须经过官府的登记认可。夫妻中一方死亡,婚姻就在事实上解除,另一方即有权再婚,但这种再婚的权利通常限于男子,女子若在丈夫死后"有子而嫁",则被认为是"倍死不贞"。秦律中有关"弃妻"的规定,在事实上给予男子单方面提出离婚的权利,但应当依法到官府进行登记,否则构成休妻手续不合法的"弃妻不书"罪,要受到惩罚。

五、继承制度

在皇位继承方面,秦朝沿用了西周的嫡长子继承制度,同时也承认立太子和遗嘱继承的方式,究其实质,实行的是一种指定继承人的制度。

在官爵继承方面,秦朝虽然废除了原有社会的世卿世禄制,但仍然允许部分特殊官职或爵位上的子弟继承。

在财产继承方面,家庭内部财产所有权划分明确。同时秦朝鼓励分户,家庭内兄弟都有继承权,并需要分割原家庭的财产为他们提供一定的生活资料和生产资料,作为立户的基础。"秦人家富子壮则出分,家贫子壮则出赘""民父子兄弟同室内息者为禁""民有二男以上不分异者,倍其赋"都是关于分户的规定,儿子成年后或娶媳分居或入赘别家,禁止父子及成年兄弟同居一室,符合条件而不分户的家庭会被成倍收税。

第六节 司法诉讼制度

一、司法机关

(一)中央司法机关

战国时期,秦国已将廷尉设为最高司法审判机关;在统一六国后,廷尉成为中央司法机关,其长官亦称廷尉,属于九卿之一。廷尉之下设有正、左右监等属吏,协助长官处理具体事务。《汉书·百官公卿表》记载:"廷尉,秦官,掌刑辟。"廷尉的主要职责有:一是审理皇帝诏令审理的案件,即"诏狱";二是受理各地上报的案件以及复审郡县不能决断的疑难案件。重大案件须经皇帝裁决,才能定案。此外,丞相与御史大夫也参与司法审判工作,执掌一定的司法权。

(二)地方司法机关

秦统一六国后,地方设郡、县两级政府同时作为行政机关和司法机关,在进行行政管理的同时自行审判本地区的普通民事、刑事案件；重大和疑难案件应当报送中央廷尉审理。郡设郡守，下设决曹掾史和辞曹掾史；县设县令，下设狱掾和辞曹掾史，协助长官审理各类案件。

县以下的组织是乡、亭、里，也有一定的司法权，"十里一亭，亭有长；十亭一乡，乡有三老、有秩、啬夫、游徼"（《汉书·百官公卿表》），这些乡官也有权调解民事纠纷，平断曲直，协助郡县长吏缉捕人犯等。

二、诉讼制度

（一）诉讼的提出

1. 提出诉讼的方式

在秦朝，提出诉讼的方式有两种：一是由官吏依职权代表官府纠举犯罪，提起诉讼。基层的游徼、亭长等小吏，负有维持当地治安、追捕盗贼的职责，一旦发现罪犯，必须及时向县衙报告并将罪犯缉拿归案。二是由当事人直接向郡县官府提出呈诉。

另外，秦朝实行奖励告奸的政策，邻里之间发现犯罪行为的，有互相检举控告的义务，"令民为什伍，而相牧司连坐。不告奸者腰斩，告奸者与斩敌首同赏，匿奸者与降敌同罚"（《史记·商君列传》）。亲属什伍之间应积极向官府告发各类违法犯罪行为，匿奸不报者还会受到严刑处罚。秦朝旨在通过该法令以使百姓间实现相互监督、彼此约束的目的。

2. 对诉权的限制

秦律规定，当事人向官府呈诉时，有"公室告"和"非公室告"之分。《法律答问》记载："贼杀伤、盗他人为公室；子盗父母，父母擅杀、刑、髡子及奴妾，不为公室告。子告父母，臣妾告主，非公室告，勿听。""公室告"即告发他人的杀伤、盗窃行为，官府必须受理；"非公室告"即告发他人的子女偷盗父母财产、父母擅自对子女和奴隶进行杀害、施加肉刑、髡刑，此类案件不得告发，官府也不予受理，如果当事人坚持控告，官府还要追究控告者的罪责。但秦朝对"非公室告"案件的"勿听"政策并不意味着此类案件不构成犯罪。《法律答问》中有"擅杀子，黥为城旦舂""过继弟之子为后子而擅杀之，则处以弃市之刑""擅杀、刑、髡其后子，谳之"等条文，也有禁止主人刑杀奴妾的规定，这说明"非公室告"的行为仍然构成犯罪。虽然子女、奴妾不得告发，但子女、奴妾以外的知情人可以告发，这使得在维护家长权、尊卑关系的同时保证了犯罪人受到应有的法律制裁，维护了司法公正。

秦律禁止告发不实的行为，包括诬告、告不审、告盗加赃、匿名投书等滥用诉权的行为，并区别情节，科以不同的刑罚。

（二）审讯程序

1. 案件受理

秦朝司法机关在受理案件时，首先应核实案件当事人的身份，调查案件事实，并收集相关证据。在核实被告人身份时，应当查明其姓名、职业、籍贯，曾犯有何罪、判过何种刑罚、是否经赦免、是否曾逃亡等事实，并写成书面报告，然后再查问与案件有关的其他问题。

2. 审讯过程

在受理案件后，县司法机关通常由县丞"即令令史"前往犯罪现场进行调查或勘验，并将整个勘验与调查过程及结果详细记录下来，此笔录称为爰书。诉讼过程中的爰书分为诉状爰书、口供爰书、刑讯爰书、检验爰书、上报爰书等。在《封诊式》所收录的《贼死》爰书中，令史在勘验现场后，详细记录了作案地点、尸体的陈放状态、背部刀伤的位置及刀伤的面积和深度、流血情况，以及死者的性别、年龄、肤色、身高、衣着、旧有伤口的部位，甚至连死者鞋子的放置方位也记录得一清二楚，除此之外，还包括提取物证、讯问报案人及证人等内容。《法律答问》中也有对死伤尸身的检验爰书、麻风病人的医学鉴定、犯罪现场的勘验笔录等内容。爰书的内容全面反映了秦朝司法过程中以被告人口供、控告人陈述为中心，注重获取客观证据等特点。

秦律重视口供的提取。《封诊式》中有"言而书之，各展其辞，虽智（知）其訑，勿庸辄诘"的记载，即先听完口供并加以记录，使受讯者各自进行陈述，并且即使明知受讯者说假话也不要马上加以诘问；"其辞已尽书而毋解，乃以诘者诘之"。等到供词记录完毕时，再对还未交代清楚的问题"复诘之"。在反复数次诘问之后，当受讯者理屈词穷、多次改变口供且拒不认罪、服罪时，可以依律对其实施刑讯，并以爰书形式记录下整个刑讯过程。

（三）判决程序

秦律规定，审讯后须依法做出判决。秦朝将向当事人宣读判决书称为读鞫，宣读后，如果当事人服罪，即照判决执行。判决后，如果当事人不服罪，可要求重新审判，称为乞鞫。《法律答问》记载："以乞鞫及为人乞鞫者，狱已断乃听，且未断犹听也？狱断乃听之。"乞鞫可由当事人提出，也可由第三人提出，但只有在一审"狱断"后才可以受理。

（四）狱政制度

秦朝法律以法家的重刑主义为指导思想，重视狱吏和监狱在司法中的作用。据记载，秦始皇在位时，"专任狱吏，狱吏得亲幸。博士虽七十人，特备员弗用……禁文书而酷刑法"（《史记·秦始皇本纪》）；秦二世即位后，"蒙罪者众，刑戮相望于道，而天下苦之。自君卿以下至于众庶，人怀自危之心"（《史记·秦始皇本纪》）。在严刑峻法之下，秦朝服役刑徒的数量惊人，全国范围内监狱广布，以至于"赭衣塞路，囹圄成市，天下愁怨"（《汉书·刑法志》）。

秦朝设立了一套从中央到地方的监狱体系，秦朝监狱被称为囹圄，分有中央和地方两级。皇帝拥有最高狱政决断权，御史大夫进行狱政监管，中央设有廷尉下属的咸阳狱，并由廷尉掌管。地方则按照行政区划，将监狱设在各郡县，由郡守总管。郡一级设断狱都尉，县一级设县丞、狱掾和狱吏等专门的狱政人员，负责刑狱的审判及日常管理等事务。中央和地方的监狱体系完整，分工明确，在厘清狱政体系的同时大大加强了中央集权。

秦朝建立了一套内容较为完备、规范严格、体系严密的监狱管理制度。其一，对囚犯的生活管理制度进行了规范，包括各级囚犯的囚衣、刑具、粮食发放和供应标准等。其二，设立了多重监管岗位。监狱设立"署人"和"更人"两种监管人员，"署人"负责监狱的看守站岗，"更人"负责看管人犯。在监管人员不足的情况下，秦朝还利用罪行较轻的囚犯来监管罪行较重的囚犯。《司空》记载："城旦司寇不足以将，令隶臣妾将。居赀赎责（债）当与城旦舂作者，及城旦傅坚、城旦舂当将司者，廿人，城旦司寇一人将。司寇不足，免城旦劳三岁以上者，以为城旦司寇。"其三，为防止刑徒脱逃专门建立了奖惩制度。《法律答问》载"捕亡完城旦，购几何？当购二两"，规定向抓捕逃犯的人发放赏金；同时，"隶臣将城旦，亡之，完为城旦，收其外妻、子"，如果隶臣在监督城旦时，城旦脱逃，隶臣不但将受到完为城旦的处罚，他的妻子和孩子也要一并连坐。

（五）司法官吏的责任

司法官吏是秦朝法律的具体执行者，其对案件的审判直接影响法律的贯彻实施。因此，司法官吏在办理案件的过程中，如果发生差错，就要承担相应的法律责任。早在西周就已有官吏断狱责任的规定，"五过之疵：惟官，惟反，惟内，惟货，惟来。其罪惟均，其审克之"（《尚书·吕刑》）。秦律承继了西周的"五过"精神，并将司法官吏断狱责任分为"不直""纵囚""失刑"三种情形。断狱时故意轻罪重判或重罪轻判的，称为"不直"；应当判有罪而故意不判，或故意减轻情节，使罪犯达不到判刑标准，没有受到应有惩罚的，称为"纵囚"；因过失而轻罪重判或重罪轻判的，称为"失刑"。秦始皇时曾处罚一批司法官吏，"三十四年，适治狱吏不直者，筑长城及南越地"。司法官断案责任制度在汉朝及后世也得到了继承和发展，对维持司法公正影响颇深。

第七节 秦朝法律的特点与历史教训

一、秦朝法律的特点

（一）"法布于众"的成文法

秦朝以法家学说为法治指导思想。法家认为，应当将法律向民众公布，做到"明法而固守之"。这样做有两点好处：其一，对统治者而言，有了法律规定作为制度标准，"则主不可欺以诈伪……主不可欺以天下之轻重"（《韩非子·有度》）。其二，对官吏和百姓而言，朝廷布告法令，使他们明晓法令，这就会使"万民皆知所避就"。

秦律制定了大量成文法，并将法律广布于民。秦始皇认为前朝统治不长久的原因是"知教不同，法度不明，假威鬼神，以欺远方，实不称名"（《史记·秦始皇本纪》），因此，他主张制定成文法律，希望使百姓"驩（'欢'）欣奉教，尽知法式"《史记·秦始皇本纪》。秦朝也重视"以吏为师""以法为教"，让"法官""法吏"承担教化民众的职责，使"吏民知法令者，皆问法官"（《商君书·定分》），百姓不敢不遵守法律，官吏不敢以非法手段对待百姓，"故圣人必为法令置官也，置吏也，为天下师"（《商君书·定分》）。这些措施在使民众知法而不犯法、维护社会秩序稳定的同时，更有利于保持全国上下思想的一致性，加强中央集权。

（二）条文繁杂细密，内容丰富

迄今为止，我国已经出土了云梦秦简、里耶秦简和岳麓书院藏秦简等史料，可以反映秦朝时期的法律内容。

商鞅改法为律后，秦律形式多样，条目繁杂，构成了一个体量庞大的秦朝法制系统。秦律主要包括律、令（制、诏）、法律答问、封诊式、廷行事，此外还有"程""课"、语书等法律形式。其涉及的内容也十分广泛，包括政治、军事、思想、文化、生活等各个领域以及各个部门法部类。以《法经》为蓝本而制定的《秦律》主要为刑法和刑事诉讼法的内容，主要包括《盗》《贼》《网（囚）》《捕》《杂》《具》等。行政法的相关律法包括《军爵律》《置吏律》《除吏律》《尉杂》《内史杂》《徭律》等。经济法的相关律法包括《田律》《仓律》《厩苑律》《关市》《金布律》《工律》《工人程》《效》等。但是，有些律条界限不清，内容重复，规定零散，不够严谨，如《工律》《均工律》《工人程》都规定了手工业的标准、工人的待遇等，内容十分近似。《除吏律》与《秦律十八种》中的《置吏律》亦名异实同。这是秦朝法律还未形成体系完整、逻辑严密的法制体系，法律制度尚不成熟的表现。

秦律的规定十分具体详细。汉朝有评，"秦法繁于秋荼，而网密于凝脂"（《盐铁论·刑德》）。如《效律》是关于都官和县核验物资财产的法规，其中规定了物品数量、重量不足的处罚，甚至对官府所藏的兵器、皮革等军用物资标错顺序、涂错颜色等细微的错误也分别科以不同的处罚。云梦秦简《秦律杂抄》部分包括战争爵位赏赐、戍边劳役、官吏任免、牛羊牲畜、田租征收、仓储等管理制度；《法律答问》中甚至对普通百姓的衣着都有着明确的规定，"毋敢履锦履"意为不准百姓穿锦缎做的鞋履。由此可见，秦朝社会生活的方方面面都在其律法中得到了体现，秦始皇曾在碑刻上宣扬自己的功德，认为正是自己所颁布的法律使得天下"治道运行，诸产得宜，皆有法式"。

（三）严刑峻法，轻罪重刑

法家学说中的"重刑"思想对秦朝的法制影响颇深。秦朝刑罚种类繁多，手段残酷，仅死刑就多达十余种，如车裂、腰斩等，连坐等酷刑更是在全国范围内大行其道，如"诽谤者族"（《史记·高祖本纪》），"有敢偶语诗书者弃市"（《史记·秦始皇本纪》），"敢有挟书者族"（《汉书·惠帝纪》引张晏注）等。秦律还创制了多种刑罚合并使用的方式，如"耐为鬼薪"便将耻辱刑与徒刑合并成为一种新的刑罚，大大加深了秦刑繁杂严酷的程度。

李斯推崇"轻罪重刑"的法律思想，他认为这样能够达到"以刑去刑"的目的。他劝告秦二世，"故商君之法，刑弃灰于道者。夫弃灰，薄罪也，而被刑，重罚也。彼唯明主为能深督轻罪。夫罪轻且督深，而况有重罚乎？故民不敢犯也"（《史记·李斯列传》）。意思是说，商鞅制定的法律规定在道路上撒灰的人要被判刑。撒灰于道是轻罪,而判刑是重罚。只有明君才能严厉地督责轻罪。轻罪尚且严厉督责,更何况犯有重罪的呢?所以百姓不敢犯法。相应地,秦律中不乏轻罪重刑的规定,如"或盗采人桑叶,臧(赃)不盈一钱,可(何)论?赀繇(徭)三旬"(《秦简·法律答问》),意思是说,偷采别人的桑叶,即使不值一钱也要服徭役三十天。类似的条文比比皆是,使得百姓战战兢兢,稍不注意便会触犯刑法,背上沉重的徭役和刑罚。

(四) 重视吏治

秦朝法律注重吏治,贯彻法家"明主治吏不治民"(《韩非子·外储说右下第三十五》)的思想。在从中央到地方的庞大官僚体系中,官吏是连接统治者与民众的重要一环,只有治理好官吏,才能治理好国家和百姓。官吏要保持较高的道德水平,在"以吏为师"的前提下以身作则,教化百姓的同时,应严格依法办事,违反律法要受到严厉的惩罚。秦律对官吏的考核、奖惩、赐爵、调动、任免、俸禄等规定的相关条文虽十分全面,但较为零散,分布在不同法规之中。《为吏之道》中对官吏的道德品格提出了要求:"吏有五善,一曰中(忠)信敬上,二曰精(清)廉毋谤,三曰举事审当,四曰喜为善行,五曰龚(恭)敬多让。五者毕至,必有大赏。"《置吏律》规定了地方郡县的吏、佐以及属员等的任职、就职和代理制度;《仓律》《田律》《工人程》《工律》中也分别对相关部门官吏的履职和处罚做出了规定;《法律答问》中更是详细规定了司法官员的断狱责任,为后世行政法律的发展奠定了基础。

二、秦朝法律的历史教训

秦朝作为中国历史上首个大一统的王朝,灭六国,平天下,书同文,车同辙,可谓功在千秋;但它并未像秦始皇所期望的能够"后嗣循业,长承圣治"(《史记·秦始皇本纪》),而是仅二世而亡。一般认为,秦朝的灭亡很大程度上应归咎于秦朝的法律,其原因有:

(1) 法律作为社会关系的调整器,应当做到宽严相济,维护社会秩序的稳定。秦律条文繁重、刑罚残酷,严重压迫了民众的生存空间,使得秦朝后期百姓纷纷反抗其政权,国家分崩离析。秦律细致而繁杂,渗透在人们的生活细节中,以致百姓无意中便会触犯刑条,甚至有"步过六尺者有罚"等严苛到极致的规定。这就导致触犯刑法的人不计其数。除此之外,残忍酷烈的刑罚制度也使秦朝的统治雪上加霜。《汉书·刑法志》有评:"相坐之法,造参夷之诛;增加肉刑、大辟,有凿颠、抽胁、镬亨之刑。"秦朝统治者利用这套法律制度加强集权统治，并且大兴土木，征发徭役，严重激化了社会矛盾，使得"蒙罪者众，刑戮相望于道，而天下苦之。自君卿以下至于众庶，人怀自危之心"（《史记·秦始皇本纪》）。民众纷纷逃亡山林，转为盗贼，为秦朝的覆灭埋下苦果。秦律的实施背离了法家所宣扬的"以刑止刑"的目的，完全没有考虑民众的利益，因而加速了秦朝统治的分崩离析。

（2）秦朝法律的功利主义倾向是导致秦朝灭亡的原因之一。秦朝用法家思想在实现富国强兵和兼并六国方面取得了立竿见影的效果。当秦统一六国以后，秦朝并没有改变政治转向，仍将法律视为实现君主个人目的而非增加社会公共利益的工具，追求法的效用而忽视其内在价值，成为秦朝灭亡的重要原因之一。秦朝统一后，统治者未顺应安居乐业的民心，劳役征发不断。严密的编户制度和严苛的法律让人民无处可逃。法律成为强制百姓满足君主个人利益的工具，百姓的处境较之统一前没有改善，反而更为艰难。秦朝的统治者过分信任法律的力量，彻底放弃了对民众的考虑，使刑罚完全成为强制民众满足君主个人利益的工具。秦朝所立的什伍连坐之法、偶语诗书者弃市之法、"焚书坑儒"之法、"赋敛愈重，戍徭无已"（《史记·李斯列传》）之法仅是为控制社会，它破坏了社会中人与人的相互信任，堵塞了臣民言论的自由渠道，摧毁了人们生存的基础。

（3）"徒善不足以为政，徒法不能以自行"（《孟子·离娄上》），法律有其固有的局限性，不能调整所有的社会关系；且法只是众多社会调整手段中的一种，因此，国家应当在实行法律的同时，运用经济、道德、政策等多种手段治理国家。秦朝专任刑法，使社会调整手段陷入僵化，彻底遏制了民众的自由和社会的活力，影响了秦朝的社会秩序。汉朝统治者吸取秦二世而亡的教训，意识到专任刑法的危害，并开始重视道德在治理国家中的重要作用，开启了德主刑辅的国家治理方式。

本章小结

秦朝以法家思想为治理国家的主要思想，践行"以法治国"，严刑峻法；海内为郡，法令由一统；"法不阿贵"、刑无等级的思想。

目前出土的秦简包含律、令、法律答问、廷行事、封诊式、"程""课"、语书等法律形式。有法律效力的文件主要包括《秦律十八种》《效律》《秦律杂抄》《法律答问》《封诊式》等，对社会生活的方方面面都有规定。在刑事法律方面，秦律以身高确定刑事责任能力，区分无犯罪意识，区分故意犯罪和过失犯罪，共同犯罪和集团犯罪从重处罚，教唆犯与实行犯同罪、教唆未成年人犯罪从重处罚，累犯加重处罚，自首减刑或免刑，连坐，诬告反坐为原则，其罪名和刑罚严密、繁多。

在秦朝，廷尉成为中央司法机关，丞相与御史大夫也参与司法审判工作，地方设郡、县两级政府同时作为行政机关和司法机关。诉讼分为"公室告"和"非公室告"。同时，法律明确了司法官吏的法律责任。

思考题

1. 简述秦朝的立法指导思想。
2. 简述秦朝的主要法律形式。
3. 简述秦朝的诉讼制度。
4. 简述秦朝的官吏管理制度。
5. 简述秦朝法律的特点与历史教训。

第五章 汉朝法律

导 言

公元前207年，仅维持了14年统治的统一王朝秦帝国覆灭。公元前202年，刘邦打败项羽称帝，建国号为汉，定都长安，史称西汉。公元9年，外戚王莽夺权，建国号为新，是为新莽。公元25年，汉朝光武帝刘秀重建汉朝，建都洛阳，史称东汉。东汉末年，黄巾起义爆发，黄巾起义被扑灭以后，东汉王朝形成了军阀割据的局面，刘汉王朝名存实亡。至公元220年，东汉灭亡。

两汉是我国统一的专制主义中央集权国家的初步发展时期，虽然从社会制度和国家基本体制上说，汉承秦制，但是汉朝对秦朝的法律制度进行了改革与创新，中国传统法律无论在内容、形式、理论和制度上都有了更大的发展。两汉法制指导思想经历了两个重要的演变：汉初到汉武帝之前，黄老思想占据统治地位，其主旨是"与民休息""务在宽厚"，以恢复生产，稳定统治秩序；自汉武帝起，儒学成为国家的统治思想，"阳德阴刑""德主刑辅"，开始了儒家思想法律化的进程。

在儒家思想的指导下，汉朝法制在继承秦朝法制的基础上进行了较大的革新。文景时期的刑制改革，逐步废除了肉刑和三代以来的五刑，为隋唐时期五刑制度的最终确立奠定了基础，是中国古代刑罚由野蛮残酷向文明人道过渡的重要标志。刑法中的"亲亲得相首匿"原则，诉讼与审判制度方面的"春秋决狱"、秋冬行刑、录囚等制度都对后世产生了深远影响。

> **学习目标**
>
> 通过本章学习，掌握以下主要内容：
> 1. 汉朝法制指导思想的转变。
> 2. 文景时期的刑制改革。
> 3. 汉朝的刑罚适用原则。
> 4. 汉朝诉讼与审判制度的创新。

第一节　重构统一秩序与正统法律思想的形成

一、汉初以黄老思想为法律指导思想

汉初的统治者和思想家，对秦政之失做了深刻的反思。他们意识到，战时的政策与天下和平时的统治政策应有不同，秦政之失在于继续沿用了战时的指导思想。这些反思表明了汉朝统治者和思想家对于秦朝专任法家进行治理的弊端有清醒的认识，从而为汉初黄老思想创造了条件。同时，经历了秦朝的暴政以及长期的战争，汉初统治者面临的是国家经济凋敝、百姓流离失所的严峻局面，以及恢复汉朝的经济发展、休养生息的任务，迫切需要安定的生产和生活环境，黄老崇尚"自然无为"的思想正适应了汉初的社会需要。

汉初的黄老思想，并非春秋战国时期的道家思想，而是以道家的思想为主导，兼容了法家、儒家等多个学派的思想。黄老思想以道家的无为而治作为最高信条，以法治作为基本策略治理国家。在《史记·孝文本纪》中，汉文帝曾说："法者，治之正也。"这说明汉初以法律为准绳治理国家的思想受到了统治者的重视。法治也是实现无为的策略和保证。

黄老思想以道为本，将文治与武功、德教与刑罚纳入"道"的范畴，认为治国也应该遵循天道，"文则［明］，武则强。安［则］得本，治则得人，明则得天，强则威行。参于天地，阖（合）于民心。文武并立，命之曰上同。"[①] 将文武并用、刑德兼行作为治国之道。汉初统治者接受"刑德兼行"的思想，重视道德教化的

---

① 余光明校注. 黄帝四经［M］. 长沙：岳麓出版社，2006：35.

作用。

黄老道家对其他先秦学说的兼容采纳，体现了黄老思想的包容性，以及对汉初政治环境的适应性。总之，黄老思想的推行，收到了"从民之欲而不扰乱，是以衣食滋殖，刑罚用稀"的社会效果，并使法律思想开始转型。

二、西汉中期儒家正统法律思想的确立

汉初70年的休养生息，使国家积累了大量的财富，人民生活富足。然而，经济的繁荣并没有带来政治的稳定。在帝国之内，诸侯王的势力日益膨胀，威胁到中央政权的稳固；地方豪强骄纵不法，横行乡里，鱼肉乡民。在对外关系上，原来的"和亲"政策已经不能安抚北方的匈奴，双方终究难免兵戎相见。在国家经济实力大为增强、政治危机加深的情况下，清静无为的黄老思想已经不能满足汉朝对内加强中央集权、对外开疆拓土的需要。

公元前141年，刘彻即位以后，志在更换黄老思想、探索新的治国之道。在选拔治国人才的策问过程中，儒学大师董仲舒以"春秋大一统"应对策问，深得汉武帝赞赏。董仲舒"遭汉承秦灭学之后，《六经》离析，下帷发愤，潜心大业，令后学者有所统一"（《汉书·董仲舒传》）。他对儒家仁学进行了理论化的改造和体系的重新构建，试图以儒家的观念来改变汉初以来奉行的黄老道学。他所提出的"罢黜百家，独尊儒术"，适应了汉武帝建立大一统王朝的需要，在现实政治的需要及汉武帝的支持下，儒家终于迎来意识形态领域的主导地位。

董仲舒以先秦儒家思想为主体，同时吸收了阴阳、法、道等诸家学说，建构形成了新的儒学思想体系。董仲舒新儒学的基础是"天人感应"学说，即认为天是宇宙间最高的主宰，自然界的变化规律、国家的治国之道以及个人的道德、情感、思想、行为都要与天道相符，整个宇宙是一个"大一统"的秩序体。在"天人感应"、宇宙一统于天的前提下，董仲舒又提出了"君权神授"的理论，他认为"天子受命于天，天下受命于天子"，形成了以天子为主宰的集权统治模式。为了实现上统于天、下统于天子的秩序模式，董仲舒还提倡尊儒隆礼，以儒家纲常名教统一臣民的思想。由此可见，董仲舒德所建构的"大一统"秩序模式具有"天人合一"、行为与思想高度统一的特征。

由"天人感应"的国家法律观和"大一统"的秩序模式，董仲舒进一步提出了"德主刑辅"的立法指导思想。首先，董仲舒从天道在于阴阳互生推导出治国之道在于德刑并用，他说："天道之大者在阴阳。阳为德，阴为刑，刑主杀而德主生。"其次，从德与刑的数量关系来看是大德小刑，正所谓："故圣人多其爱而少其严，

厚其德而简其刑。"(《春秋繁露》)最后，董仲舒从"阳主，阴辅"的阴阳关系推导出德与刑的主从关系，并主张统治者应任德而不任刑。

三纲五常是儒家的最高道德准则，被董仲舒及后世经学大师立为德礼教化和立法的根本原则。三纲是指君为臣纲、父为子纲、夫为妻纲，是对儒家礼教"尊尊""亲亲"原则的具体化，构成了国家与家族互相维系的纵向服从关系；五常是指仁、义、礼、智、信，构成了维系横向社会关系的道德规范。三纲是单向的服从关系，五常是双向的互动关系，三纲与五常纵横交叉，成为维护专制秩序的伦理支柱。三纲五常被定为根本立法原则，纠正了法家思想极端功利与暴虐的一面，同时也使中国古代法律思想开始具有以儒家道德为主导、法律规则与道德规则相混同的特点。

以"天人感应"为哲学基础，以"德主刑辅"、三纲五常为主要内容的儒家学说，自西汉中期被采纳为官方学说以后，为后世历代王朝所沿袭发展，成为此后中国社会的正统法律思想。

第二节 法律体系

一、主要立法

（一）约法三章

刘邦占取秦都咸阳后，鉴于"父老苦秦苛法久矣"，以废除秦朝峻法为号，与关中父老约法三章，所言"杀人者死，伤人及盗抵罪，余悉除去秦法"(《史记·高祖本纪》)。此为汉朝法制之开端，也为刘邦赢取了民心，使他在楚汉战争中获胜，继而为统一全国发挥了重要作用。

（二）《九章律》

汉朝建立后，四夷未附，兵革未息，高祖日益深感"三章之法不足以御奸"，遂令丞相萧何"取其宜于时者，作律九章"，即《九章律》。"汉承秦制，萧何定律，除参夷连坐之罪，增部主见知之条，益事律《兴》《厩》《户》三篇，合为九篇。"(《晋书·刑法志》)《九章律》是汉朝的基本法典，早已失传。据后人考证，《九章律》是在战国李悝所编撰的《法经》六篇的基础上，增加《兴律》（征发徭役、城防守备)、《厩律》(牛马畜牧与驿传)、《户律》(户籍、赋税、婚姻)三篇而成。从内容上看,《九章律》有选择地继承了秦律的条文,前六篇大体为刑事法律规范,规定了刑罚制度、对主要犯罪的惩治以及对罪犯的缉捕、审理等内容,后三篇涉及户籍、赋税、徭役、兴造、畜产、仓库、驿传等内容。《九章律》继承了以刑为主、诸法合体的法典结构,其体系化的结构也一改秦律杂乱无章的弊端。

(三)《傍章律》《越宫律》《朝律》

汉高祖命叔孙通制定有关官秩、仪品之制、朝廷礼仪的《傍章律》十八篇,还命"韩信申军法,张苍为章程"。汉武帝命张汤制定有关皇宫侍卫保护皇帝安全、规范警卫、宫禁的《越宫律》二十七篇;又命赵禹作有关诸侯、百官朝会制度的《朝律》六篇。上述律令加上《九章律》共同构成了"汉律六十篇",成为汉朝法律体系中最为稳定的部分。

惠帝、高后时期司法实践仍参用秦朝苛法,"虽有约法三章,网漏吞舟之鱼。然其大辟,尚有夷三族之令"(《汉书·刑法志》),但惠帝"省法令妨吏民者;除挟书律"(《汉书·惠帝纪》),高后又"除三族罪",废秦的诽谤妖言令等。

至汉武帝时,律令数量庞杂,《汉书·刑法志》记载:"律、令凡三百五十九章,大辟四百九条,千八百八十二事,死罪决事比万三千四百七十二事。文书盈于几阁,典者不能遍睹。"至汉成帝,"今大辟之刑千有余条,律、令烦多,百有余万言,奇请它比,日以益滋,自明习者不知所由",虽然汉成帝多次下诏"蠲除轻减",但有碍于前法不可轻易减损,也只是"徒钩撦微细,毛举数事,以塞诏而已"(《汉书·刑法志》)。这种情形直至汉朝政权结束,也没有较大改变。

(四)东汉时期的主要立法

西汉末年,外戚王莽篡位建立了新朝。新朝法律以猛苛而著称,激起了农民大起义。光武帝兴复汉室之后,以"解王莽之繁密,还汉世之轻法"为立法指导方针,促使东汉政权基本沿用了西汉时期的法律。但是为了缓和阶级矛盾,光武帝多次下诏"议省刑罚"、释放奴婢。公元26年,光武帝命臣下议省刑律,并下诏曰:"民有嫁妻、卖子欲归父母者,悉听之,敢拘执,论如律。"公元35年,为保护奴婢的人身权利,下诏"杀奴婢者不得减罪";公元37年,再次释放被诱略的奴婢为良民,诏书中称:"益州民自八年以来被略为奴婢者,皆一切免为庶人;或依托为人下妻,欲去者,恣听之;敢拘留者,比青、徐二州以略人法从事。"光武帝还恢复了"三十税一"的赋税制度,以推动社会经济的恢复。

光武帝之后,明帝、章帝两代继续推行删除繁苛、修明法律的政策。明帝时,律学家陈宠删繁就简，曾编纂辞讼比七卷及决事科条八卷。章帝时，陈宠将当时有关死刑的律令由 610 条删减至 200 条，将耐罪、赎罪之罚由 4 300 多条删减至 2 800 条，但是陈宠修订完成的轻简之法未能付诸实行。陈宠之子陈忠继承父业，省减刑禁，颇有成效。然而，章帝以后多因事立法，法令愈加繁密，刑罚又趋苛酷。

二、法律形式

（一）律

自秦汉以来，中国古代国家制定法的法律形式以"律"为中心。律是汉朝的基本法律形式，杜预谓"律以正罪名，令以存事制"，是定罪量刑的基本依据。清人段玉裁注："律者所以范天下之不一而归于一，故曰均布也。""律"之内涵在于稳定、一致，其特征是稳定性和普遍性，调整主要社会关系。除前述"汉律六十篇"还有《酎金律》《上计律》《左官律》等。根据 1984 年在湖北张家山汉墓出土的《二年律令》，可知的还有《田律》《金布律》《徭律》等。

（二）令

令是汉朝的单行法规，指皇帝针对具体事项发布的命令指示或者经由皇帝批准的大臣提出的立法建议。《汉书·宣帝纪》文颖注："天子诏所增损，不在律上者为令。"可见令和律的关系密切，但令的灵活性更强，适用范围较之律广，且其效力较律要更高，对律起到补充和修改的作用。但是，在古代专制国家中，不存在能够有效制约皇权的机构，皇帝发布诏令往往具有一定的任意性。随着令在数量上的不断增多，法律体系的统一性遭到破坏。

廷尉杜周所谓"前主所是著为律，后主所是疏为令"（《史记·酷吏列传》），也就是说，之前在位的皇帝颁布的令，在其死后仍具有法律效力，上升为律，目前在位的皇帝所颁布的仍称为令。故令是律的一个重要来源。例如，秦始皇颁布的禁止私藏儒学书籍的"挟书令"在西汉时改称为"挟书律"。

（三）科

科是律以外规定犯罪与刑罚以及行政管理方面的单行法规。科从"课"演化而来，所谓"课其不如法者，罪责之也"（《释名》）。例如，汉高祖时期，萧何曾创制"大臣有宁告之科"，以此设定大臣的告老退休制度；汉武帝时期有"首匿之科"，重惩隐匿罪犯的行为。到东汉章帝时期，已是"宪令稍增，科条无限"（《后汉书·郭陈列传》）的混乱局面了。

（四）比

比又称决事比，是指在没有法律正式规定的情况下，将过往典型案例作为判决的依据和标准。《周礼·秋官司寇·大司寇》郑玄注云："若今律其有断事，皆依旧事断之；其无条取比类以决之，故云决事比也。"比是从秦朝的"廷行事"发展而来，具有灵活性和直观性，故"比"的数量骤增，在汉武帝时仅"死罪决事比"就多达一万三千四百七十二事（《汉书·刑法志》）。又因比没有被统一整理归纳，以致"罪同论异"。奸猾酷吏更是上下其手，"所欲活则傅生议，所欲陷则予死比"，致使司法黑暗，万马齐喑。

此外，律学大师根据儒家经义对法律做出的权威性解释，也是汉朝的法律渊源之一。西汉中期以后，儒家经学开始与律学融合。东汉时期，引经注律的活动已极为兴盛，《晋书·刑法志》记载："叔孙宣、郭令卿、马融、郑玄诸儒章句十有余家，家数十万言。凡断罪所当由用者，合二万六千二百七十二条，七百七十三万二千二百余言。"众家的律学章句造成了司法适用的困难，朝廷不得不对援引律学章句做出限定，"但用郑氏章句，不得杂用余家"，规定了只能以郑玄的章句作为司法依据。

第三节　行政法律制度

一、中央与地方行政机关

（一）皇帝制度

汉朝最高统治者仍沿用"皇帝"称号，并进一步把皇权神秘化、法律制度化，从而维护君主集权统治。汉朝极力宣扬"君权神授"，鼓吹"王者承天意以从事"（《汉书·董仲舒传》），皇帝是沟通天与人的唯一中介，皇帝对百姓臣民的统治是完全正统合理的，皇权是神圣不可侵犯的。国家立法、行政、司法均集权于皇帝一人之手，自西汉时期开始，凡是军国大事只能由皇帝召集朝议议定，其他任何大臣不得擅自召集朝议。参加朝议的公卿大臣可以各抒己见，但最后必须由皇帝做出决断。

公卿大臣再依照皇上的旨意，执行各项职能。

（二）中央行政机关

汉初沿用三公九卿的中央行政体制。三公指丞相、太尉、御史大夫，其中丞相"掌丞天子助理万机"（《汉书·百官公卿表》），太尉掌管军事，御史大夫是副相之职，帮助丞相处理朝政，并掌管监察。丞相之下设九卿：太常、光禄勋、卫尉、太仆、廷尉、宗正、大鸿胪、大司农、少府，分管礼仪、宫廷守卫、皇室事务、司法、外交、财政、赋税等各项事务。

西汉中期，为进一步扩大皇权、削弱相权，将丞相改为大司徒，负责教育、民政和财政；将太尉改为大司马，仍负责军事；御史大夫改为大司空，负责土木营造。新三公互不隶属，直属皇帝，九卿也由丞相下设改为由三公分管。该项制度改革不仅是皇权进一步膨胀的结果，也是为了进一步提高行政效能。

随着专制集权的进一步发展，皇帝的侍从机构开始参政。尚书原先在内廷掌管图书、秘籍、奏章，后被皇帝渐渐委以军国大事。尚书、中书、侍中组成"中朝"，皇帝又设立尚书台，在主管尚书令之下设尚书仆射、尚书丞、尚书郎等。东汉光武帝时期，尚书台职权日渐庞大，负责中央和地方的人事、社会治安、司法审判、外交和土木工程。自此三公形同虚设，而尚书台"出纳王命，敷奏万机"（《通典·职官》）。

（三）地方行政机关

汉初，地方形成了封国制与郡县制并存的局面。通过文帝、景帝、武帝的种种"削藩"措施，武帝以后，藩国对中央的威胁不复存在。

西汉在地方设郡、县两级，郡守是郡的长官，由皇帝直接任命，负责督促农业生产、征收税赋、举荐贤良、考核官吏、组织管理军队等。郡守之下设置郡尉一职，为郡守副职，协助郡守管理兵士的训练和征发，战时统兵作战。但是汉朝为了加强中央集权，增加郡的数量、缩小郡的辖区，以削夺郡守的权力。因此，汉朝郡的疆域一般要比秦朝的小，郡的数量却较之秦多。

县是地方基本行政单位，县的行政长官称为县令或县长，名称根据辖区内户数确定：万户以上为令，以下为长。县令或县长"掌治民，显善劝义，禁奸罚恶，理讼平贼，恤民时务，秋冬集课，上计于所属郡国"（《后汉书·百官五》）。县令或县长由朝廷直接任免，亦有司法审判职权，县丞掌管司法，尉负责军事。县下设乡、里、亭，乡官为啬夫，里官为里魁。乡一级"三老掌教化；啬夫职听讼，收赋税；游徼徼循禁贼盗"（《汉书·百官公卿表》）。亭一级有亭长，但乡、亭之吏只有调解权,而无审判权,并非独立一级的司法机构。

为维护统治秩序,汉朝还设立了什伍编制的户籍管理制度,详细记载了居民的年龄、性别、身高、容貌、社会关系、土地财产等内容,并在每年八月进行核实更正。户籍制度将广大农民牢牢束缚在土地上,同时还是官府征收徭役、赋税的根据和缉捕罪犯的线索。

东汉末年,又增设州一级地方行政组织,成为州、郡、县三级制。无论是郡、县两级制还是州、郡、县三级制,均是行政机关兼理司法。

二、职官管理制度

(一)官吏的选拔与任免

官吏选拔方法主要是荐举与考试,两汉录用官吏有察举、征辟、上书拜官、任子、荫袭和赀选等方式。官吏选拔的基本原则是"以功之高下为先后之次"。

1. 察举制度

汉朝察举制度始于刘邦下"求贤诏",公告于天下:"贤士大夫有肯从我游者,吾能尊显之。"(《汉书·高帝纪》)具体规定:被荐举的对象须具备高尚的品格与一定的才能;选拔的方法由丞相传达到诸侯封国,由御史中丞传达到各郡守,地方官吏要了解本辖区内贤能之士,并将他们的姓名、特长登记在案,呈报上级国家机关,以备录用;如果地方官吏发现人才没有呈报,要受到免职处分。这是汉朝察举制度创立之始。

汉惠帝和汉文帝进一步规定:公卿郡守及王侯,每年要将"贤良方正""孝廉"和"直言极谏"之士选荐于中央。但实际选荐的范围较窄,一般仅限于二千石以上的官僚或富家子弟,中小地主往往不被选荐。为此,武帝采纳了董仲舒提出的建议,规定郡国每年要按照在二十万人中举荐一人的比例察举孝廉,呈报中央以备录用。汉武帝时还颁布了"议不举孝廉者罪诏",明确"进贤受上赏,蔽贤蒙显戮"(《汉书·武帝纪》);同时颁"求茂材异等"诏,将选荐范围扩大到有特殊才干和奇特能力者。

西汉察举的科目包括贤良方正、孝悌力田、茂才异等和孝廉,东汉察举的科目有贤良方正、孝廉、秀才、明经等。进贤流程包括通过乡里地主阶级代表人物的评议和皇帝亲自进行的"策试",即所谓"对策""射策"。董仲舒就是凭借"对策"得官,何武通过"射策"甲科为郎。总体来看,西汉以举贤良为主,东汉举孝廉较多。

2. 征辟制度

征辟包括征召和辟召两种：前者指皇帝直接聘任士人为官，后者指大臣聘任士人为官。吕后为太子征请商山四皓为师，开创了征辟的先例。《史记·酷吏列传》记载，汉武帝发兵征讨大宛国曾"诏征豪吏"。"武安侯为丞相，征汤为史"，使得张汤到中央任司法官员。武帝时制定了"四科""四行"的人才标准，作为皇帝特诏选官的依据。"四科"包括：德行高妙，志节清白；学通行修，经中博士；明达法令，足以决疑；刚毅多略，临时不惑。"四行"是质朴、敦厚、逊让、仁义。凡经皇帝特诏选官，一般可以越级擢升，不拘资格。

3. 上书拜官制度

上书拜官仅是一种个别现象，即"公车上书"之制，它是指士人上书皇帝有利于加强统治的措施，若能得到皇帝赏识就获封官职。

4. 任子、荫袭和赀选制度

任子和荫袭是指二千石以上官吏，任满三年可保举一人为郎。名臣苏武、刘向均以荫袭为郎。酷吏周阳由则是通过"宗家（宗室）任为郎"。赀选制度是指有一定赀财者，可以买官为郎。任子、荫袭和赀选制度是统治阶级为解决财政困难采取的临时性办法，并非国家选拔官吏的正途，反映了当时选官制度的腐败性和阶级性。

另外，汉武帝时始设太学，博士弟子学习儒家经典，若通过每年一次的考试，即可做官。太学的设立开创了通过学校培养、选拔人才的制度，这是儒家思想成为正统思想在选官制度上的表现。

（二）官吏的考课与奖惩

两汉时期极为重视对官吏政绩的考课，认为："官长不考功，则吏怠傲而奸宄兴；帝王不考功，则直贤抑而诈伪胜。"（《潜夫论》）通过考课制度去除奸邪、保持官吏队伍的总体素质。考核方式主要为"上计"，即自下而上，逐级进行考察，于每年年终之时，由郡守派上计掾和上计吏各一人，在计簿之上记载各县户口、垦田农桑、漕运水利、钱谷出入、盗贼狱讼、教育选举、灾变疾疫等事项，呈给丞相并汇报。有成绩者可"平升"（逐级迁升）；政绩卓著者可"巨升"（越级迁升）；对毫无功绩者，轻则申诫，重则罢黜。官吏也可因"积劳"（勤勉认真）、"明达法令"等得到升迁。

汉朝对于不称职、违法失职的官吏，可随时予以免官处分。汉朝免官的方式主要有自请免官、惩戒免官与连坐免官。有违法失职行为或多年政绩平庸的官吏，当自请免官。史籍记载，官吏软弱不称职也要被罢免，凡被贬黜的官吏，其行动均受到严格的控制。从《后汉书·苏章传》所引一条汉朝法律可见："免罢守令，自非诏征，不得妄到京师。"官吏贪赃枉法，一旦被发现即免其所居官职，并处以严刑。由于上级或所属官吏犯罪，职务相关的官吏也要受到株连。

（三）官吏的退休、休假制度及"三互法"

退休称为致仕，汉朝规定致仕的年龄为 70 岁，一般在退休后一次性给予较高的赏赐，以彰显养老尊贤。

汉朝还规定了官吏的休假制度。汉高祖制定了"宁告之科"，将"告"分为"予告"和"赐告"。"予告"是给予有功之臣省亲的假期，所谓"在官有功最，法所当得者也"。"赐告"是令患病官吏归家养病，"病满三月当免"。"赐告"同时也是皇帝罢免官吏的一种方法，如《汉书·卫绾传》记载："上废太子，诛栗卿之属。上以绾为长者，不忍，乃赐绾告归。"

汉朝对选拔任用官吏有身份限制，如商人子弟、赘婿以及因为贪赃枉法被罢官者不得为官。宗室子弟不得担任公职高位。

东汉时期，曾实行"三互法"来防止官员朋比为奸，规定"婚姻之家及两州人士不得对相监临（交互为官）"（《后汉书·蔡邕传》）。

三、监察制度

（一）中央监察机关

汉朝的监察制度随着中央集权和君主专制制度的逐渐强化得到了进一步的发展。中央设御史台，为最高监察机关，长官为御史大夫，执掌最高监察权，下设御史中丞和侍御史等，"内承本朝之风化，外佐丞相统理天下"（《汉书·薛宣传》）。汉初，御史大夫负责百官的考课，监察、弹劾官吏，收捕、审讯有罪官吏，参与疑难案件的审判等。汉武帝后，监察职能转移至御史中丞手中，御史中丞承担了监察百官、纠举非法的职能，同时还参与司法审判，承办皇帝诏狱。汉成帝改御史大夫为大司空，御史大夫仅留空名，监察职能由御史中丞全面负责。

（二）地方监察机关

负责地方监察的官员主要是京师的司隶校尉和各州刺史。司隶校尉可纠举包括丞相在内的百官。在朝会时，司隶校尉同尚书令、御史中丞均专席独坐，称为"三独坐"。至东汉,御史台职权更盛,虽名义上属少府(九卿之一),实则和尚书台、谒者台一样独立行事,时称"三台"。司隶校尉的属官有都官从事、功曹从事、别驾从事、簿曹从事、兵曹从事、郡国从事等,机构相当严密,以便于皇帝对京畿官吏的控制。

汉初,丞相临时派出监御史监察地方官吏。汉惠帝曾颁布监察法规《御史九条》。为有效控制地方,武帝将全国划分为十三个监察区,京师所在地的州长官称为司隶校尉,其余的十二个州,每个州部设刺史一人。刺史在御史中丞的领导下,依照"六条问事"行使监察权:"一条,强宗豪右,田宅逾制,以强凌弱,以众暴寡。二条,二千石不奉诏书,遵承典制,倍公向私,旁诏守利,侵渔百姓,聚敛为奸。三条,二千石不恤疑狱,风厉杀人,怒则任刑,喜则任赏,烦扰苛暴,剥戮黎元,为百姓所疾,山崩石裂,妖祥讹言。四条,二千石选署不平,苟阿所爱,蔽贤宠顽。五条,二千石子弟恃怙荣势,请托所监。六条,二千石违公下比,阿附豪强,通行货赂,割损政令。"这些规定主要是防止地方长官与各地豪强勾结,形成地方割据势力,削弱中央集权。最初,各州部刺史不得于"六条"以外过问其他事项,后来权力逐渐扩大,已然拥有"选第大吏,所荐位高至九卿,所恶立退"(《汉书·朱博传》)的大权。发展到西汉后期,刺史的职权超过上述范围,可以自行决定监察事项,直接插手干预地方行政事务。

汉朝监察制度对严肃吏治、审判质量都有一定助益。汉朝以后,监察制度继续发展与完善,成为中国传统体制中无法分割的一部分。

第四节 刑事法律制度

一、文景时期的刑制改革

文景刑制改革之前,汉朝的刑罚制度基本"承秦制",手法残酷,体系混乱,刑无等差。经过汉初一段时间的休养生息,政治、经济状况得到了比较好的恢复和发展,为刑制改革提供了良好的社会条件。持续发展的经济和宽松的社会环境,成为统治者改革刑制的社会原动力。同时,肉刑作为一种与暴政相关联的措施,与汉朝"无为而治""与民休息"的精神相悖。废除肉刑势在必行,文帝和景帝顺应了这一历史的进步要求,实行废除肉刑的刑制改革。

促成汉文帝进行刑制改革的直接原因是缇萦上书。公元前167年，齐太仓令淳于公有罪，被解往长安论处。淳于公的小女儿缇萦随同父亲来到长安，为赎免父亲的刑罚，她上书天子称："妾父为吏，齐中皆称其廉平，今坐法当刑。妾伤夫死者不可复生，刑者不可复属，虽后欲改过自新，其道无由也。妾愿没入为官婢，以赎父刑罪，使得自新。"（《汉书·刑法志》）汉文帝在看到上书之后"怜悲其意"，并下了一道诏书。他在其中说，现在"法有肉刑三，而奸不止"，这是因为皇帝本人"德之薄"而"教不明"。他在诏书中指出肉刑的弊害，"（肉刑）断支体，刻肌肤，终身不息，何其刑之痛而不德也"（《汉书·刑法志》），并认为如果不对罪犯进行教化就加以严刑是堵塞了犯罪者自新的道路，因此下决心进行废除肉刑的改革。

根据《汉书·刑法志》，此次改革的主要内容为：用徒、笞、死三刑取代黥、斩左趾、斩右趾等肉刑；将黥刑改为髡钳城旦舂，劓刑改为笞三百，斩左趾改为笞五百，斩右趾改为弃市。此次改革的目的是废除肉刑，减轻刑罚的残酷性以及给犯人以改过的机会，但由于所定笞数太高，经常笞人致死，形成变相死刑，故有"外有轻刑之名，内实杀人"之评。且以弃市代替斩右趾，是以剥夺犯罪人的生命为代价，明显加重了刑罚。

为此，景帝两次下诏继续进行废除肉刑的改革。公元前156年，景帝下诏曰："加笞与重罪无异，幸而不死，不可为人。其定律：笞五百曰三百，笞三百曰二百。"景帝六年又再次下诏："加笞者，或至死而笞未毕，朕甚怜之。其减笞三百曰二百，笞二百曰一百。"（《汉书·刑法志》）通过两次递减笞数，将原来劓刑笞三百最终定为笞一百，斩左趾笞五百定为笞二百，并命丞相刘舍和御史大夫卫绾颁布《箠令》，确定刑具规格（竹杖制成，杖长五尺，杖头宽一寸，杖梢宽半寸，但须削平竹节）、受刑部位（只能击打受刑人的臀部）以及行刑中途不得换人等。

文帝改革刑罚、废除肉刑的措施，适应了汉初统治者在政治上采用的黄老"无为而治"和"与民休息"、约法省刑的政策，适应了当时社会经济发展的需要，是一次顺应历史进步要求的重大改革，在中国法律制度发展史上具有划时代的历史意义。废除肉刑的改革，将依照法律本应实施肉刑的犯人，转化为服劳役的刑徒，利用了罪犯的劳动力，符合当时社会经济发展的需要。同时，这次改革将延续了两千多年的残害肢体的肉刑在法律上予以废除，消除了三代时五刑制度在法律制度上的影响，为隋唐时期五刑制度的最终确立奠定了基础。这是中国古代刑罚由野蛮残酷向文明过渡的重要标志。

二、刑罚的适用原则

（一）刑事责任年龄

秦律以身高确定刑事责任能力，汉朝改为以年龄作为确定刑事责任的标准，这一变革使得刑事责任能力制度更为科学。汉朝法律定有承担刑事责任年龄的最低年龄和最高年龄，在最低责任年龄之下犯罪的未成年人一般不承担刑事责任，在最高责任年龄之上犯罪的耆老之人也不承担刑事责任。汉朝关于刑事责任年龄的具体规定前后有数次变化，如惠帝即位之初曾定制："民年七十以上若不满十岁有罪当刑者，皆完之。"（《汉书·惠帝纪》）公元前141年，景帝下诏："年八十以上，八岁以下，及孕者未乳，师、朱儒当鞫系者，颂系之。"（《汉书·刑法志》）公元前62年，宣帝颁诏："自今以来，诸年八十以上，非诬告、杀伤人，佗皆勿坐。"（《汉书·宣帝纪》）公元前20年，成帝下诏："年未满七岁，贼斗杀人及犯殊死者，上请廷尉以闻，得减死。"（《汉书·刑法志》）公元4年，平帝颁令："明敕百僚，妇女非身犯法，及男子年八十以上七岁以下，家非坐不道，诏所名捕，它皆无得系"（《汉书·平帝纪》）。公元27年，光武帝下诏："男子八十以上，十岁以下，及妇人从坐者，自非不道，诏所名捕，皆不得系。当验问者即就验。"（《后汉书·光武帝纪》）从以上的诏令可以看出，在汉朝不同的时期，承担刑事责任的年龄区间分别出现过十岁到七十岁，八岁到八十岁，七岁到八十岁，十岁到八十岁。无论采取哪一种责任年龄区间，这种制度都比秦朝以身高确定刑事责任能力更科学。

（二）上请

"上请"又称"先请"，是指在一定范围内官僚贵族及其子孙犯罪，司法机关不得擅自裁断，而应奏请皇帝裁决。该原则是儒家思想中"尊尊"的要求，也是"刑不上大夫"的具体体现。上请的适用对象的范围不断扩大。《汉书·高帝纪》记载："郎中有罪耐以上，请之。"宣帝黄龙元年诏："吏六百石位大夫，有罪先请。"（《汉书·宣帝纪》）后来享受上请特权的范围逐渐扩大到东汉时公侯及其子嗣，以及三百石以上的官吏官员。

（三）"亲亲得相首匿"

所谓"亲亲得相首匿"，是指血亲或姻亲之间，有罪应相互包庇隐瞒，法律也不追究容隐之人的刑事责任。古代"亲亲相隐"思想来源于春秋时期儒家思想中

"礼"的观念。孔子曾说:"父为子隐,子为父隐,直在其中矣。"(《论语·子路》)秦律规定:"子告父母,臣妾告主,非公室告,勿听。"可以视之为"亲亲相隐"制度的萌芽。

汉武帝时期,采用"罢黜百家,独尊儒术"统治策略,儒家思想被确立为正统思想,这样儒家思想中具有代表性的"亲亲相隐"制度开始进入法制领域。集中体现在汉宣帝发布的诏书:"父子之亲,夫妇之道,天性也。虽有患祸,犹蒙死而存之。诚爱结于心,仁厚之至也,岂能违之哉!自今,子首匿父母、妻匿夫、孙匿大父母,皆勿坐。其父母匿子、夫匿妻、大父母匿孙,罪殊死,皆上请廷尉以闻。"(《汉书·宣帝纪》)这是首次从法律层面正式肯定了妻为夫、子为父、孙为祖相隐的正当性。具体而言,"亲亲得相首匿"原则包括以下内容:卑幼首匿尊亲长,不负刑事责任;尊亲长首匿卑幼,除死罪上请减免外,其他也不负刑事责任。自汉宣帝以后,"亲亲得相首匿"即成为中国古代重要刑事法律的原则之一,为后世王朝所继承并不断发展。自此,"亲亲相隐"在中国古代成为正式法律规范。

综上所述,足见汉律的特点是把儒家所倡导的礼义规范条文化和法律化,首要任务是维护"亲亲""尊尊"的社会等级秩序,从而维护中央集权。

(四)矜老恤幼

汉朝以"仁政"精神为指导,继承了西周的"矜老恤幼"原则,对老年人、妇女、儿童、残疾人等生理上的弱势群体在定罪量刑上给予宽宥。汉惠帝规定七十岁以上或者不满十岁的罪犯,应判处肉刑或髡刑的,都可以免除。汉景帝又正式下令:八十岁以上,八岁以下,怀孕、哺乳妇女,教师,侏儒,被控告关押时可以不戴刑具。东汉时八十岁以上和八岁以下男子,除故意杀人罪外,其他罪名可不予追究。汉朝实行矜老恤幼的原则,主要是因为统治者认为老幼病残者,对于统治秩序危害不大,对其加以宽免,既可以博得"仁政"的美名,又不至于影响社会秩序的稳定。

三、主要刑事罪名

(一)危害皇帝安全与尊严的犯罪

不敬、大不敬:指对皇帝及其先祖以及皇帝使用的器具等有轻蔑失礼的行为。据儒家经义,对皇帝的亡祖、近臣亲信及皇帝使用的器物、牲畜,都要毕恭毕敬。公元前53年,嗣侯魏弘前往宗庙祭祀,入宗庙门却不下马,犯不敬罪,降为关内侯。(《汉书·外戚恩泽侯表》)

阑入与失阑：无凭证擅自闯入宫殿以及守卫人员失职致使他人无证入殿。公元前92年，嗣侯曹宗"坐与中人奸，阑入宫掖门，入财赎完为城旦"（《汉书·功臣表》）。汉成帝年间的王嘉作郎官，负责守卫殿门，"坐户殿门失阑免"（《汉书·王嘉传》）。意思是说，王嘉守殿门时因失职让不该进入的人进入，被免去爵位。

（二）危害君主专制的犯罪

危害君主专制的犯罪：视后果轻重可分为"大害""害""不害"三种，具体包括欺谩、诋欺、诬罔（对皇帝欺瞒、不忠、诋毁、污蔑、欺罔）。公元前121年，众利侯郝贤"坐为上谷太守入戍卒财物计谩，免"（《汉书·景武昭宣元成功臣表》），就是在官员政绩考课报表中弄虚作假。东方朔遭舍人嫉恨，舍人向汉武帝进献谗言："朔擅诋欺天子从官，当弃市。"（《汉书·东方朔传》）又如，公元前86年，"司隶校尉雒阳李仲季主为廷尉，四年，坐诬罔，下狱，弃市"（《汉书·百官公卿表》）。

废格诏书罪：指官员不执行皇帝诏令的行为。汉武帝颁布告缗令，命杨可执行。右内史义纵认为此乃扰民之法令，于是派属下官员去逮捕杨可。汉武帝命杜式处理此事，最终"以为废格沮事，弃纵市"（《史记·义纵传》）。

怨望诽谤罪：指因怨愤不满而诽谤朝政的行为。河南太守严延年因汉宣帝刘询褒奖邻郡颍川太守黄霸，"心内不服"，妄言丞相、御史"当避位去"。后经御史中丞查明属实，严延年被以"怨望诽谤政治"的罪名，处弃市。

此外，还有左道罪（妖邪巫术蛊惑民众、诅咒皇帝）、矫制罪（官员谎称皇帝诏令）等危害君主权力的罪名。

（三）危害中央集权的犯罪

刘邦大封同姓宗亲子弟为王，最终导致藩王尾大不掉，对中央集权构成极大威胁，并在景帝时发生"七国之乱"。为了消除诸侯对中央的威胁，汉朝统治者制定了一系列打击封国势力、巩固皇帝与中央权力地位的法律。

阿党附益罪：指官员与诸侯王有私相勾结的行为。诸侯国官员与诸侯王勾结知其犯罪而不具奏是为"阿党"，朝廷大臣与诸侯王私下交通助其获益是为"附益"。犯此罪者皆处重法。

左官罪：指诸侯王私自任命地方官吏的行为。按照汉景帝时《左官律》的规定，地方诸侯国的官吏由中央任命。不经中央任命而出任诸侯国的官职即为"左官"，命官者及受命者双方都要受到严厉处罚。

非正罪：指非嫡系子孙继承爵位，依律免为庶人。公元前121年，复阳侯陈强被免爵，因为父亲陈拾不是爷爷陈嘉的亲生儿子，复阳国也因此被取消。

出界罪：指诸侯王擅自越出本国封域的行为。轻者被免为庶人或服司寇刑，重者被处以死刑。此举是为防止各诸侯王交流串通，危害中央。汉文帝刘恒时的守侯魏指"坐出国界，免"。

此外，危害中央集权的犯罪还有：逾制罪，指诸侯王与官员在服制、器具、仪仗、用语方面逾越规矩；漏泄省中语罪，指泄露朝廷机密；酎金不如法罪，指诸侯上献贡金的成色不足，质量不合格；事国人过律罪，指诸侯王在王国内滥征人力，扩张势力，依律免为庶人。公元前161年，嗣祝阿侯高成"坐事国人过律，免"。这些律令，动辄将诸侯王免为庶人、处以重罪或者取消封国，起到了打击地方势力，加强中央集权的作用。

（四）危害国家政权的犯罪

"王者之政，莫急于盗贼"：对此类犯罪的处刑极为严苛，通常是处死刑并连坐亲属，如蔽匿盗贼（地方官员隐瞒盗贼消息不上报朝廷）所受的处罚就极重。

通行饮食罪：指为造反者提供饮食、传递情报、充当向导等行为。此罪被处大辟之刑。汉武帝时"以法诛通行饮食，坐相连郡，甚者数千人"（《汉书·咸宣传》），东汉延续这一规定："通行饮食，罪致大辟。"（《后汉书·陈忠传》）

群饮酒罪：指防止百姓聚众饮酒滋事。"三人以上无故群饮，罚金四两。"（《汉书·文帝纪注》）只有在皇帝认为有大喜事的情况下，百姓才能举行宴会。

首匿罪：指主谋藏匿犯人。

为加强这种镇压作用，汉武帝还制定了《沈命法》和《见知故纵、监临部主法》，加重地方官吏缉拿盗贼的责任，严惩缉捕贼盗不力的官吏。《沈命法》规定"群盗起不发觉，发觉而弗捕满品者，二千石以下至小吏主者皆死"（《汉书·咸宣传》），《见知故纵、监临部主法》则规定："见知人犯法不举告为故纵，而所监临部主有罪并连坐也"。（《汉书·刑法志》颜师古注）

在思想言论犯罪方面，汉朝沿袭了秦朝的诽谤妖言、非所宜言等，较为典型的是腹诽罪。大司农颜异在别人谈及国政时，未答，仅"微反唇"，结果被张汤弹劾，说他不认真参与朝政，而是在心里诽谤，论死。

（五）伤害罪中的"保辜"制度

"保辜"规定加害人在限期内保养受害人康复，并以最终康复的程度来确定加害人罪刑的制度。若受害人在该期限内死亡的，以杀人罪论处；若受害人未死亡的，依据期限终结时的伤势情况再做定夺。《贼律》规定保辜期限为"二旬"（二十日）。

四、刑罚制度

经过文景之世的刑事改革以后，肉刑仍然存在，总的发展趋势是刑罚的残酷程度大为减轻，刑罚制度更加规范。东汉时期，发生了几次关于恢复肉刑的争论，肉刑在实践中也有所恢复，但最终只停留在争议的层面，并没有被重新写入正式的法律中。

（一）死刑

汉朝的死刑沿用秦制，死刑的法定正刑有枭首、腰斩、弃市。枭被认为是长大后将母鸟吃掉的不孝之鸟，故夏至前后捕获枭而曝晒之。后发展为将罪犯的头颅斩下，同时在闹市悬首示众。枭首最初用于对不孝罪的处罚。腰斩是指拦腰切断的刑罚。弃市指公开执行死刑于市，执行方法是切断首级。在汉朝采用比较多的死刑是"殊死"，颜师古作注曰："殊，绝也，异也，言其身首离绝而异处也。"殊死即斩首。与磔、枭首、腰斩相比，殊死是一种比较轻的死刑。

（二）肉刑

经过汉文帝、汉景帝的改革，笞刑和徒刑取代了黥刑、劓刑、斩左趾，弃市取代了斩右趾。东汉初期，斩右趾又重新恢复。因此，两汉时，肉刑主要有宫刑和斩右趾。宫刑已不再是法律体系中的正刑，但其仍然作为一项死刑的替代刑罚存在。东汉时期，黥刑的性质发生了变化，不作为正式的刑罚存在，而是和宫刑的施用类似，作为减罪的赎刑。

汉文帝时期，以笞刑取代劓刑和斩左趾，笞刑成为汉朝最主要的刑罚制度之一。景帝时颁布《箠令》，规定了笞刑刑具的规格、受刑部位，使得笞刑成为一种规范化的主刑。但是，汉朝的笞刑分为笞一百、笞二百，仍然十分残酷。

（三）劳役刑

汉朝对于劳役刑明确规定了固定的刑期，如髡钳城旦舂，男犯剃掉头发、佩戴械具去筑城，女犯舂米，刑期五年；完城旦舂，不加肉刑也不加髡刑的男子筑城，女犯舂米，刑期四年；鬼薪、白粲，男犯为宗庙砍柴，女犯为宗庙择米，刑期三年；罚作、复作，男犯守边，女犯为官府劳作干活，刑期一年；隶臣妾，刑期一年。此外还有一些不定期的劳役刑，如输作左校、输作右校、输作若卢等，是将刑徒送到宗庙、陵园、宫室等工程建设中，从事不定期的劳役。

（四）徒边

徒边在秦朝已有，是将罪犯连同家属迁置于边疆定居服役。凡是徒边之人，未经朝廷许可，不准擅自离开边地返回原籍。汉武帝时，遣送七种特定人物到边疆地区服役，名为"七科谪"，包括：罪吏、亡命（逃亡者）、赘婿、贾人（有店铺的商人）、有市籍者（原来是商人的人）、父母有市籍者（父母原来是商人的人）、大父母有市籍者。如国有战，以上七种人会首先被安排戍边。

（五）财产刑

汉朝剥夺犯人私有财产，进行经济制裁的刑罚主要有罚金和赎刑。罚金是判处缴纳相应财物的刑罚。在西汉，有不少关于处以罚金的规定，如文帝时期，"汉律，三人以上，无故群饮，罚金四两"。昭帝时期，"令民得以律占租"（《汉书·昭帝纪》）。颜师古注引如淳曰："律，诸当占租者家长身各以其物占，占不以实，家长不身自书，皆罚金二斤，没入所不自占物及贾钱县官也。"汉朝的罚金分半两、一两、二两、四两、八两、一斤、二斤七个等级。它不限定一定的身份和阶层，一般百姓和官吏都可以适用。

赎刑是指在被判处某种刑罚之后，可以依律用财物折抵刑罚的制度，是一种代用刑。汉朝沿用并发展了前代的赎刑，适用范围和适用对象都进一步扩大。从文献的记载来看，汉朝大大小小的刑罚，甚至死刑，都可以赎。汉朝赎刑的方式主要是以黄金来赎，也有以铜钱、爵位、竹、谷、粟、马等的方式赎刑。汉朝赎刑适用对象很广，官民通用，没有特权和身份的限制。汉朝对于赎刑的一大发展是增设了"女徒顾山"，公元1年，汉平帝下诏："天下女徒已论，归家，顾山钱月三百。"（《汉书·平帝纪》）允许被判处劳役刑的女犯回家，每月缴纳给官府三百钱的赎金，由官府雇人上山砍伐木材或从事其他劳作，以赎该女犯应服的劳役刑。这种赎刑仅适用于女犯，因此又叫"女徒顾山"。

第五节　民事经济法律制度

一、土地所有权制度

土地是农业社会最主要的生产资料，土地所有权是物权法律制度中的核心。两汉时期，土地所有权分为国家土地所有权和私人土地所有权。

（一）国家土地所有权

汉朝存在大量的国有土地，称之为官田或公田。国家土地所有权的获得方式有继承官田、新垦农田、没收私田、户绝之田，国有土地包括山林川泽、苑囿园池、垦田荒地。《左传·隐公五年》记载："山林川泽之实，器用之资，皂隶之事，官司之守。"汉朝时，山林川泽之利归皇帝所有，皇帝或将其划拨他人，或将其开垦为田亩，或将其设为游乐狩猎场所。西汉前期，皇帝常将国有土地赏赐给有军功者和对国家做出其他贡献者，如苏武出使匈奴归汉，"赐钱二百万，公田二顷"（《汉书·苏武传》）。国家对违法犯罪行为的众多处罚措施中还包含没收土地，如汉高祖刘邦在无实质证据的情况下将部分大家族集体迁徙，从而获得了大量土地。《汉书·高帝纪下》记载："（高祖九年十一月）徙齐、楚大族昭氏、屈氏、景氏、怀氏、田氏五姓关中，与利田宅。"再如汉武帝时期，有公卿提议，没收商人所有田产："贾人有市籍者，及其家属，皆无得籍名田，以便农。敢犯者，没入田僮。"（《史记·平准书》）

汉朝实行假田制。假，意为租赁、借与，即由官府将大量官田出租给无地或者少地的农民耕种，国家收取赋税。使用权有偿转让给私人的国有土地称为"假田"，租借者向国家缴纳的租税称为"假税"。假税率因时期、地区的不同而有所差异。另外，在特殊情况下，如灾疫之年，国家将公田赐给无田的移民，令其耕种，五年不收租，此种租赁方式下，土地所有权仍然属于国家，受租的农民只是承租人而已。

（二）私人土地所有权

汉朝的法律承认并保护私人的土地所有权。私人取得土地的途径主要有受田、赐田、侵占、买卖、继承等。由于土地私有权的观念深入人心，皇帝、王侯、官僚购置私田的现象极为普遍。在西汉中后期，土地兼并极为严重，导致大量土地掌握在官僚贵族以及大商人手里。为了保证自耕农的基本生存条件，避免社会矛盾的激化，哀帝即位之初，即正式颁布了限田令："诸王、列侯得名田国中，列侯在长安及公主名田县道，关内侯、吏民名田，皆无得过三十顷。……贾人皆不得名田、为吏，犯者以律论。诸名田、畜、奴婢过品，皆没入县官。"（《汉书·哀帝纪》）限田令施行后不久，就因受到反对而夭折。外戚王莽为解决土地兼并问题，曾下令禁止土地买卖，并规定重新分配土地，但是法令施行以后仅三年，因为遭到反对而废止。最终，私有土地的高度集中诱发了西汉的统治危机。

授田是政府将国有土地授予失地农民使用，从法理上说，所授之田仍属国有，并且法律也有政府所授予的土地不允许买卖的规定。汉简《二年律令·户律》记载："田宅当入县官，而诈代其户者，令赎城旦，没入田宅。欲益买宅，不比其宅者，勿许。为吏及宦皇帝，得买舍室。受田宅，予人若卖宅，不得更受。"天灾、土地兼并等导致很多农民失地，大量农民失地又引发财政减少、兵源匮乏等一系列社会问题，极有可能威胁政权。汉武帝在公元前140年进行了第一次授田。此后公元前78年至公元2年，朝廷又多次授田给贫民。需要注意的是，西汉的官府授田，并非授予贫民所有权，而是将国有土地以较为优厚的条件进行租赁。

赐田是皇帝将土地赏赐给皇亲国戚或功臣等，刘邦在夺取政权之后，以"以有功劳行田宅"之策，赐予军功显赫者大量田宅，《汉书·高帝纪》记载："故大夫以上，赐爵各一级。其七大夫以上，皆令食邑……七大夫、公乘以上，皆高爵也。诸侯子及从军归者，甚多高爵，吾数诏吏先与田宅，及所当求于吏者，亟与……其令诸吏善遇高爵，称吾意。"《汉书·外戚传》记载，汉武帝曾"钱千万、奴婢三百人、公田百顷、甲第，以赐姊"。

汉朝私人非法占有国有土地的现象也变相加速了土地私有化的转型。汉初关于国有土地保护的法令日渐废弛，无法限制私人对国有土地的圈占。东汉时期，私人非法占有国有土地的行为已经十分普遍。

（三）所有权的保护

汉朝制定《田律》"田令""田租税律"等法律，保护土地所有权。汉律规定，当所有权因归属不明而发生争执时，当事人可以诉诸法律。人们在进行买卖、继承、赠与、出租等民事活动时，一般都订立文契，这些文契就是确认所有权的法律文书。如果有人侵犯所有人的所有权，应当承担民事责任，须返还土地、赔偿损失，也要承担刑事责任。汉律规定，对于盗卖土地的行为，处以重刑。《汉书·李广传》记载："广（李广）死明年，李蔡（李广之子）以丞相坐诏赐冢地阳陵，当得二十亩，蔡盗取三顷，颇卖得四十余万，又盗取神道外壖地一亩葬其中，当下狱，自杀。"此外，汉朝还严格保护官田和私田的租税收入。汉律要求家长自报地租数额，如果报告不实或者家长不亲自报告，要处以罚金，并把未报的农作物及价金没入官府。除土地外，汉朝对于其他财物所有权也严加保护。从汉律的《盗律》中可以看出，凡是侵犯国家和贵族官僚的私有财产的，都要处以重刑，一般财物的损坏须按价赔偿。

二、婚姻家庭制度

维护、加强、巩固父权家长制以及社会等级制度也是汉朝法律的基本要务之一。

汉朝婚姻的成立须父母主婚，媒妁传言。在程序上，仍需遵循周制六礼，即纳采、问名、纳吉、纳征、请期、亲迎，并且禁止同姓结婚。关于结婚年龄，规定"男三十而娶，女二十而嫁何？阳数奇，阴数偶也。男长女幼者何？阳道舒，阴道促。男三十，筋骨坚强，任为人父；女二十，肌肤充盛，任为人母。合为五十，应大衍之数，生万物也"（《白虎通义·嫁娶》）。然而，实际上并非严格依此执行："人民嫁娶，同时共礼。虽言男三十而娶，女二十而嫁，法制张设，未必奉行。"（《论衡·齐世》）为了促进人口的增加，汉惠帝时规定："女子年十五以上至三十不嫁，五算。"（《汉书·惠帝纪》）如果女子长到十五岁还未嫁，就需缴纳五倍的人口税。

婚姻的解除亦沿袭"七出""三不去"之制，夫方可以主张休妻，妻却不得主张离婚，即"夫有再娶之义，妇无二适之文"（《后汉书·列女传》）。对于离婚以后的财产处理，如果夫方提出离婚，则允许女方将出嫁时的财物带走。妇女在离婚后或者丈夫死后，可以重新结婚。

三、继承制度

汉朝的继承分为身份继承与财产继承两类。身份继承又分为宗法继承、爵位继承、户主继承。身份继承主要采取嫡长子继承制，并严格执行"一夫一妻"和"妻妾位"。七国之乱时，汉武帝为了削减诸侯的势力，颁布《推恩令》，开始推行新的爵位继承法，将以前爵位只能由嫡长子继承的规定，改为诸侯王子弟共同继承，诸子均有权继承爵位。《推恩令》的实行，扩大了爵位继承人的范围，削弱了诸侯王的力量。

汉朝财产继承的基本原则为诸子均分，即诸子平均分配财产，遗腹子享有与常人同等的继承权。《汉书·陆贾传》记载，陆贾有五个儿子，病休回家后，把出使南越的财宝，卖了千金，"分其子，子二百金，令为生产"。《太平御览》卷六三九引《会稽典录》：薛包"弟子求分财异居，包不能止，乃中分其财"。汉朝的财产继承与当代财产继承的不同在于，继承的发生不以被继承人死亡为生效要件，既可以在被继承人生前，也可以在被继承人死亡之后进行。父母可以在生前将自己的财产分给自己的子嗣，让其独立生存，这种继承的方式，被称为"生前继承"，即"生分"。汉朝时"生分"现象较为广泛，它实际上是一种家庭的分化。

汉朝开始出现了遗嘱继承。遗嘱继承一般需要"先令"（遗嘱）处置财产，"先令"是被继承人生前安排继承之事的行为。《汉书·杨王孙传》记载："（杨王孙）及病且终，先令其子。"《汉书·何并传》记载："（何并）疾病，召丞掾作先令书。"同时，遗嘱继承需由"乡部啬夫"当面听取记录，做成一式三份的"券书"。被继承人死后，就按照"券书"分配财产。没有经过"乡部啬夫"见证并保存的"先令"，不一定能够得到实际履行。1987年，江苏仪征胥浦101号西汉墓出土了"先令""券书"，从中可以看到汉朝的遗嘱设立和遗嘱的执行都达到了较高的水平。

汉朝还提倡同居共财，即不与祖父母、父母分居析财。汉朝还出现了收养制度，中官（宦官）无生育能力而收养子，养子可继承养父的爵位。

四、关于遗失物的法律规定

汉朝法律规定："得遗丢物及放丢六畜，持诣乡亭、县廷。大者公之，大物没入公家也；小者私之，小者自畀也。"（《周礼·秋官司寇·朝士》郑玄注所引汉律）拾得遗失物或者找到他人丢失的牲畜、奴婢，应立即送至县政府或者乡、里、亭等政府机关，由政府机关公告，若在一定期限后无人认领，则较大财物归政府，较小财物（如正在换牙的奴婢）归拾得人。

五、契约制度

随着商品经济的发展和民事交往的广泛与深入，汉朝契约发展日益成熟，契约的订立已遍及民事交往的各个领域。书面契约称为"券书"或"契书"，涵盖大到房屋土地买卖、小到布匹买卖等各种交易。"券书"载明当事人、标的物、价金，并由见证人署名，做成竹木简的书面契约形式。

为了维护汉朝商品经济的发展和社会秩序，政府重视对契约的管理，把契约关系纳入行政管理和司法管理的范围。汉朝对商品的价格进行管理，有专门的官方机构对买卖价格予以规定，对于买卖价格不合规定者，官府要追究其刑事责任。同时，为了限制高利贷导致社会矛盾的激化，朝廷曾明令限制利率，超过法定利率的行为叫作"取息过律"，要受到惩罚，部分侯爵贵族因此被免除爵位，甚至被消除封国。因此，汉朝在我国历史上属于借贷利息较低的时期，这与官府的干预是分不开的。

六、损害赔偿制度

汉朝法律对于损害赔偿采取的原则是"刑而不偿，偿而不刑"，若加害人应当判处刑罚，则无须赔偿；若加害人无须判处刑罚，则应承担损害赔偿责任。但从目前出土的资料看，在农业领域，为保护农业，体现"重农"，加害人需"又刑又偿"，如张家山汉简中《田律》规定，牲畜啃食其他人家的庄稼的，牲畜主人既要处以罚金刑，又要赔偿庄稼主人损失。

七、禁榷与困、辱、抑商

（一）禁榷与对外贸易

为适应统一的中央集权和君主专制制度对经济的需求，增加财政收入，从汉朝开始，将盐、铁、酒等有关百姓生计的产品收归国营，称为"禁榷"，并制定法律严禁私人生产销售。"敢私铸铁器煮盐者，钛左趾，没入其器物"（《史记·平准书》），通过法律手段保证国家的特殊经济利益。在对外贸易方面，通过互市缓和与匈奴的矛盾，但严禁交易铁、兵器、马匹、铜钱等。

汉武帝按照桑弘羊的提议，推行"均输平准"政策，来调剂运输、平衡物价。设置均输官征发、输送、租赋财物，设置平准官负责官营商业。这一政策进一步打击了私营工商业者，国库也愈加充盈。

（二）困、辱、抑商

汉朝统治阶级将商人视为社会秩序的不稳定因素，认为商人破坏了均平原则，诱使百姓将农田弃耕，还认为商人可能构成威胁政权的反动势力。因此，采取了多种措施困、辱、抑商：

1. 贬低商人

从服饰方面，贬低商人。如《史记·平准书》记载："（汉初）天下已平，高祖乃令贾人不得衣丝乘车，重租税以困辱之。"

2. 重征商税

颁布"告缗令"，征收沉重税赋，汉朝"贾人倍算"（双倍征税）（《汉书·惠帝纪》六年条应劭注引汉律），寓禁于征，并鼓励揭发举告偷漏逃税行为。

3. 禁止商贾为官为吏

这是历代最常见的抑商之法。汉初，"贾人皆不得名田、为吏，犯者以律论"（《汉书·哀帝纪》）；文帝时"贾人赘婿及吏坐赃者，皆禁锢不得为吏"（《汉书·贡禹传》）。

第六节 司法诉讼制度

一、中央与地方司法机关

在汉朝，中央和地方已经形成了一整套较为严密的司法体系，不仅各级有负责审判的诉讼机构和官吏，还有对中央、地方官吏进行监察的监察官员。

在中央，皇帝掌握最高司法审判权。皇帝有时直接行使审判权，如宣帝"常幸宣室，斋居而决事"。丞相、御史大夫、廷尉为三公，掌握司法权。丞相的司法权仅次于皇帝，可以直接审理百官案件，并负有清理冤狱的职责。御史大夫是纠察百官、举劾按章的监察官吏。《汉书·百官公卿表》记载："御史大夫，秦官，位上卿，银印青绶，掌副丞相。有两丞，秩千石。"御史大夫为丞相之副，主要职责为考课、监察、弹劾官吏，典掌刑狱，收捕、审讯有罪官吏等。廷尉是汉朝最高的专门司法官，直接审理皇帝亲自交办的案件，负责审理全国各地上报的疑难案件。廷尉的职权受到皇权的限制，因此，有些廷尉在审理案件时，会以皇帝意志为审判标准。例如，汉武帝时，廷尉张汤决狱，"所治即上意所欲罪，予监吏深刻者；即上意所欲释，予监吏轻平者"（《汉书·张汤传》）。遇到重大疑难案件时，廷尉会同丞相（行政长官）、御史大夫（监察长官）等联合审理，称为"杂治"。

汉武帝时，为削弱相权，丞相的职权逐渐转由尚书执掌。监察、弹劾之职权移至御史中丞，御史大夫职权逐渐旁落。汉成帝时，在尚书之下设"五曹"，其中"三公曹"主管司法事务。东汉时期，尚书台成为国家中枢机关，尚书台下设"二千石曹"主词讼，"二千石曹"成为后世刑部的前身，这使廷尉的司法权力大为缩小。

汉初，地方机关分为郡、县两级。汉武帝时，将全国划分为十三个监察区，设刺史十三人分别监察。刺史的主要职责为监察地方官吏、审理冤案及上诉案件。后来，十三个监察区逐渐演变成高级行政区，其长官也由专门的监察官吏转变为行政长官。不过在地方，无论是郡、县两级制还是州、郡、县三级制，均由行政长官兼理司法审判，并配备专职的司法官吏，如"决曹掾"为郡一级专职司法官，"狱掾"为县一级专职司法官。

二、诉讼与审判制度

（一）起诉及诉权的限制

汉朝起诉称告劾，是诉讼开始的首要程序。"告"指当事人自己或被害人及其亲属直接向官府控告，类似自诉；"劾"指由各级官府、监察机关主动察举违法犯罪行为，代表国家行使诉权，类似公诉，故汉朝诉讼形式分为官吏纠举与当事人自告两类。汉朝确立了"亲亲得相首匿"的原则，除大逆及谋反等重罪以外，亲属之间不负有告奸的法律义务。

汉朝还对诉权加以一定限制：逐级告劾，禁止越诉，除冤狱可越级直诉于皇帝，称为"诣阙上书"；且卑幼除大逆、谋反外不得控告尊长；严禁诬告，诬告反坐。

（二）鞫狱、辞服、读鞫与乞鞫

鞫狱是指对被告的审讯。《汉书·张汤传》颜师古注曰："鞫，穷也，谓穷核之也。"《汉书·刑法志》记载："今遣廷史与郡鞫狱，任轻禄薄。"李奇曰："鞫，谓穷狱也，事穷竟也。"可见，在汉朝，"鞫"或"鞫"都具有"穷"的含义，即"穷竟其事"，追查案件的真相。在审判过程中，被告的口供称为辞服，是定罪量刑的主要依据。在审讯的过程中，司法官一般先让原告、被告进行陈述，当被告人的回答与原告人的告诉、证人的证词相矛盾时，便对其进行诘问。如果以诘问的方式不能取得足以定罪的证据，审判官可以进行刑讯。刑讯在汉朝时是合法的审讯方式。

审判结束后司法官做出判决，向被告人及家属宣读结果，称为读鞫。乞鞫是判决后对案件进行复审的一种制度。当事人及其亲属如果不服司法官吏的判决，可向司法机关提起请求，要求司法机关对该案进行重新审理。汉简《二年律令·具律》规定："罪人狱已决，自以罪不当欲乞鞫者，许之。"

（三）录囚

录囚是指皇帝或上级机关复核审录在押囚犯，监督检查下级司法机关审判是否合法，是否有冤案，以便平反冤案、及时处理滞案的制度。录囚始于汉武帝，西汉刺史"常以八月巡行所部郡国，录囚徒"（《后汉书·百官志》）。东汉明帝曾亲自录囚，"及明帝即位，常临听讼观录洛阳诸狱"（《晋书·刑法志》）。录囚制度加强了中央对地方司法机关的监督检查，对于纠察错案、监督司法活动，发挥了不容忽视的作用。

（四）谳狱

谳狱是处理疑难案件的一种制度，在先秦时期已经存在。在汉朝，谳狱制度指当地方官在审判过程中出现疑难案件时，应将疑难案件逐级上报，送至中央廷尉处理，廷尉不能决断的疑难案件还要奏请皇帝裁决。汉朝的谳狱制度初见于汉高祖刘邦统治时期，其后不断发展完善。《汉书·刑法志》记载，"高皇帝七年，制诏御史：'狱之疑者，吏或不敢决，有罪者久而不论，无罪者久系不决。自今以来，县道官狱疑者，各谳所属二千石官，二千石官以其罪名当报。所不能决者，皆移廷尉，廷尉亦当报之。廷尉所不能决，谨具为奏，傅所当比律、令以闻。'"因此，对于疑案，应通过县一级官员、二千石官、廷尉向皇帝层层上报，谨慎妥善做出裁决。

三、"春秋决狱"

"春秋决狱"也称"引经决狱"，是指以儒家经典《春秋》中的原则与精神作为司法审判的根据，凡是法律中没有规定，司法官就以儒家经义作为裁判依据；凡是法律条文与儒家经义相违背的，则儒家经义具有高于现行法律的效力，后世的引经注律即肇端于此。"春秋决狱"是伴随汉朝统治思想发生转变而出现的。在立法领域，汉朝仍是"承秦制"，但思想领域已转向以儒家为主导。"春秋决狱"反映了儒家思想向法律的渗透以及对法律的补充，该制度主要以儒家等级制度和伦理纲常作为司法的原则。"春秋决狱"推动了律学的发展，对法律原则进行补正，促进了法律儒家化的进程，开辟了引礼入法的通道。

在现存史料中，还存有董仲舒的几例"春秋决狱"案件，可以看到其法律适用的过程。其中一例："甲父乙与丙争言相斗，丙以珮刀刺乙，甲即以杖击丙，误伤乙。甲当何论？或曰：'殴父也，当枭首。'议曰：'臣愚以父子，至亲也，闻其斗，莫不有怵怅之心。扶杖而救之，非所以欲诟父也。《春秋》之义，许止父病，进药于其父而卒。君子原心，赦而不诛。甲非律所谓殴父也。不当坐。'"（《太平御览》）意思是说，乙丙相斗，乙之子甲上前帮忙，却误伤了自己的父亲。按照汉律，殴父当枭首。然而董仲舒却按照《春秋》中的精神，认为甲无心伤害自己的父亲，将其释放。

董仲舒的《春秋繁露·精华》记载："春秋之听狱也，必本其事而原其志（兼顾事实与动机）；志邪者不待成，首恶者罪特重，本直者其论轻。"《盐铁论·刑德论》记载："故《春秋》之治狱，论心定罪。志善而违于法者免，志恶而合于法者诛。"由此可见，"春秋决狱"从客观事实出发，推究行为人的主观方面（动机、目的、故意与过失等），在综合权衡客观方面与主观方面的基础上，定人罪名、裁量刑罚。与法家偏重把客观行为的结果作为定罪标准相比，"春秋决狱"并非单纯依据行为人的主观方面定罪量刑，更注重对行为人主观方面的评价：凡是动机不良、目的邪恶的人，其行为不必产生预期结果，就可以予以惩治；在犯罪行为中，造意者、犯罪行为的组织策划者要予以重惩；行为人出于善的动机，其行为虽然导致了危害性后果，但可以减轻处罚或免于处罚。

"春秋决狱"缓解了立法与儒家思想的矛盾，减轻了刑法适用的残酷性。除《春秋》以外，汉朝被援引为司法裁判依据的还有《诗》《书》《易》《礼》等儒家经典。由于儒家经典教义不具有法的确定性和规范性，一般司法官员又不一定通晓儒术，在司法实践中往往造成任意比附、司法专断腐败的局面。章炳麟批判："引经附法，……上者得以重秘其术，使民难窥；下者得以因缘为市，……悲夫经之虮虱，法之秕稗也。"（《检论·原法》）

四、秋冬行刑

秋冬行刑源于春秋战国时期，汉朝将其进一步发展和制度化。《礼记·月令》载有"仲春之月，……令有司省囹圄，去桎梏，毋肆掠，止狱讼"，"季秋之月，……乃趣刑狱，毋留有罪"。董仲舒的"天人感应"理论认为，阳德阴刑，刑主杀，而德主生，"王者生杀，宜顺时气"（《后汉书·章帝纪》）。故在春夏之季，万物生长，不宜执行死刑，秋冬肃杀，万物凋敝，应申明刑罚，公平理狱。

按照这一理论，汉朝规定，行刑时间定在秋季和立冬之后，即以农历十月至十二月三个月为刑杀时间，立春不再行刑。公元85年，章帝下令将冬三月（阴历十月、十一月、十二月）执行死刑的制度，改为只在十月一个月内执行死刑。秋冬行刑是儒家思想渗入司法制度的体现。

秋冬行刑制度产生的思想基础是"天人感应"学说，这一制度将司法审判与阴阳运行、四季变换联系起来，加强了司法的神圣性和严肃性。秋冬行刑制度是儒家慎刑思想的表现，这一制度也使一些冤假错案有被纠正的时间。秋冬行刑制度虽然对权力的滥用起到了一定的限制作用，但其本质是把司法神圣化，加强国家对臣民的统治。这一制度也导致了一些案件处理不及时，从而造成司法资源的浪费。

由于秋冬行刑适应了农业社会的农耕规律，有利于农业生产和稳定社会秩序，又标榜了仁政，因而为各朝代所沿用，清朝的秋审、朝审中也可寻其踪迹。

五、大赦

汉朝凡遇灾异、寿庆、登位都会发布大赦。赦令一下，除若干重罪以外，未审结的案件要被撤销，在押的待决犯要予以释放。举告大赦前犯罪的行为作为诬告罪处理，举告者反坐其罪。大赦制度先严法捕之，威慑百姓，再行恩赦，以示"仁政"。

本章小结

两汉时期经历了汉初黄老思想占据统治地位到儒学成为正统思想的转变，法律思想开始了儒家化的进程。

汉朝的法律形式主要包括律、令、科、比，其中律是基本的法律形式。汉朝的主要法律为《九章律》，加上《傍章律》《越宫律》《朝律》，共同构成了"汉律六十篇"。

在刑事法律领域，汉文帝和汉景帝进行废除肉刑的刑制改革，在刑罚史上具有重要意义。另外，确立了刑事责任年龄、"亲亲得相首匿"、矜老恤幼等原则，还确立了一系列危害皇帝安全与尊严、危害君主专制、危害中央集权、危害国家政权等罪名。

在司法领域，中央和地方已经形成了一整套较为严密的司法体系。监察制度得到了进一步的发展。录囚制度加强了中央对地方司法机关的监督。"春秋决狱"和秋冬行刑均为法律儒家化的体现。

思考题

1. 论述汉朝法制指导思想的转变。
2. 论述汉朝的法律形式。
3. 论述文景时期刑制改革的背景、措施及其历史影响。
4. 论述汉朝刑罚的适用原则。
5. 论述"亲亲得相首匿"。
6. 论述"春秋决狱"的原则和主要内容。

第六章 三国两晋南北朝的法律

导 言

秦、汉的"大一统"至东汉末年解体,从此中国分崩离析,进入一个大动乱、大分裂时期,史称三国两晋南北朝。自公元220年至公元581年杨坚建立隋朝,前后近四百年间,朝代更替频繁,除西晋短暂统一外,分崩割据成为常态。其间经历了魏、蜀、吴三足鼎立的局面,至西晋短暂统一。西晋覆灭后,中国进入南北朝时期。南朝先后经历宋、齐、梁、陈之统治。与此同时,北朝先统一于北魏,后又分裂为东魏和西魏。不久后,北齐继东魏,北周代西魏。

这一时期的立法活动十分活跃且成绩斐然。经学的去玄学化与思辨学说的发展深刻促进了律学的发展,法律编纂技术不断进步,法典篇章体例日趋合理,法律条文规定简约明晰。同时,在法律内容上,继承了西汉中期以来的法律儒家化传统,儒家思想开始全面入律。律学原理、法律形式与制度内容都得到极大发展,为之后隋唐法律制度的成熟并完善打下了基础。因此,这一时期在中国法制史上起着承前启后的重要作用。

学习目标

通过本章学习,掌握以下主要内容:
1. 三国两晋南北朝时期法律形式的变化。
2. 三国两晋南北朝时期律学的发展成就。
3. 三国两晋南北朝时期法律儒家化的表现。

4. 三国两晋南北朝时期的主要法典及体例的发展变化。
5. 三国两晋南北朝时期刑罚制度的发展变化。

第一节 三国两晋时期的法律

一、法律儒家化和律学的发展

(一) 法律儒家化

立法活动需要以法律思想为指引，从汉武帝"罢黜百家，独尊儒术"以来，儒家思想的地位不断提升，"德主刑辅""大德小刑"成为汉朝立法和司法的指导思想。儒家思想在南北朝时期更为突出地呈现于法令规范中，统治者进一步贯彻儒家倡导的礼义原则、等级秩序和伦理道德精神，立法活动进入"引礼入律"的新阶段。

法律儒家化在这一时期的发展表现在很多方面，如曹魏将"八议"制度正式入律，西晋律典中有"峻礼教之防，准五服以制罪"原则，北魏和南陈法律首创"以官爵当罪"的制度，北魏法律首次规定"存留养亲"制度，北齐法典首次总结"重罪十条"并列于法典显要位置以重点打击。除此之外，禁止强迫亲属作证、连坐范围的缩小、刑讯逼供手段的制度化和人道化、死刑复奏制度的形成等，都是法律儒家化程度加深的表现。

(二) 律学的发展

自西汉以来，"引经决狱""经义注律"盛行，私家为律注疏开始成为一种新的法律解释形式。魏晋之际，律学开始从经学的束缚中解脱出来，发展为独立的学科。法律不再仅限于对古代法律的起源、本质和作用的一般论述，开始侧重于对律典体例、篇章结构、法律概念和定罪量刑等问题的研究。这一时期先后出现了一批著名的律学家，如陈群、杜预、张斐、刘颂等。魏晋时期律学的发展进一步促进了法典编纂和法律解释的发展。

1. 法典编纂技术的完善

从魏律、晋律、北魏律到北齐律，立法技术不断改进创新，法典篇章体例趋于定型。自魏律起，法典篇目经过多次扩充和反复修订，至北齐律精简为十二篇，后被隋、唐等各朝法典沿用。由简到繁的丰富扩充，又由繁到简的高度概括，反映了法典编纂技术的日渐提高，也说明当时对某些法律概念的认识、分类和概括已比较明确。魏律改《具律》第六为《刑名》第一，晋律又于第二篇增加《法例》，至北齐律合《刑名》《法例》两篇为一，首创《名例律》篇目，为后世隋唐至明清各朝法典所继承。《名例律》的创立，突出了法典总则的性质与地位，有利于发挥其提纲挈领的统括作用，增强了法典体例结构的科学性。

2. 法律解释的科学化和规范化

张斐、杜预对晋《泰始律》的解释为：法律概念的科学化和规范化做出了较大贡献，后朝法律概念的注疏多源于此。杜预说："法者，盖绳墨之断例，非穷理尽性之书也。故文约而例直，听省而禁简。例直易见，禁简难犯；易见则人知所避，难犯则几于刑厝。刑之本在于简直，故必审名分。审名分者，必忍小理……使用之者执名例以审趣舍，伸绳墨之直，去析薪之理也。"（《晋书·杜预传》）这就指出立法之本在于简而直，只有法条简单明了，才能使百姓知所避就，减少刑狱，天下太平。所以，法律注释的关键是要"网罗法意"，"伸绳墨之直，去析薪之理"，根据儒家伦理精神，从法律原则出发去简明解说法条之意，不能如"析薪"一般在字词逻辑上玩文字游戏。

张斐注称"律始于《刑名》者，所以定罪制也"；"《刑名》所以经略罪法之轻重，正加减之等差，明发众篇之多义，补其章条之不足，较举上下纲领"。这说明律学家对于《刑名》作为法典总则的性质、内容与地位，已经有了明确的认识和清晰的阐释。张斐还对20个法律概念及其含义作了精要的表述："其知而犯之谓之故，意以为然谓之失，违忠欺上谓之谩，背信藏巧谓之诈，亏礼废节谓之不敬，两讼相趣谓之斗，两和相害谓之戏，无变斩击谓之贼，不意误犯谓之过失，逆节绝理谓之不道，陵上僭贵谓之恶逆，将害未发谓之戕，唱首先言谓之造意，二人对议谓之谋，制众建计谓之率，不和谓之强，攻恶谓之略，三人谓之群，取非其物谓之盗，货财之利谓之赃。凡二十者，律义之较名也。"这些罪名概念的界定，体现了各项罪名的主要构成要件，反映了当时的犯罪学理论取得了较高水平，对后世产生了深远影响。

对同属"以威势得财"的性质相近的经济犯罪，分别按六种案情不同的罪名和五种案情相似的罪名加以区分。张斐注称："律有事状相似而罪名相涉者，若加威势下手取财为强盗，不自知亡为缚守，将中有恶言为恐猲，不以罪名呵为呵人，以罪名呵为受赇，劫召其财为持质。此六者，以威势得财而名殊者也。即不求自与为受求，所监求而后取为盗赃，输入呵受为留难，敛人财物积藏于官为擅赋，加殴击之为戮辱。诸如此类，皆为以威势得财而罪相似者也。"法律规定有两类罪名相关的内容，均属利用武力或权势获取财物的经济犯罪。前一类有六种罪名，案情差异较大，包括：以武力或权势掠夺他人财物的强盗罪，以捆绑看守人的方式夺取财物的缚守罪，以恶言恐吓谋求财物的恐吓罪，以言辞训斥获取财物的呵人罪，以罪名威逼诈取财物的受赇罪，以劫持质押物品向人要挟财物的持质罪。后一类有五种罪名，案情基本相似，包括：接受贿赂财物的受求罪，贪污监守财物的盗赃罪，敲诈勒索财物的留难罪，以官府名义聚敛财物的擅赋罪，施加殴打逼迫的戮辱罪。根据犯罪主体身份、作案情节手段等，将类似行为分为不同罪名，表明犯罪学理论已发展到较高水平。

3. 刑事法律思想的进步

张斐用"无常之格"来概括所有定罪量刑应依据法理"通权达变"的情形："夫律者，当慎其变，审其理。若不承用诏书，无故失之刑，当从赎。谋反之同伍，实不知情，当从刑。此故失之变也。卑与尊斗，皆为贼。斗之加兵刃水火中，不得为戏，戏之重也。向人室庐道径射，不得为过，失之禁也。都城人众中走马杀人，当为贼，贼之似也。过失似贼，戏似斗，斗而杀伤傍人，又似误，盗伤缚守似强盗，呵人取财似受赇，囚辞所连似告劾，诸勿听理似故纵，持质似恐猲。如此之比，皆为无常之格也。"（《晋书·刑法志》）对于法律的适用，应认真审察其义理，慎重地予以变通。

晋代刘颂还提出，"律法断罪，皆当以法律令正文，若无正文，依附名例断之，其正文名例所不及，皆勿论。"这种援法断罪的思想和现代罪刑法定原则比较接近，为中国古代律学理论的一大进步。

二、曹魏法律

三国时期，战乱频仍，残酷的军事斗争破坏了社会生产力，加重了人民的负担，这一时期的社会矛盾和阶级斗争都十分尖锐。与此同时，统治阶级为了加强统治和打击异己势力，不断地加强法治建设。以魏律为代表的三国时期的法律制度不论是在内容还是形式上都有了较大的发展，为两晋以及隋唐法律的完善奠定了基础。

汉末法制废弛，社会秩序极端混乱，在残酷的军事斗争中，为了巩固曹魏政权的统治地位，以曹操为首的统治集团形成了独具特色的法律思想：礼首刑先，权法并用。为了稳定遭到严重破坏的统治秩序，曹操除了用暴力手段讨伐"不从王命者"，也重视法制的作用。其主导思想是："夫治定之化，以礼为首；拨乱之政，以刑为先。"（《三国志·魏书·高柔传》）同时，赏罚分明是曹操法律思想的另一个特点。正如司马光所说:"勋劳宜赏,不吝千金;无功望施,分毫不与。"(《资治通鉴·魏纪》)这从侧面说明曹操鼓励人们助其整军治国,一方面对军功坚决重赏,另一方面也实行罚,"用法峻急,有犯必戮"《资治通鉴·魏纪》,对于违法者一律依律断决。另外,提倡仁义,尊孔尚礼。曹操虽然主张拨乱反正以刑为先,但也强调治定之化以礼为首,认为礼刑并用、儒法结合才能达到天下大治的目的。

(一) 法律形式的变化

魏自命汉朝继承者,新颁行的法令没有以律或令为名称,而是以科代之。后发展出以军令为主的令。魏国强大后,以格代科,并回归以律、令为主的法律形式。魏科存在时间不长,但在历史上有重要意义。三国时期以科作为变通且重要的法律形式。魏科的制定是对汉律进行重大改革的关键一步,影响力及于吴、蜀,直接为魏晋修订正式法典开辟了道路。随着曹魏统一中原,魏明帝制定《新律》,将其有关刑罚部分抽出厘为律,其他按类归纳为令之后,形式和内容都带有变通性质的"科"的使命结束。《唐六典·刑部》记载,后(东)魏以格代科,格由科发展而来。"格"作为变通的法律形式,是律成为一种稳定的法律形式之前的重要过渡状态。

(二) 立法概况

曹魏以汉为宗,因此,在魏建立前后一直沿用汉朝法律,以表明自己的正统地位。同时,在曹魏统治期间,也意识到汉律繁苛庞杂之弊端,不便继续沿用。曹操时曾制定《甲子科》与汉律并行。《魏书·刑法志》记载:"魏武帝……乃定甲子科,犯钛左右趾者易以木械,是时乏铁,故易以木焉。又嫌汉律太重,故令依律论者听得科半,使从半减也。"当然,《甲子科》虽然"约法省刑",但在内容上基本还是沿用汉律。鉴于"法令滋章,犯者弥多,刑罚愈重,而奸不可止"(《三国志·明帝纪》),魏明帝于公元229年下诏改定刑制,命司空陈群、散骑常侍刘邵、给事黄门侍郎韩逊等删约旧科,傍采汉律,制《新律》十八篇,《州郡令》四十五篇,以及《尚书官令》《军中令》等共一百八十余篇。此次大规模的立法活动中所编纂的《新律》即《魏律》。

《魏律》早已散佚,仅在《晋书·刑法志》里保存有《魏律序略》。其与汉律相比,在内容和体例上都作了重大修改,主要包括以下几个方面:

(1) 改《具律》为《刑名》,列于律首。曹魏《新律》首次将《具律》的位置放在首位,并改为《刑名》,这是我国古代律典篇章体例的重大创新。《魏律序略》云:"旧律因秦《法经》,就增三篇,而《具律》不移,因在第六。罪条例既不在始，又不在终，非篇章之义。故集罪例以为《刑名》，冠于律首。"（《晋书·刑法志》）《具法》为李悝《法经》所创，"具其加减"，总括各篇罪刑加减事例和原则，与现代刑法总则类似，但是《法经》将其置于律末而非律首。汉萧何作《九章律》，在《法经》六篇之后增加了《户律》《兴律》《厩律》，但是没有改变《具律》的位置，难以实现其总则性的功能。《魏律》改《具律》为《刑名》冠于律首，起到了统率全律的作用，克服了"罪条例既不在始，又不在终"的弊端，使法典体例逐渐完善，并为后世所沿用。

（2）增加篇目，由原来的九篇增加到十八篇。汉律自《九章律》之后，逐渐复杂，至武帝时已经增至六十篇。再加上各种律、令、科、比的产生，并且诸儒纷起作"法律章句"影响司法，至汉末时，汉律已繁苛至极，难以适用。曹魏政权对这些律目篇章进行归纳整理后，正式删定为《新律》十八篇，除保留《九章律》中原有的盗、贼、囚、捕、杂、户六篇篇名外，将《兴律》改为《擅兴》，《具律》改为《刑名》，删除《厩律》，增加劫掠、诈伪、毁亡、告劾、系讯、断狱、请赇、惊事、偿赃和免坐十篇。它纠正了《九章律》"篇少则文荒，文荒则事寡，事寡则罪漏"的弊端，在立法上初步做到了"文约而例通"。

（3）删减条目，消除篇章间的重复和抵牾。旧律在内容不断增加时缺少整理，因此条文之间矛盾颇多。曹魏《新律》对律典各篇和单行令、科的内容作了重大调整，删改合并，基本上消除了内容上的相互重复和抵牾之处，例如对"《盗律》有贼伤之例，《贼律》有盗章之文，《兴律》有上狱之法，《厩律》有逮捕之事"等错杂无常的条文做了改进，使之"文约而例直"，对后来《晋律》的制定有着直接的影响。

（三）法律内容的发展

1."八议"入律

"八议"就是在法律上确立保护贵族、官僚等级特权的制度，使此类特权阶层在犯罪时可以减轻或免除刑罚。我国古代刑法中的"八议"制度滥觞于《周礼》的"八辟丽邦法"，汉朝改称"八议"，但未正式规定在律典中，直到曹魏时才正式上升到法律的高度。"八议"的内容包括议亲、议故、议贤、议能、议勤、议贵、议功、议宾。"亲"是指皇亲国戚；"故"是指皇帝的故交；"贤"是指有德行的人；"能"是指有大才干的人；"勤"是指为国家勤劳服务的人；"宾"是指前朝的皇室宗亲；"功"是指对国家有大功勋的人；"贵"是指官僚贵族。凡是这八种人犯罪，均要给予照顾，特别是"若亲贵犯罪，大者必议，小者必赦"，官府不得专断。《唐六典》注曰："（八议）自魏、晋、宋、齐、梁、陈、后魏、北齐、后周及隋皆载于律。"

2. 九品中正制与任官、考课制度

九品中正制作为选拔官吏的制度，创立于曹魏。公元220年曹丕代汉以后，为了争取士族的支持，采纳吏部尚书陈群提出的"制九品官人之法"，建立九品中正制。九品中正制即由朝廷选择所谓的"贤鉴有识"的现任官吏兼任其出生州郡的"中正"，规定郡设小中正官，州设大中正官，其职责是依据家世、才能、德行，将辖区内的人才分为九品——上上、上中、上下、中上、中中、中下、下上、下中、下下，由小中正先行评品，然后将结果申报给大中正，再经大中正申报司徒，最后由朝廷按品第高低任官。九品中正制创始于魏，沿用至宋、齐、梁、陈各朝代。九品中正制是士族垄断政权的任官制度，这一制度的实行，保障了士族垄断政治统治权的特殊地位，从而形成了"上品无寒门，下品无士族"的现象。"九品"的分类标准具有不确定性，重门第而不重才学，很多时候全靠中正官的主观评价，因此极易滋生腐败。

九品中正制在选拔人才时重门第、轻德行，不注重真才实学的弊端从一开始就显现出来，统治者不得不去探索如何完善制度，所以在九品官人之法实行不久，曾任魏相国的华歆就提出"五经课试之法"。《三国志·魏书·华歆传》记载，"三府议：'举孝廉，本以德行，不复限以试经。'歆以为：'丧乱以来，六籍堕废，当务存立，以崇王道。夫制法者，所以经盛衰。今听孝廉不以经试，恐学业遂从此而废。若有秀异，可特征用。患于无其人，何患不得哉？'帝从其言。"华歆主张举孝廉不能只是根据其"德行"，还要课试五经。只有五经考试合格者，才能量才选用授官。五经即《诗》《书》《礼》《易》《春秋》。所谓五经课试之法，是以五经为内容来进行考试，选拔人才。考课是统治者按一定的标准考察官吏的政绩，再根据政绩情况进行奖赏或惩罚的制度。考课之目的，"使有能者当其官，有功者受其禄，譬犹乌获之举千钧，良、乐之选骥足也"。为官者清廉、实干对于巩固统治阶级的地位十分重要。曹操及曹丕都重视对官吏的考核，实行"三载考绩，黜陟幽明"的政策，两人统治期间出现过短暂的政治清明、吏治廉洁的景象。但到了魏明帝曹叡统治时期，不但统治集团上层逐渐腐败，下层官吏也贿赂公行。为整饬吏治，魏明帝遂令散骑常侍刘劭作"都官考课"七十二条，但未实际实行。

3. 刑罚制度的完善

《魏律》"更依古义，制为五刑"，其刑种有：死刑三等、髡刑四等、完刑与作刑各三等、赎刑十一等、罚金六等、杂抵罪七等。其中髡、完、作三种刑名均为劳役刑，可以合并为一种，故将七种刑名定为"五刑"。曹魏"五刑"不再包括汉朝的宫刑和斩右趾，标志着肉刑不再作为法定刑罚列入国家法典。《魏律》缩小了缘坐范围，规定"大逆不道"罪，本人腰斩，"家属从坐"，但是不及于祖父母、孙。曹魏"五刑"是处于汉唐之间新的法定五刑之前的过渡形态。

（四）司法审判制度

1. 司法机关

这一时期司法制度基本承用汉制，但也在发生变化。东汉后三省制开始逐渐形成，虽然还没有形成之后的刑部，但是在尚书台之下均设有负责司法行政和兼理刑狱的机构。同时保留三公曹、二千石曹，又增设比部郎，"以司刑狱"。地方司法机关仍沿汉朝旧制，司法权由县令、郡太守、州刺史掌领。

2. 审判制度

（1）皇帝直接参与司法审判。秦汉以来，皇帝亲自断案逐渐成为常态；两汉以降的录囚制度也得以延续。魏晋时期，《三国志·魏书·明帝纪》载公元229年改"平望观"为"听讼观"，史载"每断大狱，常幸观临听之"。

（2）上诉制度的变化。《晋书·刑法志》记载，曹魏时为简化诉讼，防止讼事拖延，改汉朝上诉之制，特别规定："二岁刑以上，除以家人乞鞫之制。"晋律允许上诉，规定："狱结竟，呼囚鞫语罪状，囚若称枉欲乞鞫者，许之也。"《魏书·刑罚志》载北魏律规定："狱已成及决竟，经所绾，而疑有奸欺，不直于法，及诉冤枉者，得摄讯覆治之。"

（3）死刑复核制度的确立。魏明帝于公元236年下诏："廷尉及天下狱官，诸有死罪具狱以定，非谋反及手杀人，亟语其亲治，有乞恩者，使与奏。"(《三国志·魏书·明帝纪》）也就是说，令廷尉及各郡国所有司法官员，除谋反和杀人罪外，其他死罪犯人都应尽快通知其家属。如有向皇帝请求宽恕的犯人，应将其所写的陈请书信和有关的案情文书一起送报，从而使死刑决定权归于皇帝，一方面体现了慎刑，另一方面也是为了皇帝能够更加牢固地掌握最高审判权，以利于法制的贯彻实施。此为后世死刑复核制度确立的开端。

3. 司法监督

御史台为曹魏时期中央的监察机关，并从少府独立出来，成为皇帝直接掌握的独立监察机关。御史台虽仍设御史大夫，但实际由御史中丞掌理一切，职权广大，"自皇太子以下，无所不纠"。随着地位的提高，中丞以下设有名目繁多的御史。东汉时的司隶校尉，魏晋时仍设，与御史中丞"分督百僚"。至东晋废，分其行政权归扬州刺史（京师在扬州），分其监察权归御史台。御史台和司隶校尉参加重案、要案审理，一方面体现了其自身具有司法职能，另一方面体现了其司法监督的功能。魏以后，地方不设监察机关，由中央派御史监察，建立御史出巡制度。御史甚至可"风闻言事"，对各级官吏进行弹奏，但御史中丞失纠要被免官。

三、晋朝法律

（一）两晋立法

曹魏末年，司马氏发动军事政变，把持朝政大权。公元264年，司马昭以魏律"烦杂""科网本密"，命贾充、羊祜、杜预等人修订《新律》，并于公元267年完成，次年颁行天下，史称《泰始律》，又称《晋律》。

《晋律》律文简约，容易产生歧义，因此，著名律学家张斐、杜预等分别对其进行了律疏注释，阐明礼法结合的立法精神，对法律概念作了简要精确的解释。这无疑普及和统一了官吏和百姓对法律的理解，弥补了律文内容的缺陷和不足，有利于法律的适用。张斐、杜预的法律注释完成后，为武帝首肯"诏颁天下"，与律文同具法律效力，故又称《晋律》及该注释为《张杜律》，此举开启了以《唐律疏议》为代表的律疏并行之先河。

《晋律》共二十篇，620条，同时颁行的还有《晋令》四十篇，此外还有《晋故事》30卷，与律令并行。同时，"式"作为一种法律形式也已出现。《晋律》为东晋、宋、齐所沿用，至南朝梁武帝改律共承用235年，是两晋、南北朝时期行世最久的一部法典，对后世立法影响深远，促进了法律和律学的发展。

《晋律》二十篇的篇目为：刑名、法例、盗律、贼律、诈伪、请赇、告劾、捕律、系讯、断狱、杂律、户律、擅兴、毁亡、卫宫、水火、厩律、关市、违制、诸侯律。其在法典结构设置上的进步主要体现在两个方面：一是《晋律》将《魏律》的刑名分为刑名、法例两篇，这对后朝完善法典总则具有重要作用。二是晋朝将律和令明确分开，律是比较稳定的法条，令则是临时性的条款，违令有罪则入律。《太平御览》引杜预《律序》，"律以正罪名，令以存事制"，区分律、令，改变了自汉以来律、令界限不清、互相矛盾的问题。

晋律对魏律的改进，特别是张斐、杜预对律文的注释，在促进传统法制和律学的科学发展方面，取得了很大的成就，标志着律学发展达到新高度。后世法典篇目的增减，大多以《晋律》为基础。正如程树德在《九朝律考·晋律考序》中说的那样："晋自泰始四年，颁定新律，刘宋因之，萧齐代兴，王植撰定律章，事未施行，盖断自梁武改律，承用已经三代，凡二百三十七年，六朝诸律中，行世无如是之久者。"事实上,《晋律》的影响及于隋唐,《唐律疏议》律文与疏议并行的体例显然受到了《张杜律》的影响。

(二) 刑罚制度的发展

《晋律》的进步不仅体现在结构和形式上,在内容上也有很大的发展,最重要的是确立了"准五服以治罪"。所谓"五服"制度,即用丧服来代表亲属关系远近,实际上是古代的亲等制度,具体分为五等:斩衰、齐衰、大功、小功、缌麻。"准五服以治罪"即亲属之间相犯,要按照五等服制来定罪量刑,为《晋律》首创。一般来说,服制越近,即血缘关系越亲,以尊犯卑者,处刑越轻;相反,处刑越重,服制越远,即血缘关系疏远者,以尊犯卑,处刑相对加重;以卑犯尊,相对减轻,其目的是"峻礼教之防"。《晋律》体现了法律儒家化的新发展,实现了法律和儒家思想的有机结合。"礼乐抚于中""峻礼教之防",突出儒家伦理纲常的法制化,"引礼入律""准五服以治罪"是《晋律》法律儒家化最明显的标志,这一做法也为后世所延续,唐律对五服内不同亲等的亲属相犯的规定周密而细致;宋朝曾将皇帝关于断决亲属相犯的诏敕合编为《五服敕》;元朝开始将所有亲属关系的服制等级示意图表(五服图)附于《元典章·礼部》,以方便官员司法时参照查核;明清两朝更是将五服图列于律首。

晋律对魏《新律》进行了简化,定刑名五种,即死、髡、赎、杂抵罪和罚金。死刑有三等,分别是枭首、腰斩、弃市;髡刑有四等;赎罪有五等;杂抵罪和罚金各有五等。

(三) 土地、婚姻与财产制度

首先,关于土地所有权制度,西晋统一全国之后颁布了"占田制",目的是限制豪强兼并土地并恢复生产。其主要内容是:"男子一人占田七十亩,女子三十亩。""其官品第一至于第九,各以贵贱占田,品第一者占五十顷,第二品四十五顷,第三品四十顷,第四品三十五顷,第五品三十顷,第六品二十五顷,第七品二十顷,第八品十五顷,第九品十顷。"(《晋书·食货志》)"占田制"使得不同身份等级的人都可以依法占有一定的土地,因此对生产有一定的促进作用,但是限制土地兼并效果不好,因为"占田制"既没有规定法令颁布之前所兼并的土地如何处理,也没有规定占田过限的法律后果。国有土地称为官田,前朝土地和未开发的荒山、荒地及湖泽,主要用于赏赐、职田和屯田。

其次,关于婚姻制度,这一时期的婚姻制度注重维护尊卑良贱等级关系。由于门阀制度的盛行,门第观念十分强烈,婚姻讲求门当户对,门第婚盛行,士庶、良贱不婚。西晋纳妾合法，《晋令》规定，"诸王置妾八人，郡公、侯妾六人"，《官品令》规定，"第一、第二品有四妾，第三、第四有三妾，第五、第六有二妾，第七、第八有一妾。"在继承上，严格区分嫡庶，一般只有嫡子才有继承权。

最后，有关买卖、借贷的法律规范，晋律规定买卖田宅、牛马，必须订立"文券"，载明成交额，国家按成交总额百分之四"契税"，买卖双方按照三比一的比例负担，"文券"上有纳税之红色印章，称"红契"。买卖他物可不立"文券"，但仍需纳税。此制为南朝沿用。这固然有利于增加财政收入，但客观上也对买卖关系加以法律确认，若生纠纷，官府依"契税"单据进行裁决。以是否能返还标的为标准，借贷分为使用借贷和消费借贷；以主体地位为标准，借贷分为官私借贷和私人借贷。官私借贷一般是指官府为了体恤民情，在灾年低息贷粮谷给穷困百姓，并可因赦免而免除返还义务。

（四）司法制度

晋初由三公尚书"掌刑狱"，到晋武帝太康年间，废三公尚书，以吏部尚书兼领刑狱。

魏晋以降，为抑制割据势力，御史监督职能明显加强。晋以御史台主监察，御史台权能极广，受命于皇帝，有权纠举一切不法案件，又设治书侍御史纠举审判官吏的不法行为。

晋朝还正式确立了直诉制度。直诉不受诉讼等级制度的制约，可以直接向中央控告，是案情较重或者冤情无处申诉时的一种特殊上诉程序。西晋将直诉确立为一项正式制度。晋武帝时设登闻鼓，悬于朝堂外或都城内，以待有冤抑者击鼓以向皇帝直诉。《晋书·武帝纪》记载有"西平人麴路伐登闻鼓"。《魏书·刑法志》记载，太武帝统治时期，在"阙左悬登闻鼓，人有穷冤则挝鼓，公车上奏其表"，就是在宫阙左面悬置登闻鼓，允许有冤者击鼓鸣冤。登闻鼓的设立，在一定程度上可以帮助统治者掌握狱情，通达下情，及时发现和纠正冤假错案，强化司法监督。作为直诉的途径之一，登闻鼓制度一直沿用到清朝。

第二节　南北朝时期的法律

公元 420 年，刘裕废晋帝，建立刘宋王朝，刘宋王朝后又被齐、梁、陈三个王朝所取代，四朝共历时 160 余年，史称南朝。与南朝相对峙的北朝，是指东晋与十六国以后相继统一北方的北魏（后分裂为东魏和西魏）、北齐、北周等朝代。南北朝时期虽然战乱不断，社会动荡，但是各王朝为了自身发展，仍然比较重视法制。北方少数民族入主中原后，为了巩固统治，注重对汉族先进文化的吸纳，重视对律典的修订，因此造成北朝的立法成就明显优于南朝。

一、南朝法律

南朝偏安江左，宋、齐法律制度基本沿用《晋律》。统治者"以清谈相尚，不崇名法""柄国诸臣，率多优于词章，而疏于掌故"，律学衰微，所以在法制上基本没有贡献。其中，刘宋50多年的统治时间内没有制定新律。南齐初建时，《南齐书·孔稚珪传》记载："江左相承用晋世张、杜律二十卷。"至公元489年，以《晋律》为基础制定《永明律》1 532条，但对《晋律》的内容并未做改动，只是系统整理张斐、杜预二人的注释，将其"集为一书"，克服了"张斐、杜预同注一章，而生杀永殊"（《南齐书·孔稚珪传》）的问题。然而，《永明律》制定完成之后因为争议较大，并未付诸实施。

南梁武帝曾于公元502年诏蔡法度、沈约等人依《永明律》修订《梁律》，于次年修成，共二十篇。其内容与《晋律》大致相同，篇目顺序也没有发生变化，只是少数篇目名称有所不同，如将《晋律》中的贼律改为贼叛等。此外还做了一些词句删减工作，但没有超出《晋律》的范畴。同时，还制定了《梁令》《梁科》各30卷。这是南陈最大的一次立法活动。梁律对刑罚的规定比较严整，死刑分为弃市、枭首；耐刑由二年至五年；鞭刑分制鞭、法鞭、常鞭；杖刑分大杖、法杖、小杖；并有赎刑。南梁刑制对北朝有较大影响。

南陈也有修律活动，是为《陈律》。《唐六典》记载："陈令范泉、徐陵等参定律、令，《律》三十卷，《令》三十卷，《科》三十卷。"同时《隋书·刑法志》也指出《陈律》"条流冗杂，纲目虽多，博而非要"，其"篇目条纲，轻重繁简，一用梁法"。《陈律》首次将"官当"写入法律，准许官员犯罪可用官职抵罪，为后世所沿袭。

二、北朝法律

西晋灭亡后，北方黄河流域陷入一百多年的分裂和战乱，直到公元439年才重新统一了北方。北朝的北魏、东魏、西魏、北齐、北周五个政权都是少数民族立国。出于对广大中原地区统治的需要，他们以兼收并蓄的态度吸收中原先进文化，十分重视立法，立法成就斐然。北朝立法优于南朝，其中《北魏律》和《北齐律》上承汉、魏、两晋，下启隋、唐，在我国古代法制的发展史上起着重要的作用。

（一）北魏的立法

北魏首先开启了重视法典编纂的风气。北魏统治者进入中原以前，"礼俗纯朴，刑禁疏简。……决辞讼，以言语约束，刻契记事，无图圄考讯之法，诸犯罪者，皆临时决遣"。（《魏书·刑法志》）北魏统治者入主中原后，开始注重运用法律手段来维持统治，十分注意学习汉族先进的法律文化，并逐渐摒弃本民族的一些落后、野蛮的习惯法。拓跋珪建国后，便开始修订法律，早在道武帝拓跋珪建立北魏政权初期，就曾令王德等人"约定科令，大崇简易"（《魏书·刑法志》），继其位者也仿效其行，孝文帝更是数次亲自主持修律，重视程度可见一斑。经历太武帝、文成帝、孝文帝、宣武帝四代100余年的改定，终于撰成《北魏律》。它根据汉律，参酌魏律、晋律，"综合比较，取精用宏""实有其广收博取之功"。《隋书·经籍志》记载，《北魏律》共20卷，但其篇目可考者只有十五篇，即刑名、法例、宫卫、违制、户律、厩牧、擅兴、贼律、盗律、斗律、系律、诈伪、杂律、捕亡、断狱。《北魏律》的刑法原则、刑名、罪名等方面的规定，都在总结前代法律的基础上有所发展，成为后来著名的《北齐律》的蓝本。由于《北魏律》修订时间长，并经崔浩、高允、游雅等数十名著名的律学家先后参与修订，广泛吸收了汉晋以来律学的成果，因此，陈寅恪在《隋唐制度渊源略论稿》中评价，"北魏前后定律能综合比较，取精用宏，所以成此伟业者，实有其广收博取之功，并非偶然所致也。"程树德在《九朝律考·后魏律考序》中评论，"唐宋以来相沿之律，皆属北系，而寻流溯源，又当以元魏之律为北系诸律之嚆矢。"可见《北魏律》在法制中上具有"开北系诸律之先河"的地位。

（二）西魏、东魏的立法

公元534年，北魏分裂为东魏和西魏。西魏于公元535年"以太祖前后所上二十四条及十二条新制"，损益为五卷，颁于天下，称为《大统式》。式最早见于秦（《秦简·封诊式》），多属于行政性法规。汉初有品式章程。《大统式》是我国历史上最早出现的以式为形式的法典汇编，它的颁布实施标志着"式"自此成为一种独立的法律形式，成为隋唐以后律、令、格、式四种基本法律形式之一的"式"的先声。

公元541年，东魏孝静帝命群臣议定新制。在魏晋之科的基础上，以格代科，因在麟趾殿删定，故名为《麟趾格》，它的颁布实施标志着"格"开始成为一种独立的法律形式。

（三）北齐的立法

公元 550 年，东魏高洋执政，自立为帝，改东魏为齐，史称北齐，高洋自称文宣帝。因为东魏君臣感到作为东魏通制的《麟趾格》"犹未尽善"，不够精细，北齐先是对其进行修订，之后又"可令群官更加论究。适治之方，先尽要切。引纲理目，必使无遗"。公元 564 年，尚书高睿等前后费时 14 年在《北魏律》的基础上撰成《北齐律》十二篇，共 949 条，其篇目依次为：名例、禁卫、婚户、擅兴、违制、诈伪、斗讼、贼盗、捕断、毁损、厩牧、杂律。《北齐律》对法典进行了简化创新，其在体例、篇章结构和内容方面都有进步，表现在如下方面：一是将刑名、法例两篇合为名例律，冠于律首，使刑律总则趋于完善，在法典中起到定罪制，"较举上下纲领"的统摄作用，提升了法典的科学性；二是将盗、贼两篇合为贼盗律，捕律、断狱两篇合为捕断律，删去请赇、系讯、水火、关市、诸侯等篇，余则更定篇名；三是将法典的篇目定为十二篇，完成了汉以来法典由繁到简的改革过程。

《北齐律》的制定以历代法制经验为基础，"校正今古，所增损十有七八"（《北齐书·崔昂传》），具有很高的立法水平，故以"法令明审，科条简要"（《隋书·刑法志》）而著称。此外，北齐在司法实践中，权令与格、律并行，开了唐朝律、令、格、式并行之先河。故程树德在《九朝律考·北齐律考序》中评论说，以《北齐律》和《唐律》相比较，"盖唐律与齐律，篇目虽有分合，而沿其十二篇之旧；刑名虽有增损，而沿其五等之旧；十恶名称，虽有歧出，而沿其重罪十条之旧。……故读唐律者，即可因之推见齐律"。如果将同一时期的各朝法律做横向比较的话，"南北朝诸律，北优于南，而北朝尤以齐律为最。"程树德在《九朝律考》中也指出："自晋氏失驭，海内分裂，江左以清谈相尚，不崇名法。故其时中原律学，衰于南而盛于北。"总的来看，南北朝时北方律典兼容并蓄，日臻成熟，它克服了南朝律的繁芜，避免了北周律的刻意复古，注意礼律并举，又在罪名和刑制上有所创新，故隋唐法律主要以《北齐律》为蓝本。

（四）北周的立法

公元 557 年，北周建立。北周统治期间的代表性法典是《大律》。公元 563 年，武帝命越肃、思宪大夫拓跋迪等撰定法律，即《大律》，共二十五篇，1 537 条。因《大律》仿《尚书》《周礼》，杂采魏、晋诸律，使"今古杂糅，礼律凌乱"，不合时宜。与《北齐律》相比，《大律》篇目增加了十三篇，法条增加了 588 条，《隋书·刑法志》评述其为"大略滋章，条流苛密，比于齐法，烦而不要"。因此，隋虽承周建国，但对北周法律参考不多，在立法方面多参照《北齐律》。

三、南北朝时期的法制成就

（一）法律儒家化的加强

南北朝时期，随着政治、经济的发展变化，更加广泛、直接地把儒家的伦理规范上升为法律规范，礼、律在更大程度上融合，并在多个方面表现出来。除了前述的"准五服以治罪""八议"入律外，还表现在以下四个方面：

1. "官当"制度的确立

"官当"是古代社会允许官吏以官职爵位折抵徒罪的特权制度。它正式出现在《北魏律》和《陈律》中，《北魏律》规定，"五等列爵及在官品令从第五，以阶当刑二岁；免官者，三载之后听仕，降先阶一等"（《魏书·刑法志》），即五等爵位或者从五品以上官职，均可以爵或官折当两年劳役刑。北魏末期，享有"官当"特权的主体大为扩大，将无品级或无俸禄的诸州中正官纳入允许"官当"的范围。南朝《陈律》规定得更为详细："五岁四岁刑，若有官，准当两年，余并居作。其三岁刑，若有官，准当二年，余一年赎。"以官抵折徒刑，同赎刑结合使用，如官吏犯罪应判四到五年徒刑，许当徒两年，其余年限服劳役；若判处三年徒刑，准许以官当徒两年，剩余一年可以赎。这时的"官当"制度已经初步区分公罪、私罪，以调动官吏行使职权的主动性。

"官当"制度是"八议"制度的延展，与士族政治及"九品中正制"的实行密切相关，是典型的官僚贵族特权法。为保证士族地主官僚阶级在国家政权中的地位，进一步扩大官僚的法律特权，"官当"制度应运而生，其受益者首先是垄断官场的士族地主官僚。"官当"制度体现了儒家"贵贱有等""官民有别"的等级观念，维护了整个地主官僚阶级利益的法定特权。自其形成以后，一直为隋、唐、宋各代所继承并沿袭，且发展得愈加精细具体。

2. "重罪十条"的产生

为维护王朝的根本利益，北齐在《北齐律》中首次规定"重罪十条"，"重罪十条"是对危害统治阶级根本利益和严重违反伦理纲常的十种重罪的总称，包括反逆、大逆、叛、降、恶逆、不道、不敬、不孝、不义、内乱，并将"重罪十条"置于律首，作为严厉打击的对象，增加了法律的威慑性。《北齐律》规定："其犯此十者，不在'八议'论赎之限。"（《隋书·刑法志》）凡是犯了这十种重罪，不适用"八议"等刑罚上的特权。"重罪十条"强化了对君权、父权、夫权的维护，强化了儒家伦理的权威性，进一步将儒家"礼"的内容规定在刑律中，是法律儒家化的延续。隋唐将其发展为"十恶"，并为宋、元、明、清历代所承袭。

3. "存留养亲"的确立

"存留养亲"指当犯死罪或流罪的犯人的直系亲属因年老或疾病而致生活不能自理，而家中又别无成年男丁侍养之时，国家允许罪犯申请暂缓刑罚执行，留家赡养老人，待老人去世后再考虑按原判刑罚执行的制度。这体现了儒家倡导的孝道精神。"存留养亲"制度正式确立于北魏。《北魏律》规定："诸犯死罪，若祖父母、父母年七十已上，无成人子孙，旁无期亲者，具状上请。流者鞭笞，留养其亲，终则从流。不在原赦之例。"（《魏书·刑法志》）若犯死罪，上请皇帝，由皇帝决定免死，留养其父母、祖父母；若犯流罪，直接在鞭笞后留家养亲。北魏以前即有留养先例，但只是个例，还未形成定制写入律典。该制度是儒家宗法伦理与国家法制相结合的典型体现，体现了礼法结合的新高度。这一制度为后世所沿袭，直至清末。

4. 对妇女行刑的特殊规定

魏明帝时，为避免对女犯用刑使其身体裸露，改"妇人加笞还从鞭督之例"，以罚金代之。《晋律》规定："女人当罚金杖罚者，皆令半之。"《梁律》加以沿用，且扩大对女子的照顾，规定："女人当鞭杖罚者，皆半之。""女子怀孕，勿得决罚。"《北魏律》则进一步明确："妇人当刑而孕，产后百日乃决。"这种变化也体现出人道主义因素。

（二）法典结构的变化

《北齐律》奠定了传统法典体例。后世评价南北朝法律的发展北优于南，与《北齐律》结构、内容的完善及其承上启下的意义有重大关系。《北魏律》共二十篇，《北齐律》进一步改革体例，省并篇目确定为十二篇。《北齐律》的体例结构呈现出精细化、科学化的模式，刑名、法例合为名例篇，这一做法既是继承又是发展，简约与细致并重。仅就历史传承而言，虽然隋朝是在后周的基础上建立的，但隋朝法律取自北齐，并为唐朝所延续，尤其在篇章体例结构上，无出其右。

（三）刑罚制度的发展

南北朝时期的刑罚制度多采用秦汉旧制，但也发生了若干变化，并推动了隋唐新的刑罚制度的形成。这一时期刑罚制度的主要变化表现为肉刑逐渐废止、缘坐范围缩小以及五刑制度趋于定型。

1. 规定流刑作为死刑的一种宽宥措施

秦汉以降的死罪减等之刑——徒刑至此时期已改为流刑。《隋书·刑法志》记载，公元504年，建康女子任提犯拐骗人口罪，子景慈证明其母确有此罪行。后景慈以"陷亲于极刑"之罪名流放交州（今广东江河三角洲一带），"至是复有流徙之罪"。北魏、北齐均据"赦死从流"的原则，将流刑列为法定刑，作为死与徒的中间刑，从而填补了自汉文帝改革刑罚以来死、徒二刑间的空白，为隋唐时期刑罚制度的完善奠定了基础。北周律又分流刑为五等，计两千五百里、三千里、三千五百里、四千里、四千五百里。隋唐因之。

2. 宫刑正式废止

汉文帝改革刑制以后，宫刑的存废反复。魏晋和南朝的法律无宫刑，但是北魏和东魏还有宫刑的记载。公元547年，西魏文帝诏曰："自今应宫刑者，直没官，勿刑。"公元569年，北齐后主高纬"诏应宫刑者免刑为官口"。至此，才真正结束了宫刑的历史。

3. 缘坐范围缩小

南朝在魏晋的基础上进一步缩小了族刑的范围。《晋书·刑法志》记载有"在室之女，从父母之诛；既醮之妇，从夫家之罚"，即不追还出嫁妇女从坐。《梁律》进一步缩小了缘坐的范围：谋反、降叛、大逆等罪虽缘坐妇人，但"母妻姊妹及应从坐弃市者，妻子女妾同补奚官为奴婢"，凡从坐之妇女，母、妻、姊、妹等得以免除死刑而籍没为奴。这一做法为后世所遵循。

4. 五刑制度趋于定型

在刑制上，曹魏《新律》首次提出新五刑制度，包括死、髡、完、作、赎、罚金、杂抵罪七种刑名三十七等，但到底哪五者构成五刑尚不明确。《晋律》简化《新律》刑名，定刑为死、髡、赎、杂抵罪和罚金，更接近五刑体系。南北朝时期承袭前代刑制改革成果，初步形成新的五刑体例。《北魏律》定刑为死、流、宫、徒、鞭、杖六种。其将髡刑正式定名为徒刑，并把流刑规定为法定刑，使流刑重于徒刑而轻于死刑。这解决了自汉文帝刑罚改革以来，死、徒二刑间缺乏过渡刑而常常造成"死刑既重，而生刑又轻"的问题。《北齐律》中的刑罚体系已相当明晰，分为死、流、耐（徒）、鞭、杖五等。北周将五刑制度进一步规范化，《北周律》将刑罚分为五种：①杖刑五等，十至五十；②鞭刑五等，六十至一百；③徒刑五等，徒一年至五年，并按等附加鞭、笞；④流刑五等，以五百里为单位，流两千五百里至四千五百里，按等施加鞭、笞；⑤死刑五等，分为磬、绞、斩、枭首、裂。以上五刑共计二十五等，均可以用金或者绢来赎。至此，五刑体例初步形成，为隋唐笞、杖、徒、流、死的五刑制度奠定了基础。

（四）司法机关的变化

南北朝时期，以北齐的中央司法机关最为完备。首先，改廷尉为大理寺，作为专门审核刑狱案件的中央最高审判官署，其正副长官分别称为卿、少卿，扩大了机构的编制。下设正、监、平各一人，律博士四人，明法掾二十四人，槛车督二人，司直、明法各十人。其中律博士以教授法律、培养司法官吏为职责，明法掾为解释法律条文的官员。其次，以御史中丞为御史台长官，主管监察。最后，尚书省下设吏部、殿中、祠部、五兵、都官、度支六尚书，每尚书之下设三至六曹（司），其中都官尚书下统都官、二千石、比部、水部、膳部五曹，主管司法行政，又以殿中尚书下之三公曹"掌诸曹囚帐、断罪、赦日建金鸡"等事，即分都官之部分司法行政事务，从而使中央司法机关更趋完备化，这也为隋唐时期刑部尚书执掌审判复核奠定了基础。

御史台作为中央监察机构，为皇帝直接掌控。其长官沿袭汉制仍为御史中丞（北魏为御史中尉，南陈为南司），其职权广泛且地位渐高，下设名目繁多的御史，并发展形成了御史巡行监察制度。这一时期，御史台除具有司法监察职能外，审判的职能亦有明显加强。

地方司法机关仍如汉朝，分为州、郡、县三级，行政与司法不分，只是案件管辖权略有不同。随着中央司法权的增强，曹魏时期将重大疑难案件和死刑案件的审理权收归中央。由于长期战乱，地方州、郡长官往往集地方行政、军事、司法权于一身，因而南北朝时期地方司法组织军事化的倾向比较明显。

（五）审判制度的发展

1. 皇帝直接参与司法审判

秦汉以降，皇帝亲自断案渐成常制，两汉以降的录囚制度也得以延续。魏晋时期，《三国志·魏书·明帝纪》载魏明帝于公元229年改"平望观"为"听讼观"，史载"每断大狱，常幸观临听之"。《太平御览·后周书》载南朝宋武帝常"折疑狱""录囚徒"，仅公元421年就有五次之多。北魏孝文帝也十分重视亲临听讼讯囚，仅太和年间，曾于虎圈、东明观、京邑、都亭、华林园等先后七次审讯囚犯。北周武帝常"听讼于正武殿，自旦及夜，继之以烛"。

为了加强对司法的监督，许多皇帝还参与审讯录囚活动。《魏书·高祖纪》记载，公元480年，孝文帝"幸廷尉、籍坊二狱，引见诸囚"，又"幸虎圈，亲录囚徒，轻者皆免之"。《周书·武帝纪》记载，公元563年，武帝"御正武殿录囚徒"。

2. 死刑复核制度的完善

死刑复核制度是指对已判定死刑的案件，在死刑执行前再次奏请皇帝核准后方可执行死刑的制度。这是北魏法制中的一项新制度。秦汉以来，地方守令均享有专杀之权。随着中央集权制度的进一步确立，南北朝时期，在儒家思想的影响下，为了慎重对待和处理死刑案件，也为了使皇帝直接控制大案、要案的处理权，各朝统治者均要求将死刑的定案权收归中央。这一制度是地主阶级长期司法实践经验的积累和总结，其目的是标榜慎刑，也是使皇帝更牢固地掌握最高审判权，树立"法出一门"的理念，防止司法腐败，以利于法制的统一贯彻实施。

死刑奏报制度刚开始指定时对谋反和杀人罪例外，如魏明帝于公元236年下诏规定："廷尉及天下狱官，诸有死罪具狱以定，非谋反及手杀人，亟语其亲治，有乞恩者，使与奏。"（《三国志·魏书·明帝本纪》）南朝宋和北魏时，死刑奏报制度有所发展，只要是死罪都需要奏报。宋武帝下诏："其罪甚重辟者，皆如旧先上须报，有司严加听察。犯者以杀人罪论。"（《宋书·孝武帝本纪》）北魏时明确说明："当死者，部案奏闻。以死不可复生，惧监官不能平，狱成皆呈，帝亲临问，无异辞怨言乃绝之。诸州国之大辟，皆先谳报乃施行。"（《魏书·刑法志》）死刑复核制度是中国古代刑法史上一项极为重要的改革。不过，这一时期死刑案件的复核和死刑执行前的复奏尚无明确的界限，并且由于战乱频仍，社会动荡，地方守令均兼领兵权，中央实际上很难控制地方的擅杀之权，但是这些复核制度规定无疑为隋唐的死刑复核和复奏制度奠定了基础。

3. 刑讯的制度化

南北朝时期的司法审判普遍实行刑讯取供，手段残酷。如北魏时，曾使用过使人不堪忍受而诬服的重枷，法官"不能以情折狱，乃为重枷，大几围，复以缒石悬于囚颈，伤内至骨，更使壮卒迭搏之。囚率不堪，因以诬服。吏持此以为能"。（《魏书·刑法志》）但是滥施刑罚会给统治带来不利后果，危害统治的根基，因而统治者逐渐接受了"拷讯以法"的主张，对刑具、刑讯的方法在法律上做了一定的规定，使之制度化。

南朝梁武帝时，创立了"测罚"之法。《隋书·刑法志》记载："凡系狱者，不即答款，应加测罚，不得以人士为隔。"让再审不招供的犯人戴枷锁、受鞭杖、禁饮食，长时间站立于小土垛之上，以逼其供述。关于这种"测罚"的具体办法，南陈范泉记述："梁代旧律，测囚之法，日一上，起自晡（申时，下午三至五时）鼓，尽于二更"，"其问事诸罚，皆用熟靼鞭、小杖"。若士人犯罪，讯问时抵触不答，"宜测罚者，先参议牒启（奏报朝廷），然后科行。断食三日，听家人进粥二升。女及老小,一百五十刻乃与粥,满千刻而止"。对犯人采用断食的方法以逼取口供。

南陈将"测罚"改进为"测立"。《隋书·刑法志》记载:"立测者,以土为垛,高一尺,上圆劣,容囚两足立。鞭二十,笞三十讫,著两械及杻,上垛。一上测七刻,日再上。三七日上测,七日一行鞭。凡经杖,合一百五十,得度不承者,免死。"用土垒成高为一尺,上呈圆形仅能容纳两足的土墩。执行时,将罪囚鞭二十下,打三十板之后,手脚戴上刑具,令其站到土墩上。每上一次近两小时,当天罚站两次,后每逢三日和七日再上测,隔七日再鞭打。若打满一百五十下,仍然不招供,免死。

4. 限制诉权、上诉制度的变化

晋时规定,"囚徒诬告人反,罪及亲属"(《晋书·刑法志》),南朝宋、齐因之。《北魏律》规定:"诸告事不实,以其罪罪之。"(《魏书·韩麒麟子熙传》)此外,严禁越级上诉,划定区域管理狱讼,如南齐武帝于公元485年诏丹阳所领及余二百里内见囚,同集京师,自此以外,委州郡决断。北齐文宣帝时禁囚犯告诉。《案劾格》规定:"负罪不得告人事。"(《隋书·刑法志》)唐律亦承之。《北魏律》规定:"狱已成及决竟,经所绾,而疑有奸欺,不直于法,及诉冤枉者,得摄讯覆治之。"(《魏书·刑法志》)对案件有疑或者叫冤者,应重新审理。

5. 加强审判监督

秦汉时郡县有权判决死刑,到曹魏、晋,县令审判权受到一定的限制,凡重囚,县审判后须报郡,由郡守派督邮案验。南朝宋改为将案卷及人犯一并送郡,由郡太守复审后方可执行。如郡太守不能决,再送州刺史,州刺史不能决则上交中央廷尉。对此,各朝还普遍施行特使察囚制度,"如有枉滞,以时奏闻"(《梁书·本纪·卷二》),以加强对地方审判的监督。

本章小结

三国两晋南北朝时期法律儒家化进一步加深,逐渐形成了极具儒家特色的原则和制度。律学在这一时期发展兴盛,律学家的学说促进了纳礼入律,律典编纂技术的完善、法律解释的科学化和规范化,刑事法律思想的进步。

曹魏《新律》改《具律》为《刑名》列于篇首,是法律篇章的重大创新。及至《晋律》颁行,《刑名》二分,对后世进一步完善法典总则具有重要意义。

南北朝诸律之中,《北魏律》"开北系诸律之先河";西魏《大统式》为历史上最早出现的以"式"为形式的法典汇编;东魏《麟趾格》的颁布实施标志着"格"开始成为一种独立的法律形式。《北齐律》立法水准为南北朝之最,奠定了传统律典体例并为隋唐所宗。这一时期的刑罚制度和司法审判制度也进一步发展。

思考题

1. 试述三国两晋南北朝时期法律儒家化的表现有哪些。
2. 试述三国两晋南北朝时期法典体例的发展变化。
3. 试述三国两晋南北朝时期法律形式的发展变化。

第七章 隋唐法律

导 言

　　隋唐是我国古代社会的上升期,是中国文化发展史上的一个辉煌时代。中国经历了三国两晋南北朝近四百年的分崩动乱,终有隋唐之统一。公元581年,北周外戚杨坚夺取政权,改国号为隋,公元589年又兴兵灭掉南陈,结束了南北分裂对峙的局面。公元604年,杨坚次子杨广(隋炀帝)夺取帝位。公元618年,隋外戚李渊(唐高祖)夺取政权,改国号为唐,隋朝灭亡。公元907年,唐朝灭亡。

　　隋朝虽仅存续了37年,其法制的存在更为短暂,却吸收了秦汉、三国两晋南北朝时期法制发展之经验,特别是承袭了北朝法制的发展成就,确立了以《开皇律》为代表的隋朝法律制度,构建了中国新时期法制体系的基本框架,为唐朝法制的全盛奠定了基础。

　　唐初统治者以隋朝的灭亡为鉴,励精图治,极大地缓和了社会矛盾,促进了唐朝经济发展、国力强盛,中华文明发展至鼎盛。"盛世王朝"的有效支撑之一便是法制臻于成熟。自高祖至太宗,上承隋朝《开皇律》,因时损益,法制已趋完备。其后,自高宗、武后,至于玄宗,法制代代相因并不断完善。他们先后制定实施的《武德律》《贞观律》《永徽律》《开元律》构成这一时期法制建设的主体部分,同时也为适应不同需要制定了大量的令、格、式。其中最具代表性的是《唐律疏议》,其总结了汉朝以来立法和注律的经验,不仅对主要的法律原则和制度做了精确的解释与说明,而且尽可能引用儒家经典作为律文的理论根据,所谓"一准乎礼""以礼为出入"。《唐律疏议》全面体现了中国古代法律制度的水平、风格和基本特征,成为中华法系的代表性法典,对后世及周边国家产生了极为深远的影响。

学习目标

通过本章学习，掌握以下主要内容：
1. 隋唐时期法律的发展成就与中华法系的形成。
2. 隋唐时期法律的指导思想、历史地位与经验教训。
3. 隋唐时期的立法活动、传世法典和法律形式。
4. 隋唐时期的职官制度、刑事、民事及司法制度。

第一节 隋朝法律

隋朝法律制度的发展，既有对秦汉建立的法制基本框架和三国两晋南北朝时期各朝代八百余年法制发展成绩的总结集成，也有赖于长期社会分裂动荡之后对统一完备法制的渴望。隋朝的法制起着承上启下的作用，在中国法制史上具有特殊的地位。

一、立法思想

（一）因时立法

杨坚曾以"法令滋章，非兴化之道"（《隋书·帝纪》），向北周宣帝"切谏"，可见其很早就重视法制建设。在建立隋朝之后，他命令大臣立即制定新律，当年十月便颁行了《开皇律》，并下诏说："帝王作法，沿革不同，取适于时，故有损益。"（《隋书·刑法志》）所谓"取适于时"，即不拘泥于一国、一族之偏见，注意吸纳各族法文化之精粹，博取南北立法之所长。《开皇律》即"多采后齐之制"，曾任北周刑部侍郎的裴政作为起草者之一，以"明习故事"著称，因此《开皇律》也不可避免地"参定周律"。《旧唐书·刑法志》记载："隋文帝参用周、齐旧政，以定律令，除苛惨之法，务在宽平。""取适于时"也体现为根据需要而随时变革法律。《开皇律》颁布仅两年，隋炀帝又一次修改《开皇律》，并予以施行。在隋文帝统治时期，法制方面的改革相当频繁，如蠲除前代的苛法酷刑、改革审断案件的办法、改变上诉及死刑复奏方法等。隋文帝在临死时所发的遗诏中还表示："自古哲王，因人作法，前帝后帝，沿革随时。律令格式，或有不便于事者，宜依前敕修改，务当政要。"（《隋书·帝纪》）可以说，隋文帝前期开创的开皇法制是其因时变法思想的积极成果。

（二）严于执法

隋文帝不仅锐意改革法制，积极修律，而且严于执法。隋文帝重视对司法官的选任，"见贤必进，有才必举"，使隋初一些执掌司法、监察的官员能够依法办事；文帝本人也重视法律，并且身体力行，因此较好地树立了法律的权威。其子杨俊多造宫室，奢侈无度，被勒令"归第"加以软禁。大臣们谏以处分太重，文帝说："法不可违"，"我是五儿之父，若如公意，何不别制天子儿律？以周公之为人，尚诛管、蔡，我诚不及周公远矣，安能亏法乎？"（《隋书·秦孝王杨俊传》）又如，王谊与文帝有旧，又是佐命功臣，其子复娶文帝第五女为妻。后"公卿奏谊大逆不道，罪当死"。文帝召见王谊，表示："朕与公旧为同学，甚相怜愍，将奈国法何？""于是赐死于家。"（《隋书·王谊传》）他任命薛胄为大理卿，赵绰为少卿，史书说此二人"俱名平恕，然胄断狱以情，而绰守法，俱为称职"（《隋书·赵绰传》）。后梁毗为大理卿，也是"处法平允，时人称之"（《隋书·梁毗传》）。在司法监察方面，柳彧为治书侍御史，"持节巡省河北五十二州，奏免长吏赃污不称职者二百余人，州县肃然，莫不震惧"。（《隋书·柳彧传》）

二、立法概况

（一）法律形式与立法活动

隋朝的法律形式主要有四种：律、令、格、式。它们由当时的大臣苏威所定。《隋书·刑法志》记载："律令格式，多威所定。"隋朝重要的立法活动有两次，分别是在隋文帝开皇年间和隋炀帝大业年间。

《开皇律》是隋朝的第一部律典。《隋书·刑法志》记载，早在隋文帝总揽北周大权时，就着手删修旧律，重做《刑书要制》，行宽刑之策。杨坚称帝后，就令高颎、郑译、杨素等大臣参考魏晋以来立法，借鉴以往的立法经验与教训，修订新律。公元583年，隋文帝"以为律尚严密，故人多陷罪"，再令苏威、牛弘等大臣更定，其中删除死罪八十一条、流罪一百五十四条、徒和杖等千余条，确定留有五百条，共十二篇，使整个法典相对更为宽松与简约。《开皇律》就此定型。同时汲取历代法典体例的经验,《隋书·刑法志》称其"多采后齐之制",继承了《北齐律》"法令明审,科条简要"的特点。《开皇律》分为十二篇,分别是:名例、卫禁、职制、户婚、厩库、擅兴、盗贼、斗讼、诈伪、杂律、捕亡、断狱。这种体例结构为唐律所全部继承,影响及于以后历代。

《大业律》是隋朝的第二部律典。隋炀帝即位后,"以高祖禁网深刻",因而下诏修改律令。公元607年,《开皇律》修改完成,并颁行天下,是为《大业律》。《大业律》在条目上仍为500条,篇目上由《开皇律》的十二篇增加为十八篇:名例、卫宫、违制、请赇、户律、婚律、擅兴、告劾、贼律、盗律、捕亡、斗律、仓库、厩牧、关市、杂律、诈伪、断狱。从内容上看,《大业律》对《开皇律》的改动不大。隋炀帝为表明自己"虚己为政,思遵旧典,推心待物,每从宽政",删除了《开皇律》中的"十恶"条款,并在一定范围之内,取消了犯罪者亲属不得为官任职、罪犯子弟不得任宿卫近侍之官的禁令。

开皇、大业两朝在制定律的同时,也分别制定和修改了令、格、式,但是内容早已散佚,只能从各种史料中看到零星的记载。

(二)《开皇律》的立法成就

1. 篇章体例的合理化

《开皇律》是一部以刑为主、诸法合体的重要法典。隋初立法者经过比较研究,确定以《北齐律》的篇目体例作为修律的参照蓝本。综合内容上的内在逻辑关系及其调整对象的重要性等因素,对原十二篇的名称、排列顺序做了一定的修改和调整。《隋书·刑法志》记载,经过公元583年的修订,"除死罪八十一条,流罪一百五十四条,徒杖等千余条,定留唯五百条。凡十二卷"。这十二篇分别为:名例、卫禁、职制、户婚、厩库、擅兴、贼盗、斗讼、诈伪、杂律、捕亡、断狱。至此,中国传统社会中期法典十二篇(共500条)的框架已基本确定。《开皇律》在体例结构上的调整,使其自身在形式上进一步趋于合理。它表明中国古代立法者在立法技术上的进步和成熟,代表着中国古代最高立法水平的《唐律疏议》在体例、篇目、条目等方面都承袭《开皇律》。

2. 新五刑体系的确定

隋以前的古代刑罚制度尚未最终定型。夏商周时期以墨、劓、刖、宫、大辟为五刑;秦汉两朝律典并无五刑体系之称。三国曹魏《新律》"更依古义制为五刑",大约有死、髡、完、作、笞五等;《北魏律》《北齐律》《北周律》定死、流、徒、鞭、杖为五刑。但是,无论是北魏、北齐、北周,还是南朝的梁、陈,刑罚制度都是比较混乱的。《开皇律》承继北朝五刑制，确定五刑为笞、杖、徒、流、死。这一体系为唐朝所继承，奠定了自隋初至清末近十四个世纪中国刑罚的基本体系框架。

《开皇律》中死刑等级分为二等：斩、绞；流刑等级分为三等：一千里、一千五百里、二千里；徒刑等级分为五等：一年、一年半、二年、二年半、三年；杖刑与笞刑各为五等：杖刑数自六十至一百，笞刑数自十至五十。《开皇律》所定五刑以其较为合理的刑种、刑等设计，构成刑罚制度的成熟形态，为隋以后历代王朝的法律制度所采用，一直延续到清末修律。

3. "十恶"之条的定型

"十恶"是维护皇权、维护伦理纲常所确立的重要的法律原则之一。《周礼》中把国家应重点惩治的犯罪归纳为八种，即"乡八刑"。秦汉有谋反、大不敬、不孝、内乱、不道、大逆不道等表示应加重惩罚的重大罪名。《北齐律》把其正式归纳为"重罪十条"。《开皇律》承袭了"重罪十条"，并正式定名为"十恶"。《开皇律》记载："又置十恶之条，多采后齐之制，而颇有损益。一曰谋反，二曰谋大逆，三曰谋叛，四曰恶逆，五曰不道，六曰大不敬，七曰不孝，八曰不睦，九曰不义，十曰内乱。犯十恶及故杀人狱成者，虽会赦，犹除名。"（《隋书·刑法志》）《唐律疏议》"十恶"条疏议曰："周齐虽具十条之名，而无'十恶'之目。开皇创制，始备此科，酌于旧章，数存于十。"炀帝时"又敕修律令，除十恶之条"，或"复更刊除，十条之内，唯存其八"，就是不另立"十恶"之目，而是以"十恶"之罪行分列各条中，并删其二。但唐初又恢复《开皇律》的做法，律首列举"十恶"。"自武德以来，仍遵开皇，无所损益。"于律首列举"十恶"并强调加重打击的制度为历代所保留，直至清末。

隋朝《开皇律》虽然承袭《北齐律》之"重罪十条"，但也做了一些变化：①名称有所变化，"十罪"改称"十恶"。②将"降"合并入"叛"，不再单独列出，并且增加了"不睦"，反映了对家庭伦理的重视，唐律沿袭了这一改变。③在北齐的反逆、大逆、叛三个罪名之前增加了一个"谋"字，意在加大对危害国家和皇权行为的防范力度，将其打击前置，及于谋划、准备犯罪的阶段。

4. 继承发展贵族官僚特权法

《开皇律》不仅沿袭了汉朝以来贵族官僚的一系列法律特权，而且有进一步的发展：①延续了《魏律》"八议"制度。②规定"例减"制度，凡"八议"之人及七品以上官员，犯非"十恶"之罪，皆"例减"一等。③规定赎刑制度，九品以上官员犯罪，皆可以铜赎罪；律在五刑二十等下分列赎铜的具体数量（笞刑五：赎铜一至五斤；流刑三：赎铜八十至一百斤；死刑二：均赎铜百二十斤）；并规定九品以上官吏犯罪，除若干重罪，如"十恶"、受财枉法、奸、盗、杀人等之外，一般皆可以铜赎刑。从此，自古以来以钱财抵刑罚的方式制度化与法律化。④继续"官当"制度，并增加区别公罪与私罪的"官当"标准。

三、行政法律制度

（一）中央官制的发展

隋朝是在三国两晋南北朝大分裂之后建立的第一个统一的中央政权。基于对之前社会分裂动荡的深刻认识，隋朝统治者致力于建立统一的中央集权政府，完善维护皇权、维护中央集权的行政管理体制。为实现此目的，隋文帝对政权体制进行了全面深刻的改革，包括建立中央三省六部制、科举制等。其中一些制度是基于对此前历朝制度经验的总结，并结合政治、经济、文化等方面新的需要而建立。这些制度的建立，表明传统社会的政治、经济、文化制度渐趋成熟。

隋朝沿袭了三国两晋南北朝以来的三省制度，并基于统一的中央集权政治的需要，确立了一套较为完整的政权体制。在中央，设尚书省、门下省、内史省，分掌中枢政务，以尚书省长官尚书令、门下省长官纳言、内史省长官内史令共同行使宰相之权。尚书省为最高行政机关，皇帝的诏旨及中央各部门的政令均由尚书省组织实施，下设吏、民、礼、兵、刑、工六部。每一部又分辖四司，共二十四司。门下省职权在隋朝前后期有较大变化。隋初，门下省主掌供奉与谏议，侍奉皇帝起居，并兼谏议职责。公元607年，隋炀帝改革官制，门下省逐渐变为专掌封驳的机构。由内史省奉旨起草的诏令，须经门下省审阅；若门下省认为其内容有不妥，可封还驳回。内史省的主要职掌为出纳王命，起草诏令。尚书省、门下省、内史省三省在职责上互有分工，相互制约和配合，形成了三省分权、配合的政权体制的雏形，为唐朝完善的三省分权体制的形成奠定了基础。另外，隋朝在三省之外，中央尚设有秘书省、内侍省。隋朝创立的三省六部二十四司的行政管理体制，是历代统治者长期以来治理经验在国家组织方面的总结，标志着中央集权制度的科学化、严密化，为后世政治制度的发展和完善提供了重要参考。

（二）开创科举制

三国两晋南北朝时期实行的九品中正制为门阀士族把持朝廷用人大权开了方便之门。门阀士族通过九品中正制度对中央集权形成直接的威胁。南北朝后期，士族势力逐渐衰落，庶族地主的力量兴起，九品中正制成为扩大政权阶级基础和加强中央集权的障碍。隋文帝开皇年间，为加强中央集权，正式废除九品中正制，确立科举制。所谓科举制，是由国家设立各科，定期组织全国统一的考试，按照考试成绩的优劣，录取部分考生，并授以官职，也就是"开科取士"。隋文帝时，设立"秀才科"；隋炀帝时增设"进士科"，科举制度渐趋定型。科举制度的实行，不仅使得国家选拔官吏的权力控制在中央政府手中，强化和巩固了中央集权，并且扩大了官吏选拔的群体，使得普通人也有机会进入国家行政官僚序列，也可以有效防止地方割据的产生。因此，隋朝创立的科举制度为后世所沿用，并作为录用官吏、选拔人才的主要途径。

四、司法诉讼制度

隋朝司法机关可分为中央和地方两大部分。在中央，以都官省为最高司法行政机关，以大理寺为最高审判机关，御史台负责司法监督并参与司法审判。在地方，实行州、县二级制，司法权掌握在州、县长官手中。县下设乡，乡正具有审理民间纠纷的职能。

诉讼主要以两种方式提起。第一种是由官府代表国家提起诉讼，类似现代的"公诉"。在中央，一般由专门负责监察的御史纠举各级官吏的违法犯罪行为。在地方，地方行政长官有对辖区内的犯罪行为进行监管、提起诉讼的职责。第二种可由当事人直接向官府提起诉讼，类似于现代的"自诉"。

诉讼案件应当先向地方官府申诉，如县官不予受理，允许逐级经郡、州，直至尚书省，甚至可以"诣阙申诉"，请求朝廷处理。如仍然得不到公正的解决，则允许"挝登闻鼓"，直接向皇帝鸣冤。司法机关受理案件后，可对当事人实施刑讯。隋朝的刑讯比以往更为规范，对讯囚的数量、行刑人等都做了明文规定。《隋书·刑法志》记载："讯囚不得过二百，枷杖大小，咸为之程品，行杖者不得易人。"

死刑案件经复核、批准后方可交付执行。公元592年，隋文帝认为，由于各地官员执法水平不一，往往出现同罪异罚，为此诏令："诸州死罪不得便决，悉移大理案覆，事尽然后上省奏裁。"（《隋书·刑法志》）所有死罪案件均由大理寺复核，并由都官省上奏皇帝批准。公元595年，隋文帝宣布把死刑复奏制度形成定制：对于死刑犯案件，必须上报皇帝三次，批准后方可执行。

关于死刑案的执行时间，隋朝虽沿袭秋冬行刑旧制，但在春夏也执行死刑。《隋书·刑法志》记载："帝尝发怒，六月棒杀人。"尽管大理少卿赵绰谏曰："季夏之月，天地成长庶类，不可以此时诛杀。"隋文帝却说："六月虽曰生长，此时必有雷霆。天道即于炎阳之时震其威怒，我则天而行，有何不可。"

五、隋朝法制的教训

隋朝虽然是一个只存在了37年的短暂王朝，却是中国古代法制文明发展的重要阶段。隋初，统治者锐意改革法制，积极修律，《开皇律》无论在体制、篇目和刑种上都为后世所沿袭。隋文帝统治前期尊法重法，严于执法，成为维护开皇法制的保障。然而，隋文帝统治后期和隋炀帝在位期间以法坏法、有法不依、滥用酷刑，以致"百姓怨嗟，天下大溃"（《隋书·刑法志》），为后世留下了深刻的历史教训。

隋文帝晚年，完全违背了"以轻代重，化死为生""除孥戮相坐之法"的初衷，走上了"持法尤峻，喜怒不常，过于杀戮"（《隋书·帝纪》）的毁法之路。在开皇年间，隋文帝毁坏法制的行为主要有三种情况：一是以单行法令修改有关法律内容，任意加重刑罚。二是不安定制，扰乱既定的司法程序。例如，文帝担心官吏贪污受贿，"往往潜令人赂遗令史府史，有受者必死，无所宽贷"（《隋书·帝纪》），用此种变态方法来查处犯罪，不仅无法起到整顿吏治的效果，反而扭曲了法纪纲常，破坏了原有司法制度。三是频繁实行廷杖，屡于殿庭杀人。《隋书·刑法志》记载，文帝"每于殿廷打人，一日之中，或至数四"，所用之"杖大如指，棰楚人三十者，比常杖数百，故多致死"，但文帝犹"怒问事挥楚不甚，即命斩之"。朝堂杀人，不仅是对官员的侮辱，让大臣不敢提出国家治理意见，也是对法制的破坏。

隋炀帝在位期间，法制的崩坏主要表现在两个方面：一是《大业律》颁布之后即成具文，由于内外矛盾加剧，统治者疲于应对，"王纲已紊，法令多失"（《隋书·郎茂传》），并且滥用重刑。二是由于隋炀帝生杀任性，很难有人敢于维护法制。同时，隋炀帝统治期间，征役繁兴，课税百端，过度耗费民力，不恤百姓。魏徵等人在分析隋炀帝统治时期的法制状况时，认为他"淫荒无度，法令滋章，教绝四维，刑参五虐，锄诛骨肉，屠剿忠良，受赏者莫见其功，为戮者不知其罪……急令暴条以扰之，严刑峻法以临之，甲兵威武以董之，自是海内骚然，无聊生矣"（《隋书·炀帝纪》）。在论及隋亡过程时，史臣则指出："迹其衰怠之源，稽其乱亡之兆，起自高祖，成于炀帝，所由来远矣，非一朝一夕。"（《隋书·高祖纪》）

法律本身应为"良法"固然重要，但"徒法不足以自行"，更重要的是，法律要能够得到切实有效的贯彻执行。隋朝的《开皇律》作为中国古代法典和中华法系的奠基之作，其重要意义不容忽视，但我们更要看到，制定了法律却没有得到执行，成为隋朝灭亡的一个重要因素，这是应当深刻吸取的教训。清人沈家本在评论隋朝法制时说:"法立而不行,与无法等,世未有无法之国而能长安久治者也。"① 隋朝"立法"与"毁法"的历史,也充分证明了这一点。

第二节 唐朝法律

公元611年,隋末农民大起义爆发,以李渊为代表的关陇贵族官僚趁机举起"反隋"大旗,攫取了农民起义的胜利果实。公元618年,李渊废除隋恭帝,建立唐朝。唐朝自李渊即位起,到公元907年灭亡,共历时290年,是我国传统社会一个影响巨大的朝代,也是中华法制文明高度发展、中华法系臻于定型,并对国内外法制发展影响深远的朝代。

一、法律思想

唐初统治者目睹了隋朝政权由建立到灭亡的过程,深切体会到缓和阶级矛盾、稳定社会秩序对于延续政权、长治久安的重要性,因而十分重视吸取隋朝灭亡的教训,在治国理民、立法施政方面,凡事都强调"必思隋氏以为殷鉴"(《贞观政要·刑法》),他们认识到"为君之道,必先存百姓"的道理,确定了"安人宁国"的总方针。同时,统治者十分重视法律和制度的创制,并对立法指导思想进行了深刻反思。

(一)德礼为本,礼刑并用

唐初统治者特别强调德礼为本,礼刑结合。唐高祖李渊曾主张礼刑并用,"禁暴惩奸,弘风阐化,安民立政,莫此为先"(《旧唐书·刑法志》)。唐太宗即位之初,"有劝以威刑肃天下者,魏徵以为不可,因为上言王政本于仁恩,所以爱民厚俗之意,太宗欣然纳之,遂以宽仁治天下,而于刑法尤慎"。(《新唐书·刑法志》)魏徵主张:"圣哲君临,移风易俗,不资严刑峻法,在仁义而已。……仁义,理之本也;刑罚,理之末也。……圣人甚尊德礼而卑刑罚,故舜先敕契以敬敷五教,而后任咎繇以五刑也。凡立法者,非以司民短而诛过误也,乃以防奸恶而救祸患,检淫邪而内正道。……是以圣帝明王,皆敦德化而薄威刑也。"(《贞观政要·公平》)

---

① 沈家本. 历代刑法考:第3册 [M]. 邓经元,骈宇骞,点校. 北京:中华书局,1985:47.

《唐律疏议·名例》明确提出："德礼为政教之本，刑罚为政教之用，犹昏晓阳秋相须而成者也。"这是唐初法制指导思想的基本精神，既强调治理国家必须兼有德礼和刑罚，如同一天之中有早、晚，一年之中有四季，缺一不可；又强调德礼和刑罚在实施政教中的关系是"德本""刑用"。"德礼为政教之本，刑罚为政教之用"表现为君臣明法慎刑、以宽仁治天下的民本主义思想，形成了融礼、法于一体，相互为用的治国指导方针，对后代历朝产生了重大影响。

（二）律典宽简稳定

隋末法令滋彰，令人难以尽悉，因此唐高祖提出立法"务在宽简，取便于时"，曾指示修律大臣："本设法令，使人共解，而往代相承，多为隐语，执法之官，缘此舞弄。宜更刊定，务使易知。"（《旧唐书·刘文静传》）唐太宗也明确指出："国家法令，惟须简约，不可一罪作数种条，格式既多，官人不能尽记，更生奸诈。"（《贞观政要·赦令》）所谓"宽"，是指立法在内容上要做到轻刑省罚；所谓"简"，是指立法在形式上要做到条文简明，唐初立法贯彻了这一指导思想，贞观修律时，删除旧律中死罪92条，改重为轻的条款"不可胜记"，使《贞观律》与《开皇律》相比大为宽简。

同时，唐太宗强调保持法律的稳定划一，法律一经制定，不可数变。如果法律变化无常，百姓会感到无所适从，"人心多惑"，会使犯罪滋生。同时他要求立法者"宜令审细，毋使互文"，否则必然导致"若欲出罪即引轻条，若欲入罪即引重条"之弊。唐太宗还强调"法令不可数变，数变则烦，官长不能尽记；又前后差违，吏得以为奸"。他指出，"数变法者，实不益道理"（《贞观政要·赦令》），要求修改法律须严格依照法定程序来进行，《唐律疏议·职制》规定："诸称律、令、式，不便于事者，皆须申尚书省议定奏闻。若不申议，辄奏改行者，徒二年。"

（三）唐朝文人对正统法律思想的补充与发展

唐朝文人十分重视法律的作用，并且对法律进行了深入的思考，对社会治理中的良法之治进行了积极探索，形成了很多法律思想，推动了唐律的发展，并对后世法律思想的发展产生了深刻影响。

韩愈主张"道统论"，核心是儒家仁义道德，因此，他完全继承了儒家"德礼为先，而辅以政刑"的主张。他虽然主张礼法并用，但是认为应以德为先，只有在德礼教化失去作用时方使用刑罚，当法律和礼义发生冲突时，其认为礼的思想要超越法律的思想而存在。

柳宗元批判"天罚论"，提出天与人各不相干预的思想，认为人类社会是运用法制进行管理，而不是靠天和"天罚"。同时主张礼和刑统一，在他看来，礼和刑的作用是相同的，都是防乱。在执法上，他反对"时令说"，主张"赏务速""罚务速"，反对按照"时令"行事；主张原情定罪。

刘禹锡的法律思想是在对"天人关系"问题的长期争论中形成的。其基本内容主要包括三个方面：首先，他认为法制是人们判断是非善恶的行为准则；其次，他认为法制是"人能胜乎天的根本保障"；最后，他认为法制应当体现社会公平与公正。

《策林》集中体现了白居易的法律思想。首先，他主张德、礼、道"迭相为用"。其次，他认为贫困是犯罪的根源，主张对百姓富而教之。再次，他主张"法令贵一，自上行之""理大罪，赦小过"。白居易认为，无论是朝廷高官，抑或普通百姓，均应遵纪守法，以德自律，但他也主张法网宽疏应当有所区别，对于藩镇长吏犯下的大罪绝不放过，而对于小吏、平民造成的小错舍而不问。最后，白居易重视对法律人才的培养和选拔。除此之外，白居易还反对恢复肉刑。

二、立法概况

（一）法律形式

唐朝的法律形式有律、令、格、式等。

律是定罪量刑的主要依据。《唐律疏议·名例》记载，"律以定刑立制"，"定刑之律"；《唐六典·刑部》也记载，"律以正刑定罪。"唐朝先后颁行过《武德律》《贞观律》《永徽律》及其律疏、《开元律》及其律疏等。《永徽律疏》（后称为《唐律疏议》）保存至今，它是现存世界上第一部刑法典。

令是有关国家政权组织体制、尊卑贵贱等级制度与行政管理活动方面的法规，涉及的范围比较广泛。《新唐书·刑法志》记载："令者，尊卑贵贱之等数，国家之制度也。"《唐六典·刑部》记载："令以设范立制。"令的法律地位比律低，司法官要依律断罪，"不可破律从令"（《唐律疏议·名例》）。唐朝先后颁行过《武德令》《贞观令》《永徽令》《开元令》等。每一令中，又分为官品令、户令、选举令、禄令、军防令、田令、赋役令等二十余种。唐令现已大多散佚。日本学者仁井田升撰辑的《唐令拾遗》一书，收集了零星的唐令，还原了唐令的一些真实面貌。

格是皇帝针对"百官有司之所常行之事"，临时颁发的各种单行敕令，经过汇编后上升为法律，"永为法则"。唐朝时，遇有重大的特殊事务或案狱，皇帝经常以制、敕权断，但制、敕不得作为法律援引，"若辄引，致罪有出入者，以故失论"

(《唐律疏议·断狱律》)。只有经过整理、编订的某些制、敕，才成为"永格"，即正式法规。就格的内容而言，它所调整的事项具体而又广泛，除刑事、行政等实体法外，也含有审讯方面的程序法，是基本法典的重要补充。《唐六典·刑部》记载："格以禁违正邪。"格的法律地位常比律高，《唐律疏议·名称》记载："有别格从格断。"当律与格都有规定时，应以格为准。唐朝先后颁行过《武德格》《贞观格》《永徽格》《垂拱格》《开元格》等。每一格中，又可分为吏部、司封、户部、礼部、工部、刑部等二十余个部分。以不同的使用范围来划分，唐格分为留司格和散颁格两种。留司格是留在尚书省下属二十四司中使用的格，散颁格则是颁发至全国各州、县使用的格。

式是中央政府内部各机构关于行政管理、行政程序及具体办事规则的规定，包括国家的公文程式和活动细则，具有行政法规性质。《新唐书·刑法志》记载："式者，其所常守之法也。"《唐六典·刑部》记载："式以轨物程事。"唐朝先后颁行过《武德式》《贞观式》《永徽式》《垂拱式》《神龙式》等。式具有一定的强制力，但法律地位低于律、令和格。

律、令、格、式各有侧重，几种法律形式并用，使法律兼具稳定性和灵活性，形成一个周密的法律体系，对复杂的社会起到了综合调整的重要作用。律、令、格、式有明确的分工和明显的区别。律以刑法为内容，令、格、式则以国家制度、办事细则和公文程式为内容，各有自己的调整范围。从其作用来看，令、格、式是从积极方面规定国家机关和官民等应当遵循的制度、准则和规范，律则从消极方面规定违反令、格、式以及其他一切犯罪的刑罚制裁。《新唐书·刑法志》记载："凡邦国之政，必从事于此三者（令、格和式）。其有所违及人之为恶而入于罪戾者，一断于以律。"事实也是如此。比如，违反了唐令的规定，就要按唐律进行处罚。唐令规定："应收授之田，每年起十月一日，里正预校勘造簿，县令总集应退应受之人，对共给授。"违反这一唐令，唐律规定，"若应受而不授，应还而不收"的，都要被"笞四十"（《唐律疏议·户婚》）。

（二）立法活动

1.《武德律》

《武德律》于高祖武德年间制定并颁布，是唐朝立法的开端。唐高祖李渊攻入长安后，制定了"约法十二条"，规定要处死杀人、劫盗、背军和叛逆的犯罪者，同时废除隋朝的法律。唐朝建立后，唐高祖命裴寂、刘文静等人与"当朝通识之士"修订律令，于公元619年制定"五十三条格"，其内容"务在宽简，取便于时"（《旧唐书·刑法志》）。这些规定不仅为建立和巩固唐初的社会秩序起了积极作用，同时也为《武德律》的制定开辟了道路。公元621年，唐高祖又命裴寂、崔善为、王敬业等15人，从唐初的社会实际出发，以《开皇律》为准，把"五十三条格"的内容一起加入，重修新律。公元624年，新律颁行，定名《武德律》，共十二篇，500条。

2.《贞观律》

唐太宗即位后，命房玄龄、长孙无忌等修订《武德律》，经过11年的时间，完成并正式颁布《贞观律》。《贞观律》仍为十二篇，500条，但在内容上对《武德律》做了较大修改。首先，增设了介于常流与死刑之间的加役流，作为死刑的减刑。其次，通过对反逆罪进行区分，缩小缘坐范围，废除兄弟连坐俱死之法。唐太宗认为，反逆罪有两种，一种是"兴师动众"，另一种是"恶言犯法"，二者"轻重有差"。之后经过大臣商讨，最终规定不再对"恶言犯法"的兄弟判处死刑，即"反逆者，祖孙与兄弟缘坐"，"恶言犯法者，兄弟配流而已"（《新唐书·刑法志》）。最后，完善了"五刑""十恶""八议"、请、减、赎和"官当"等制度。这些制度散见于三国两晋南北朝时期诸律，隋律做了总结，《贞观律》加以完善。与隋律相比，《贞观律》变化很大，化繁为简的同时也大量减少了死刑和流刑，《旧唐书·刑法志》记载："比隋代旧律，减大辟者92条，减流入徒者71条。其当徒之法，唯夺一官，除名之人，仍同士伍。凡削繁去蠹、变重为轻者，不可胜纪。"至此，唐律即定型，以后唐律改动极少。

3.《永徽律》

公元650年，唐高宗又命长孙无忌等以《武德律》和《贞观律》为蓝本，再度修订法律，并于次年完成，称为《永徽律》。这是唐朝立法的重要发展，对唐律的完备和律学的发展都有重要意义。

《永徽律》共十二篇，500条，仅对《贞观律》的一些字词做了改动，实际上是《贞观律》的翻版。《永徽律》颁布次年，鉴于"律学未有定疏，每年所举明法，遂无凭准"，为了解决科举考试中明法科缺少统一标准的问题，下诏"宜广召解律人条义疏奏闻"，仍令长孙无忌、李勋、于志宁等人主持。参与疏解者十九人，他们根据"网罗训诂，研覈丘坟"的原则，对《永徽律》逐条逐句进行注解，既阐明律义，揭示源流，又审定理论原则与概念。律疏经皇帝批准，于公元653年颁行天下。律疏附于律文之后，与律文具有同等效力，统称《永徽律疏》，即后世之《唐律疏议》。律疏的制定，对于统一适用法律起了重要的作用，很大程度上解决了各地因为对法律的认识不同而造成的司法实践问题，"自是断狱者皆引疏分析之"（《旧唐书·刑法志》）。清人沈家本在《重刻唐律疏议序》中说："名疏者，发明律及注意；云议者，申律之深义及律所不周不达"，以使"律文之简质古奥者，始可得而读焉"。简言之，它的作用主要是解释和补充律条，目的是使人们能准确地了解和掌握律文的真正含义。"律"与"疏"合编的形式，也显示了立法技术的提高，其影响远播海内外，是中国历史上保留下来的最完整、最具有代表性的古代法典。

4.《唐六典》

唐玄宗时期编定了一部具有行政法典性质的官修政书《唐六典》。《唐六典》以《周礼》为模板，采取"官领其属，事归于职"的修订方法，汇集了当时关于政制、官规的规定，分为治职、教职、礼职、政职、刑职和事职六部分，共30卷。内容涉及三师、三公、三省、六部、各寺、监直至州县等四十余个国家机关的设置、人员编制以及官员的选拔、任用、考核、奖惩、俸禄、休致、执掌等方面，同时还记录了各官署、职位的历史演变。《唐六典》是记载唐朝官制的重要文献，它表明唐朝在行政法制方面取得了重大进展，对于后世王朝的行政立法产生了重大影响。

5.《大中刑律统类》

中唐以后，主要的立法活动是编定格后敕。格后敕是对制敕的简单汇编。安史之乱以后所引起的社会经济、政治形势的重大变化，冲击了既定的法制秩序，原有的律、令、格、式已经不能满足社会的需要，只好采取更灵活、更方便的立法形式——格后敕。修纂格后敕是将皇帝颁布的诏敕加以整理，删除"事非久要，恩出一时，或前后差殊，或书写错误"的部分，将其中具有普遍和长久适用的敕，按照二十四司分门别类，编纂成法典。既保留敕的原貌，还须注明原敕颁布的时间。唐宣宗大中年间将唐律按性质分为121门，并将"条件相类"的令、格、式及敕附于律条之后，即"以刑律分类为门，而附以格敕"，共1 250条，称为《大中刑律统类》，从而改变了自秦汉以来编修刑律的传统体例，实用性更强，形成"刑统"这种新的法典编纂形式，对宋朝制律产生了重要影响。

（三）《唐律疏议》

1. 篇章体例

《唐律疏议》即唐高宗永徽年间颁布的《永徽律疏》，共十二篇，500条。它在篇目设置、体例安排上基本仿照《开皇律》，把类似于现代刑法总则的名例律置于律首，有关具体犯罪及其惩罚的卫禁、职制、户婚、厩库、擅兴、贼盗、斗讼、诈伪、杂律、捕亡、断狱十一篇类似于现代刑法的分则置于其后。十二篇的基本内容如下：

（1）名例律。"名者，五刑之罪名；例者，五刑之体例。"名例律规定了唐朝法定的刑罚和刑罚原则，相当于现代刑法的总则部分，集中体现了唐律的立法精神和基本原则，具体包括：五刑、"十恶""八议"、请章、减章、赎章、"官当"、划分公罪与私罪、犯罪自首的要件、对老幼废疾者犯罪的减免等。

（2）卫禁律。"卫者，言警卫之法；禁者，以关禁为名。"卫禁律是有关警卫宫殿和关津要塞的规定。宫殿是皇帝居住与朝臣议政的场所，边防关卡及城镇墙垣事关国家主权和城镇的安全，它们都具有特殊的重要意义，是法律重点保护的对象。该篇设有阑入宫殿太庙、向宫殿射箭、冲撞皇帝车驾、私度关津、走私禁物等罪名。

（3）职制律。"言职司法制"，职制律是关于惩治官吏违法失职的法律。唐朝建立了较为完备的行政法律制度，从机构设置、官吏职责，到行政程序、公文递送，都有明确的法律规定。对于违反行政法律制度的官吏，轻者予以行政上的处罚，重者则以刑罚制裁。该篇列有置官过限、贡举非其人、上书奏事误等罪名。同时，对于行政官吏的非职务性犯罪，职制律也作了相应的规定。

（4）户婚律。户婚律定"户口、婚姻"。唐朝的土地分配、赋税征收及徭役摊派，均以户籍为依据。户婚律规定了对违反户籍、土地、赋税及婚姻家庭制度行为的处罚。

（5）厩库律。"厩者，鸠聚也，马牛之所聚；库者，舍也，兵甲财帛之所藏。"厩库律是有关公私牲畜饲养、管理和官府仓库管理方面的规定。在农业社会中，马、牛等牲畜既是生产工具，又是重要的运输工具，因此，故杀官私马牛、乘官畜损伤或载私物以及损败仓库物品都要受到处罚。

（6）擅兴律。"大事在于军戎，设法须为重防。"擅为擅发兵，兴为兴造。擅兴律是对违法兴造工程、差遣丁夫等行为进行处罚的规定。军队的控制与指挥事关政权的巩固与社会的安定，擅自调兵遣将、兵马粮草和军事装备供应不足等，都属于违法犯罪行为。兴造工程、差遣丁夫，关系到整个社会人力、物力的消耗，对违法兴造进行处罚，是为了避免社会矛盾激化。

（7）贼盗律。战国时李悝著《法经》，即以"王者之政，莫急于盗贼"。盗与贼是历朝法律的重点打击对象，唐朝也不例外。贼盗律明确规定了对于谋反、谋大逆、谋叛、造妖书妖言等危害国家统治的政治犯罪的严厉处罚。同时，还规定了对谋杀、杀害、强盗、窃盗等重大刑事犯罪的处罚。

（8）斗讼律。"首论斗殴之科，次言告讼之事。"斗殴类包括对斗殴致伤、斗殴致死、不同身份者相斗殴致伤及几种杀伤罪的处理；告讼类包括一般性起诉程序及对特定犯罪、特定身份人的起诉禁令。

（9）诈伪律。伪即伪造，诈即诈骗。前者限于对皇权或政权产生直接危害的行为，包括伪造皇帝御玺及各级官印，伪造宫殿门符和发兵符等；后者涉及某些特定的欺骗行为，包括身份性欺骗和行为性欺骗。

（10）杂律。"拾遗补阙，错综成文，班杂不同。"杂律所包含的内容，涉及面较宽，主要包括市场管理、债权债务、犯奸失火以及其他一些轻微危害社会秩序和经济关系的行为规范。

（11）捕亡律。"若有逃亡，恐其滋蔓，故须捕系，以置疏网。"捕亡律是有关捕捉逃亡罪犯和其他逃亡者的规定。其他逃亡者包括出征在营的兵士、服役的丁夫杂匠、入籍的官户官奴婢，甚至包括无故私逃的现任各级行政官员。

（12）断狱律。"狱者，确也，以实囚情。"断狱律是关于司法审判和狱政方面的法律，包括审判原则、法官责任、拷讯囚犯、刑罚执行和监狱管理等方面的规定。

2. 立法特点

《唐律疏议》的立法特点主要包括：

（1）"一准乎礼"。唐律内容"一准乎礼"，真正实现了礼与法的统一。"德礼为政教之本，刑罚为政教之用。"正如唐太宗所说："失礼之禁，著在刑书。"唐律无论是其律条，还是对律条的注疏，都集中体现了儒家的礼治精神，全面贯彻礼的核心内容——三纲五常。唐律把伦理道德的精神力量与政权法律统治力量紧密糅合在一起，法的强制力加强了礼的束缚作用，礼的约束力增强了法的威慑力量，从而构筑了严密的统治法网，有力地维护了唐朝统治。

（2）科条简要、繁简适中。秦汉法律向以繁杂著称，西晋、北齐修律得以精简。唐朝在前律的基础上再行精简，定律十二篇，共500条，凝练概括，又严密周详。当然，唐律的简约也与立法技术的完善密切相关。

（3）用刑持平。唐律规定的刑罚与以往各代相比大为轻省，死刑、流刑大为减少。除涉及礼教的犯罪外，唐律比后世明清律的处刑要轻。

（4）立法技术空前完善。唐律的篇章结构井然有序，法律形式相得益彰，概念精练明确，用语确切简要，逻辑严谨缜密，疏议得当精深，显示立法技术的高度成熟与发达。

3. 历史地位

唐律的历史地位表现在以下几个方面：

（1）唐律是现存最早、最完整的中国古代法典。它产生于经济、政治和文化鼎盛发展的唐朝，承袭秦汉的立法成果，汲取汉晋律学的成就，表现出高度的成熟性，因而成为传统法典的楷模，在中国法制史上具有承前启后的重要地位，对宋、元、明、清四朝法律产生了深刻影响。《四库全书总目提要·唐律疏议》记载："宋世多采用之。元时断狱，亦每引为据。明洪武初，命儒臣同刑官进讲《唐律》。后命刘惟谦等详定《明律》，其篇目一准于唐。至洪武二十二年，刑部请编类颁行，始分吏、户、礼、兵、刑、工六律，而以《名例》冠于篇首。"

（2）唐律作为中华法系的典型代表，其影响力远远超越国界，对亚洲特别是东亚各国产生了重大影响。如朝鲜高丽王朝10世纪初颁行的《高丽律》，其篇章和内容皆取法于唐律，《高丽史·刑法志》记载："高丽一代之制，大抵皆仿乎唐。至于刑法，亦采唐律，参酌时宜而用之。"日本8世纪初制定的《大宝律令》和《养老律令》也以唐律为蓝本，正如日本学者所言："我国《大宝律》大体上是采用《唐律》，只不过再考虑我国国情稍加斟酌而已。"越南李朝太尊时期的《刑书》和陈朝颁布的《国朝刑律》，其原则、内容也大都参用唐律。可见，唐律在世界法制史上也占有重要地位。

三、行政法律制度

（一）三省六部制

唐朝中央政府的体制沿用了隋朝的三省六部制，太傅、太师、太保"三师"，太尉、司徒、司空"三公"虽然地位高，但无实权，仅是虚衔，中央政府实际的权力集中于三省六部。

三省为中书省、尚书省、门下省。中书省的长官为中书令，门下省的长官为侍中，尚书省的长官为尚书令。三省的长官集体出任宰相，互相配合牵制，与皇帝共同决定军国大政方针，决定官吏任免，甚至有权决定皇位继承的人选。皇帝的一切诏、敕、制书，均须在宰相联席会议上讨论研究，决定是否颁布；颁布时，还需宰相副署，盖上"中书门下之印"才能生效，否则就是违制，中央和地方各部门可以不予执行。中书、门下两省为中枢决策机关。中书省专门负责批答各机关的公文、奏章，起草诏命、颁发制书。门下省负责审核奏章、文书和诏旨。各级机构上报皇帝的奏章、公文，首先经门下省审阅，然后才能送达中书省。门下省还拥有重要的封驳权，以皇帝名义发出的诏令由中书省起草后，送至门下省审阅，如果门下省认为内容有不妥之处，即可封还中书省，由其重新拟定。尚书省为最高行政执行机关。皇帝的旨意及中书省、门下省议定的事项均由尚书省组织实施，由中书省起草的皇帝诏令经门下省审核后，亦由尚书省下发中央各机构及地方各级政府。

根据行政事务的性质，尚书省下设六部二十四司实施具体的管理职能。吏部主掌对全国各级文职官员的管理，包括官员的荐选、任免、考核、升降、赏罚、勋封等，下设吏部司、司封司、司勋司、考功司。户部主掌对全国户婚田土的管理，包括对户口、土地、财政、赋税、钱粮、赈灾等方面的管理,下设户部司、度支司、金部司、仓部司。礼部主掌对全国礼仪教育的管理,包括礼仪、祭祀、科举、学校等,下设礼部司、祠部司、膳部司、主客司。兵部为全国的最高军事行政管理部门,主管武官的荐选、任免、考核、升降、赏罚及军事,下设兵部司、职方司、驾部司、库部司。刑部为全国的司法行政管理部门,掌管全国的司法行政,并参与重大案件的审理,下设刑部司、都官司、比部司、司门司。工部主掌对全国的农林水利、工程营建及各类工匠的管理,下设工部司、屯田司、虞部司、水部司。

尚书省下设的六部二十四司是政务机关。另外还有事务机关,即九寺五监,对口六部各司行使职权。九寺包括太常寺、光禄寺、卫尉寺、宗政寺、太仆寺、大理寺、鸿胪寺、司农寺、太府寺。五监包括国子监、少府监、将作监、军器监、都水监。

在地方体制中,唐朝也沿袭隋制,设州、县两级建制,当时有300余个州,1500余个县。州设刺史,掌管全州的事务;县设县令,掌管全县的事务。并分别配置属官。州、县均以户数多寡为标准分为上、中、下三种。另外唐朝还设有一些临时性的地方行政机构,如公元636年在全国设置的十道,作为相对独立的监察区,但后来道逐渐演变为高于州的一级地方行政机关。还有唐初在边疆地区设立的军区,统辖数州军事防务,后来演变为都督府,主官称都督。高宗以后部分都督改称"节度使",独揽军政大权,不仅成为州以上的一级行政机构,还威胁到中央政权和皇权统治。

(二)职官制度

唐朝形成了比较完善的职官制度,包括对官吏的选拔、任用、考核等方面。

为适应官僚政治发展的需要,唐朝全面确立了科举选官制度,分为常选和制举。常选每年定期进行。参加科举考试的有国子监的生徒和州、县自行报考者。考取后再由州、县保举参加尚书省礼部主持的"省试"。经皇帝特别下诏、考取名士的"制科",日期和项目都由皇帝临时决定,是唐朝网罗人才的一种手段。但制科出身在当时不被视为正途。在"常贡之科"中,明经和进士二科最为热门,民间有"三十老明经,五十少进士"的谚语。

唐代科举考试及第者,只是取得了做官的资格,尚不能直接取得官职,他们还须经过吏部的考试,才能被授予官职。吏部考试主要从四方面进行考察:"择人有四事。一曰身,(取其体貌丰伟。)二曰言,(取其词论辩正。)三曰书,(取其楷法遒美。)四曰判,(取其文理优长。)四事可取,则先以德行;德均以才,才均以劳。"(《通典·选举》)该考察标准只用于六品以下官员的任用。吏部的考试是在每年十月以后。次年的夏天来临之前，吏部便要按照"三注三唱"的程序，公布考试通过人员所得到的官职，并经尚书、门下两省和皇帝批准后，以皇帝的名义发给委任文书——告身。

职官应当忠于职守，勤于政事。为了使官称其职，唐朝实行严格的职官考课制度。课的年限为每年一小考，称为岁课，由各州县主持对本属官吏的考核；每四年一大考，称为定课，它是吏部考功司统一组织的全国性考核。经由吏部考核者，受品级上的限制。四品以下官受吏部考功司考核，三品以上官则由皇帝亲自加以考核。《唐六典·考功郎中》规定，对品官的考核，实行"四善二十七最"的考课标准。"考课之法有四善：一曰德义有闻，二曰清慎明著，三曰公平可称，四曰恪勤匪懈。""二十七最"包括献可替否，拾遗补阙，为近侍之最；铨衡人物，擢尽才良，为选司之最；扬清激浊，褒贬必当，为考校之最；决断不滞，与夺合理，为判事之最；推鞫得情，处断平允，为法官之最；访察精审，弹举必当，为纠正之最；赏罚严明，攻战必胜，为将帅之最等。经过考核，根据被考核对象所符合"善"与"最"的数量，分为上、中、下三等；每等再分为上、中、下三级，共分为三等九级。对于考核结果，区别职官等级，分别给予奖赏、惩罚的处理。岁课以增加俸禄作为奖赏，以减少俸禄作为处罚手段。由吏部考功司主持的全国性定课，则以升、降职级甚至免官作为奖赏和惩罚的手段。《考课令》规定，考核结果在中上级以上者，给予奖励，增加俸禄；中中级者，继续维持原俸禄标准；中下级以下者，则要处以夺禄的处罚。

此外，唐朝还规定了官吏的休假和退休制度。如固定的休假叫作"例假"，唐朝在永徽之后规定官吏每十天休息一天。根据探亲路程的远近规定了不同时长的探亲假。唐朝对丧假也有规定，凡父母去世者，丧假为三年，官吏应该离官守丧，三年后官复原职。

唐朝的退休称为致仕，法定退休年龄为七十岁。官吏年满七十想要退休者，需由本人提出申请，经批准后即可致仕。六品以下官致仕需先向尚书省提出申请，再由尚书省奏请皇帝批准。五品以上官则直接奏请皇帝批准。官吏退休后，按其品级可享受不同的待遇。在政治方面，三品以上的致仕官，可参加"朝朔望"。在经济方面，致仕官亦可根据其品级，分别获得不同数额的俸禄或田产。如果年龄未到七十岁而身体状况不好的，也可以退休，即"年虽少，形容衰老者，亦听致仕"（《通典·职官十五》）。

（三）监察制度

唐朝确立了比较完备的监察制度。御史台为中央监察机关，以御史大夫为长官，御史中丞二人为辅佐,"掌邦国刑宪典章之政令,以肃正朝列"(《唐六典》卷十三),"掌以刑法典章纠正百官之罪恶"(《新唐书·百官制》)。御史台以下分设台院、殿院、察院。

台院,设侍御史六人,主要职责是纠弹中央百官,参加大理寺审判和推鞫由皇帝制敕交付的案件,以及总判台内杂事。由于侍御史在诸御史中的地位最高,职权最重,因此一般均由皇帝直接指派,或由宰相与御史大夫商定,由吏部选任。

殿院,置殿中侍御史九人,其职责有:一是纠察朝廷礼仪,如百官在殿廷上之朝班、位序有错乱者则纠举之,皇帝巡幸、郊祀时主管部门所带礼仪物品有亏缺者也纠举之。二是巡察京城内外,发现各部门有不法之事则纠举之。三是监察国库(太仓、左藏)的出纳情况。

察院,设监察御史十五人,其中三人分察六部,所谓"分察尚书六司,纠其过失"(《唐六典》卷十三),称为"部察"。对于地方州县官吏的监察任务,主要也由察院承担。贞观年间将全国划分为十道,作为相对独立的监察区,后改为十五道,包括京畿道、关内道、都畿道、河南道、河东道、河北道、山南东道、山南西道、陇右道、淮南道、江南东道、江南西道、黔中道、剑南道、岭南道。察院派监察御史到各道,行使对于各道所属州、县官吏的监察权。同时,参与对各州、县重要案件的审理。对于地方官的监察,除了察院定期派出监察御史,各道还有常设性质的按察使,对地方官进行经常性监察。

御史出巡,尤其是遣使巡察,其活动在皇帝的直接控制下,所谓"事无巨细得失,皆令访察,回日奏闻,所以明四目、达四聪也"(《旧唐书·颜真卿传》)。

监察御史初按汉朝"六条问事"进行纠弹。玄宗开元年间,制定《六察法》如下:"其一,察官人善恶;其二,察户口流散,籍账隐没,赋役不均;其三,察农桑不勤,仓库减耗;其四,察妖猾盗贼,不事生业,为私蠹害;其五,察德行孝悌,茂才异等,藏器晦迹,应时用者;其六,察黠吏豪宗兼并纵暴,贫弱冤苦不能自申者。"(《新唐书·百官志》)《六察法》不仅涉及官吏的治绩,也兼顾官吏的品德、学识、才能,既使御史出巡有章可循,同时也是对位卑权重的御史的一种约束,防止其滥用监察权。监察官虽不过八品,不及县令,但上可以纠百司长官,下可以察地方大员。监察御史的监察权呈扩大趋势,到唐朝后期甚至突破监察权,兼有行政、司法和军事权。

唐朝不仅完善了监察组织,还设有谏官机构以规谏皇帝。这种规谏既无损于皇权,又有益于国家。唐朝的专职谏官主要有:谏议大夫,武德四年设,置员四人,属门下省;补阙、拾遗,武则天时设,各置员二人,左补阙、左拾遗属门下省,右补阙、右拾遗属中书省;散骑常侍,贞观元年设,置员四人,左、右散骑常侍分属门下省与中书省,"掌侍奉规讽,备顾问应对"(《旧唐书·职官志》)。

由于御史和谏官职责就是提出具有批判性的意见供百官和皇帝参考,因此,对于谏官自身要求很高。"先正其身,始可行事。当须举直措枉,不避亲仇;纠匿绳违,务从公正。如闻愆过,阴自鼓动,不即弹射,自树私恩,曾无顾忌,仍有请托,将何以寄朕之耳目,以用屏豺狼?如此当官,深负所委,自今以后,不得更然。"(《唐大诏令集》卷一〇〇)

四、刑事法律制度

(一)刑法的原则

唐朝法律在内容上比较完备,在体例上较为健全,确立了一系列刑法的原则。

1. 重惩"十恶"

"十恶"是十种直接危害统治的严重犯罪行为,唐因袭隋律,对这十种犯罪予以严厉的惩治,并开宗明义:"五刑之中,十恶尤切,亏损名教,毁裂冠冕,特标篇首,以为明诫。"

(1)十恶的具体内容如下:

一谋反,"谓谋危社稷",即图谋以各种手段推翻现存的政权。如果预谋反对皇帝,夺取皇位,必将是对国家政权的最大危害。因此,谋反罪被列为"十恶"之首,实际上也是唐律所规定的所有罪名中最为严重的犯罪。《唐律疏议·贼盗律》规定,谋反者,不分首从,均处斩刑;父、子年十六以上皆处绞刑;子年十五岁以下及母、女、妻、妾、祖父、兄、弟、姐、妹等没官;伯叔父、兄弟之子均流三千里。

二谋大逆,"谓谋毁宗庙、山陵及宫阙",即企图毁坏皇帝的宗庙、皇陵和皇宫。

三谋叛,"谓谋背国从伪",即企图背国投敌的行为。此种行为直接侵害国家主权,侵害现政权的统治,为历朝法律所严禁。

四恶逆,"谓殴及谋杀祖父母、父母,杀伯叔父母、姑、兄姊、外祖父母、夫、夫之祖父母、父母"。

五不道,"谓杀一家非死罪三人,支解人,造畜蛊毒、厌魅。""造畜蛊毒"和"厌魅"是以巫术害人的行为,和"杀一家非死罪三人""支解人"一样手段恶劣,后果严重。

六大不敬,包括盗窃御用物品、因失误而致皇帝的人身安全受到威胁、不尊重皇帝及钦差大臣等三类犯罪行为。

七不孝，包括控告、咒骂祖父母、父母；祖父母、父母在，另立门户、分割财产、供养有缺；为父母服丧期间，谈婚论嫁、寻欢作乐、不穿孝服；知祖父母、父母丧，隐瞒不办丧事；以及谎称祖父母、父母丧。这些行为在性质上，与恶逆罪一样，都是对尊亲属的侵害，只是侵害的程度更轻。

八不睦，"谓谋杀及卖缌麻以上亲，殴告夫及大功以上尊长、小功尊属"。根据服制，亲属之中，按亲疏程度分作五服：斩衰、齐衰、大功、小功、缌麻。法律规定，五服亲属之内，应保持良好的和睦关系；若有相犯，则按照当事人之间的尊卑长幼关系，确定与普通人之间相互侵害不同的处罚。

九不义，"谓杀本属府主、刺史、县令、见受业师，吏、卒杀本部五品以上官长；及闻夫丧匿不举哀，若作乐，释服从吉及改嫁"。主管官与属吏、受业师与学生、地方官与辖内民人，夫与妻之间，虽无血缘联系，却"以义相从"，在道义上具有比其他社会关系更为密切的联系。后者侵犯前者，属于"背义乖仁"。

十内乱，"谓奸小功以上亲、父祖妾及与和者"，"和"是指通奸。亲属之间发生奸淫行为，不仅违反了社会秩序，而且会导致亲族内部伦常秩序的紊乱。《唐律疏议》称："若有禽兽其行，朋淫于家，紊乱礼经，故曰'内乱'。"

从以上"十恶"的内容可以看出，其打击的对象主要是三类：第一类是危害皇权的行为，如谋反、谋大逆、谋叛和大不敬等；第二类是侵害家庭伦理纲常的行为，如恶逆、不孝、不睦、内乱等；第三类是损害人身权的行为，如不道等。这些行为都是严重危害社会秩序和统治秩序的犯罪行为。

（2）对"十恶"犯罪的重惩主要表现在：

①凡预谋者，即构成犯罪。如谋反、谋大逆、谋叛，谋杀祖父母、父母等，均属于"始兴狂计，其事未行"，被视为"真反"。

②刑罚更重。凡构成前三种罪名的，基本上都不分情节，或死刑，或流刑，如谋反、大逆者，皆斩。谋反之人即使"词理不能动众，威力不足率人者，亦皆斩"，甚至"口陈欲反之言，心无真实之计，而无状可寻者"，也要流二千里。谋大逆者，绞；谋叛者，首犯处绞，从犯处流；如已着手实施，则不分首从皆斩。其他如谋杀期亲尊长、外祖父母、夫之祖父母、父母者，皆斩。

③株连亲属和知情不告、知情不追者。《唐律疏议·贼盗律》规定：谋反及大逆者，皆斩；父子年十六以上皆绞，十五岁以下及母女、妻妾、祖孙、兄弟、姊妹、部曲没官为奴，家产充公，只有八十岁以上及严重病残的男性和六十岁以上及病残的女性可以免除。伯叔父、兄弟之子无论分家单过与否，皆流三千里。即使情节相对轻微的"词理不能动众，威力不足率人者"，其父子、母女、妻妾也要流三千里，

甚至知谋反大逆而不密告者，绞；知谋大逆、谋叛不告者，流二千里。得到密告的官司，半日内如不立即进行追捕，与不告者同罪。

④不适用优待原则。"十恶"犯罪通常为"常赦所不原"，即使是在法律上享有优待特权的贵族、官僚，一旦身犯"十恶"，亦不准适用议、请、减、赎等优遇，必须按常法定罪量刑。唐律规定，死刑执行是在秋分以后、立春以前这段时间内，但谋反、谋大逆、谋叛、恶逆犯罪应处以死刑者，不受此时间的限制，即"决不待时"。

2. 权贵减免刑罚

为了保护贵族、官僚的特殊地位，唐律确定了对于犯罪的贵族、官僚给予特别减免或适用特殊审理程序的制度，包括议、请、减、赎、"官当"等。

（1）议即"八议"，是对八种特权人物犯死罪，在审判处罚时适用的特殊程序。这八种特权人物为亲、故、贤、能、功、贵、勤、宾。亲，包括皇帝袒免以上亲，太皇太后、皇太后缌麻以上亲，皇后小功以上亲，即皇亲国戚；故，为皇帝的故旧；贤，为贤人君子，有突出品行者；能，为有杰出才干者；功，为有卓著功勋者；贵，通常为职事官三品以上、散官二品以上及爵一品的大贵族、大官僚；勤，为勤于政务，有突出贡献者；宾，为前朝皇室后代被奉为国宾者。"八议"之人犯罪，法律会区别情况，给以不同处理。若所犯为流以下罪，由司法机关据常律减一等处罚。若所犯为死罪，则适用特别程序：由司法机关将犯人所犯罪行及符合"八议"范围的身份，上报朝廷，由刑部提出处理意见，再报请皇帝批准。若所犯为"十恶"重罪，即便是"八议"之人，也不得再享有上述减刑或特别程序的权利。

（2）请是奏请皇帝进行裁决的特殊程序，适用于皇太子妃大功以上亲、"八议"之人以上亲和官爵五品以上犯死罪之人。司法机关对此类人不能直接审判，只能将其罪状、适用请的条件、依律应绞应斩直接奏报皇帝，听由皇帝裁决。应请之人如犯流罪以下，自然减一等处罚，但是犯"十恶"、反逆缘坐、杀人、监守内奸、盗、略人、受财枉法者不在请减之列。

（3）减是减一等刑罚，应请者的亲属和七品以上官犯流刑以下罪，可以减法定刑一等处罚。死罪则依法定刑罚处罚。

（4）赎即以铜赎罪。其适用范围包括：八品、九品官员，法律所规定的属于议、请、减范围的所有人，七品以上官的祖父母、父母、妻、子孙等。上述人员犯流罪以下，准予以铜赎罪。对于赎铜的数量，唐律在各刑等中分别做了规定。笞十赎铜一斤，每一等加一斤；杖六十赎铜六斤，一等加一斤；徒一年赎铜二十斤，一等加十斤；流二千里赎铜八十斤，一等加十斤；死刑无论绞斩，均赎铜一百二十斤。

（5）"官当"即以官品或爵位折抵徒、流两种刑罚。唐律将罪分为私罪和公罪，官吏犯私罪，五品以上者，一官当徒二年；九品以上者，一官当徒一年。若犯公罪，则可多折算一年，即五品以上，一官当徒三年；九品以上，一官当徒二年。如果是以官当流，原则上是"三流同比徒四年"，即流刑三等，官当时皆比作徒四年。以官当徒仍有余刑不尽者，可再以铜赎刑。因官当而失掉官职之人，一年后可以比原官职降一等任用。

议、请、减、赎、"官当"等制度所确定的法律特权由大到小，享受特权的人也由少到多，构成了一套系统、严密的特权保障体系，从立法上保证了皇亲、官僚、贵族的特权。清人薛允升称唐律"其优礼臣下，可谓无微不至矣"。① 这些制度的出现，使特定阶层的特权制度化、法律化，一方面限制了贵族、官僚的恣意妄为，另一方面有利于皇帝行使最高司法权，将贵族、官僚的生杀予夺把握在自己手中。

3. 老幼废疾减免刑罚

老幼和残疾之人犯罪减免处罚是中国古代的一贯做法，唐律的规定使之更加规范。唐律对老幼废疾者，分三种情形实行减免刑罚：一是七十岁以上、十五岁以下及废疾者，犯流罪以下，收赎。二是八十岁以上、十岁以下及笃疾者，犯反逆、杀人罪应处死刑的，上请；盗窃及伤人者，收赎；其余犯罪皆不论。三是九十岁以上、七岁以下，虽犯死罪，不加刑。

4. 区分公罪与私罪

唐朝规定官吏"缘公事致罪而无私、曲者"为公罪，"不缘公事，私自犯者"或"虽缘公事，意涉阿曲"为私罪。公罪处刑从轻，私罪处刑从重。唐律之所以要区分公罪与私罪，主要目的是保护各级官吏执行公务、行使职权的积极性，以便提高国家的统治效能，同时防止某些官吏假公济私、以权谋私，保证法制的统一。

5. 自首减免刑罚

唐朝继承历代自首减免刑罚的原则，并使之进一步完备。

（1）明确了构成自首的法定条件，必须是在犯罪案件未发，官府或他人未发觉之前，犯罪人自动向官府投案的行为。如果犯罪事实已被他人告发，或被官府查知，再去投案认罪者，只能作为"自新"，而不能构成自首。

（2）自首在原则上要求本人亲自向官府交代所犯罪行，但也允许本人委托他人代为自首；依法得相容隐的亲属，在未经犯人委托的情况下代犯人自首或告发，也可以视同自首；犯盗窃与诈骗罪者，因悔悟而向被害人承认罪行的"首露"，视同

---

① 薛允升. 唐明律合编 [M]. 怀效锋，李鸣，点校. 北京：法律出版社，1999：24.

向官府自首。

（3）自首可以免罪，但必须如数退还赃物，以防止犯罪人利用自首得到非法利益。

（4）对自首不实不尽者（没有彻底交代犯罪性质和犯罪情节的罪犯），分别按不实、不尽的情节予以惩罚。

（5）对某些后果无法挽回的犯罪，不能适用自首减免的规定，如伤害、强奸罪，损坏官文书、官印、旌旗，私渡关津、私习天文等。

6. 同居相隐

唐律在继承"亲亲得相首匿"原则的同时，将容隐的范围扩展到四代以内的亲属、部曲和奴婢。《唐律疏议》规定："诸同居，若大功以上亲及外祖父母、外孙，若孙之妇、夫之兄弟及兄弟妻，有罪相为隐；部曲、奴婢为主隐；皆勿论。"这样即使是无服的"同财共居"之人，也允许相隐。唐朝的相隐不仅是有罪不告，向有罪的亲属通风报信使之得以逃亡的，也不为罪。即使为非同居的小功以下亲属相为隐的，也可比照常犯罪减三等量刑。但是，犯有谋反、谋大逆和谋叛三种重罪的，不适用此原则，按常法执行，即"若犯谋叛以上者，不用此律"。

7. 轻重相举

《唐律疏议·名例律》规定："诸断罪而无正条，其应出罪者，则举重以明轻；其应入罪者，则举轻以明重。"意思是对法无明文规定的犯罪，凡应减轻处罚的，则列举重罚处刑的规定，比照从轻处断；凡应加重处刑的犯罪，则列举轻罚处刑的规定，比照从重处断。《唐律疏议·贼盗律》规定："夜无故入人家者，笞四十。主人登时杀者，勿论。"法律没有规定致伤的情形，但比照规定，杀死都不论罪，致伤更不能论罪，此为"举重以明轻"。律文又举例说明处理已杀已伤期亲尊长的案件，唐律中并无相应条文，但是可以比照"谋杀期亲尊长，皆斩"的规定对其处以斩刑，此为"举轻以明重"。"举重以明轻"和"举轻以明重"确立了类推的原则和方法，体现了唐律简约的风格和唐朝立法技术的进步。

8. 化外人相犯

唐律对涉及外国人的案件，区分不同情况决定所应适用的法律，相当于现代国际私法中的"准据法"。

（1）"诸化外人，同类自相犯者，各依本俗法。"同一国别的外国人之间发生侵犯时，以其国家的法律为准。

（2）"异类相犯者，以法律论。"不同国别的外国人，或外国人与中国人之间相侵犯时，适用中国法律。

（3）唐朝还做了一些特别规定，专门适用于外国人在中国境内的活动。外国人非法入境，与中国人从事货物交易活动，比照中国人非法出境从事货物交易活动治罪。外国人进入中国境内从事货物交易活动，计赃准盗论，罪止流三千里。外国人获准在中国境内居住者，可以娶中国妇女为妻妾，但若该外国人回自己国家，则不得携带所娶中国妇女同回，违者治罪。

（二）主要罪名

唐律所规定的犯罪，大致可以归纳为危害皇权、侵犯人身安全、侵犯官私财产、官吏职务、破坏礼教、破坏公共秩序六类犯罪，涉及政治、经济、文化、教育、军事、司法等社会关系的各个领域，形成了比较完整的罪名体系。

1. 危害皇权类犯罪

在专制体制下，危害皇帝的权力及其人身、尊严是最为严重的犯罪。在唐律所定"十恶"罪中，谋反、谋大逆、谋叛和大不敬都是直接侵害皇权的重罪。对这几项犯罪，唐律规定了极为严厉的刑罚，并规定不允许像普通犯罪一样适用减刑和免刑的条款。

唐律对妨碍皇帝政令传达的行为予以严厉打击。政令的有效上传下达对维持统治秩序十分重要，不仅直接影响行政的效果，也体现皇权的尊严与权威。唐律为此规定了一系列的罪名，如"应奏不奏""不应奏而奏""上书奏事误""越言上""稽缓制书""被制书施行有违""受制忘误""写制书误""受制出使辄干他事""盗制书""诈为制书"等，甚至制书本身存在明显的错误，他人也不得擅自改动，否则构成"制书误，辄改定"罪。通过设立这些罪名，保证皇帝在国家政治生活中至高无上的地位和切实有效的统治。

唐律还特别注重保护皇帝的人身安全和尊严。皇帝起居生活和议事论政的场所都得到特殊的保护，严禁无关人员擅自进入。唐律设有"阑入宫殿""阑入御在所""宿卫冒名相代""登高临宫中""向宫殿内射""冲突仪仗"等罪名。凡是皇帝参与的活动，都必须按照法定的程序和礼仪进行，如有失误也会构成犯罪。甚至误犯皇帝庙讳，也要治罪。

2. 侵犯人身安全类犯罪

侵犯人身安全罪包括杀人、伤害、强奸以及其他侵犯人身权利的犯罪。唐律以行为人的主观动机为根据，将杀人罪分为谋杀、故杀、斗杀、误杀、过失杀、戏杀六种，统称为"六杀"。谋杀指预谋杀人；故杀指事先虽无预谋，但情急杀人时已有杀人的意念；斗杀指在斗殴中出于激愤失手将人杀死；误杀指由于种种原因杀错了对象；过失杀指因"耳目所不及，思虑所不到"而杀人；戏杀指"以力共戏"而导致杀人。基于上述区别，唐律规定了不同的处罚原则：谋杀一般减故杀罪数等处罚，但奴婢谋杀主，子孙谋杀尊亲属则处以死刑。故杀一般处以斩刑。误杀、斗杀减故杀罪一等处罚。戏杀减斗杀二等处罚。过失杀一般"以赎论"。"六杀"的设定，反映了唐朝刑法的完备与立法技术的提高。

伤害罪分为故意伤害、过失伤害、共同伤害、两相伤害、持械伤害等。伤害程度分为伤与折伤。"见血为伤"；"折伤，谓折齿以上"，包括"折齿，毁缺耳鼻，眇一目及折手足指，若破骨及汤火伤人"等。唐律为了准确区分伤害罪和杀人罪，明确斗殴致伤的法律责任，规定了保辜制度。所谓保辜，是指在伤害行为发生后，确定一定的期限，根据期限届满之日被害人的死伤情况，决定行为人所应承担的刑事责任。在法定的期限内，行为人可采取积极措施救人以减轻自己的罪责，这就是所谓的"保人之伤，正所以保己之罪也"。保辜的期限，以伤害的方式和程度而定："手足殴伤人限十日，以他物殴伤人者二十日，以刃及汤火伤人者三十日；折跌支体及破骨者五十日。"如果在法定的期限内被害人死亡，则对行为人以杀人罪论处；如果期限外死亡或虽在期限内，但不因所伤而死亡，则对行为人以伤害罪论处。这体现了唐朝立法的精细化。

3. 侵犯官私财产类犯罪

《唐律疏议·贼盗律》释"盗"："诸盗，公取、窃取皆为盗。"公取为"公然而取"；窃取为"方便私窃其财"。窃盗者，"窃盗人财，谓潜形隐面而取"。除普通窃盗罪外，依据窃盗之人及被盗者的身份、被盗财物的性质等因素，唐律还分别规定了不同的罪名，如"盗官私马牛""监临主守自盗""盗所监临财物""亲属相盗""盗毁天尊佛像"等。另外，唐律还将很多与财物相关的犯罪"以窃盗罪论处"或"准窃盗罪论处"，如监临主守私自贷出或贷入公物，且没有记录在簿者，"以盗论"；恐吓取人财物者，"准盗论加一等"。

若以威胁或暴力方式获取他人财物，则构成强盗罪。强盗罪的社会危害性显然比普通盗窃罪更大，故唐律对其处罚也较盗窃罪更重。强盗而未得财物，处徒二年之刑；赃物满一尺者，徒三年；赃物满十匹即处绞刑。若持械强盗，虽未得财，亦处流三千里之刑；赃满五匹者，即处绞刑。对于强盗罪的严厉处罚还表现在某些减免条款的阻却适用等方面。例如，普通犯罪除特别说明外，一般区别首犯与从犯，对于从犯给以减等处理。对于强盗罪，《唐律疏议·名例律》则规定，一律不分首从，不减等处理。除了盗取财类的罪名外，唐律对于其他类型的侵犯财产行为也规定了相应的罪名，包括"卖口分田""占田过限""盗耕种公私田""妄认公私田""在官侵夺私田""盗耕人墓田""盗葬他人田"等。

4. 官吏职务类犯罪

官吏职务类犯罪属于身份犯，唐律对官吏的职务行为做了详细的规定，涉及面很广泛，几乎囊括了官吏职务中的各个方面。这类犯罪主要包含了四小类犯罪，分别是贪污、擅权、失职和其他职务犯罪。在这四小类犯罪中，又有一些具体的犯罪行为。贪污犯罪主要包括受财请求、受所监临财物、其他贪赃受贿等犯罪行为；擅权犯罪主要包括置署用人过限、非法赋敛、擅奏改律令式、出使辄干代事、代署代判等犯罪行为；失职犯罪主要包括贡举非其人、稽误判书及官文书、上书奏事有误、应奏不奏、主司漏户口、违法授田课农桑、输课税物违期、不修堤防桥梁、决罚不如法等犯罪行为；其他职务犯罪主要包括泄露机密、私发官文书、旷职、出界、弃毁符节制书、追捕逃亡者不力、纵囚失囚、伪证等犯罪行为。将这些行为犯罪化有利于各级官吏勤勉行政，忠于职守，保证国家机器的有效运转。

此外，《唐律疏议》杂律篇首次就"坐赃致罪"设"六赃"专条，称一切不法所得为"赃"，把受财枉法、受财不枉法、受所监临财物、强盗、窃盗和坐赃六种犯罪称为"六赃"。除前五种外的所有赃罪均可归入坐赃。"六赃"涵盖了侵犯官私财产的所有犯罪行为，其中强盗与窃盗的罪犯为一般主体，而受财枉法、受财不枉法、受所监临财物和坐赃的罪犯是各级官吏。

5. 破坏礼教类犯罪

古代社会父权、夫权是家庭的核心，法律维护尊长在家庭生活中的特殊地位和特殊权力。"十恶"中恶逆、不孝、不睦、不义、内乱等罪名的设定都是出于这一目的。唐律还通过设定其他罪名，要求子孙服从祖父母、父母的教令，供养祖父母、父母；祖父母、父母去世后，要辞官回家，为其服丧守制，以示孝心。违反者，则构成"违犯教令""供养有阙""匿丧""居丧嫁娶"等犯罪。唐律甚至不允许子孙任职于和祖父母、父母名讳相同的官府、职务，否则构成"冒荣居官"罪。上述犯罪与一般犯罪有所不同，除"供养有阙"外，其他行为并不会给尊亲属带来实际利益上的损失，但因其触犯了伦理道德规范，影响社会风气、思想意识，所以也要受到刑罚处罚。这种以强制手段保证礼仪道德规范的推行，是法制完备化的一种表现。

对家庭秩序的保护，还体现在对家庭、家族内部的奸淫乱伦行为的严惩。唐律对普通男女之间的通奸行为，各处徒一年半的刑罚，但如果男女之间有五服亲属关系，则加重处罚。亲属关系越近，处罚越重，最重的可判处绞刑。

6. 破坏公共秩序类犯罪

稳定的社会秩序是巩固政权、维持统治的前提之一。为了维持良好的社会治安，唐律规定了一系列危害社会秩序和公共安全的犯罪，如禁止在城内街巷道上及人众中奔驰车马、禁止向城内有人处和官私住宅任意射击、放弹、投瓦石等，以免侵害正常的交通和生活秩序，甚至在城市内和人口聚集比较多的地方，禁止散布流言，惊扰民众。

水患和火灾是古代危害公共安全的最大隐患，因而唐律对此做了较多规定，如法律禁止在庄稼生长和收获的季节在田野里烧火，违者构成"非时烧田野"罪；发现火灾，不救者构成不作为犯罪，以"见火不告不救"治罪；为用水、为报仇或为自家利益而盗决堤防，构成"盗决堤防""故决堤防"罪；官吏没有及时修筑堤坝的则以"不修堤防"和"修堤失时"罪处罚。此外严禁私人拥有、盗取和制造武器，严禁赌博等一切可能危害社会治安的活动。

（三）刑罚体系

唐朝继承了隋朝确立的五刑制度，并进一步做了系统的规定。笞、杖、徒、流、死五种法定刑，按轻重等级，共分二十等。

1. 笞刑

笞刑是五刑之中最轻的一种，即用楚条笞打犯人腿部和臀部，是对轻微犯罪者适用的刑罚之一。笞刑的轻重以次数区分，每十次为一个等级。笞刑分五等，分别为：笞十、笞二十、笞三十、笞四十、笞五十。笞刑准予缴纳赎金以免于实际执行。赎金的数额规定为：笞十赎铜一斤；每刑重一等，加铜一斤，即笞二十，赎铜二斤；笞五十，赎铜五斤。

2. 杖刑

杖刑与笞刑同为身体刑，但重于笞刑，即用楚条抽打被刑者的腿部、臀部和背部，属于"薄刑"的范畴。杖刑亦以次数分为五等。最低的杖刑为杖六十，每十次为一个等级，分别为：杖六十、杖七十、杖八十、杖九十、杖一百。杖刑亦准予以铜赎刑。赎金的数额规定为：杖六十赎铜六斤；每刑重一等，加铜一斤，即杖七十赎铜七斤，杖一百赎铜十斤。执行杖刑所用的楚条比笞刑所用的要大。《狱官令》记载，杖刑刑具长三尺五寸，粗的一端为二分七厘，细的一端为一分七厘。

3. 徒刑

徒刑指剥夺犯人的人身自由并强制其劳动，分为五等，由一年至三年，每等加半年。《唐律疏议》解释，"徒者，奴也，盖奴辱之"，徒刑是自由刑与奴役刑的结合。犯人须戴钳或枷劳作，如在京师则送至将作监，妇女送至少府监；在地方则送至官方手工业作坊，或服杂役。

4. 流刑

流刑是五刑之中仅次于死刑的重刑，指将罪犯流放远方，并强制其服苦役。流刑以距离区分等级。最轻的流刑为流二千里，每五百里为一个等级，共分三等：流二千里、流二千五百里、流三千里。服此三等流刑者，均同时服苦役一年。武德年间，将部分死刑改为断趾刑；贞观年间，又以"加役流"之刑替代断趾刑。"加役流"是在最高的流刑之上，增加服苦役的时间，为流三千里，服苦役三年。

5. 死刑

死刑是剥夺生命之刑，为刑罚之极。死刑分绞、斩二等，斩重于绞。受绞刑者，生命结束，但得以完尸；受斩刑者，不仅生命结束，而且身首分离。符合赎刑条件者，可以铜赎刑。绞、斩二刑，均赎铜一百二十斤。

五、民事经济法律制度

唐朝是中国古代社会的盛世，经济的繁荣创造了更多的民事交往，民事法律规范随之不断完备。唐朝的民事法规散见于律、令、格、式等法律形式中，同时民间的习惯传统、礼的规范等也都是司法机关处理民事纠纷的依据。

（一）物权与契约制度

1. 物权制度

唐朝的物权制度涉及不动产和动产。唐朝推行均田制，授予百姓的土地分为口分田和永业田。法律严格保护根据均田制而取得的土地所有权，严禁占田过限，严格控制口分田的买卖。公元737年，《田令》规定："凡卖买，皆须经所部官司申牒，年终彼此除附。若无文牒辄卖买，财没不追，地还本主。"法律对于盗耕种公私田、妄认和盗买盗卖公私田、在官侵夺公私田等侵犯土地所有权的行为，予以严惩。

此外，唐律还规定了一些特殊动产物权的确定和保护规则。

埋藏物的归属。埋藏物的所有权根据埋藏地土地所有权性质而论。《唐律疏议·杂律》规定，在自己土地中发现埋藏物的，其所有权归发现人所有，但如果是古器、钟鼎之类的特殊物，则应送交官府，其所有权归国家所有；如果是在他人的土地里发现了埋藏物，那么发现人和土地所有人各得一半。

拾得遗失物的归属，原则上拾得人不得占为己有，遗失人并不丧失所有权。《唐律疏议·杂律》规定，凡拾得遗失物的，要在五日之内交至官府；官府收到后要公告，出告三十日后仍无物主认领的，即由官府保存；一年以后，遗失物还是无人领取的"没官"，即收归国家所有。倘若在捡到物品五日内没有送交官府，即被视为非法侵犯该物品的所有权，是犯罪行为。

生产蕃息物的归属。所谓生产蕃息，《唐律疏议·名例》规定："生产蕃息者，谓婢生子，马生驹之类。"对于这类蕃息物，原则上所有权人为原主，但若牛马被盗后转卖，则根据买受人主观情况而定；若其知道牛马为盗赃物，则归原主，若不知，则归买受人。由于奴婢"律比畜产"，故奴婢所生子女之归属按照马生驹一样对待。

值得一提的是，对于山间野外的自生、无主之物，唐律规定了"加功"的原则。《唐律疏议·贼盗》记载："诸山野之物，已加功力刈伐积聚，而辄取者，各以盗论。"疏议解释"山野之物"为山野之中无主的草木、药石之类。对于山野无主物，归其实施收集性劳动者所有。

2. 契约制度

唐朝的财产关系中，重要交易属于要式行为，要求有书面契约。这就使得契约文书在社会上普遍存在。一般的契约文书采用由权利人收执的单本契约形式，一些重要的契约采用双方当事人均收执的副本契约形式。契约订立的前提是双方当事人达成合意。契约内容包括标的、价金、期限、违约责任、担保等。唐朝契约种类主要有买卖契约、借贷契约和租赁契约等。

（1）买卖契约。唐律规定，土地买卖一般属于禁止性行为，但符合法定条件者，不在此限。土地交易"皆须经所部官司申牒"，否则"财没不追，地还本主"。凡田宅、奴婢及大牲畜的买卖，须签订契约，并经官府部门"公验"。对于动产买卖，唐律专设"器用绢布行滥短狭而卖"条，规定了出卖器用在质量和数量上的产品责任。

（2）借贷契约。民间借贷关系相当复杂，"借"一般指使用借贷，"贷"一般指消费借贷。借贷契约分为有息和无息两种，前者称出举，后者称负债。为确保债务人履行债务，无论公私借贷都要有质押或其他担保方式。立法注重保护债权人的利益，《唐律疏议·杂律》规定："诸负债违契不偿，一疋以上，违二十日笞二十，二十日加一等，罪止杖六十；三十疋，加二等；百疋，又加三等。各令备偿。"唐朝法律还规定，允许债权人在债务人不能清偿债务时扣押债务人的财产，称为牵掣，但牵掣前须向官府报告并经批准。债务人确无财产可供扣押，则可"役身折酬"，这就驱使债务人及其家属以劳役抵偿债务。同时，为防止由于附息借贷行为造成过于悬殊的贫富两极分化，法律对于出举的利率确定了严格的上限。另外，出举粟、麦等粮食者，法律规定，以一年为归还期。超过一年者，原本不得继续生利，所生利息亦不得作为本再生利。

（3）租赁契约。租赁契约的标的包括房屋、店铺、院基、牲畜等。在此类契约中，一般还规定蕃生物的分配办法。根据租赁标的的不同，契约内容也有不同的要求，一般房屋、店铺、院基租赁要写明房屋坐落、租银、交付办法等。

（二）婚姻制度

唐朝法律对婚姻关系的建立、夫妻相互间的地位、婚姻关系的解除等方面做了规定，确立了较为完备的婚姻制度。

婚姻的缔结需订立婚书或私约。婚书是指书面的结婚协议，私约是一种口头的婚姻协议。有婚书或私约，男女双方的婚姻关系即初步确立，受到法律保护，不得随意反悔："诸许嫁女，已报婚书及有私约而辄悔者，杖六十。"男女双方正式建立婚姻关系，还要履行特定的婚姻程序，即所谓六礼。

在结婚年龄方面，不同时期有不同规定。公元627年，定"男年二十，女年十五已上"为法定婚龄。公元734年，将婚龄降低：男年十五，女年十三即可嫁娶。

基于当事人之间存在某种特定血缘、身份等关系，唐律规定了若干禁止结婚的情形，包括同姓同宗或虽非同姓，但有血缘关系的尊卑之间禁止结婚；不得与逃亡妇女为婚；监临官不得与所监临内的妇女为婚；良贱之间不得为婚等。

唐朝的离婚制度除了沿用以往的"七出""三不去"外，还专门规定了"和离"和"义绝"两种离婚形式。"和离"类似协议离婚。唐朝允许"和离"，不追究离婚者的责任。唐律解释"和离"为"夫妻不相安谐，谓彼此情不相得，两愿离者"。"义绝"是一种国家强制离婚的形式。《唐律疏议·户婚》规定："诸犯义绝者离之，违者，徒一年。"根据《唐律疏议·户婚》的有关规定，"义绝"的行为包括：夫殴打妻的祖父母、父母；夫杀妻的外祖父母、伯叔父母、兄弟、姑、姊妹；夫妻双方的祖父母、父母、外祖父母、伯叔父母、兄弟、姑、姊妹互相杀害；妻打骂夫的祖父母、父母；杀伤夫的外祖父母、伯叔父母、兄弟、姑、姊妹；妻与夫的缌麻以上亲奸，夫与妻母奸等。这些都是严重危害封建伦理并构成犯罪的行为。这些行为导致夫妻双方家族的情义完全断绝，即使夫妻二人感情没有出现问题，但法律规定二人必须离婚，不离婚的要被追究刑事责任。

（三）继承制度

继承包括宗祧继承和财产继承。宗祧继承实行嫡长子继承制。"无嫡子及（嫡子）有罪、疾，立嫡孙；无嫡孙，以次立嫡子同母弟；无母弟，立庶子；无庶子，立嫡孙同母弟；无母弟，立庶孙。曾、玄以下准此。"（《唐律疏议·户婚》）如在上述范围内仍无宗祧继承人，允许收养同宗辈分相当之人，以保证宗祧后继有人。

财产继承实行诸子均分制。公元719年，定令："诸应分田宅及财物者，兄弟均分。"继承的时间一般是在父母死亡之后。若兄弟之中有已经死亡，且留有儿子者，则由其儿子继承其父应得之份。如果享有继承权的兄弟已全部死亡，则将财产在各兄弟所有的儿子之间平均分配，不再实行"子承父份"的原则。若兄弟尚未娶妻，则在得平均份额之外，另加一定数量的聘财，专门用作娶妻之用。唐律对一些特殊情形下的继承也做了规定，如家中无男性继承人（户绝）的情形下，未嫁之女（在室女）可继承全部家产，若无未嫁之女，出嫁女可享有三分之一的财产继承权。唐朝也承认遗嘱继承，但是对遗嘱效力认定严格，书面遗嘱须经官府认证方有效。

（四）田制与赋税制度

唐朝实行租庸调制，它是在推行均田制的过程中改革赋役制度而制定的。"租"是配给人民土地以耕种，年老时土地归还政府，在授田期间，人民需要负担一定的租额。租额为四十税一。"庸"即役，是百姓对国家的义务劳役。依照唐朝制度，每人每年须服役二十天。"调"是一种土产贡输，各地人民须以其当地土产贡献给政府，大体上只是征收丝织物和麻织物。在《孟子》里即有"粟米之征""布缕之征""力役之征"三个项目。"租"是粟米之征，"庸"是力役之征，"调"是布帛之征。①

租、庸、调的完纳日期，《通典·食货六》记载，"诸庸调物，每年八月上旬起输，三十日内毕。九月上旬各发本州。""诸租，准州土收获早晚，斟量路程险易远近，次第分配。本州收获讫发遣，十一月起输，正月三十日内纳毕。"不按法定数额如期缴纳者治罪。脱户脱口以逃避课役者依法惩治。由于租、庸、调三者统一征收，赋役量比较稳定，赋役的减免规定也比较详备。

均田制与租庸调制相互依存，到了唐朝中后期，均田制度受到严重破坏，租庸调制也就难以施行。德宗即位以后，宰相杨炎上书奏请废除租庸调制，改行以家资和土地多少为标准的赋税法，得到德宗的允准。公元 780 年，制定两税法，即每年分夏、秋两次纳税，夏税限六月纳毕，秋税限十一月纳毕。两税按钱计算，也可折收实物。两税法将各种赋税统一征收，趋于简化，但是由此带来的一大弊端是容易造成法外加税。此外，两税法规定以物折钱纳税，但布匹、粮食等实物的兑换价格越来越低，造成实际税率的大幅上升。

（五）市场管理制度

唐朝经济繁盛，商业交往频繁，为了维护正常的市场秩序，唐律对此也有许多规定。

---

① 钱穆. 中国历代政治得失［M］. 北京：九州出版社，2012：61.

为了防止强买强卖，欺行霸市，市场垄断和投机，哄抬物价，《唐律疏议·杂律》规定："诸卖买不和，而较固取者；及更出开闭，共限一价；若参市而规自入者，杖八十。已得赃重者，计利，准盗论。"

为了维护买卖双方的利益，惩治买卖高价值商品不立契约的行为，《唐律疏议·杂律》规定："诸买奴婢、马牛驼骡驴，已过价，不立市券，过三日笞三十；卖者，减一等。"不仅如此，市场主司不及时检验契约的，也要处刑："一日笞三十，一日加一等，罪止杖一百。"

在物价管理方面，由官府派出官员根据生产与消费的供求情况，以及产品质量，"遣评""公私市易"的商品价格，如应贵而评贱，应贱而评贵，要负法律责任。《唐律疏议·杂律》规定："诸市司评物价不平者，计所贵贱，坐赃论；入己者，以盗论。"

在度量衡管理方面，管理十分严格，既有尚书省户部中金部掌全国"权衡度量之数"，也有太府寺卿"以二法平物：一曰度量，二曰权衡"（《唐六典》）。私人制作的度量衡器，必须经官府核校盖印后方能使用。《关市令》记载："斛斗秤度等，所司每年量校，印署充用。"私制度量衡器不合乎规格而在市场使用者，笞五十，虽合乎规格，但未经官府加盖印署，笞四十，如给他人造成损失，计所增减，准盗论。负责监校度量衡器的官员如果失职要治罪。《唐律疏议·杂律》规定："诸校斛斗秤度不平，杖七十。监校者不觉，减一等；知情，与同罪。"

在监督商品质量方面，《唐律疏议·杂律》规定："诸造器用之物及绢布之属，有行滥、短狭而卖者，各杖六十。"制造出售不牢、不真的器物以及尺寸不足的绢布，要杖六十。如果因商品质量低劣"得利赃重者，计利，准盗论。贩卖者，亦如之。市及州、县官司知情，各与同罪；不觉者，减二等"。

六、司法诉讼制度

（一）司法机关

唐朝的司法机关包括中央司法机关和地方司法机关。

中央司法机关由大理寺、刑部、御史台组成，分别执掌中央司法的各项职能。大理寺是唐朝中央最高审判机关，由秦汉廷尉演变而来，专门负责中央百官犯罪及京城徒刑以上案件。对徒、流刑案件所做判决，必须交刑部复核；死刑案件必须奏请皇帝批准。刑部是尚书省六部之一，掌管司法政令，同时兼有复核职责，负责复核大理寺流刑以下及地方州县所报的徒刑以上的案件，是中央司法、行政兼审判复核机关。御史台是中央的监察机关，掌管纠察、弹劾百官违法之事，同时负责监督大理寺和刑部的司法审判活动，另外还参与对重要案件的审理。

唐朝中期以后，建立了"三司推事"制度。中央或地方遇有重大疑难案件，由刑部侍郎、御史中丞、大理寺卿组成临时最高法庭审理，称为"三司推事"。有时地方发生重案，不便解往中央，则派大理寺评事、刑部员外郎、监察御史为"三司使"，前往审理。此外，唐朝还设立"都堂集议制"，每逢发生重大死刑案件，皇帝下令"中书、门下四品已上及尚书九卿议之"，以示慎刑。

唐朝中央三大司法机关的出现，说明古代中央司法已逐渐从行政体制中分离出来，成为相对独立的专业部门。三大司法机关之间各有分工侧重，又互相监督制约，既有效地保证司法审判的正常进行，又有利于皇帝对司法权的直接控制。

与中央不同，地方没有专门的司法机关，司法权由行政机关兼行。地方最高行政长官也是最高司法官，同时内设一些司法佐吏。刺史为州最高行政官，州设司法参军事、司户参军事等职，府、都督府、都护府设户曹参军事及法曹参军事等职。司户参军事、户曹参军事处理民事案件，"掌户籍、计帐、道路、逆旅、田畴、六畜、过所、蠲符之事，而剖断人之诉竞。凡男女婚姻之合，必辨其族姓，以举其违。凡井田利害之宜，必止其争讼，以从其顺"（《唐六典》卷三〇）。司法参军事、法曹参军事处理刑事案件，"掌律、令、格、式，鞫狱定刑，督捕盗贼，纠逖奸非之事，以究其情伪，而制其文法。赦从重而罚从轻，使人知所避而迁善远罪"（《唐六典》卷三〇）。在县一级，仍以县行政长官县令总领司法，设司法、典狱等司法佐官。县以下的基层组织乡、里等有司法协助职能，可对婚姻、土地等民事案件进行调处，也有纠举犯罪和协助抓捕犯人的义务。

（二）诉讼制度

唐朝的诉讼一般有两种情况。第一种是公诉，由监察机关、各级官吏代表国家揭举犯罪，唐律称之为举劾。对监察机关、各部门主管官吏来说，举劾监察对象和所属官吏的犯罪，是法定的必须履行的义务。另外，唐朝实行"伍家相保"制度。同保之内有人在家犯罪，其他人知道而不向官府纠举的，构成"知而不纠"罪。唐朝通过这种由专职监察官、行政主官、邻居等不同层次的举劾、纠举制度，加强对整个社会犯罪行为的控制。第二种是当事人自诉，就所受伤害或所涉纠纷向官府提起诉讼，唐律称其为告诉。告诉案件，可以由当事人直接向官府提出，也可以由其亲属代为提起。提起时，应向官府呈交"辞牒"，即诉状。

唐律对一些特殊的告诉作了限制。首先，对于亲属犯罪，根据"同居相为隐"原则，除了犯有谋反、谋大逆和谋叛等严重犯罪外，禁止告诉。其次，对于奴告主人的限制。除了犯有谋反、谋大逆和谋叛等严重犯罪外，奴婢不可控告主人。再次，对于八十岁以上、十岁以下者以及有笃疾者，"听告谋反、逆、叛、子孙不孝及同居之内为人侵犯者，余并不得告"（《唐律疏议·斗讼》）。最后，限制被囚禁者的诉权，除了监狱官吏虐待囚徒，了解到他人有谋反、谋大逆、谋叛的严重犯罪，在自首其他罪行时牵涉到别人犯罪这三种情况外，不得告诉。在诉讼时间上也有一定的限制，为了减少对农业生产的影响，每年的三月三十日至十月一日不受理田宅、婚姻等民事诉讼。此外，对于告诉的程序也有严格的规定，原则上不允许越级告诉，违者处于笞刑。

（三）审判制度

1. 审判期限

为了及时结案，防止案件拖延，唐朝曾对司法机关的审判期限做出明确的规定，尤其是中央司法机关的审判与复核期限。公元809年，唐宪宗规定，大理寺检断，不得超过二十日；刑部覆下，不得超过十日；如果刑部覆有异同，寺司重加不得超过十五日，省司呈复不得超过七日。公元821年，唐穆宗又补充规定：大事，大理寺限三十五日，详断毕，申刑部，限三十日闻奏；中事，减五日；小事，减十日。案件分为大、中、小的标准是，一个案件十人以上，或所犯罪名二十个以上，为大；六人以上，所犯罪名十个以上，为中；五人以下，所犯罪名十个以下，为小。（《通典》卷一四四）

2. 回避制度

为防止审判官因亲属、仇嫌关系而在审判中徇私舞弊，唐律确定了审判回避制度。唐朝《狱官令》规定了司法官的回避制度，称为"换推"，即"凡鞫狱官与被鞫人有亲属仇嫌者，皆听更之"。具体而言，回避情形包括主审官与当事人属于五服内亲属或其大功以上亲之间有婚姻关系；师生关系；曾为本部都督、刺史、县令以及此前有仇嫌关系。

3. 刑讯制度

唐律承认刑讯合法性，同时对刑讯的使用做了较为完备的规定。

（1）刑讯的条件与证据。唐律规定，审判时"必先以情，审察辞理，反覆参验；犹未能决，事须讯问者，立案同判，然后拷讯。违者，杖六十"，这就要求在拷讯之前，必须先审核口供的真实性，然后反复查验证据。证据确凿，仍狡辩否认的，经过主审官与参审官共同决定，可以使用刑讯；未依法定程序拷讯的，承审官要负刑事责任。同时规定，对那些人赃俱获，经拷讯仍拒不认罪的，也可"据状断之",即根据证据定罪。

(2)刑讯方法。首先,刑讯必须使用符合标准规格的讯杖,以杖外他法拷打甚至造成罪囚死亡的,承审官要负刑事责任。其次,拷囚不得超过三次,每次应间隔二十天,总数不可超过两百次,杖罪以下不得超过所犯之数。若拷讯数满仍不招供,必须取保释放。凡有违犯,承审官须负刑事责任。最后,拷讯数满,被拷者仍不承认的,应当反拷告状之人,以查明有无诬告等情形,同时规定了反拷的限制。

(3)禁止使用刑讯的情形。唐律规定对两类人禁止使用刑讯,只能根据证据定罪:一是应议、请、减等享有特权的人;二是老幼废疾之人,指年七十岁以上十五岁以下、一肢废、腰脊折、痴哑、侏儒等。对这两类人,"不合拷讯,皆据众证定罪,违者以故失论",众证为"三人以上,明证其事,始合定罪",即必须有三人以上证实其犯罪事实,才能定罪。

4. 判决制度

《唐律疏议·断狱》明确规定:"诸断罪皆须具引律、令、格、式正文,违者笞三十。""诸制敕断罪,临时处分,不为永格,不得引为后比。若辄引,致罪有出入者,以故失论。"这就要求司法审判、定罪量刑只能以律、令、格、式为准。皇帝针对具体事项所发布的诏令,如果没有经过立法程序上升为法律,其效力只是临时局限于特定的事和人。这一规定具有"罪刑法定"精神。在案件审理过程中,若审判官对案件难以准确定罪量刑,则作为疑狱向上级申报,若上级机关仍不能确定,则继续向上级申报,直至尚书省。

5. 上诉与直诉

如果对判决不服,可以向原审机关的上级提出上诉,上级机关维持原判的,准其赴京上告。越级上诉的,要被追究刑事责任。《唐律疏议·斗讼》规定:"诸越诉及受者,各笞四十。"被审人确有重大冤抑而不被平反的,可以直接向皇帝陈情要求平反,是为直诉。唐朝的直诉形式有三种:挝登闻鼓、邀车驾、上表。直诉的内容必须真实,否则要受到处罚。

6. 死刑复奏

死刑的执行,必须经过三复奏程序,即在对死囚执行死刑之前奏请皇帝审慎考虑是否立即执行。贞观初年,唐太宗以"人命至重,一死不可再生"为由,曾一度将京城死刑改为五复奏,但各州的死刑案件仍三复奏,如果"不待覆奏报下而决者,流二千里"。

7. 司法责任

为保证司法审判的公正、合法,唐朝规定法官"出入人罪"应当承担刑事责任。"出罪"即重罪轻判或有罪不判;"入罪"则相反,是轻罪重判或无罪判作有罪。"出入人罪"的司法官吏,根据其主观的故意与过失,承担法律责任。故意者罪重,采取反坐原则;过失者,减故意者三至五等处罚。此外,唐朝还建立了同职联署制度,要求有关官员共同判案,责任共担,以期相互监督,避免冤假错案。

本章小结

隋朝法制起着承上启下的作用,其颁布的《开皇律》继承和发展了《北齐律》的篇章体例,改"重罪十条"为"十恶",并确立了新的五刑体系。但是,有隋一代,过度耗费民力,不恤百姓,虽有良法而不能守,滥施酷刑,终二世而亡。

唐初统治者注重吸取隋亡之教训,以民为本,采取"德礼为本,礼刑并用"的法制方针,重视律典宽简稳定。唐朝法律体系由律、令、格、式构成,形成一个周密的法律体系。唐朝先后制定了《武德律》《贞观律》《永徽律》《唐六典》《大中刑律统类》等法律,其中影响最大的当属《唐律疏议》,《唐律疏议》是现存最早、最完整的中国古代法典。此外,唐朝在职官制度、刑事法律、民事经济和司法诉讼制度等方面均有建树,是中华法制文明高度发展的朝代。

思考题

1. 简述隋《开皇律》的体例和主要内容。
2. 简述唐朝的立法指导思想。
3. 简述《唐律疏议》的内容和影响。
4. 简述唐朝的五刑制度。
5. 简述唐朝司法制度的主要内容。

第八章 宋朝法律

导言

唐朝灭亡之后，继之而起的是动荡的五代十国时期。由于割据势力之间的连年征战，政权更迭频繁，民生困苦。为维持政权稳固，各割据政府在常法之外创设酷刑，并且不依法律程序滥用刑罚。

公元960年，后周大将赵匡胤发动陈桥兵变，夺取政权，建立宋朝，定都汴梁（今开封），史称北宋。北宋统治期间，先后有北方的辽国、金国，西北的西夏，以及西南的吐蕃、大理等政权与之并存。1127年，金兵进占中原，宋朝迁都临安（今杭州），史称南宋。1279年，南宋为元所灭，两宋共历320余年。宋朝统治者在借鉴唐朝法律的基础上，适应社会发展的新需要，对法制多有创新。

学习目标

通过本章学习，掌握以下主要内容：
1. 宋朝理学派与功利学派的法律思想。
2. 《宋刑统》与唐律的主要区别。
3. 宋朝刑罚制度的主要变化。
4. 宋朝民事法律的主要发展。
5. 宋朝的审判机构与司法制度。

第一节 法律思想与法律体系

一、立法思想

两宋时期常处在"府库空虚,境有强敌"的内忧外患之中,一方面需要强化国家力量,以儒家思想正人心、一法度,实现思想与行为的统一;另一方面需要适应商品经济发展的需要,修正儒家"重义轻利""重农抑商"的法律传统。在强化思想统一方面,程朱理学应运而生;在适应经济发展,破除贱利抑商、讳言功利方面,功利学派担当了儒家法律思想时代转化的责任。

(一)以法律推行中央集权

自唐朝中后期以来,掌握地方军政大权的节度使逐渐形成割据势力,不仅不能拱卫中央,反而造成臣强君弱的局面。五代十国时期,绵延不绝的战祸多起自拥兵自重的军阀,赵匡胤的陈桥兵变也因军队而起。宋太祖立国以后,中央政府对地方实行"稍夺其权,制其钱谷,收其精兵"的政策,将地方的权力统一于两府(中书门下与枢密院)和三司(盐铁司、度支司与户部司),同时设立中央派出机构以强化对地方的监督。为有效缓解社会矛盾,宋朝将立法的重点放在刑事和行政两方面,以繁多细密的法令规范中央和地方的隶属关系。宋仁宗统治时期还颁布了《重法地法》,对谋反、谋逆等威胁统治秩序的犯罪处罚明显重于唐律,其实质是严厉打击民众的反抗,维护统治阶级的利益。

(二)法出于道,立法以尽事

宋朝统治者既尊崇儒家思想,以儒家之道为立法指导,又注重经世致用。宋太祖在丧乱局势下建国,其立法较之乱世已是宽仁之制。随着社会经济的发展和社会关系的复杂化,统治者坚持以儒家思想为指导,但能够义利并重,以法律实现有效治理。宋神宗曾谓:"法出于道,人能体道,则立法足以尽事。"(《宋史·刑法志》)这反映了宋朝君臣明察世事、体道立法、以法律竟事功的治理思想。程朱理学的兴起将封建正统思想带入了一个新的阶段,其强调"理"是宇宙的本原,更是社会秩序的根本所在。南宋统治者根据社会不同方面的需求对这两种思想择善而用。理学融合了传统儒学、佛教和道教的精神内核，对儒家所推崇的"礼"进行了继承和发展。

两宋时期是中国古代社会商品经济繁盛的时代，其民事、经济法律空前完备，达到了中国法律史上的高峰。在商品经济迅速发展的背景下，功利实学发展起来。功利学派在宇宙观、义利观的问题上与理学派存在显著的差异，他们认为"物"是世界的本原，道德与功利共同构成"天理"的内容，道德是根本，功利起到必要的辅助作用，不能脱离功利而单纯地讲求道德。功利学派在价值观上重视实际功用和修为，认为"善为国者，务实而不务虚"（《叶适集·补遗·奏札》），对程朱理学进行了一定的批判。在功利学派的影响下，宋朝的立法指导思想发生了新的变化，从传统的"重义轻利"转向"义利并重"，承认并保护合法的商品交易，冲破了"重农抑商"的藩篱，在民事法律制度方面取得了突破性的进展。

二、代表性人物的法律思想

（一）理学派的法律思想

为适应国家稳定和中央集权的政治需要，统治者迫切要求统一学术和法律思想。理学派将传统儒家的价值理念和佛教、道教的精神原则融合起来，形成巩固中央集权和强化纲常名教的重要思想流派。理学经过北宋周敦颐、张载、邵雍、程颢和程颐的传承和发展，最后由南宋的朱熹总其大成。北宋二程和南宋朱熹的理学思想最具影响力。程颢、程颐初步建立了理学思想体系，朱熹建构了较为完备的客观唯心主义思想体系，将正统法律思想推向新的阶段。

1. 程颢、程颐的法律思想

程颢，字伯淳，号明道，河南洛阳人，北宋思想家，世称"明道先生"，代表作有《定性书》《识仁篇》等。程颐，字正叔，是程颢胞弟，同为北宋著名思想家，世称"伊川先生"，代表作有《周易程氏传》《易传》《经说》等。程颢、程颐兄弟（被世人称为二程）开创了洛学，洛学是北宋时期影响最大的理学派。二程与北宋时期的周敦颐、张载、邵雍一道被称为"北宋五子"。

程颢和程颐提出了"理"的哲学范畴，认为理存在于天地万物之中，"一草一木皆有理"。他们认为，天理是万物的本原，是宇宙的本体，是世间万事万物存在和运行的法则，并不以人的主观意志为转移。程颢、程颐构建的唯心主义哲学体系以传统儒家的思想内涵为指导原则，他们的法律思想也承载和表达了儒家学说所崇尚的政治理想。

二程提出了治理国家和社会应当遵行"仁道","道"即"理"。在程颢、程颐看来,圣明的君主应当实施传统儒家所倡导的德治,统治者自身应当有良好的品德,再将仁爱之心实施于国家和社会治理的实践中,使普通百姓的行为也能体现道德伦理。"帝王之道,教化之本。"(《二程集·上仁宗皇帝书》)统治者需要以善治来感化民心,以德政来教化百姓。厚生养民是治理国家的根本所在,"天生蒸民,立之君使司牧之,必制其恒产,使之厚生,则经界不可不正,井地不可不均,此为治之大本也"(《二程集·论十事札子》)。只有百姓安居乐业,才能构建社会和谐、风俗淳厚的理想秩序。

二程认为,法律是"天理"的规范表现形式,"治身齐家以至平天下者,治之道也。建立纲纪,分正百职,顺天揆事,创制立度,以尽天下之务,治之法也。法者,道之用也"(《二程集·论政篇》)。创立法度是治理国家和社会的重要手段,应当重视法律在构建理想政治秩序过程中的功用。法律以强有力的威慑力告诫百姓,使他们将自身的行为置于维护良善社会秩序和弘扬伦理道德的框架内。法律的惩处作用也不应被忽视,惩处的目的正是教化民心。"圣王为治,修刑罚以齐众,明教化以善俗。刑罚立则教化行矣,教化行而刑措矣。虽曰尚德而不尚刑,顾岂偏废哉?"(《二程集·论政篇》)在治国的具体实践上,德与刑不可偏废,二者的关系仍然是儒家推崇的"德主刑辅"。德居于首要的地位,刑罚是实施德治的保障,是辅助手段,以规范和约束百姓的方式来保证国家和社会的有效运转。

二程认为,治理国家和社会的应是贤良之才,这一点比创立良法更为关键。仅有良好的法律,却没有辅佐圣明君主的贤良之才,并不能实现政治清明的目标,所谓"善言治天下者,不患法度之不立,而患人材之不成"(《二程集·游定夫所录》),"治天下以正风俗、得贤才为本"(《二程集·请修学校尊师儒取士札子》)。对统治者来说,治国理政的根本路径之一是求得贤才,而"贤才"首先应当有良好的道德品质。在程颢、程颐心目中,要想成为贤才并参与治国理政的具体实践,必先修身以完善个人的品德。

2. 朱熹的法律思想

朱熹,字元晦,号晦庵,徽州婺源(今江西婺源)人,是南宋理学思想的集大成者,代表作有《四书章句集注》《朱子语类》《朱文公文集》等。朱熹继承了程颢、程颐思想的精华,又在此基础上加以发展。他认为"理"是宇宙间万物的本原,是哲学的最高范畴。"理"先于物质产生,和"气"结合派生万物,成为万物生存发展的内在依据。这样的理论不仅适用于自然界的发展,也适用于人类社会的运转。朱熹的法律思想是在对理学进行论述和阐释的过程中体现出来的。

朱熹对中国古代各种唯心主义思想进行了系统总结。他以儒学为核心,将佛教、道教的思辨方法融合起来，形成了独特的客观唯心主义思想体系。"存天理、灭人欲"是朱熹理学思想的核心部分，也成为其法律思想的指导原则。在朱熹看来，三纲五常是"天理"："盖三纲五常、天理民彝之大节而治道之本根也。故圣人之治，为之教以明之，为之刑以弼之。"（《朱文公文集·戊申延和奏札一》）对于法律制度和纲常名教的关系，他主张纲常名教是治理国家和社会之本，而法律是严格维护三纲五常的手段，不应本末倒置。他提倡变法革新，将变革法律视为改变人心的方式。法律修改和完善的目标是革除人们的一己私欲，净化和洗涤他们的思想。百姓的言行都应当以"天理"（三纲五常）为标准，以达到拯救时弊、清明政治、维护社会和谐与稳定的目标。对于变法之要义，朱熹的观点与功利学派有很大不同。他认为应当以仁义为首要原则，不应急功近利；以功利为先，便会助长"人欲"，将适得其反。

在德礼、政刑的相互关系上，朱熹继承了传统儒家的主张，他认为："愚谓政者，为治之具；刑者，辅治之法。德礼则所以出治之本，而德又礼之本也。"《论语集注·为政第二》朱熹认为，德礼和政刑都是治理国家不可或缺的，这两者的地位又有不同。德礼为治国安邦的根本，能够引导民心向善，从而构建和维护稳定的社会秩序；政刑起到必要的补充作用，严厉地威慑和警戒百姓远离犯罪，在一定程度上限制"人欲"。尤其是南宋长期处于内忧外患的困局之中，社会矛盾尖锐，使用惩戒性的刑罚来安定社会确有必要。正如朱熹所言："圣人为天下，何曾废政刑来！"（《朱子语类·论语五·为政篇上》）然而，单靠刑罚并不能根除人们的"为恶之心"："民不见德而畏威，但图目前苟免于刑，而为恶之心未尝不在。"（《朱子语类·论语五·道之以政章》）所以，德礼和政刑相辅相成，构成统一的整体，不应当偏废任何方面。

在朱熹看来，儒家倡导"德主刑辅"的初衷在于将仁爱之心施于百姓，然而这并不代表司法领域都采用宽刑和轻刑。他对传统儒家"德主刑辅"的主张做出了修正，将之表述为"以严为本，而以宽济之"。朱熹认为，司法中应当以重刑为主，目的是以刑罚的威慑作用镇压反叛，加重对违反纲常名教等伦理犯罪的惩罚。然而，重刑不等于滥用刑罚，司法官应做到将轻刑作为辅助手段，在定罪量刑有疑问时，对犯罪主体处以轻刑，避免冤假错案的发生，"罪之疑者从轻，功之疑者从重……惟此一条为然耳"（《朱子语类·朱子七·论刑》），"然古人罪疑惟轻，与其杀不辜，宁失不经"（《朱子语类·朱子七·论刑》）。朱熹还主张恢复肉刑，因为对于某些特别严重的犯罪，施以流刑和徒刑不足以达到禁奸止乱的目的，而通过肉刑"虽残其支体，而实全其躯命，且绝其为乱之本而使后无以肆焉"（《朱文公文集·答郑景望》），这在根本上是符合儒家的"仁义"价值的。

（二）功利学派的法律思想

宋朝功利学派的代表人物主要有陈亮、叶适等，其与理学派的分歧主要集中在宇宙观和义利观方面。

在宇宙观问题上，理学派强调"理"是宇宙的本原，是世间万事万物存在的依据，"宇宙之间，一理而已。天得之而为天，地得之而为地。而凡生于天地之间者，又各得之以为性"（《朱熹集·读大纪》）。功利学派的陈亮则认为，"物"作为宇宙间真实的客观存在，才是宇宙的本原。如他所言："夫盈宇宙者无非物，日用之间无非事。"（《陈亮集·六经发题·书》）叶适也赞同这一观点，认可"物"是宇宙的本原。在他看来，检验义理的根据就是事物本身，"夫欲折衷天下之义理，必尽考详天下之事物而后不谬"（《叶适集·杂著·题姚令威西溪集》）。

在义利观问题上，理学派主张将"义"和"利"严格区分开来，天理和人欲是不能共存的。朱熹说："人之一心，天理存，则人欲亡；人欲胜，则天理灭，未有天理人欲夹杂者。"（《朱子语类·学七·力行》）他推崇"重义轻利"的思想，认为圣明君主应当依仁义、德治原则治理天下。在朱熹看来，功利学派提倡的"功利"思想是对"人欲"的助长，他对此表达了强烈的批判。功利学派则注重事功，专注于现实社会秩序的建构和改良。陈亮将礼义、智勇和功利视为同等重要的治国因素，"当草昧之时，欲以礼义律之，智勇齐之，而不能与天下共其利，则其势必分裂四出而不可收拾矣"（《陈亮集·问答上》），缺少其中任何一项都无法达到善治。在叶适看来，"故古人以利和义，不以义抑利"（《习学记言序目·魏志》），利和义应当并存，而非以尊崇义理来抑制对功利的追求。

1. 陈亮的法律思想

陈亮，字同甫，号龙川，浙江永康人，代表作有《龙川文集》《龙川词》等。他在学术思想上独树一帜，开创了永康学派。陈亮的学术思想基于唯物主义的世界观，对宋朝学术流派的发展和后世思想产生了重大影响。但是陈亮的功利主义仍然以儒学为指导原则，并没有完全超脱儒学的理论框架。陈亮认为，万事万物的运行都以"道"为基本原则，统治者治理国家也是如此，君主应当依据"道"实施仁政和德治。在陈亮看来，"道"融合了道德与功利的内容，二者是统一的。"尧舜之所以治天下者，岂能出吾道之外哉，仁义孝悌，礼乐刑政，皆其物也。"（《陈亮集·廷对》）在道德与功利的关系中，道德居于基础地位。要成为圣明的君主，首先应当"正其心"，"盖人主之心，贵乎纯一而无间杂，苟其心之所用有间杂之病，则治道纷然无所底丽，而天下有受其弊者矣……是故人主不可不先正其心也"。（《陈亮集·汉论·文帝》）

这便要求君主应怀有天下为公的"公心",以道为先,将法律和法令作为重要的手段。昏庸的统治者"心蠹于功利,视德化为不急之务故尔"(《陈亮集·汉论·文帝》),最终会导致政治败坏。君主对臣民的赏罚也应体现"公心","勿私赏以格公议,勿私刑以亏国律"(《陈亮集·箴铭赞·上光宗皇帝鉴成箴》)。陈亮强烈反对朱熹恢复肉刑的主张,认为法律本身已经能够对百姓起到规范和约束作用,不再需要严酷的肉刑来虐民辱民。陈亮的功利主义思想遵循了儒家思想演进的内在逻辑,他将"利"置于"道"中,以道德为功利主义的基础,提倡统治者推行以德治国的基本原则。

陈亮与朱熹展开了"义利王霸"之辩。朱熹认为,义和利不能并存,这与天理和人欲不能并存是一致的。在陈亮看来,"而近世诸儒,遂谓三代专以天理行,汉唐专以人欲行"(《陈亮集·又甲辰秋书》),"王霸可以杂用,则天理人欲可以并行矣"(《陈亮集·丙午复朱元晦秘书书》)。天理和人欲不是完全对立的,这两者可以并存。在理学的论证中,"理"是宇宙运行的规律,是终极的道德。朱熹在阐释道德和功利的关系问题上,将道德置于对功利的支配地位。陈亮主张,"道"的运行离不开具体的事物,"夫道,非出于形气之表,而常行于事物之间者也"(《陈亮集·勉强行道大有功》)。他所说的"道"存在于客观真实的世界,不是在形而上的世界中产生和运转。道德与功利共同构成"天道",二者对治理国家同样重要。道德是根本,功利起到必要的辅助作用,以道德为核心的理想政治秩序需要借助功利这种载体来实现。陈亮坚持"道德"居于"功利"之先,这种"义利双行,王霸并用"的逻辑,是在儒家的思想框架内对功利的阐发。

2. 叶适的法律思想

叶适,字正则,号水心居士,浙江永嘉人,是永嘉学派的集大成者,代表作主要有《水心文集》《水心别集》《习学记言》等。他认为"物之所在,道则在焉"(《习学记言序目》卷四七),物是道存在的基础;义利并存,不可偏废。叶适强烈反对"重农抑商"政策,"夫四民交致其用而后治化兴,抑末厚本,非正论也"(《习学记言序目》卷一九)。在他看来,仅重视农业而限制工商业的发展"非正论",只有将士、农、工、商平等对待,才能实现"治化兴"的理想。叶适十分重视法律的规范作用,"任人以行法,使法不为虚文而人亦因以见其实用,功罪当于赏罚,号令一于观听"(《叶适集·外稿·新书》),叶适认为,贤才的能力是在实施法律的过程中发挥出来的。君主贤德与否及其任用之人是否有仁爱之心,和用刑轻重是紧密相关的,"其君贤而所任者仁人也,则用刑常轻;其君不贤而所任者非仁人也,则用刑常重"(《叶适集·进卷·国本下》)。

功利学派继承了传统儒家经世致用的思想,反对空谈,注重实际功用与效果。

功利学派的思想家不仅为维护社会的长治久安做出了理论贡献，而且专注于探索治国理政的具体实践，为发展经济、改良社会秩序提出了一系列法律主张和建议。这些关系国计民生的建议具有时代的进步性，对当时社会的发展产生了积极的影响。

三、立法活动

宋朝建国之初，律、令、格、式多承袭旧制，特别是作为基本法的《宋刑统》，其律文全面沿袭唐律。但宋朝在政治、经济、社会文化方面已有巨大变化，统治集团为适应新形势，将编敕、编例作为重要的法律形式，通过特别法变通旧制度，创设新制度。宋朝的中央决策机构仍称作中书门下，但其组织、职权与唐朝已有很大不同。《宋刑统》沿袭唐朝五刑制度与罪名体系，五刑之外又有折杖法、刺配、凌迟，律外又有贼盗加重之法。

两宋在科举考试、官吏选任、考核监察等方面规定愈加科学详备，超越了前朝。无论是民事、经济法律，还是行政管理方面的法律，大多是统治者顺应社会发展趋势、依照客观规律颁行的单行法，通过在实践中不断积累经验，逐步形成较为完备的制度体系。

官吏队伍的膨胀、军队规模的急剧扩大以及社会贫富分化的加剧，使宋朝陷入政府效能低下、内部矛盾激化的困境。为改变积贫积弱的现状，北宋时期曾多次变法。其中，北宋神宗统治时期的王安石变法影响最大。宋神宗继位的时候，北宋的统治已经延续了百余年，一方面要与周边少数民族政权进行军事对抗，另一方面要镇压内部的民变，还要解决政府冗兵、冗员的问题。宋神宗即位不久，便于1068年任用王安石进行变法，由于这次变法发生在熙宁年间，因此，这次变法又称"熙宁变法"。王安石在变法之初，首先设"制置三司条例司"，由该机构决定国家财政的收支计划，统筹财政；同时，该机构负责谋划财政改革，研究变法方案。1069年7月之后，在王安石主持下，先后颁布了青苗法、农田水利法、方田均税法、市易法、募役法等，并改革科举考试制度，在选拔人才时更加注重考察实务能力。王安石变法涉及国家财政经济、组织机构、军事管理、人事制度等诸多方面，力图改造国家治理体系，提高国家治理能力，适应商品经济的发展，可是改革触动了守旧派官僚地主的利益，因而遭到守旧派的强烈反对。加之，王安石在变法过程中急于求成，虽然改革取得一些成效，但还是以失败告终。

四、法律体系

北宋建国初期，沿袭唐朝中后期以来的法制，其法律体系由《宋刑统》、敕、令、格、式组成。北宋中期以后，敕和例成为中央政府各部以及地方广泛采用的法律形式。"宋法制因唐律、令、格、式"（《宋史·刑法志》），与唐朝不同的是，敕和例在两宋法律体系中发挥了重要作用。至北宋后期，各种法律形式颇为繁杂，南宋开始出现了各种法律形式的汇编——条法事类。

（一）《宋刑统》

公元962年，乡贡明法张自牧、工部尚书窦仪奏请更定刑统，得到宋太祖的批准，令窦仪主其事。公元963年，刑统更定工作告成，宋太祖下诏模印颁行，此即《宋建隆重详定刑统》，简称《宋刑统》。《宋刑统》颁行以后，一直沿用到南宋，是宋朝的基本法典。清末沈家本曾指出："《刑统》为有宋一代之法制，其后虽用《编敕》之时多，而终以《刑统》为本。"[①]

《宋刑统》承袭唐末《大中刑律统类》和后周《显德刑统》的编纂体例，首列律条、律疏，以下附列敕、令、格、式，分十二篇，30卷，213门。《宋刑统》的律文和律疏均照录《唐律疏议》，但与唐律相比较，其具有以下特点：

（1）名称之变。法典不称"律"，而改称"刑统"。我国古代自商鞅"改法为律"以后，"律"便成为此后历代王朝的基本法，如秦律、汉律、晋律、唐律等。宋法不称"律"而称"刑统"，"刑统"的意思是以类统编本朝刑事法律法规。

（2）篇下分门类编。《宋刑统》将同一性质的法律条文归结为一个单元，称为"门"。法典的十二篇又分为213门，每篇之下少则如捕亡律有5门，多则如斗讼、杂律有26门。每一门之内，律文、律疏之后，附有敕、令、格、式。这些敕、令、格、式是从公元714年到公元962年筛选出来的仍然有效的部分。所有的敕、令、格、式的前面都有"准"字，以示经过皇帝的批准。

（3）新增"臣等起请"三十二条。所谓"臣等起请"，是指窦仪等修律者为适应当时形势发展的需要，对前朝行用的敕、令、格、式经过审核详订后，向朝廷提出的变动建议。这些建议条文特标"起请条"字样，低三格附于敕、令、格、式之后，每条冠以"臣等参详"四个字，作为新增条款，与所附敕令相区别。

（4）总括"余条准此"条，附于《名例律》后。所谓"余条准此"，是指具有

[①] 沈家本. 历代刑法考[M]. 邓经元, 骈宇骞, 点校. 北京：中华书局, 1985：969.

类推适用性质的条文。《唐律疏议》内原有该类条文四十四条，散列在有关律文之后。《宋刑统》编纂者虽将该类逐条照录，但编辑时汇总为一门，集中附在《名例律》之后，而不是散列于各条之中。这是《宋刑统》编纂技术上的一大变化，更有利于司法人员检索适用。

《宋刑统》是中国古代第一部刊印颁行的法典，在律文之后增加敕、令、格、式、起请条等，开创了中国古代刑律编纂的新体例。后世的法典，如《大元通制》《大明律例》《大清律例》，其律文与条格、条例合编的体例，皆渊源于《宋刑统》。

（二）编敕

敕是皇帝诏令的一种形式，一般针对特定的人和事所发布，为一时权宜之制，并不是具有普遍性和稳定性的法律规范。编敕就是对分散颁布的敕进行整理、删定，分门别类汇编在一起，颁行天下，使之成为具有稳定性和普遍适用性的法律形式。宋沿袭唐朝编敕的传统，并使之成为一项经常性的立法活动。《宋刑统》之外另编敕，是因为《宋刑统》作为祖宗成法，律文不能修改，而宋朝又处在一个急剧变动的时代，随着社会的发展，《宋刑统》难以满足社会的规范需要，因此就以更灵活的编敕来弥补刑统的不足。而且，敕令作为一种由皇帝发布的法律形式，具有最高的法律效力，是极为便利的治理手段，它的广泛适用反映了君主专制的加强。

宋朝编敕始于公元963年，窦仪将刑事方面的敕、令、格、式编入《宋刑统》，将非刑事的敕令单独汇纂成四卷，名曰《新编敕》。两宋时期的编敕有以下特点：

（1）编敕活动极为频繁，编成的敕条数量繁多。据《宋史·刑法志》不完全统计，宋朝编敕有八十余部，既有通行全国具有普遍法性质的编敕，宋人称之为"海行编敕"，还有适用于朝廷各部、司、监具有特别法性质的"一司一务编敕"，以及适用于地方的"一州一县编敕"。

（2）国家设有专门的编敕机构。仁宗之前由大理寺兼管编敕，仁宗年间设立"详定编敕所"，定期编修敕令，以适应社会需求。

（3）所编的敕令不再局限于非刑事的法律规范，从仁宗《天圣编敕》开始，编敕的法律地位不断提高。神宗时基于变法的需要，更是极力主张"凡律所不载者一断以敕"（《宋史·刑法志》），在司法实践中甚至出现以敕代律的现象。神宗年间曾发生民女阿云砍杀未婚夫的命案，围绕着该案应该适用《宋刑统》的有关条文，还是依照敕令判决，从地方官到中央的朝官，持不同意见者展开了一场激烈的律、敕之争，卷入这场争论的朝臣之多、持续时间之长，在中国历史上极其罕见。最终，该案依照敕令裁断定案。

（4）大量的民事、经济、行政方面的法律规范以编敕的形式颁布天下，如仁宗年间的《天圣户绝条贯》《遗嘱财产条法》，南宋的《推赏条格》等。

（三）编例

宋朝的例有三种形式：①条例，即皇帝发布的特旨；②断例，即审判案件的成例；③指挥，即中央官署对下级官署下达的命令。例最初是临时性的决定，编例则是将原本临时性的例上升为具有普遍效力的法律形式。由于例被广泛运用于政府活动尤其是司法实践，其地位越来越高，编例也演变成重要的立法活动。编例活动始于北宋中期，盛于南宋。神宗时有《熙宁法寺断例》《元丰断例》，哲宗时有《元符刑名断例》，南宋高宗朝有《绍兴刑名疑难断例》等。在宋朝法律体系中，例是制定法的补充，适用法律时，"法所不载，然后用例"，若"引例破法，非理也"。但在实践中，例因其规范具体，援用方便，经常出现"法令虽具，然吏一切以例从事，法当然而无例，则事皆泥而不行"（《宋史·刑法志》）的现象，往往造成规范适用的不统一。为此，南宋孝宗时对所有断例进行删定，删除与法令抵触的内容，选取547件，按《宋刑统》十二篇的体例编排成《乾道新编特旨断例》。

以往按敕、令、格、式的类别和发布的时间来汇编的法律，缺少条理，难以检索和适用，所以，南宋淳熙年间改为根据法律的内容、性质、功用，分门别类，以"事"分类，统一分门编纂，这种汇编体例被称作"条法事类"。南宋所颁布的条法事类至今只保留下一部《庆元条法事类》残卷。《庆元条法事类》原有80卷，残存48卷，共16门，是研究宋朝法律制度的珍贵文献。

第二节　行政法律制度

一、官吏管理

（一）中央集权的加强与国家管理体制的调整

宋初为了强化中央集权，对中央和地方的管理体制做了较大的调整，其调整的基本原则是"通过分权实现集权"：将国家中央机构既有的权力分置于不同机关，然后将各机关的权力最后统一于皇帝；将地方相对集中的权力进行纵向分割，最后再统一于中央。

唐朝以中书门下为国家决策中枢，中书门下长官即宰相，综合掌理政务、军事、财政等重大权力。北宋建国之初，以"二府三司"取代中书门下体制。所谓"二府"，是指中书门下与枢密院。中书门下是宋朝皇帝之下的最高权力机关，其长官"中书门下平章事"，通常由两三个大臣担任，实际行使宰相的权力。为防范宰相权力过重，又设副宰相"中书门下参知政事"。枢密院为皇帝之下的最高军事机关，与中书门下并称"二府"，枢密院的长官枢密使与宰相品级相等。宋朝把晚唐以来中央所设的盐铁司、度支司和户部司加以整合，称为"三司"。其长官为三司使，副长官为三司副使。三司使统领三个部门，总管国家财政，其地位略低于参知政事，故有"计相"之称。宋朝通过"二府三司"体制，将宰相原有的军权、财权分离出来，又通过多相制对政务权进行分化，使之难以独揽大权，以免造成臣强君弱的局面。

宋朝地方政府机构分为路、州（府、军、监为其同一层级机构）、县三级。为加强中央对地方的控制，宋朝设路一级中央派出机构，其长官为经略安抚使、转运使、提刑按察使、提举常平使，称为"四司"（帅司、漕司、宪司、仓司），分别监管地方军政、财赋、司法、盐铁专卖等事宜。如此纵向分割地方权力，地方已不可能聚集力量割据一方。州是路以下重要的一级地方政权，宋朝初期的州一级地方官必须由中央派文官出任，并"三岁一易"。为了防止知州权力过重，另置通判，与之联署公文，共同处理地方政务。通判可以随时向皇帝报告情况，素有"皇帝耳目"及"监州"之称。州以下为县，以知县为长官，由皇帝任命文官担任，改变了五代以来由节度使委派亲信把持政务的局面，加强了中央对地方基层的控制。

（二）君主专制与差遣制度

为了扫除君主专制的障碍，宋朝还建立官、职分授的职官制度。所谓官职分授，是指官员的实际职掌与其官名、待遇不符，如六部尚书、侍郎等官名在宋朝只是表示官阶，作为确定品秩、俸禄的根据。官员只有经过差遣，才能获得实职，通常称为职事官。职事官的名称常带有"知""权""直""试""提举"等字。任命职事官的差遣制度始于武则天统治时期，但当时只是一种临时性措施。五代时期军阀主政，军阀习惯于随意任用亲信，因此，任官授职全部是临时差遣。宋朝初期为了笼络勋臣，达到君主专制的目的，采取了授予高官、优加俸禄以安抚人心的做法。如此，位居高官的功臣故旧、藩镇重臣实际上丧失了一切职权，真正掌握实际权力的是忠于皇帝并确有才干的人。这一制度保证了皇帝直接控制用人权，随时提拔官阶较低但忠诚贤能的人担任官职，也便于随时撤换重要岗位上的不忠之臣或无能之辈。宋朝由于实行差遣制度，职掌重要权力的官员定期调换，避免了官员盘踞一方、权重难制的弊病。但是职官分授与差遣制度，造成职官只知道尽忠于君主、服从权力，不知以天下为己任；同时，还使得官吏数量激增，形成了前所未有的庞大的官僚队伍，冗闲的官员极大地加重了国家的财政负担。特别是官员的品秩、俸禄只能不断提升，即便有职无权、碌碌无为之辈也可以坐等升迁，助长了因循苟且的官场之风。宋神宗元丰年间，虽然曾进行职官改革，但仅局限于中央文官系统，差遣制度实际一直沿用至南宋。

（三）官吏的选任与考课制度

宋朝的职官管理制度比唐朝更为完备，特别体现在官吏的选任和考课制度方面。

1. 选任制度

宋朝选任官吏的途径有：恩荫、捐纳和科举。恩荫是指贵族官僚子弟根据祖父辈的爵位、官品，荫补任官。捐纳是指富家子弟出资买得官职。在宋朝，科举为选任官吏的正途，也最为公平，恩荫和捐纳皆有制度的限制。

宋朝的科举制度和唐朝相比，有了显著的发展，其主要表现在：①录取和任用的范围较宽。仅以进士科为例，唐朝进士及第每科不过二三十人，宋朝进士分为三等，一等称及第，二等称赐进士出身，三等称同进士出身，录取的总额通常在二三百人，多时达到五六百人。唐朝被录取后只是取得了做官的资格，实际授予官职还须通过吏部考试。宋朝与之不同，一经录取便可任官，排名在前的即可得到高官。宋朝还不限制应试者的出身，甚至僧道之人也可以参加科举。②宋英宗定制"皇帝三年一次亲自殿试考选"，由此考生一律成为天子的门生，避免了考生与主考官之间以师生为名结成同党。③创造了"糊名"（弥封）、"誊录"和"回避"等考试制度，以防止考场舞弊，做到公平竞争。这些制度都被后世所继承。④在考试内容上，改变了唐朝只考诗赋的做法，进士科增加了经义等内容；还设有"明法"科，"试律令、《刑统》、断案"（《宋史·选举志》），考中者出任司法官员。宋神宗时，还规定进士也须经过"试法"，方能授官。

宋朝科举制度从各个方面严防贵族官僚凭借权势培植私人势力和世袭固定官职，使科举选拔人才的优势得到真正的显现。中国科举史出现了人才高峰，不仅人才数量之多前所未有，而且名公巨卿、才华横溢之辈源源不断脱颖而出。《宋史》记载，北宋出任宰相的71人之中，有64人进士出身，所占比例超过90%。

2. 考课制度

宋朝出于强化中央集权、控制各级官吏、提高工作效能的目的，非常重视考课，这主要表现在：①设立专门机构主管官员考课，审官院负责京朝官的考课，考课院负责幕僚官和地方官的考课。考课的程序是由上级负责考课下级，由下至上逐级进行。②考课制度高度规范化、法律化，南宋所编的《庆元条法事类》的"职制门"汇编了有关考课的敕、令、格、式及申明，从中可见宋朝考课制度相当细密和规范。③考课的方法主要有磨勘制和历纸制。磨勘制即磨勘转官，是指定期勘验官员的政绩，以定升迁。宋真宗统治时期文武官员三年一磨勘，宋仁宗统治时期改为文官三年一磨勘、武官五年一磨勘。磨勘在很大程度上是凭资历升官。历纸制类似于现代的考勤工作登记，它规定官吏按日自计功过，并上交给主管的官员，或由长官平时记录其属下官员的善恶，作为考核的依据。④对各级官吏规定了不同的考课标准和考课内容，尤其对地方官的考课标准最为具体，如"以七事考监司：一曰举官当否，二曰劝课农桑、增垦田畴，三曰户口增损，四曰兴利除害，五曰事失案察，六曰较正刑狱，七曰盗贼多寡"（《宋史·职官志》），以唐朝的"四善四最"考守令。

虽然宋朝确立了比较详细的考课标准，但是磨勘制的推行，实际是将年资置于政绩之前，不仅不能激励贤能与勤政之士，反而造成了官场中安于现状、因循守旧风气的盛行。

二、监察制度

宋朝的监察机关沿袭唐朝制度，中央设御史台，以御史中丞为长官。御史台内设台院、察院和殿院，由侍御史、监察御史、殿中侍御史分掌三院监察事务。为了加强中央集权和君主专制，宋朝的监察制度与唐朝又有所不同：

（1）宋朝将不同的台、谏机关职能划归一致。宋朝以前谏官专门负责监督皇帝，向皇帝规谏讽谕；宋朝谏官和台官职能趋于一致，把百官作为监督的对象，"凡朝政阙失、大臣至百官任非其人、三省至百司事有违失，皆得谏正"（《宋史·职官志》）。谏官由代天下谏议君主转变为代君主监察百官，这无疑使君主的权力更无羁绊。

（2）台谏官必须由皇帝亲自任命，并拥有风闻奏事的权力，只对皇帝负责而不受其他机关的限制。宋朝台谏官在政治斗争中起到很重要的作用，往往成为皇帝独裁或权臣排斥异己的工具。因为台谏官可以发挥败事、废人的作用，其他大臣的施政如果不符合自己的利益，即可由台谏官加以弹劾，轻则事败，重则施政者被罢黜或治罪。

（3）宋朝的监察制度加强了对地方的监察。路一级由监司行监察之权，州则由通判监察，沿边和战事地区以走马承受行使监察权，形成了以监司为主，辅以通判、走马承受等的地方监察体系。为了保障监察官履行其职责，宋朝规定了监司出巡制度和失察受罚制度，并对监察官进行再监察。由尚书省监察御史，由御史台监察地方监司官，再由监司监察走马承受。

第三节 刑事法律制度

宋朝的刑事法律制度大体承袭唐朝制度，鉴于社会政治经济条件和社会关系的变化，宋朝的刑法在以下几方面体现了其时代特点：①在刑法原则方面，以宽仁为本，却大大加重了对贼盗罪的处罚；②在犯罪种类方面，细化对造妖书妖言罪、贼盗罪、官司出入人罪等犯罪的规定，并加重惩治；③在刑罚制度方面，在五刑之外，创制了折杖法、刺配、凌迟等刑罚。

一、刑法的原则

（一）宽仁为本，规范刑制

五代十国时期，军阀混战，上有暴君，下有酷吏，刑罚酷滥，多不依常法定罪量刑。北宋建立之初，虽承乱世，仍以宽仁为治国之本，所修订《宋刑统》大体恢复了唐朝文明的刑法体系。与唐律相比，《宋刑统》之中敕令有刑罚加重的倾向，但在动荡的社会，发挥了规范刑制、重建文明秩序的作用。宋朝之所以能够维系300余年的统治，不在于其重典治世，而在于统治者与文官群体秉持宽仁治国，规范刑制。统治者以刑杀为威之时，也正是其走向衰落的时候。

（二）重典惩治贼盗，以救时弊

自建国始，宋朝即危机四伏。从外部环境看，周边的少数民族政权不断侵犯边境，甚至深入内地，这是外部危机；从内部环境看，贫富分化导致了社会矛盾的激化，朝廷常受民众起义的威胁，又常受府库空虚的困扰，这是内部危机。在这样的环境中，宋朝虽欲恢复唐朝的盛世法律，但迫于现实危机，不得不在基本法之外加重刑罚，重典惩治贼盗，以救时弊。在《宋刑统》中，对贼盗罪的处罚加重。在常法之外，又颁行《窝藏重法》《盗贼重法》，还以京师为中心划定重法地，在重法地内犯罪，加重处罚。

二、主要罪名

（一）贼盗罪

宋朝贼盗罪涵盖范围甚广，内容复杂，包括谋反、叛逆、谋杀、劫囚、造畜蛊毒、造妖书妖言、夜入人家、强盗、窃盗、恐吓取财等。《宋刑统》所附敕文对于这些犯罪的惩罚明显重于唐律，另外编敕中还有大量重惩贼盗罪的规定。

1. 造妖书妖言罪

造妖书妖言罪又称谋乱罪。造妖书妖言罪是指行为人编造怪力奇异之书、谎称鬼神之语、妄说吉凶、诡言灾祥、专行诳惑，或者利用邪教惑众，危害宋朝政权的行为。《宋刑统》规定，"或僧俗不辩，或男女混居，合党连群，夜聚明散，讬宣传于法会，潜恣纵于淫风"，犯者皆处死。宋朝民众的反抗斗争与秘密宗教结合紧密，朝廷法律对"妖教""妖言"一类行为的镇压也越来越严厉。

2. 强盗罪与窃盗罪

强盗罪是指以暴力胁迫夺取财物或伤人、杀人的犯罪行为；窃盗罪是指秘密窃取公私财物的犯罪行为。自《宋刑统》到特别法，宋朝法律对强盗罪和窃盗罪的处罚呈加重的趋势，特别是对因强盗而杀人者，不分首从皆处死。

宋朝建立之初，出于缓和社会矛盾的需要，宋太祖曾经采取宽政待民的政策，对一般的刑事犯罪处罚比较宽松，但对贼盗犯罪的处罚较唐律加重。唐律规定，诸强盗，伤人者绞，杀人者斩。其持杖者，虽不得财，流三千里。《宋刑统》中惩治强盗的敕文规定：擒获强盗，不论有赃无赃，并集众决杀。持杖行劫，不问有赃无赃，并处死。其同行、同情、知情者皆同罪。唐律规定窃盗罪得财一尺杖六十，五匹徒一年，五十匹加役流。《宋刑统》所准用的唐德宗年间的敕文规定："自今以后，捉获窃盗，赃满三匹以上者，并集众决杀。"宋朝虽以重典惩治强盗、窃盗，却并没有遏制住该类犯罪的多发。宋仁宗统治时期，天下盗贼纵横，统治者更重其法，颁布了一系列重惩贼盗的法令。1034 年，宋仁宗宣布对京城地区"持杖窃盗"者加重处罚。其后于嘉祐年间颁布《窝藏重法》，《窝藏重法》将京师开封府和所属诸县、相邻四州划为重法地，在该区域内窝藏贼盗者，一律加重处罚。这种在常法之外，针对特定地区、特定犯罪单独制定实施特别法的做法，在中国古代是史无前例的。

1066 年，宋英宗再一次明确在重法地内，"获强劫罪，死者以分所当得家产给告人，本房骨肉送千里外州军编管"①。针对"十恶"之外的强盗罪株连家属、没收财产，这是唐律中所没有的。宋神宗继位之后，又补充规定在重法地区内的"强劫贼盗"，不论罪犯本人是否为当地居民，案发是在立法之前或之后，"并用重法"，将重法的溯及力延伸到立法之前。宋神宗后又颁行《盗贼重法》，将重法地由开封府诸县扩大到十几个州。宋哲宗统治时期，重法地已占全国二十四路中的十七路，《盗贼重法》在这些地区完全取代了《宋刑统·贼盗律》。此外，又补充了"重法之人"的概念和地方官吏的责任规定：凡复杀官吏、焚舍屋百间、群行州县之内、劫掠江海舟船者以及窝藏犯都是"重法之人"，即使犯罪行为未发生在重法地，也要按重法处罚；知县、县尉等地方官吏捕盗不力，要劾罪取旨制裁。自此，重法惩治盗贼已由京畿地区发展到全国三分之二以上的地区。

划定重法地、重法人，加重对贼盗犯罪的处罚，虽能收到一时之效，但仅为外部威慑，并不能遏制民众对统治者的反抗。

（二）官司出入人罪

官司出入人罪是指司法官员在审判活动中基于故意或过失，使有罪判无罪、重罪判轻罪（出罪），或无罪判有罪、轻罪判重罪（入罪）。《宋刑统》明定司法官员出入人罪所负的刑事责任，保障了法律的严格统一适用。

1. 故意出入人罪

故意出入人罪是指司法官员因收受贿赂、接受请托或畏惧权势故意使有罪判无罪、重罪判轻罪或无罪判有罪、轻罪判重罪的行为。《宋刑统》规定，故意出入人罪的，分以下几种情况处理：故意出入人罪，全出全入的，以全罪论；故意从轻入重或从重出轻者，原则上以所剩余之罪论；在追究法官责任时，凡在文案上签署的官员都要负刑事责任，其轻重首从，要看错判是由谁开始造成的，依次每等递减刑罚一等。

2. 过失出入人罪

过失出入人罪是指司法官员基于过失而出入人罪的行为。《宋刑统》规定："断罪失于入者，各减三等；失于出者，各减五等。"过失出入人罪的处罚较之故意出入人罪大为减轻。

三、刑罚的种类

宋朝的刑罚制度基本上沿袭唐朝的五刑，以笞、杖、徒、流、死为常刑，但

---

① 徐松. 宋会要辑稿［M］. 北京：中华书局，1957：6950.

《宋刑统》及特别法中又增设了折杖法、刺配刑和凌迟刑三种刑罚。

（一）折杖法

所谓折杖法，是用决杖来代替笞、杖、徒、流的刑罚方法。五刑之中，除了死刑都可以用决杖来替代，同时折杖法不适用于反逆、强盗等犯罪。折杖法始见于公元962年的敕令，至公元963年颁行《宋刑统》时，正式列入《名例律》"五刑门"内。其内容包括以下四个方面。

流刑：加役流决脊杖二十，配役三年；流三千里决脊杖二十，配役一年；流二千五百里决脊杖十八，配役一年；流二千里决脊杖十七，配役一年。

徒刑：徒三年决脊杖二十，放；徒二年半决脊杖十八，放；徒二年决脊杖十七，放；徒一年半决脊杖十五，放；徒一年决脊杖十三，放。

杖刑：杖一百决臀杖二十，放；杖九十决臀杖十八，放；杖八十决臀杖十七，放；杖七十决臀杖十五，放。

笞刑：笞五十决臀杖十下，放；笞四十、三十决臀杖八下，放；笞二十、一十决臀杖七下，放。

北宋初年创设折杖法，是因为宋太祖认为五代时期刑罚过于苛重，而折杖法具有"流罪得免远徒，徒罪得免役年，笞杖得减决数"的制度优势，体现了宽仁治国的精神。宋朝初期采行折杖法，对于纠正刑罚越来越严酷的趋势、缓和社会矛盾起到了一定作用。可是其中的刑种和刑等设置并不完全科学合理，难免有轻重悬殊之弊。

（二）刺配刑

为了弥补折杖法轻重悬殊的缺陷，宋朝开始采用刺配刑。刺配刑是将杖刑、刺面、配役三刑同时施加于一人，比唐朝的加役流更为严酷。刺配刑始创于五代后晋天福年间，原为宽恕死罪之刑，宋朝初期继续沿用，但逐渐突破宽恕死罪的适用范围。《祥符编敕》中规定适用刺配的条文有46条，庆历年间有170多条，南宋淳熙年间竟达到570条，刺配成为广泛适用的常刑。《宋史·刑法志》记载："配法既多，犯者日众，黥配之人，所至充斥。"南宋时期被刺配的罪犯竟达十余万人。

刺配刑具体执行时相当复杂：杖责有数量之差和脊杖、臀杖之别；刺字有刺背、额、面之分，配役有军役和劳役的不同。军役编入军籍，劳役是从事煮盐、酿酒、烧窑、开矿、炼铁等的苦役。宋朝之初先是将犯人配往西北地区，后又改配登州沙门岛、通州海岛和岭南，均是边远荒僻之地。刺配刑集肉刑、劳役多种刑罚于一身，刑罚苛重，并且刺配之刑恢复了久已废除的黥刑，断绝了罪犯悔过自新之路。北宋中期以后，刺配刑使用过滥，未发挥预期的弹压、威慑作用。

（三）凌迟刑

《宋刑统》规定的法定死刑有绞、斩两种，其后又增加了凌迟刑。凌迟刑是以利刃零割碎剐肌肤、残害肢体，再断其喉，是我国古代死刑中最为残酷的一种刑罚方法。凌迟刑始见于五代，至辽代成为法定刑。北宋时期针对荆湖地区出现杀人祭鬼的恶行，仁宗敕令：有首谋若加功者，处以凌迟刑，首开凌迟先例。北宋中期凌迟刑开始被扩大适用，宋神宗大兴诏狱，对"口语狂悖者"皆处以凌迟刑。南宋的《庆元条法事类》中明确把凌迟与斩、绞一起列入死刑之中，此后元、明、清三代皆沿用凌迟刑。

第四节　民事经济法律制度

两宋商品经济繁荣，民事法律关系趋于复杂，身份趋于平等，为了适应社会需求，无论是朝廷的立法还是民间的规约，对民事法律关系的调整都更为精细，中国古代民事法律进入了一个新的发展时期。

一、物权制度

土地的自由买卖、工商业的迅速发展使得宋朝社会生活中的财产关系趋于复杂，所有权及在其基础上衍生的他物权产生了多种新形态。为适应社会需求，宋朝统治者颁行了大量的单行法对物权加以调整，同时承认民间规约、习惯的规范效力。

（一）确认和保护所有权

宋朝的公私财产区分为不动产和动产。不动产主要指田宅，动产包括六畜、奴婢、日常用品、货币及债券等。对所有权的确认和保护是宋朝法律的重要内容。宋朝所有权的取得方式分为原始取得和继受取得两种。原始取得包括对无主物的先占取得、自然取得、生产取得、蕃息取得等；继受取得包括买得、互易、受赠、继承等。凡合法取得的财产，其所有权都受到法律保护。

土地所有权是不动产中最重要的内容。随着国家掌控土地能力的下降，唐朝中期以后国家土地所有制日趋衰落，土地私有成为大势所趋。宋朝建国之初即确立了

"不立田制""不抑兼并"的土地制度，允许土地自由流转，并以法律的形式将土地流转的结果加以确认，其主要内容包括：

1. 承认新垦荒田的所有权，以提高土地利用效率

宋太祖、宋太宗为鼓励百姓开垦荒田，规定"垦田即为永业"。对于战乱、灾荒之后的弃田，两宋均规定，耕种者可以享有事实上的占有，并在前几年内减免赋税，如果十年内原主不来复业，则官府承认占有者对土地的所有权。

2. 完善土地契据制度，以红契作为合法的产权证书

宋朝法令规定：不动产所有权的转移必须经官府承认，缴纳契税，然后由官府在买卖契约上加盖公章。所有立券投税者，均称为红契。红契既是已纳税的标志，又是土地所有权的凭证，一旦发生争讼，就是无可置疑的证据。但买卖双方的当事人为规避契税，往往私立白契成交。对此政府多次申明，发现使用白契的，契税加倍征收。红契制度的施行，既使国家不致因土地交易丧失原有的税赋等财政收入，又保护了购买者的土地所有权。

3. 打击盗卖和同居之人私自买卖土地

宋朝法令规定："盗典卖田业者，杖一百，赃重者准盗论，牙保知情与同罪。"[①]卑幼未经尊长允许、私自出卖田产，或者欺骗尊长、擅自典卖的，钱没官府，田还原主，买卖无效。南宋还规定了诉讼时效，同居卑幼擅自典卖田宅的，尊长在五年之内可追诉。尊长盗卖卑幼产业，法律也允许卑幼"不以年限陈乞"。

宋朝的土地制度使佃农摆脱了对于地主的身份依附，成为具有独立法律人格的"编户齐民"。人格的独立、人身的解放提高了佃农生产的积极性，进一步推动了宋朝土地租佃制的发展，促进了宋朝农业生产的恢复与进步。同时，宋朝不抑兼并的土地政策，也导致了土地占有的极端不合理，农民与地主的阶级矛盾不断激化。终宋之世，农民起义此起彼伏，连绵不绝。

（二）完善他物权制度

所有权基础之上的他物权，在此时期主要表现为典当、倚当与抵当，这些权能的出现，反映了宋朝商品经济的活跃以及物权法律关系的复杂化。

1. 典当

在宋朝，典当既包括不动产的出典，又包括动产的质押。不动产主要指田宅，田宅的典当也称典卖。不动产的买卖关系人们的日常生活，更关系国家的财政税收，

---

① 幔亭曾孙. 名公书判清明集[M]. 中国社会科学院历史研究所宋辽金元史研究室，点校. 北京：中华书局，1987：145.

因此，宋朝法律对于田宅典卖的契据、手续都进行了严格的规定。动产的典当多为民间行为，国家干涉不多。宋朝民间动产的典当非常流行，随着当铺在全国范围内的广泛出现，典当已经成为当时社会的一个重要行业。宋朝的典当契约称为"质卷""解贴"，在发生纠纷时，是官府用来断案的法律凭证。

为了规范田宅的典卖，宋朝对典卖田宅的规定更加完备。首先，一物不得两典，即本主不得将同一产业典给两个及两个以上的不同权利人，违者包括本主、牙人，以及契据上署名的人，各按入己钱数，准盗论；典物归先典者。其次，契约中明确约定回赎的期限，期限内出典人有权回赎该项产业。典卖契约达成后，典主享有对典物的占有、使用、收益，但无处分权。如出典人要出卖该项不动产，典主享有优先购买权。再次，对于没有约定回赎期限，或约定不清的典卖契约，法律规定在30年内允许回赎，过期视同绝卖，不得回赎。最后，价金交付的期限为120天，以钱交付的再以钱赎回，以纸币交付的再以纸币赎回，以避免有人借货币贬值，从中渔利。

2. 倚当

倚当是指所有权人将土地、房屋等不动产使用权及部分收益权转让他人，以换取现钱的行为。倚当主要以田宅为标的，其标的转移的法律手续与典当非常相似。宋太宗曾下诏：民人以田宅倚当他人，必须在交割时纳税，以避免诉讼纠纷。倚当与典当的主要区别在于收益分配的不同：倚当物的收益，超过约定的利息额的部分要归还倚当人，而典产的收益全部归典权人所有。

3. 抵当

抵当是指债务人向债权人提供田宅的契据作为债务的担保，债务人作为抵押人，不将田宅交付债权人占有；债务人作为抵押人不过税、不离业，在约定日期清偿借款后即可取回抵押的契据。抵当具有抵押的性质，不同于典当、倚当通过繁杂的法律手续实现标的物的转移，是一种更为便利的以不动产作为抵押的债务担保方式。

二、契约

随着商品经济的繁荣，宋朝的买卖、借贷、租赁、抵押、典卖、雇佣等各种形式的契约均有所发展。宋朝特别强调契约的订立必须出于双方的"合意"，违背当事人意愿、强迫一方订立的契约无效，同时对强迫方加以制裁。

在各种契约中，买卖契约最为重要，宋朝的买卖契约发展为三种形态：绝卖、活卖和赊卖。绝卖是以转移所有权为目的的买卖，买卖田宅等不动产还要经过先问亲邻、缴纳契税、过割赋役、交割过户等程序方为有效。活卖又称典卖，为附条件的买卖，所附条件达成后，所有权才发生转移；在合理期限内，出卖一方也可以赎回典卖物。赊卖是先以信用取得所买物，之后再支付价金的买卖。

三、婚姻自主权与财产继承制度

宋朝的身份法律制度受经济环境影响最为显著，表现为嫡庶身份的平等化、男女身份的相对平等。特别是妇女地位提高，妇女的法律主体性在很大程度上得到确认和保护，其婚姻自主权和继承权均得到扩展。

（一）婚姻自主权

妇女在婚姻的解除及再嫁问题上，自主权利有所扩大。关于婚姻关系的解除，宋朝法律承袭了"七出""三不去""义绝""和离"等离婚原则，同时在立法和实际生活中发展出许多新的离婚方式，如南宋法律规定：已成婚而丈夫移乡或编管，其妻愿离者，听；妻子被同居亲属强奸，虽未成，而妻愿离者，听。在现实生活中，甚至出现了因丈夫相貌丑陋而要求离异的情形。在婚姻关系的解除上，给予了妇女相对宽松的制度环境。同时，宋朝妇女的再嫁权得到了法律的认可与保障。社会舆论对于女性的再嫁表现出宽容的态度，甚至对于寡妇在夫家招夫养亲的行为，也表现出相当的宽容。

（二）财产继承制度

在财产继承方面，宋朝的财产继承制度沿用唐朝的规定，又针对出现的新问题，增加了"户绝资产""死商钱物"等内容，形成以下几种比较系统、相对平等的财产继承制度：

1. 一般遗产继承

在唐律诸子均分遗产的基础上，进一步明确继承人的范围及其顺序。第一顺序为儿子、未嫁女。儿子在均分的基础之上，未娶妻者可多分聘财，未嫁女可分得男子聘财的一半。第二顺序是孙、守寡妻妾。若儿子死亡，孙子可以"子承父份"，代位继承。守寡而无子的妻妾也有权继承丈夫应分的遗产份额。改嫁妻妾、别居无户籍妻妾及其子女不得继承遗产。

2. 户绝财产继承

户绝是指无男性子嗣之户。宋朝法律规定，户绝财产的范围是所有的田宅、店铺、奴婢以及其他资财。户绝者，其财产法定继承的顺序依次是女儿、近亲、官府。

在法定继承的情况下，户绝财产除丧葬费外，全部由在室女继承；未有在室女的，出嫁女可分得三分之一，其余入官；无女儿则归近亲；无近亲则全部入官。户绝财产的继承亦可遵照遗嘱执行。

3. 遗嘱继承

北宋时遗嘱继承一般以户绝为前提，南宋时期私有观念加强，遗嘱继承的范围扩大，规定也越来越具体。首先，"无承分人"的财产可以按遗嘱来继承。其次，遗嘱继承人应该是缌麻以上的亲属，但是，所得到的份额只是遗产的三分之一。再次，遗嘱应"自陈，官给公凭"或"经官投印"，由官府进行公证，或由族人进行见证，这是遗嘱成立的形式要件。最后，遗嘱纠纷的诉讼时效为十年。在该期限内，与遗嘱有关的人可就遗嘱内容向官府提起诉讼，过期则官不再受理。

4. 死亡客商财产继承

宋朝内地及沿海地区贸易都较为发达，商人流动贸易和寓居的范围非常广泛，如中外客商客死他乡，其财产处理成为宋朝新的民事问题。鉴于此，《宋刑统》专门新增"死商钱物"一门，汇集唐中后期和五代时的敕令内容，对客死商人的财产处理做了详尽的规定：①如有父母、妻、子、亲兄弟、未嫁之姊妹、未嫁女和亲侄等随行者，可任其继承收管；相随之人不在此范围的，只能由父母、妻儿持官府的公文前来收认。后来继承人的范围又有所缩小，亲兄弟、亲侄儿等均被排除在继承人范围之外。②如死亡客商无一人相伴，先由官府保管，并通知其原籍追访亲属，待父兄、子弟等有继承权人前来继承，依数酬还。③客死的外商在海外的直系亲属可以认领财物。这些规定加强了对于死亡客商亲属继承权的保护，有利于促进海内外贸易的发展。

四、赋税制度

两宋的赋税制度主要继承了唐朝的两税法以及由五代沿袭而来的一些苛捐杂税制度。两税是对土地所有者征收的土地税，其征税对象是有田产的主户。其他的苛捐杂税，有针对财产按户征收的，如支移、沿纳、折变等，也有针对所有"编户齐民"按人头征收的，如丁盐钱、丁绢等。

（一）两税

宋朝以有无田地为标准，将户口分为主户与客户。有田产的主户承担赋役；租佃地主土地耕种的农民是客户，又称佃客，不向国家缴纳田赋。宋朝法令又依据主户拥有土地的多少和好坏将主户分为五等。一般来说，四等户、五等户是小自耕农；

二等户、三等户是中小地主，占田约为一至三顷；一等户是大地主，占田约在三顷至数百顷间。向主户所征田赋，每年夏、秋各收税一次。夏税收钱，或折成绸、绢、绵、布、麦等实物缴纳，在夏季粮、蚕成熟时征收。税额依上、中、下田的等第按亩征收，但各地区也有很大的差别。秋税往往不按实际产量抽税，而按亩定额征税，因各地农业生产情况不同，所以，税额也有较大的差异。夏秋两税的税额，仅是规定的基本标准。在实际征收时，宋朝还以所谓的"支移""折变"的办法加重盘剥，加之官府和商人、地主串通一气，官员借"折变"贪污谋利，地主将税负转嫁到佃农的身上，交税的农民遭到沉重的剥削。

（二）杂税

五代十国时期，各割据政权巧立名目，设置多种苛捐杂税。宋朝统一后，这些苛捐杂税全部被承袭下来，统称为杂变。杂变包括丁盐钱、丁绢、蚕盐钱、牛皮钱、蒿钱、农器钱、鞋钱等多种名目。除规定的杂变以外，宋朝还以"进奉""土贡"等名义，随时勒索多种财物，以支撑庞大国家机器的巨额支出。

五、市场管理制度

宋朝商贸活动活跃，在都市打破了"市""坊"的界限，营业地域和营业时间不再受到严格限制；县和乡村的集市贸易以及口岸的海外贸易都有极大的发展。货币经济空前繁荣，北宋时发行了世界上最早的纸币——交子。

（一）扩大市场规模，促进商品流通

一方面，城市中的坊市制度被打破，坊市不分，日夜有市。我国古代商业经营之中的"面街而市"是从宋朝开始的。市场贸易的时间也不再受限制，昼夜皆可进行。宋朝统治者为了维护城市经济的繁荣与商品贸易的发展，特以法律的形式，把自发形成的"面街而市"及"夜市"诸商业活动固定下来。另一方面，全国形成了以城市市场为中心，以镇市、草市为补充的多层次市场。镇市、草市是城市经济辐射、联系广大乡村的重要媒介，它们的普遍出现和设置是宋朝商业发展、市场规模扩大的重要标志。宋朝统治者对镇市、草市依法进行管理，同时，草市也是宋朝最基层的税收机构——场务的所在地。

（二）严格市场管理，保证产品质量

为了维护市场信用，保障买受人的权利，中国传统社会一向注重对产品质量的

监管。秦汉以降，历代政权都对生产、销售商品的责任人进行了法律上的监管。随着商品市场的扩大，商品质量成为宋朝统治者规范市场管理的重要内容之一。宋朝不仅在《宋刑统》中规定了生产者的责任，还通过颁行敕令严禁出售不合格的商品。

第五节　司法诉讼制度

宋朝在司法机构、诉讼审判方面均承袭唐朝制度，但又有两个方面的变革：一方面，为适应中央集权的需要，加强皇权对司法的控制，曾一度设置审刑院，并把大案复奏、检视司法作为惯常制度；另一方面，在司法审判工作中，注重保持公平与效率的平衡，注重提升司法官吏的专业化水平。

一、司法原则的变化

（一）强化司法统一

宋朝沿袭唐朝的司法体制，由大理寺负责审判，刑部职掌案件的复核，御史台则作为监察机构。为加强对司法权的监督与控制，宋太宗时在"三司"之上设置审刑院，负责对各地上报中央的重大案件进行备案。在地方路一级设置提点刑狱司，职掌对地方案件的监督和重案要案的上报。在地方设置这一中央的司法派出机构，能够将地方司法权严格置于中央的控制之下。宋朝皇帝还亲自录囚和"御笔断罪"，不仅彰显最高统治者对司法公正的重视，减少了冤假错案的发生，而且将最高司法权牢牢掌握在皇帝手中，案件的最终处断完全体现了皇帝的意志。

（二）注重司法公正

追求司法公正是宋朝司法思想的一个鲜明特征。在审判方式上，宋朝实行翻异别勘和鞫谳分司制度，这也是宋朝司法制度发展和创新的两大标志性体现。宋朝要求司法官吏严格依法律法令裁断案件，做到秉公执法、不偏不倚。在朝廷论"阿云之狱"时，王安石曾指出："臣以为有司议罪，惟当守法，情理轻重，则敕许奏裁。若有司辄得舍法以论罪，则法乱于下，人无所措手足矣。"（《文献通考·刑考》）他对法外论罪和任意出入人罪的现象表达了强烈的不满，认为官吏应当遵纪守法，不徇私情，刑法处罚的对象不应有王公贵族和平民百姓之分，"大臣贵戚、左右近习，莫敢强横犯法，其自重慎或甚于闾巷之人，此刑平而公之效也"（《临川先生文集》，这样才能真正彰显"刑平而公"的理念，使法律为普通民众所信服。

二、司法机构

（一）中央司法机构及其职权

宋朝承袭唐朝制度，设置大理寺、刑部、御史台作为中央司法机构。大理寺是中央最高审判机关，负责审理地方上报的刑事案件以及京城百官案件。刑部作为司法行政机关，负责复核大理寺审断的重大已决案件。御史台是国家最高监察机关。出于对司法审判加强控制的考虑，宋太宗统治时期，在宫中设置了审刑院。审刑院长官为知院事，下设评议官六人。地方上奏中央的案件，须先送审刑院备案，再交大理寺审理。待刑部复核后，再返回审刑院，由其出具书面意见，奏请皇帝做出最终的裁决。司法机构的多元化，有利于分散司法权力，形成各机构之间相互监督的局面，也便于皇帝直接操控审判权力。但机构重叠、职权重复、案件权责不明，严重影响了国家正常的司法职能，于是，宋神宗元丰年间改制时，罢审刑院归刑部。

（二）地方司法机关及其职权

在案件的审级管辖上，县作为第一审级，有权判决杖刑以下的案件。对徒刑以上的案件，则须将案情审理清楚，写出初步裁判意见，报送州，由州做出正式判决。宋朝县一级审判机关大体沿袭行政与司法合一的体制，县衙之内通常只有知县一人主持司法审判。

州是第二审级，在案件的管辖上，有权直接判决徒刑以上的案件，对于死刑案件，必须上报提点刑狱司复核。部分重大疑难案件要上报刑部，由大理寺审议，甚至经皇帝亲自审核，方可执行判决。所有的诉讼案件中，宋朝州所经办的案件占了极大的比重。

路一级设置了提点刑狱司，作为中央的派出机关，负责本辖区的司法审判和监察。提点刑狱司负责复查州县所审断的案件，辖区内各州每十日须呈报一次囚账。对于疑狱及拖延未决案件，提点刑狱司有亲赴州县审问的权力。同时，州县已决案件，如有当事人喊冤，复推工作则由各路提点刑狱司完成。宋朝法律规定，提点刑狱官一年两次巡按州县，平反冤狱，监察地方官吏。此外，各路的提点刑狱司对州所判重大案件拥有复核权，地方重大案件必须经提点刑狱司审核后，方可定案执行。

三、诉讼制度

宋朝对诉讼设有时间限制，对田土婚姻等民事纠纷限制尤严，以避免久拖不决，诉讼效率低下。其主要表现在以下两个方面。

（一）限定受理民事案件的时间

宋朝定有"务限法"，《宋刑统》中"婚田入务"专条规定：每年"取十月一日以后，许官司受理，至正月三十日住接词状，三月三十日以前断遣须毕，如未毕，具停滞刑狱事由闻奏"，也就是说，官府受理民事案件的时间为每年的农历十月一日至次年的正月三十日。该期间受理的案件若未能审结，可延长审理期限至三月底。三月底之后，官府如未能审断所有案件，须将未审决案件的事由呈报上级。"务限"的规定是为了在农忙时节保障充足的人力，不致因民事纠纷耽误民生要务。

（二）规定民事诉讼的时效

宋太祖统治时期规定，因战乱离走、平安返回认领田宅者，超过十五年的，官府不再受理。《宋刑统》规定，田地房屋分界纠纷，当时不曾诉讼，事后家长见证人死亡、契书毁乱，超过二十年的，不再受理；债务纠纷，若债务人、保人逃亡，过三十年不再受理。南宋高宗统治时，买卖田宅依法满三年而后再发生纠纷的，不再受理。

四、审判制度

（一）审判管辖

依照路、州、县三级政府机构，宋朝的地方审级也分为三级。县级政府拥有杖以下案件的管辖权，徒以上之重案须将人犯、案卷解送至州。州有权判决徒刑以上直至死刑的案件。对于被判处流以上的案件，须经路一级主管刑狱的机关送刑部复核。一般情况下，当事人不得越诉。重大案件可逐级上诉到大理寺，乃至呈送皇帝御裁。为了保障司法的公正性，防止冤假错案的发生，宋朝沿行唐朝击登闻鼓诉冤的制度，并设立"登闻鼓院"和"登闻检院"，直接受理申告的案件。同时，法律规定了可以越诉的情形：一是所诉事件涉及机密的，允许到京向代表皇帝受理申诉的"登闻鼓院"呈状；二是未依法判处杖刑、决罚过多的，允许赴尚书省越诉；三是路一级的主管官员对案件处置不当的，允许越诉；四是官吏违法科民、侵人物业、勒索客商等的，允许越诉。此外，针对婚姻、田宅之讼，下户为豪强侵夺者，不得以"务限"为由不受理，如有违反，可允许被害人越诉。

（二）皇帝亲自录囚

宋朝皇帝亲自录囚或"御笔断罪"的情形明显增多。这种凌驾于一般审判程序之上的做法，反映了皇帝对司法权的干涉。一方面，皇帝亲审可以起到司法监督的作用，确能昭雪一些冤案，对于纠正司法审判过程中的冤假错案颇有裨益；另一方面，"御笔断罪"也被朝廷权臣利用作为打击异己的工具，破坏了正常的司法程序，导致国家司法秩序的混乱。

（三）独具特色的鞫谳分司与翻异别勘制度

为了防止刑狱酷滥和官吏舞弊，宋朝从州至大理寺，都实行审与判分离的司法审判制度。在州一级，司理院的司理参军，"掌狱讼勘鞫之事"；另设司法参军，掌"议法断刑"。大理寺则有"断司"和"议司"之分。这种由专职官员分别负责审与判的制度，称为鞫谳分司制度。在鞫谳分司制度下，负责审判的官员无权过问检法断刑，检法断刑的官员也无权过问审判，二者互相牵制，不易产生流弊。

翻异别勘制度是指当犯人不服判决临刑称冤，或家属代为申冤时，改由另一个司法机关重审，或由监司另派官员复审的制度。其中，由原审机关的另一官司复审称为"移司别推"，由上级机关差派与原审机关不相干的其他机关复审称为"差官别推"或"移推"。按照法律规定，翻异可三至五次，但实际执行中较宽，有多达七次者。翻异别勘制度就其实质而言，是司法机关自行复审，虽然有时会因多次翻异而影响司法机关的审判效率，但是，从总体上说，翻异别勘制度的施行能够在一定程度上杜绝冤假错案的产生，是统治者"慎刑"的体现。

（四）重视证据和检验

宋朝在审判中十分重视物证、书证、人证、口供等证据，对不合拷讯者，据众证定罪："称众者，三人以上，明证其事，始合定罪，违者以故失论。"《宋刑统·断狱律》中对于人命案件，更加重视检验与现场勘验。南宋是中国古代检验制度发展、完善的重要时期。检验的范围、程序和笔录都有严格的程式，法律对检验责任也做了明确的规定。宋朝著名法医学家宋慈所著《洗冤集录》是我国乃至世界上最早的法医学著作。该书在总结前人办案经验的基础上，把实践中获取的药理、人体解剖、外科、骨科、检验等多方面的知识汇编成集并刊行于世，不仅指导了宋朝及后世的司法实践，而且对世界其他国家的司法实践也有重大影响。此外，南宋时期《检验格目》、正背人形图的推广也是中国古代司法史上的一大创举，从此，检验方法和检验过程都更为科学。

本章小结

两宋时期，以二程和朱熹为代表的理学派，将纲常名教提升到天理的高度，适应了巩固中央集权和强化治安的需要；以陈亮、叶适为代表的功利学派，提倡义利并重、兴利除弊，适应了商品经济发展的需要。

宋朝的法律包括《宋刑统》和经过汇编的敕、例，南宋时期出现了各类法令统编的"条法事类"。在刑事法律方面，宋朝刑罚总体上呈加重趋势，既有重典惩治贼盗的特别法，又在五刑之外增设了折杖法、刺配刑、凌迟刑等酷刑。民事经济法的高度发展是宋朝法制的特点之一。在司法制度方面，注重司法统一和司法公正，在中央一度设置审刑院，在路一级地方设置提点刑狱司，实行独具特色的鞫谳分司与翻异别勘制度。

思考题

1. 简述宋代理学派、功利学派的法律思想。
2. 简述宋朝的主要法律形式。
3. 与唐律相比较，《宋刑统》有哪些特点？
4. 试述宋朝民事法律制度的发展变化。
5. 试述宋朝司法制度的主要变化。

第九章 辽、西夏、金、元时期的法律

导言

辽、西夏、金、元诸朝法律的基本特征是全面继承唐法，但因各个王朝民族文化等因素的差异，虽然有同源法制渊源，但也形成了各具特色的法律制度。四个民族政权法制建设的基本原则是在各依本俗的前提下，以唐法为宗，并融合国俗和汉法。在立法上，辽、西夏和金坚持律、令为主，融合"敕"创制出混合法典，成为立法的新体例；元朝把"条格"和"断例"作为法律的基本形式，构成帝制时简约法律分类的新起点。在行政上，四个民族政权以仿唐宋之制为重点。元朝六部制的完善成为中央机构的新内容；金、元行省制度成为地方省制的来源，改变了地方行政设置。在民事上，所有权保护得到加强，佃户权益成为重点，"义绝"范围扩大，孤幼财产权的保护完善成为新内容。在司法上，元朝诉讼独立成门，进行专门立法，重视婚姻田产的解决，在中国古代民事诉讼史上占有重要地位。辽、西夏、金、元诸朝的法律在仿效唐、宋两朝时，又具有各自民族的时代特色，让中华法制文明的内容更加丰富多彩。

学习目标

通过本章学习，掌握以下主要内容：
1. 辽、西夏、金、元诸朝法律的民族特色。
2. 辽、西夏、金、元诸朝的法律形式及相关立法成果。
3. 辽、西夏、金、元诸朝法制对唐、宋两朝法制的承继特点及影响。

第一节 辽、西夏、金的法律

一、诸朝概说

辽朝又称大契丹国，是北方契丹族建立的一个王朝。契丹的含义，广为接受的说法是镔铁或刀剑的意思，后改国名为辽，也是"铁"的意思。"辽"还是契丹人发源地辽水的名称，以此为名，意为不忘本。契丹源于东胡后裔鲜卑中的柔然部，北魏道武帝时聚居在辽水上游，自称"青牛白马之后"。公元648年，唐朝统治者在契丹人居住地设松漠都督府，由他们的酋长任都督并赐唐朝国姓——李姓。公元660年，契丹反叛自立。晚唐时契丹迭剌部首领耶律阿保机崛起，并在征服各部后取代痕德堇可汗，于公元907年称可汗。公元916年，耶律阿保机建立契丹国，史称辽太祖。1125年，辽朝被金朝所灭。辽灭亡时，辽将耶律大石西迁至中亚楚河流域，于1132年建立西辽，1211年屈出律篡位，1218年被蒙古汗国灭国。

金朝又称大金、金国，是女真族在东北地区建立的民族政权。女真族原属于辽朝的藩部，后在首领完颜阿骨打征伐下统一，于1115年建都会宁府（今黑龙江省哈尔滨市阿城区）。金朝共历10帝。金朝立国后，与北宋订立"海上之盟"，向辽朝宣战，于1125年灭辽朝。后两次南下中原，1127年灭北宋。1153年，金朝迁都中都（今北京市），再迁至汴京（今河南开封）。金朝在世宗、章宗时政治文化达到高峰。1234年，在蒙古汗国和南宋夹击下灭国。

西夏是由羌族人中一支——党项人建立的地方性民族政权。唐朝时党项族形成了八个著名部落，其中拓跋部最强大。唐末至宋初，党项族逐渐形成以夏州拓跋部为中心的地方割据势力，奠定西夏立国的基础。宋初，党项政权经过李继迁、李德明的经营，逐渐强大，李元昊时正式称帝立国（1038年），国号大夏。大夏因为在宋朝西面，故宋人称之为西夏。西夏王朝共传10帝，享国190年。西夏国分三个时期：初创时期（1038—1086年），即景宗元昊、毅宗谅祚、惠宗秉常时期，此时国家初建，对内创制健全各项制度，对外扩张领土并让宋朝承认其政权合法；兴盛时期（1086—1193年），即崇宗乾顺、仁宗仁孝时期，此时内部经济繁荣、文化昌盛，对外采取附金和宋的国策；衰亡时期（1193—1227年），即桓宗纯佑、襄宗安全、神宗遵顼、献宗德旺、末帝时期。1227年，西夏为蒙古汗国所灭，西夏党项人逐渐同化于周边汉、蒙、藏等民族中。

二、立法思想

辽、西夏、金政权的民族政治、经济、文化与中原汉地不同，三个民族政权为兼顾民族差异，均将国俗和汉法作为其政权法律的基本来源，二元法制是这些民族政权法制的基本特征。然而，由于唐朝法律典章的完备和先进，诸王朝的二元法制很快被以唐法为宗的汉法融合，趋同成为基本趋势。辽朝初期建立起了完善的二元法制：在法律上，以国俗治契丹族，以汉法治汉人；在官制上，创设南北面官制，北面官制治契丹，南面官制治汉人；在法律形式上，融合律令和敕形成新的法律形式——条制，不再严格区分律、令、格、式、敕的分别立法成为这个时期北方诸少数民族政权法律形式的重要特征。

李元昊建国后，虽然西夏的国俗得到恢复和强化，但在国家法制建设上，唐法与宋制成为其直接渊源。经过中期几代皇帝的改革，吸收和融合唐朝、宋朝的法律，同时结合本民族、本区域的特点，西夏制定了代表最高立法水平的《天盛律令》，构建起以唐朝法律为底色，具有民族时代特色的法典法体系。

金朝虽然是东北女真族，但入主中原后，在法律上却以隋、唐、辽、宋诸朝法律以及本民族传统习惯作为渊源，创制出自己的法律制度。皇统年间制定的《皇统制》是三者结合的产物。泰和年间制定的《泰和律义》和《泰和令》是直接以唐律、疏议和唐令为损益对象而修成的新律典和令典，以致元朝人用"实《唐律》也"总结《泰和律义》。金朝继承唐、宋两朝的法律形式，建立起包括律、令、格、式、敕的法律体系。金朝与宋朝在法律形式上，最大的不同是金朝制定了独立的唐朝律令式法典——《泰和律》和《泰和令》。金朝以《泰和律》和《泰和令》为中心的法典法成为元朝建国初期直接适用的法律，对元朝法律产生了重大的影响。

辽、西夏、金三个王朝都由少数民族建立，在法律思想上有共同的特征：各依本俗，以唐法为宗，参酌宋制，融合国俗与汉法，创一代之制。

（一）各依本俗

各依本俗是指在国家政治生活中，各民族若有自己的法律习惯，在法律适用上承认各自法律习惯的合法性。辽、西夏、金三个少数民族政权法律的基本思想是各依本俗。三个少数民族在建立政权后，治下民族繁多，其中汉族拥有更为完善的法律制度，所以，各依本俗成为解决统治民族与汉族法律传统冲突的最有效原则。辽朝的二元法制公开承认契丹、汉人法律传统的合法，是各依本俗的制度保障。辽太祖耶律阿保机规定"乃诏大臣定治契丹及诸夷之法，汉人则断以《律令》"（《辽史·刑法志》）。金朝设有猛安谋克，在法律上保留了国俗。这种立法方法在辽、西夏、金三个政权中随处可见。

（二）以唐法为宗，参酌宋制，融合国俗与汉法

各依本俗是承认各民族法律习惯的合法性，但在国家法律制度建设中，代表中原汉法最高成就的唐法却是三个民族政权法制建设的基础，是三个王朝法律制度建设的直接渊源。此外，三个政权还积极吸收宋朝法制，参酌宋制成为三个王朝法制建设中的重要汉法来源。在建设法制时，为调和社会矛盾、加快社会发展，辽、西夏、金三个政权都融合国俗与汉法，创制出适合自己政权发展需要的法律制度，如辽朝的南面官制就是对唐朝官制的全面继承。西夏全面效仿宋朝官制，设尚书省、枢密院、三司、御史台等，虽未体现国俗，创设"蕃号"，但实际上是同一制度的两个名称。《金史·刑法志》对金朝法制建设原则的总结是"以本朝旧制，兼采隋、唐之制，参辽、宋之法"。这里指出金朝法制建设的三大来源：民族习惯、隋唐法律、辽宋法律。金朝《皇统条制》就是依据此原则制定的。《金史·移剌慥传》记载："（大定十九年）还为大理卿，被诏典领更定制条。初，皇统间，参酌隋、唐、辽、宋律令，以为《皇统制条》。"1138年，中央官制改革在废除勃极烈制后，颁行新官制时就按宋朝官制，设三师、三公、三省六部、都元帅府、枢密院、宣抚司、劝农司、国史院、翰林院、审官院、太常寺等，整个官制是宋朝官制的翻版。

三、法律形式及立法成果

（一）辽朝

1. 建国前的立法

契丹建国前的社会是部族社会。《辽史·营卫志》中记载其社会结构是"部落曰部，氏族曰族。契丹故俗，分地而居，合族而处"。最初分八部，每部设首领一名，称为大人。在八部首领中推举一人为盟主，三年一选，成为部族联盟的首领。耶律阿保机成为盟主后，破坏定期选举制，成为国主，建立国家。契丹长期以习惯法为主，在受到唐朝影响后，于公元735年开始设立官制、监狱等公共组织。耶律阿保机建国初期，先后由汉人韩延徽、韩知古、康默记三位大臣仿唐朝创制法律制度。史书记载，幽州汉人韩延徽在辽朝国家制度创制上作用十分重大，"太祖初元，庶事草创，凡营都邑，建宫殿，正君臣，定名分，法度井井，延徽力也"（《辽史·韩

延徽传》)。蓟州汉人韩知古出任司法官员,"诏群臣分决滞讼,以韩知古录其事"(《辽史·太祖纪》)。神册年间,韩知古还主持进行立法,"总知汉儿司事,兼主诸国礼仪。时仪法疏阔,知古援据故典,参酌国俗,与汉仪杂就之,使国人易知而行"(《辽史·韩知古传》)。蓟州汉人康默记是辽朝建国初期的重要司法官员,"一切蕃、汉相涉事,属默记折衷之,悉合上意。时诸部新附,文法未备。默记推析律意,论决重轻,不差毫厘。罹禁网者,人人自以为不冤"(《辽史·康默记传》)。从三人的活动中可以看出,辽朝初期法律制度创制都由汉人主持完成,唐朝法律制度成为继承移植的对象。

2. 建国后的立法

辽朝建国后在立法上虽然受习惯影响较大,但国家立法的核心来源仍是唐朝法律。

辽朝建国后的首部成文法是公元 921 年制定的《决狱法》。辽太宗时确定对东北地区的渤海人的法律适用与汉人相同,"治渤海人一依汉法"(《辽史·刑法志》)。辽圣宗、萧太后执政时,大力改革法律,史称"当时更定法令凡十数事,多合人心"(《辽史·刑法志》),如对契丹及汉人相殴致死一律处断,禁止主人擅杀奴婢,契丹人犯"十恶"适用汉法,宰相、节度使等世选之家子孙犯罪与平民同罚,颁布释放债务奴婢等,这些都加快了辽朝法律的汉化进程。

辽朝立法中的代表性法律成果是辽兴宗耶律宗真时制定的《重熙条制》。《辽史·刑法志》记载:"(重熙)五年,《新定条制》成,诏有司凡朝日执之,仍颁行诸道。盖纂修太祖以来法令,参以古制。其刑有死、流、杖及三等之徒而五,凡五百四十七条。"这次立法整理了辽太祖以来的各种单行立法成果,同时以唐法为借鉴损益对象,共有 547 条。从法律形式上看,《重熙条制》属于包括令、格、式、敕等形式的融合法典,这种融合法典称为条制,成为一种新的立法体例。

1070 年,辽道宗命耶律苏等修订条制,经过太康、大安年间的修订,历时 17 年,最后修成《咸雍条制》。《咸雍条制》在《重熙条制》基础上修成。这次修法改变了耶律阿保机以来确立的契丹、汉人异制的二元法制,实现了法律统一。但法律制定后由于反对力量过于激烈,并没有得到很好地实施。《辽史·刑法志》记载:"(咸雍)六年,帝以契丹、汉人风俗不同,国法不可异施,于是命惕隐苏、枢密使乙辛等更定条制。凡合于律令者,具载之;其不合者,别存之。"此次修法,删除重复的 2 条,共存 545 条,对唐律直接继承的 173 条,创设 71 条,共达 789 条,整个法典总数达 1 000 条。大康年间对条例部分进行了修订,增加了 36 条,大安三年再增 69 条。《咸雍条制》是以律、令为主的混合法典。辽朝通过近百年发展,在吸收唐朝法律基本精神和形式后,融合本民族和时代特点,形成了完整法律体系。

《咸雍条制》颁行两年后，辽道宗以"以新定法令太烦，复行旧法"（《辽史·刑法志》）为由废止新法，在法律上否定了其法典效力。这次修法失败的原因主要是吸收汉法太多，引起契丹贵族中保守派的强烈反对。

《咸雍条制》在名称上用条制，不用律或令，是因为法典把唐朝的律、令、格、式、敕整合编撰，形成律和条制两种法律形式，其中，条制是令、格、式、敕等形式融合而成。这种立法方式改变了唐朝立法时按律、令、格、式分类立法的传统，这种新法律形式称为条制，构成新的立法趋势，对后面元代法律形式分类产生了重要影响。

辽朝法律制度的基本特征是二元制，但是仍以唐朝法律制度为代表的汉法为主。从法律精神和法律形式上看，辽朝法律是对唐朝法律的继承和发展，发展形成具有相对风格的一支。南方的五代十国和宋朝也承袭唐朝法律，若把其称为"南支"，那么辽、西夏、金可以称为"北支"。

（二）西夏

1. 立法过程

党项建国前沿袭氏族习惯法。《旧唐书·党项羌传》中记载党项"俗尚武，无法令赋役"。唐朝在党项人聚居区设立羁縻府州，管理党项部族。五代时在党项地区设立"和断官"，"蕃族有和断官，择气直舌辨者为之，以听诉之曲直。杀人者，纳命价钱百二十千"（《隆平集》卷二〇）。

西夏建国前后，开始设官立制。李继迁仿照宋朝官制设立国家机构，史称李继迁"潜设中官，全异羌夷之体；曲延儒士，渐行中国之风"（《续资治通鉴长编》），李德明归附宋朝后，"其礼文仪节、律度声音，无不遵依宋制"（《西夏书事》）。李元昊称帝立国后，确立"重武尚法"的治国原则，积极完善政权组织，创立法律制度。《宋史·夏国传》记载，李元昊"晓浮图学，通蕃汉文字，案上置法律"，作战时"明号令，以兵法勒诸部"。李元昊参照宋朝法律制定成文法。同时，他还恢复和强化本民族风俗习惯，强调保留党项"衣皮毛，事畜牧"和"忠实为先，战斗为务"的风俗，把自己汉姓改成"嵬名氏"，恢复民族传统发式，创建西夏国制风俗。《西夏书事》记载："元昊欲革银、夏旧俗，先自秃其发，然后下令国中，使属蕃遵此，三日不从，许众共杀之。于是民争秃其发，耳垂重环以异之。"这让民族习惯法在西夏前期法制建设中获得主导地位。崇宗、仁宗时期，西夏转为"重文尚法"，兴起立法高潮，大量吸收唐朝和宋朝的法律，加快对中原儒家文化的学习。夏崇宗贞观年间，颁布著名军事法典——《贞观玉镜将》，现残存四篇，分别是政令篇、赏功篇、罚罪篇、进胜篇。夏仁宗天盛年间，制定《天盛改旧新定律令》，这是西夏成文法的最高成就。神宗年间颁布《新法》《猪年新法》等，从此西夏进入法典法时期。

2.《天盛律令》

（1）制定。《天盛律令》是西夏仁宗天盛年间制定并颁行的《天盛改旧新定律令》的简称。1909 年，该法典被俄国探险家科兹洛夫在内蒙古额济纳旗黑水城遗址中发现。《天盛律令》共 20 卷，20 余万字，是目前发现的西夏王朝最完整的法典，也是我国用少数民族文字刊印发行的现存最早法典。《天盛律令》修纂人员是当时西夏中央政府的主要官员，从法典记载参与修订人员看，这是一个集体工程。《天盛律令》中记载修纂人共 23 人，主持者是北王兼中书令嵬名地暴，其他人员官职有中书令、中书、中书副、同中书副、中书承旨、枢密、枢密承旨、东经略司副、前面帐门官、殿前司正等共 19 名及 4 名汉文翻译者。对制定法典的原因和经过，《天盛律令》卷首《进律表》中有说明，"奉天显道、耀武宣文、神谋睿智、制义去邪、惇睦懿恭皇帝，敬承祖功，续秉古德，欲全先圣灵略，用正大法文义。故而臣等共议论计，比较旧新律令，见有不明疑碍，顺众民而取长义，一共成为 20 卷，奉敕名号《天盛改旧新定律令》。印面雕毕，敬献陛下。依敕所准，传行天下，着依此新律令而行。"[①]《天盛律令》有汉文和西夏文两种版本，现在只发现了西夏文一个版本。《天盛律令》共 20 卷，150 门，1 461 条，其中 965 条属于刑事法律，496 条属于行政、经济、民事、诉讼和军事等。[②] 从内容上看，《天盛律令》是把唐朝时律、令等法律形式根据"门"编撰在一起，从而形成律、令合编的法典。

（2）基本内容。《天盛律令》既吸收、借鉴唐、宋两朝法典编纂经验，因袭唐、宋两朝法律体例和内容，又保留了党项部族习惯法。《天盛律令》在编纂体例和内容上，有西夏社会文化的特点和创新。《天盛律令》把行政法规系统编入法典，如卷十《司序行文》，规定中央行政机构诸司的品级、派官人数、官职、任期，官员"续、转、赏"，袭官、求官、赐官资格、方法、程序、用印、司印制度等，内容十分明确详尽，此部分属于唐、宋两朝令典中的《官品令》《职官令》《职官格》《职官式》等篇的内容。《天盛律令》中经济立法比例很高，从卷十五至卷十九都与经济有关，具体有农业、牧业、酿酒、池盐、市易、水利灌溉、租税、库储管理、对外贸易等，卷十九规定牲畜种类、分配、供应、官私畜、牧场管理等。军事立法在《天盛律令》中比重较大，卷四、卷五、卷六属于军事立法。《天盛律令》诸门内容与《唐律疏议》《宋刑统》相关内容比较后，《天盛律令》150 门中，91 门内容是

---

① 天盛改旧新定律令［M］. 史金波，聂鸿音，白滨，译注. 北京：法律出版社，2000：107.
② 陈永胜. 西夏法律制度研究［M］. 北京：民族出版社，2006：42.

《唐律疏议》《宋刑统》所没有的，约占 60.7%；其他 59 门内容与唐律、宋律类似或相近，约占 39.3%。内容相似部分，除《天盛律令》中"十恶""八议"等十几门基本因袭唐律、宋律外，其余 40 多门与唐律、宋律的内容虽然有一定关联，但存在不同，体现出西夏党项的民族特征。①

（3）法律价值。《天盛律令》在法律价值上体现出党项民族传统习惯、佛教文化、道教文化以及唐、宋法律等多种影响因素。

在内容上，《天盛律令》以儒家"礼治"思想为指导思想，"礼"和"律"紧密结合。《天盛律令》以尊君、孝亲、崇官为核心价值。《天盛律令》中"十恶"制度、"八议"制度、"官当"制度、设定亲节门、亲亲相隐制、准五服以制罪和同居共财成为基本法律内容。《天盛律令》在吸收中原法律制度时，也体现出党项民族的风俗习惯特点，如"十恶"罪中与唐律完全相同的有八恶；刑名不同的有二恶，即"失孝德礼"和"恶毒"，《唐律》统称为"谋大逆"和"恶逆"；刑名相同而内容不同的有一恶，即"不孝顺"；"不睦"和"失义"罪在情节界定上较唐、宋两朝宽松。《天盛律令》在服制和亲等上，基本原则虽然是移植唐、宋法律，但五服制中妇女地位较中原王朝妇女地位高，嫡庶没有严格区分。《天盛律令》对佛教、道教进行全面规范，确定了佛教和道教的法律地位，对僧侣、道士的权益、犯罪及处罚都有规定。

在体例上，《天盛律令》在吸收和借鉴《唐律疏议》《宋刑统》的基础上进行了创新，法典虽然仍然以刑律为主，但民事、牲畜、军事、宗教法律所占比例很高，体现出西夏社会的经济特征。

在形式上，《天盛律令》不再严格区分律、令、格、式，而是把四种法律有机整合，按"门"撰入法典。《天盛律令》的主体是唐、宋两朝的律、令，但敕、格、式等法律形式被充分吸收入法典。《天盛律令》的立法体例是唐玄宗开元年间创立"事类"立法体例后的代表性成果。

（三）金朝

金朝在立法过程上可以分为初期、中期、后期三个时期。对此，《金史·刑法志》有过总结："金初，法制简易，无轻重贵贱之别，刑、赎并行，此可施诸新国，非经世久远之规也。天会以来，渐从吏议，皇统颁制，兼用古律。厥后，正隆又有《续降制书》。大定有《权宜条理》，有《重修制条》。明昌之世，《律义》《敕条》并修，品式当浸备。既而《泰和律义》成书，宜无遗憾。"

---

① 杜建录.《天盛律令》与西夏法制研究［M］.银川：宁夏人民出版社，2005：5-25.

从以上总结可知，金朝法律在初期法制简易且不完整，以习惯法为主；中期，即天会至明昌年间，国家开始制定法律；全盛时期，即泰和年间，国家制定律令法律，构建起以唐、宋两朝法律为主体，并有自己特色的法律体系。

1. 建国前的立法

女真族建国前的法律以习惯法为主。女真族立法始于完颜部与其他部的杀人纠纷，这引起两个部族无休止地复仇械斗。为解决此纠纷，完颜部提出谁能解决纠纷就推他为首领，于是，完颜函普提出采用杀人偿物、不械斗的方式解决纠纷。通过这种方式，两个部落的矛盾得以解决，为此还立法规定，"凡有杀伤人者，征其家人口一、马十偶、牸牛十、黄金六两，与所杀伤之家，即两解，不得私斗"（《金史·世纪》），这成为女真最早的立法。完颜石鲁时想要再次制定法律，但遭族人反对。《金史·世纪》记载："欲稍立条教，诸父、部人皆不悦，欲坑杀之。"完颜盈歌制定法律，统一诸部信牌。《金史·世纪》记载："穆宗用太祖议，擅置牌号者置于法，自是号令乃一，民听不疑矣。自景祖以来，两世四主，志业相因，卒定离析，一切治以本部法令。"

金朝在贼盗立法上十分严苛。《三朝北盟会编》卷十八引苗耀《神麓记》载，函普"教人举债生息，勤于耕种者，遂至巨富。若遇盗窃鸡豚狗马者，以桎梏拘械，用柳条笞挞外，赔偿七倍。法令严峻，果断不私"。《松漠纪闻》记载："金国治盗甚严，每捕获，论罪外，皆七倍责偿，唯正月十六日，则纵偷一日以为戏，妻女、宝货、车、马为人所窃，皆不加刑。"《金史·太祖纪》记载："康宗七年，岁不登，民多流莩，强者转而为盗。欢都等欲重其法，为盗者皆杀之。太祖曰：'以财杀人，不可。财者，人所致也。'遂减盗贼征偿法为征三倍。"

2. 建国后的立法

建国后，金朝立法在保持本民族习惯法的基础上大量吸收中原汉法。金朝正式立法始于金太宗，他在不改变旧制下，根据辽、宋两朝法律制定新法，史称"虽承太祖无变旧风之训，亦稍用辽、宋法"（《辽史·刑法志》）。天会年间制定《偷盗处罚法》；熙宗天眷元年制定《卫禁之法》；皇统年间制定《皇统制》；海陵王正隆年间制定《续降制书》，内容更接近中原唐、宋两朝的法律；金世宗初年制定《军前权宜条理》，大定年间再次删定《军前权宜条理》。大定年间还制定《大定重修制条》；金章宗明昌年间制定《明昌律义》，但因各种原因没有颁行，后下诏重修。泰和年间修成《泰和律义》。这个时期重要的法典有《皇统制》《正隆续降制书》《大定重修制条》《明昌律义》《泰和律义》，其中《明昌律义》《泰和律义》以唐律为准制定。下面对几个重要的法典展开详细介绍：

(1)《皇统制》。《皇统制》是金朝于1140年制定的第一部成文法典。《金史·刑法志》记载："至皇统间，诏诸臣，以本朝旧制，兼采隋、唐之制，参辽、宋之法。类以成书，名曰《皇统制》，颁行中外。时制，杖罪至百，则臀、背分决。"《皇统制》以宋朝法律为基础，数量达1 000多条。在罪名上，较为特别的有丈夫用器刃殴杀妻子的处死、僧尼犯奸罪及盗窃不论得财与否都处以死刑；在刑罚上，徒刑是一年至五年，杖刑是百二十至二百下，且刑杖不分大小，用荆条制成，以荆杖打臀部。

(2)《大定重修制条》。大定年间，金世宗下令修订法典，三年后修成《大定重修制条》。这次立法对以前各种立法成果进行了系统总结，尤其是把唐、宋两朝法律和金朝颁布的制诏等统一整理，修成法典。1179年，金世宗对立法有过指示，要求"唐、宋法有可行者则行之"（《金史·世宗本纪》）。《大定重修制条》采用律典体例，共12卷，1 190条，从内容上看是刑事法律，非刑事类法律被另编成一部独立法典。在适用中，1182年，金世宗认为"制条拘于旧律，间有难解之词，命删修明白，使人皆晓之"（《金史·刑法志》），于是再次修订。

(3)《明昌律义》。明昌年间，金章宗下令开始修订律令，五年后修成《明昌律义》。这次修法解决了"律"和"诏制"混乱的问题。这里"律"和"诏制"的关系类似于宋朝"律"和"敕"的关系。修订原则采用"制"、唐律、疏议、《宋刑统》共编，以"制"为主，兼参律、疏和《刑统》，修成后称《明昌律义》；其他内容被修成敕典，称为《明昌敕条》。修成后，金章宗不满意，又组织人员重新编修。

(4)《泰和律令敕条格式》。明昌年间修成《明昌律义》和《明昌敕条》后，金章宗重新组成修法委员会，于泰和年间最后修成《泰和律令敕条格式》，由《泰和律义》《泰和令》《泰和新定敕条》《六部格式》四部法典组成。其中，《泰和律义》包括律文和疏议两部分，共30卷，12篇，563条。《泰和律义》与唐律相比赎铜数量增倍，徒刑增至四年和七年，删除唐律中不合时宜的27条，增加新制149条，对旧条中"略有所损益"的有282条，完全不变的有126条，旧条中一条分为二、一条分为四条的共6条。史书评价《泰和律义》"实《唐律》也"。《泰和令》共有29篇，同时附有随年月制定的制敕，共20卷。《泰和新定敕条》共3卷，分别是：《制敕》95条，《权货》85条，《蕃部》39条，共219条。《六部格式》共30卷。在立法上，《泰和律令敕条格式》继承了西晋以来以律令分典的刑典风格，建立起相对完整的法典体系，标志着金朝实现了法典化；律典制定上充分继承了唐朝的成果和形式，把疏议附在律文后；吸收唐中后期五代及宋形成的编敕立法形式，编成《泰和新定敕条》；灵活运用唐、宋两朝格式，修成《六部格式》。金朝在充分吸收唐、辽、宋诸朝立法成果的基础上，制定出有别于唐、宋两朝的法律体系。可惜这次立法没有存留下来相应的法典，无法窥见其全貌，只能从元初司法所引"旧例"中了解其形式和内容。

金朝法律是在继承唐、辽、宋诸朝法律的基础上，结合自己的民族习惯创立起来的。金朝在充分融合唐、辽、宋诸朝旧制和女真族习惯法后，建立比较完备的法律，成为中国历史上少数民族建立的政权中法制较为完备的王朝之一。金朝在修法时，把唐、宋两朝的时律、疏议、刑统、敕等与刑事有关的法律修纂在一起，发展了辽、西夏两朝"条制"的立法特点，为元朝通过"断例"把与刑事有关的法律统合在一起提供了直接渊源。

四、行政法律制度

辽、西夏、金诸朝法制的基本目标是在保留国俗的前提下，实现行政官僚体制和法律的汉化，建立起合理的汉化行政法制。这三朝建国前实行部族联盟制度，政权由部族中世袭贵族联合组成，导致建国后官员选拔以世袭形式为主，如辽朝的耶律姓、萧姓等贵族成为重要官员来源，西夏选官则以强宗大姓子弟为对象。

（一）辽朝

南北分治是辽朝统治的基本特色，从中央到地方实行双重体系，即"以国制治契丹，以汉制待汉人"（《辽史·百官制》）。在中央官制上，辽朝以北南臣僚会议为最高决策机构，其拥有对重大人事问题及对宋夏战和问题的决定权。北南臣僚会议的前身是建国前的契丹贵族议事会，在辽朝帝制皇权确立后，增加了汉官，于是就变成了北南臣僚会议，成员仍以契丹显贵、官员为主。辽朝官制有北面官、南面官两类。辽朝南北面官制是保证法制、乐制、服制、舆制等二元制实施的前提。南北面官制创设于辽太祖时，成形于辽太宗朝。耶律阿保机建国后分迭剌夷离堇为北、南二大王，谓之北、南院。辽太宗时完善南北面官制，"北面治宫帐、部族、属国之政；南面治汉人州县、租赋、军马之事"（《辽史·百官制》）。辽太宗获得汉地十六州后，为治理新汉区，"乃用唐制，复设南面三省、六部、台、院、寺、监、诸卫、东宫之官"（《辽史·百官制》）。南北院在官员组成和服装上都有区别。《全宋文》记载："胡人之官，领番中执事者，皆胡服，谓之契丹官；枢密、宰臣则曰北枢密、北宰相……执政者则曰南宰相、南枢密。"

北面朝官设有北、南枢密院。《辽史·百官制》记载："契丹北枢密院。掌兵机、武铨、群牧之政，凡契丹军马皆属焉。以其牙帐居大内帐殿之北，故名北院……

契丹南枢密院。掌文铨、部族、丁赋之政，凡契丹人民皆属焉。以其牙帐居大内之南，故名南院。"北、南宰相府，"掌佐理军国之大政"；北、南大王院，"分掌部族军民之政"；宣徽北院和宣徽南院专掌宫廷事务；大林牙院"专掌文翰"；敌烈麻都司掌礼仪。北面官中设夷离毕院掌管部族刑狱和法令，下设左右夷离毕、知左右夷离毕事等官。辽圣宗时，北、南枢密院综理军政时还负责军人诉讼。

南面朝官按唐朝官制设立，建立三省六部制，枢密院掌汉人兵马之政；中书省掌管汉人民政事务；门下省仅有其名而无其职；尚书省掌管一般财政事务，下设六部；御史台掌纠察官吏，拥有一定司法权；翰林院掌天子文翰之事。司法由南面官中大理寺、详覆院、刑部负责，具体分工是大理寺审判刑狱，详覆院平议案牍，刑部总揽政令。由此看来，辽朝在南面朝官设置上受宋朝影响较大。

在官员来源上，北面官从皇族、后族及近亲贵族中选任，后来扩大到契丹贵族。南面朝官在汉族上层人士中选任，"置百官，皆依中国，参用中国之人"（《新五代史·四夷附录》）。

辽朝对不同地区、不同民族的统辖和治理，体现出明显的"因俗而治"。在地方官制上，实行部族制和州县制，即契丹和其他游牧民族地区实行部族制，汉人包括渤海人实行州县制。这就形成历史上的"蕃不治汉，汉不治蕃，蕃汉不同治"的国家治理模式。这种制度对少数民族建立政权后，解决自己制度文化与中原汉人制度文化的差异提供了有效的途径。

（二）西夏

夏朝建国者李元昊在建国前后十多年间，参照唐、宋两朝的官制，结合自己的民族特点，建立了一整套完整的官制。《宋史·夏国传上》记载："其官分文武班，曰中书，曰枢密，曰三司，曰御史台，曰开封府，曰翊卫司，曰官计司，曰受纳司，曰农田司，曰群牧司，曰飞龙院，曰磨勘司，曰文思院，曰蕃学，曰汉学。"中书、枢密、三司主管国家行政、军务，财政；御史台主管监察弹劾；开封府仅承袭了宋朝管理都城事务的衙门名称，其实际是指主管首都地区事务的兴庆府衙门；翊卫司主管宿卫；官计司主管官吏的人事增补调动；受纳司主管仓储保管及其收支；农田司主管有关农田水利及粮食平粜的事务；群牧司主管畜牧业；飞龙院主管御马供养事宜；磨勘司主管官吏考铨升降；文思院主管供御用物衣饰；蕃学和汉学，是教习、选拔官僚子弟，量授官职的教育机构。其后，李元昊又增设尚书令一职，总理西夏国一切庶务。尚书令是名副其实的宰相，改变了西夏早期官制中百官无首的状况。这些官制的设置体现了西夏王朝对中原王朝官制的借鉴。与此同时，还保留了原有的蕃官制度，以确保党项民族在政权构成中的优势地位。

在地方行政上，基本沿用了唐、宋中原王朝府、州（郡）、军、县的地方行政建制，同时保留较强的军事管理特色，地方官多由部落首领充任，他们还担任军事职务，军权和行政权往往合一。《天盛律令》中记载了大量西夏行政机构等级，官员任官委派、品级、奖惩，官府文书等行政法方面的内容，并且十分丰富详备，反映了西夏行政制度设置的成熟。

西夏选官以强宗大姓子弟为对象。法律规定，"国内官、军、抄等子孙中，大姓可袭，小姓不许袭。若违律小姓袭时，有官罚马一，庶人十三杖。官、军、抄赐大姓，大姓情愿，则允许于共抄不共抄中赐亲父、亲伯叔、亲兄弟、亲侄、亲孙等五种"。[①]

（三）金朝

女真族建国前是农村公社、部落联盟社会。建国后，中央和地方都建立起具有民族特色的制度，具体是中央采用勃极烈辅政会议，地方实施猛安谋克制。

勃极烈辅政会议由女真族社会中部落酋长组成决策机构，是完颜阿骨打称帝后设立的中央最高决策机关。"勃极烈"是女真语，译成汉语为"官员"。《金史·百官志》序言中说：金自景祖始建官属，统诸部以专征伐，巍然自为一国。其官长皆称曰勃极烈，故太祖以都勃极烈嗣位。在女真传统社会中，孛堇是某部之长，都勃堇是几部联盟长，勃极烈是中央统治机构核心成员。完颜阿骨打称帝后把勃极烈发展成为管理国家的最高统治机构——勃极烈辅政会议。金初20余年间被授勃极烈称号的有12人，他们都是皇室重要成员，与太祖、太宗的关系，或子侄、或叔父、或兄弟，有着显赫战功。勃极烈辅政会议有发挥集体领导，对皇帝监督约束，调动皇室主要成员积极参与国家政治生活等作用。金朝勃极烈辅政会议保持了23年，1138年，金熙宗废除勃极烈制度，次年"命百官详定仪制"（《金史·熙宗本纪》），开始实行汉官制度，最终完成是在1156年，共历时17年。颁行新官制后，金朝的中央官制全面仿照宋朝，设有三师、三公、三省六部、都元帅府、枢密院、宣抚司、劝农司、国史院、翰林院、审官院、太常寺等。天眷官制改革是金朝参照唐、宋、辽诸朝官制建立起来的中央行政体制，其中宰辅机构是尚书省。《金史·移剌子敬传》记载："金制，尚书令、左右丞相、平章政事，是谓宰相。左右丞、参知政事，是谓执政。大抵因唐官而稍异焉。"金熙宗确立的宰辅制度，基本参照唐朝制度而兼采宋朝制度，是金朝推行汉官之制的重要一环。正隆官制通过不断删繁就简，精简了官员队伍，加强了中央集权。

---

① 天盛改旧新定律令［M］．史金波，聂鸿音，白滨，译注．北京：法律出版社，2000：353.

金朝根据不同情况在地方管理上创设不同制度。金朝正隆年间实行五京制，天会末至天德初曾实行七京制，采取军政合一的地方管理体制。金朝汉人和渤海地区推行郡县制，地方行政区划分为三级：第一级是路、府，路的设置更偏重军事职能，府则分为京府、次府和总管府、散府两个类别；第二级是州，州分节镇、防御、刺郡三等；第三级是县，分七等并恢复县丞制。1206年，金章宗在府州县治所城镇中设坊，坊设坊正；乡村设乡，乡设里正。金朝在农村设社制，在社制中，三百户以上设主首四人，二百户以上设三人，五十户以上设二人。金朝入主中原后，最有影响的是创设总理一方行政军事要务的行省制度。金朝时，行省制度还没有成为定制，行省属于中央临时派出机构。

猛安谋克是金朝具有民族特色的基层组织。1114年宁江州大捷后，太祖"初命诸路以三百户为谋克，十谋克为猛安"（《金史·太宗纪》），"其部长曰孛堇，行兵则称曰猛安、谋克，从其多寡以为号，猛安者千夫长也，谋克者百夫长也"（《金史·兵志》）。猛安谋克既是行政组织又是军事组织，是军民结合的一种特殊基层社会组织。猛安谋克成为金朝军事力量的保证，是金朝女真人的重要社会组织。《金史》记载，1183年，全国共有猛安202个，谋克1878个，其中有八九十个猛安被迁入中原地区，集中在河北、山东等地。在行政级别上，猛安地位相当于州，谋克相当于县，但猛安谋克官品高于州、县官员。在行政体系上，猛安谋克制适用于女真人，郡县制适用于汉人，这就构成了二元地方行政制度。

五、刑事法律制度

（一）辽朝

辽朝法制的显著特征是契丹国俗与汉法并用。二元制法律始于辽太祖，完善于辽太宗，圣宗朝开始消除蕃汉异治、法律轻重不均的问题，圣宗至道宗时法制合一，道宗后又恢复二元法制。辽朝法制发展的基本特征是从严格的二元制向以中原汉法为主、兼顾契丹国俗的方向发展。

辽朝的二元法制指契丹及各少数民族适用各自民族的法律习惯，汉人适用汉法。耶律阿保机建国之初，把统治下的民族分为四姓，即契丹、奚、渤海、汉人。四个群体各有不同的法律制度、风俗习惯。《武溪集·契丹官仪》记载："蕃人东有渤海，西有奚，南有燕，北据其国都，四姓杂居，旧不通婚，谋臣韩绍芳献议，乃许婚焉。衣服、饮食、言语，各从其俗。凡四姓（契丹、奚、渤海、汉人）相犯，皆用汉法，本类自相犯者，用本国法。"公元921年，耶律阿保机"诏大臣定治契丹及诸夷之法,汉人则断以《律令》"(《辽史·刑法志》)。辽朝在汉人中仍然适用《唐律》《唐令》①,一方面保留了某些北方游牧民族习惯法传统,另一方面又深受唐朝制度的影响,但由于内容并不完备,《唐律》《唐令》等法律仍然在契丹人中适用。辽朝各民族在法律地位上并不平等,契丹人在法律上拥有高于汉人的特权地位。辽太宗时把渤海划入汉法适用区。《辽史·仪卫志·舆服篇》把礼仪制度分为"国舆"和"汉舆",规定"皇帝与南班汉官用汉服,太后与北班契丹臣僚用国服,其汉服即五代晋之遗制也";在仪仗上,有"国仗"和"渤海仗"之别;《辽史·仪卫志·乐志篇》把礼乐分为"国乐"与"汉乐"。这些让辽朝在国家法律制度上存在两种不同的内容。

辽朝刑罚的基本特征是既继承唐律的基本制度又带有自身的民族特色。辽朝法定刑罚有死刑、流刑、徒刑和杖刑,没有笞刑。死刑有绞刑、斩刑、凌迟刑,外加籍没。流刑分流边城部族、投诸境外、罚使绝域三等。徒刑分终身、五年和一年半,同时附加杖刑,数量有五百下、四百下、三百下,有时还有刺面。徒刑在《重熙条制》中规定得十分详细,杖刑在《咸雍条制》中规定得十分详细。杖刑有一般杖和特别杖,一般杖有五十至三百下;特别杖用沙袋、木剑、大棒、铁骨朵等。沙袋,辽穆宗时制,规定用熟皮缝制,长六寸,广二寸,柄条一尺。杖刑超过五十用沙袋决罚,决罚时,先在骨上及四周行刑。木剑、大棒是辽太宗时创制的,木剑面平背隆,在大臣犯重罪宽宥时使用。铁骨朵用熟铁制成,打数有五下和七下之分。辽朝特别刑罚较多,如亲王叛乱,或公开处死,或投高崖处死;犯淫乱罪、不孝父母,五车裂杀;讪詈犯上,以熟铁锥塞口处死。此外,还有枭磔、生瘗射鬼箭、炮掷、肢解等刑罚。

刑讯适用被控犯罪而不承认者。刑讯工具有宽杖、细杖、烙、鞭法。宽杖是二十下;细杖有三等,自三十至六十;烙、鞭共用,烙三十下,鞭三百;烙五十下,鞭五百。赎刑适用于官员因公事误犯,百姓年龄七十以上、十五以下的人犯。赎刑用铜钱计数,杖一百赎钱千。

法律适用中有"八议"制度、"八纵"制度。籍没罚创于辽太祖时,即把亲属和仆人罚到皇宫和大臣家中为奴,这与唐律、宋律中的罚没一致。

(二) 西夏

西夏刑事法律吸收了唐、宋两朝的刑事法律,同时兼有民族和地方特色。

西夏罪名移植唐律、宋律中"十恶"罪,分杀人罪,伤害罪,放火罪,盗窃罪,贪赃罪,违反军事职责罪,违反边地巡检制度罪,犯奸罪,违禁罪,损毁、盗

---

① 李锡厚,白滨. 辽金西夏史[M]. 上海:上海人民出版社,2015:82.

窃、丢失公文罪、妄劫他人牲畜、盗毁佛神罪等。其中"十恶"罪中"失孝德礼"名称与唐、宋两朝不同，杀牲畜分杀自属牲畜和盗杀牲畜两种。

西夏刑罚以唐、宋两朝五刑为主体，分笞刑、杖刑、徒刑、劳役、死刑。刑罚中没有流刑，只有发往边地服苦役、守边城等劳役刑。笞刑由十五下开始，此后以整数为等，自二十至一百下，共十等。杖刑分七杖、八杖、十杖、十三杖四等。徒刑分短期徒刑、长期徒刑、无期徒刑三种，其中短期徒刑有三个月至六年，共八等；长期徒刑有八年至十二年，共三等；无期徒刑，劳役十三年后留居服役地。死刑有绞杀和剑斩。附加刑主要有黥刑、戴铁枷刑、罚没、收入官等。《天盛律令》中"黥法门"规定："诸人犯罪属十恶、盗窃、卖敕禁、检校军等犯大小罪，以及杂罪中有长期徒刑等，当依黥法受黥。"① 此外，还规定"黥"的具体施刑方式，以及司法人员违反黥法时应承担的刑事责任。"戴铁枷门"则规定戴铁枷为劳役刑的附加刑，并区分服刑等级。"诸人因犯罪，判断时获服劳役，应戴铁枷时，短期徒刑当戴三斤，长期徒刑当戴五斤。"②

西夏社会农业生产以畜牧业为主，故西夏十分注重畜牧业的法律保护和相关犯罪的处罚，形成了具有特色的畜牧业立法。《天盛律令》对具有战略物资性质的牛、马、骆驼、骡、驴等大牲畜进行了全面保护。《天盛律令》中共有5卷20门属于牲畜立法，分别是：第二卷"盗杀牛骆驼马门"，第三卷"妄劫他人畜驮骑门""分持盗畜物门""买盗畜人检德门"，第六卷"官披甲马门"，第十一卷"射刺穿食畜门""分用共畜物门"，第十九卷"派牧监纳册门""分畜门""减牧杂事门""死减门""供给驮门""畜利限门""官畜驮骑门""畜患病门""官畜私畜调换门""校畜磨勘门""牧盈能职事管门""牧场官地水井门""贫牧逃避无续门"。从中可以看出，西夏以畜牧立国，畜牧业是国家的基本产业。西夏在畜牧业立法上构筑了最具民族、区域特色的法制体系。

（三）金朝

《金史·刑志》记载："太宗虽承太祖无变旧风之训，亦稍用辽、宋法。""稍用辽、宋法"，实际上主要沿用辽法。金朝世宗、章宗在位的近五十年是金朝中兴、承平时期，他们十分重视法制建设。《金史·完颜守贞传》记载："时金有国七十年，礼乐刑政因辽、宋旧制，杂乱无贯，章宗即位，乃更定修正，为一代法。"章宗以唐律为蓝本，在《明昌律义》的基础上，于1201年修成《泰和律义》，1202年

---

① 天盛改旧新定律令 [M]．史金波，聂鸿音，白滨，译注．北京：法律出版社，2000：152．
② 天盛改旧新定律令 [M]．史金波，聂鸿音，白滨，译注．北京：法律出版社，2000：156．

5月颁行全国。《泰和律义》是金朝最成熟的律典，使金朝刑律从形式到内容全面实现唐律化。

金朝刑法的基本内容与唐、宋两朝相同，《泰和律义》共有十二篇，分为名例、卫禁、职制、户婚、厩库、擅兴、贼盗、斗讼、诈伪、杂律、捕亡、断狱，内容基本沿袭唐律。女真人民族习惯与汉人不同，所以《泰和律义》中某些法条带有浓厚的游牧民族特色。《泰和律义》确定了五刑、"十恶""八议""六赃"、"七杀"、合告、不合告、应首、不应首、合加、不合加、合减、不合减等基本刑事制度。在刑罚方面，《泰和律义》沿袭唐朝制度又加以改变，分笞、杖、徒、流、死五种。死刑有敲杀、斩、绞。附加刑有沙袋、黥、劓、刖等。金朝建立之初，刑罚上遵辽制，在常刑之外又设沙袋刑，熙宗和海陵王时逐渐废除沙袋等酷刑。刑罚本质上是以唐、宋汉法取代契丹人的习惯法。金朝特别重视赎刑，金国旧俗中就采用刑赎并行，赎金较重。《泰和律义》中有"杖六十赎铜十二斤；七十，十四斤；八十，十六斤；九十，十八斤；一百，二十斤"①的记载，对此，史书上有金朝"赎铜倍于唐"之说。

第二节 元朝法律

一、法制概况

元朝是以蒙古族贵族为主体建立的、统一中华大地的王朝。元朝建立前，蒙古族首领铁木真在1206年建立了蒙古汗国。1260年，铁木真孙子忽必烈以中原为中心建立大元王朝，定都大都（今北京）。1279年，忽必烈灭南宋，结束了五代以来中华大地上民族政权林立的局面，实现了国家统一。元朝由于政治主体民族是蒙古族，经济文化是汉制，法律建设上以本族习惯法和中原汉法的相互消长构成元朝发展变迁的重要内容，影响着国家法制的发展。

元朝是在蒙古汗国基础上发展起来的。元朝建立后，通过行省制度，把秦汉、隋唐时期多属边藩的民族地区纳入划一的行政体制中，如岭北行省、甘肃行省、云南省行、江西行省、四川行省，加上管理西藏事务的宣政院，将整个中国地方行政

---

① 沈家本. 历代刑法考（一）·刑制总考四 [M]. 北京：中华书局，2006：59.

纳入其有效治理的范围。此外，通过土官制，解决了统一政权下存在的区域、民族、经济、文化差异而要求治理上区别对待的问题。在法律形式上，元朝继承了宋朝后期简化律、敕、令、格式、申明的发展风格，吸收辽、西夏、金诸朝的"条制"形式，在继承秦汉以来刑事与非刑事的法律分类下，把法律简化成"断例"和"条格"，将隋唐律令格式，宋朝律、敕、令、格式和申明等法律形式重新分类，让法律形式分类走向简约。在立法上，继承宋朝形成的重民事、诉讼传统，提出"狱讼之繁，婚田为甚"，专设"诉讼"门加强诉讼立法。由于采用民族、宗教、职业等群体的分类管理，导致诉讼机构繁杂多样，于是通过"约会"制度加以解决。在法律权利上，人等分制、宗教、专业群体拥有特权成为元朝法律内容的重要特点。总之，元朝法律是在以唐律令格式为宗的基础上，直接以金朝泰和律令格式敕为对象损益立法而成。

二、立法思想

（一）因俗而治下汉法与旧制并用

元朝的基本法律思想是因俗而治下汉法与旧制并用，其中因俗而治是基本原则，此原则确立于铁木真时。《元典章》记载："成吉思汗皇帝降生，日出到没，尽收者国，各依风俗。"忽必烈建立元朝后，在国家建设纲领中，坚持各依本俗的前提，保留旧制，同时积极吸收汉法。具体而言，一方面采行汉法以求适应时变，另一方面强调承继铁木真旧章以保留旧制，进而确保民族特权。首先，元朝保存或沿袭了一些直接关系本族贵族特权利益的旧制，其中代表性的有斡耳朵制度、怯薛制度、投下制度等；其次，在某些方面坚持汉制与旧制并行，如宫廷的礼制、刑法等方面；最后，仿效中原汉制建立基本法律、官制。这样元朝既保留旧制，又积极实行汉法的法律思想被贯彻到行政、立法、司法等方方面面。

元朝法律中最受后人诟病的是四等人制。四等人制是元朝在法律上把统治下的各民族群体按照纳入统治时间的先后顺序划分成不同政治权利群体的一种法律制度。元朝建国后，公开规定汉人、女真人、色目人在法律地位上不平等。四等人是指蒙古人、色目人、汉人、南人。从元朝四等人的划分标准和实际包括的对象看，这种制度并不是严格基于民族标准，而是以区域加民族文化等特征混合而成。元朝通过四等人制，把北方汉人与南方汉人分成两个不同权力等级的群体，对分化汉族群体，稳定本族贵族统治，具有较大作用。元朝四等人制不是严格基于民族性划分，也不是严格的民族区别制度，是不同统治区域中的不同政治、法律群体，标准是属地性而不是民族性。

四等人制在法律权利上存在着明显差异，这种差异反映在政治社会生活中的多个方面，在法律上构成一种具有歧视性的政治制度。在出任官员上，中央高级官员明确规定主要由蒙古人、色目人出任，少数由汉人出任，南人很少出任，对此，《元史·百官志》记载："长则蒙古人为之，而汉人、南人贰焉。"在地方官任命上，《元史·世祖纪》明确规定："以蒙古人充各路达鲁花赤，汉人充总管，回回人充同知，永为定制。"元朝在地方官达鲁花赤任命上限制是十分严格的，很多汉人、南人即使改名后出任，一经查出就会立即被撤职。在科举考试上，四类人考试的场次、内容、难度是不同的，如蒙古人、色目人考两场，南人、汉人考三场；进士名额按四等人分配，各有25名，由于汉人与南人人口较多，本质上是对蒙古人和色目人有利。在刑事法律上，也存在人等上的差异。如蒙古人殴打汉人，汉人不能还击，只能到官诉讼。"蒙古人与汉人争，殴汉人，汉人勿还报，许诉于有司。"（《元史·刑法志》）在偷盗处罚上，汉人、南人初犯刺左臂，再犯刺右臂，三犯刺项，但蒙古人犯不刺字。在婚姻制度上，《通制条格》记载："诸色人同类自相婚姻者，各从本俗法，递相婚姻者，以男为主；蒙古人不在此例。"即蒙古人女性与其他人等结婚，法律适用蒙古人习惯。在军事制度上，汉人、南人不得参与军政要事，特别是不能参与管理兵籍、军器，汉人、南人中的一般民众不能拥有武器。在元朝法律制度上，四等人之间存在明显的权利和义务上的不同，构成了一种制度化的"人等"歧视制度。

（二）实行宗教宽容政策

在宗教方面，蒙古人人主中原之前，世代信奉萨满教。萨满教属于多神教，没有强烈排他的教义。在征服吐蕃过程中，蒙古族统治者开始接受喇嘛教，并且重用藏传佛教僧人为国师，喇嘛教逐渐成为蒙古人的主要宗教信仰。建立元朝后，蒙古族统治者在尊兴喇嘛教的同时，并不强迫其他民族改变自己的宗教信仰，对不同民族、地区的宗教实行兼容并包的自由宗教政策。忽必烈即位后，对佛教、道教、基督教、伊斯兰教等各种宗教、教派，均予优待和庇护。蒙古族统治者针对不同宗教，设立相应的宗教管理机构，如佛教设宣政院，道教设集贤院，基督教设崇福司，伊斯兰教设回回掌教哈的司等进行管辖。元朝对民间具有邪教性质的秘密宗教组织实行严格管控打击。

元朝统治者十分注重宗教在国家治理中的作用，通过提高宗教首领的政治地位以及"僧俗并用"的宗教管理模式实现对教民的统治。元朝统治者在给予宗教界上层人物礼遇的同时，也让高级僧侣参与政治，同时积极任命俗人参与宗教管理。元朝对喇嘛教特别尊崇，忽必烈尊奉萨迦教派法王八思巴为"帝师"。元朝时的帝师不仅是一种荣誉称号，而且是中央给予行政实权的宗教领袖。元朝帝师的职责有：①作为皇帝在宗教信仰上的导师，教授帝王；②掌管全国佛教事务及吐蕃地区的一切事务。元朝对道教也较为尊崇。忽必烈曾遣使召见道教首领张宗演，命廷臣郊迎，待以客礼。同时任命他管理江南诸路道教事务。元朝道教的信仰者有不少在朝廷任职。元朝宗教上采用宽容政策，对元朝法律产生了较大的影响。

（三）尊孔重儒，治国以纲常礼教为纲

在蒙古汗国时期，铁木真和窝阔台已经启用儒士参与国家治理，但大规模任用儒士是元世祖忽必烈时期。忽必烈在被哥哥蒙哥汗任命经营漠南汉人地区后，开始大量招聘儒士，推行汉法，创制新制，加快传统帝制国家的建设。忽必烈在潜邸时大量延请儒士文人，"上在潜邸，独喜儒士，凡天下鸿才硕学，往往延聘，以备顾问。"（《元朝名臣事略》）此外，他主张尊孔，修造孔庙，翻译和学习儒家经籍。元朝建立后，正式把宋朝理学确立为官学。理学大家姚枢、许衡、刘因、赵复等成为元朝儒学大家，推动了儒学在政治上的影响。在学校教育上，朱熹的《四书》逐渐成为经学读本，程朱理学在全国范围内得到广泛传播。元朝崇儒思想对国家法律思想产生了重大的影响，其法律思想基本以传统中原汉法为取向，影响着元朝国家法律的发展变迁。

三、法律形式与立法成果

（一）法律形式

元朝是中国古代法律形式变迁史上的转型期，这一时期的法律形式是将隋、唐两朝形成的律、令、格、式和辽、宋、金诸朝发展起来的条制、敕、申明、指挥、断例融合而成。学术界公认元朝法律形式由"条格"和"断例"两种基本类型构成。[①] 元朝法律形式是继承唐、辽、宋、西夏、金诸朝法律形式，特别是金朝法律形式下变通创新的产物。

元朝法律形式构成上的重点应放在对《元史·刑法志》中"元兴，其初未有法守，百司断理狱讼，循用金律"的理解上。这里的"金律"不仅指《泰和律义》，

---

① 这种认识的基础是《元史·刑法志》中记载《大元通制》结构时有："其书之大纲有三：一曰诏制，二曰条格，三曰断例。"《至正条格》残本证实这种结构是元朝的基本法律形式。

还有《泰和令》《泰和新定敕条》《六部格式》等。元初禁止适用"金律"是否仅指禁止适用《泰和律义》还是所有金朝法律,这些才是问题的关键。从实践看,元朝对《泰和律义》的适用没有完全中断。元朝法律发展的基础是泰和年间制定的律、令、敕、格、式,统一南宋后融入南宋法律形式。元朝法律形式是对唐、辽、宋、西夏、金诸朝法律中律、令、格、式以及制诏、制条、敕、断例等形式继承融合后的产物,不是一种突然出现的法律形式。

元朝的条格是唐朝以来以令为中心的非刑事法律诸种形式的综合产物。元朝条格类似于唐、宋、金诸朝的令类法律形式,是研究元朝法律史学者的基本看法。[①]这种观点,最早源于元朝吴澄,他在《〈大元通制条例纲目〉后序》中记载:"制诏、条格,犹昔之敕令格式也;断例之目曰卫禁,曰职制,曰户婚,曰厩医库,曰擅兴,曰贼盗,曰斗讼,曰诈伪,曰杂律,曰捕亡,曰断狱,一循古律篇题之次第而类辑,古律之必当从,虽欲违之而莫能违也。"吴澄认为《大元通制》中三类纲目与前朝的相似之处是"诏制、条格"是敕令、格、式,"断例"是律。今人黄时鉴在吴澄的基础上,指出《大元通制》中"断例相当于律,条格相当于令并包括格、式,诏制相当于敕"[②]。

元朝条格是非刑事法律,断例是刑事法律。元朝条格和断例在载体形式上都由条文和案例组成,具有特殊性。从《大元通制》《至正条格》看,"条格"篇目是唐、宋、金诸朝的令典,特别是对金朝《泰和令》篇名的沿袭,仅增加了"站赤"。"断例"篇目是唐律十二篇。从篇目结构看,条格是唐、宋、金诸朝的令,断例是唐、宋、金诸朝的律。元朝断例类法律不全是唐律和金律,而是唐律、金律基础上发展起来的所有刑事法律,如宋朝敕典、申明、断例等刑事法律的综合体。元朝条格是唐、宋、金诸朝令、格、式等法律形式中非刑事法律的综合体,是宋,特别是南宋时"事类"与"断例"编撰体系的继承和融合。元朝在条格与断例的区分标准上,比较中国古代对律和令区分的标准,本质上是《太平御览》中记载的西晋杜预的"律以正罪名,令以存事制"标准,在元朝就是"断例以正罪名,条格以存事制"。元朝条格在内容上,以非刑事法律为主,包括行政、民事、经济、诉讼等内容;断例是传统刑名法律,即刑事法律。

(二) 立法成果

元朝制定颁布过的法律主要有《大札撒》《至元新格》《大元通制》《至正条

---

① 这种看法现在基本获得研究元史及元朝法律史学者的承认,国内如黄时鉴、方龄贵、陈高华、张帆、刘晓等,国外如金文京、安部健夫、宫崎市定等,他们都有相同的看法。
② 通制条格[M].黄时鉴,点校.杭州:浙江古籍出版社,1986:2.

格》《元典章》《风宪宏纲》等。蒙古汗国时制定了以蒙古族习惯法为中心的《大札撒》。元朝建立后，《大札撒》继续有效，但并没有成为元朝的基本法律。元朝立法成果中最重要的有三部：元世祖时期制定的《至元新格》，元英宗时期制定的《大元通制》，元顺帝时期制定的《至正条格》。三部法典是元朝法律发展过程中不同时期法典化立法成就的代表。《元典章》是由地方政府汇编而成的法典化法律，它以六部为篇名的结构对明清法典体例产生了重要影响。

1. 《大札撒》

《大札撒》是铁木真统一蒙古族各部落后，根据草原部落习惯所颁布的蒙古族法令汇编，原文早已失传，现存残文辑录。札撒又称"札撒黑"，意为"法度"。《元史·太宗纪》记载："大札撒（华言大法令也）。"《大札撒》包含铁木真在战争前发布的动员令和战争期间下达的命令以及战争结束后制定的法令，还包括铁木真对蒙古族长期以来形成的习惯——"约孙"法律的认定等。蒙古汗国时期，每当新汗即位，或有大型征伐，或诸王朝会共议国事时，会先奉出《大札撒》，遵照其规定行事。《大札撒》是蒙古族立法史上的第一部成文法典，是蒙古汗国真正意义上国家草创阶段的法律。

2. 《至元新格》

《至元新格》是至元年间由何荣祖制定的一部成文法典，是元朝第一部成文法典。1271年，元世祖下诏废止适用金朝《泰和律》，但国家又没有制定新法典，导致司法上出现无法可依的情况。经过多次反复，终于在1291年制定并颁布《至元新格》。《至元新格》分为公规、选格、治民、理财、赋役、课程、仓库、造作、防盗、察狱等10篇。从现存残文看，《至元新格》在条文形式上与《大元通制》《至正条格》《元典章》等法典都不同，法典条文采用唐律式的成文化法条，没有案例，内容集中在非刑事法律上，仅有《断狱》涉及刑事程序方面。《至元新格》由学者黄时鉴辑录出96条残文。从篇名和内容看，《至元新格》不是律典，也不是综合法典，而是令典。

3. 《大元通制》

《大元通制》是元朝中期制定的重要法典，是对元仁宗以前各种单行法律进行全面整理编纂的产物。吴澄在《〈大元通制条例纲目〉·后序》中记载，《大元通制》由制诏、条格、断例三部分组成。《元史》记载，《大元通制》由制诏、条格、断例、令类四类组成。《大元通制》共有2 539条，其中，断例717条、条格1 151条、诏制94条、令类577条。《大元通制》中"断例"部分按唐律体例编纂，共有卫禁、职制、户婚、厩库、擅兴、贼盗、斗讼、诈伪、杂律、捕亡、断狱11篇，缺

"名例"篇，内容是唐、辽、宋、金诸朝律、敕、断例、申明等法律形式中所有与刑事有关的法律。《大元通制》中"条格"部分篇名是唐、宋两朝令典的篇名，《刑统赋疏·通例》记载有祭祀、户令、学令、选举、宫卫、军防、[①] 仪制、衣服、公式、禄令、仓库、厩牧、关市、捕亡、赏令、医药、田令、赋役、假宁、狱官、杂令、僧道、营缮、河防、服制、站赤、权货，共27篇。现存《通制条格》残本中可以见到的有户令、举令、选举、军防、仪制、衣服、禄令、仓库、厩牧、田令、赋役、关市、捕亡、医药、赏令、假令、杂令、僧道、营缮，共19篇，缺少8篇。令类法律，由于相关史料没有具体篇名结构和内容性质的记载，无法对其进行考察。《大元通制》具体条文由成文法和判例两种形式构成，是目前可见到的在法典载体形式上，由大量具体判例组成的一部中国古代特别法典。

4.《至正条格》

《至正条格》是元顺帝时期制定的法典，2001年，残本在韩国被发现，证明了法典的真实性，同时为学术界了解法典结构和内容提供了原始资料。《至正条格》体例全面继承《大元通制》。《元史·顺帝纪》记载，1340年，"命翰林学士承旨脾哈、奎章阁学士巙巙等删修《大元通制》"。由此可知，《至正条格》是对《大元通制》重新编修的产物。元朝欧阳玄在《至正条格·序》中记载，《至正条格》由制诏、条格、断例三部分组成，与《大元通制》相比，缺少"令类"。《至正条格》由制诏（150条）、条格（1 700条）、断例（1 059条）三个部分构成。关于《至正条格》的篇目结构，《四库全书总目·史部四十·政书类存目二·至正条格》记载，"条格"有祭祀、户令、学令、选举、宫卫、军防、仪制、衣服、公式、禄令、仓库、厩牧、田令、赋役、关市、捕亡、赏令、医药、假宁、狱官、杂令、僧道、营缮、河防、服制、站赤、权货，共27篇。现存《至正条格》残本中有仓库、厩牧、田令、赋役、关市、捕亡、赏令、医药、假宁、狱官10篇，缺17篇，断例按律典分则11篇名体例编修，缺"名例"篇。现存残本有"断例"部分的全部条文目录，可以了解"断例"部分不同篇名的数量及主要内容。《至正条格》颁布后不仅适用于现在的整个中国，同时还适用于现在的朝鲜半岛。《至正条格》与《大元通制》相比，内容上更加简明，法条上仍然由成文法和判例两种形式构成。

5.《元典章》

《元典章》的全称是《大元圣政国朝典章》，是元朝江西行省整理编纂而成的法律用书。《元典章》分为"前集"和"后集"两个部分。"前集"收录了1257—1320年

[①]《刑统赋疏》中记载是"军房"，应是"军防"之误。

颁行的各类法律文书，具体分为10门，共60卷，81小门，327类目。"后集"又称"新集至治条例"，不分卷，收录的法律文书至1322年，分为国典、朝纲、吏部、户部、礼部、兵部、刑部和工部8大类，共39小门，94类目。《元典章》在门下分目，目下由条文和判例组成。两部分共有120门，421目，2 637条。《元典章》收录的都是当时有效的法律判例，是元朝原始法律的汇编。《元典章》在体例上的最大创新是采用以六部为纲的体例，这既是元朝法典体例的新发展，又是中国古代立法体例的创新。从具体篇名结构看，在六部纲名下，根据法律性质，把以前律、敕令、格、式的篇名进行整合，融合成新类目篇名，构建起新的法律篇目体例。这种立法体例达到了立法上的简化目的。《元典章》成为明、清两朝律典和会要等法典体例的直接来源。《元典章》多是单行法律文件的整体收录，没有进行实质性删改整理，具有原始性，是了解元朝立法、司法等法律活动的第一手资料，在元朝法律史研究中具有重要作用。

6.《风宪宏纲》

元仁宗时期制定并颁行的《风宪宏纲》，采用唐、宋两朝类书的编纂体例。《风宪宏纲》是与监察御史风纪有关的法律规范的集成书，是关于朝廷纲纪和吏治的法律法规的汇编。

四、法律制度的变化

（一）司法行政机构的改革

元朝在中央和地方行政机构上有很多创新变革，对明、清两朝的中央机构和地方机构都产生了直接的影响。元朝行政机构基本构成是"其总政务者曰中书省，秉兵权者曰枢密院，司黜陟者曰御史台。体统即立，其次在内者，则有寺，有监，有卫，有府；在外者，则有行省，有行台，有宣慰司，有廉访司。其牧民者，则曰路，曰府，曰州，曰县"（《元史·百官》）。

1. 以中书省为中心的中央行政机构的形成

元朝中央由中书省、枢密院、御史台三大机构组成，在职能上中书省总理行政，枢密院负责军事，御史台负责监察。对中央三大机构的作用，元世祖忽必烈有过生动的比喻，叶子奇在《草木子》中记载忽必烈的精彩总结，"世祖尝言：'中枢朕左手，枢密朕右手，御史台是朕医左右手的。'"此外，还设宣政院主管全国宗教事务。

中书省又称都堂、都省，对皇帝负责，是最高行政决策机构。中书省设左右丞相为宰相，下设平章政事、左右丞、参知政事。中书省下设六部，具体负责不同性质的工作，六部成为重要行政机构。枢密院是中央军事机构，地方设都元帅府、万户等。御史台是中央最高监察机关，地方设有陕西行御史台（简称西台）和江南诸道行御史台（简称南台），全国共分为22个监察区。宣政院管理吐蕃地区的军政事务和全国佛教事宜，同时是全国宗教群体诉讼的司法机构。宣政院使由帝师出任。地方各路设行宣政院，承担宗教管理与宗教群体诉讼的职能。

2. 地方分设行中书省（行省）、路、府（州）、县四级

元朝地方行政机构中最重要的是行省，全称是行中书省。行省最初是中书省的派出机构，后演化成地方最高行政机构。行省是中国地方行政区划组织中"省"制的开始。元朝共设十大行省，河南、云南、甘肃、陕西、四川、辽阳、江浙、湖广、江西、福建，外加中书省直辖区——腹里，腹里包括今河北、山西、山东等，即当时大都（今北京）附近地区。元朝还在朝鲜半岛设过征东行省。行省职能是"掌国庶务，统郡县，镇边鄙，与都省为表里……凡钱粮、兵甲、屯种、漕运、军国重事，无不领之"（《宋史·百官》）。省下设路、府（州）、县。路设总管府，其中有的府隶诸路，也有的直隶于行省；有的统州县，也有不统州县的。路、府（州）、县中设有达鲁花赤和行政长官两种，达鲁花赤由蒙古人、色目人出任，地位高于行政长官，如知府、知州、知县等。边远地区还设有"军"行政区，品秩及设官置吏与州相同。

元朝在行省之下，还设有宣慰司总理一方事务，其地位高于路，如湖南宣慰司、福建宣慰司，山东宣慰司等。有些地区设具有军事和民政双重功能的行政机构，如宣慰使司都元帅府，西藏地区分设吐蕃等处宣慰使司都元帅府、吐蕃等路宣慰使都元帅府和乌思藏纳速古鲁孙等三路宣慰使司都元帅府进行管辖。

3. 元朝的选官制度

元朝建立以前，蒙古汗国具有很浓的部族政权性质，政权由部族中世袭贵族联合组成，导致官员选拔以世袭作为主要形式。元朝在官员选拔上十分重视"根脚"（出身），其中称为怯薛的宫廷护卫亲军中的贵族子弟是高级官员的主要来源。元朝人总结当时选官是"取士用人，惟论根脚，其与图大政、为将为相者，皆根脚人也。居纠弹之首者，又根脚人也。莅百司之长者，亦根脚人也"（《庚申外史》）。这种现象是当时选官制度的重要特征。此外，元朝十分重视在吏员群体中选拔官员，这就构成了元朝选官制度在法律上的重要特色。

（二）刑事法律制度的变化

1. 刑事量刑、民事赔偿受到四等人制的影响

元朝在刑事量刑和民事赔偿上都受到四等人制的影响，这构成了元朝法律中的重要特色。元朝四等人制下，蒙古人被行刑时只能由蒙古人执行；汉人被蒙古人殴打时，不能防卫，只能告诉官府；在属人法律适用时，蒙古人不管男女都只适用于蒙古人的法律。

2. 刑罚制度和种类的变化

元朝刑罚基本沿袭唐、宋两朝的五刑制，只是笞杖刑以七为尾数，同时由十等变成十一等，由笞七下到杖一百零七下。元朝笞杖刑中尾数由整数变成七，根据记载，这是元世祖忽必烈的减刑政策所致。叶子奇在《草木子》中记载："天饶他一下，地饶他一下，我饶他一下。"对此，有人批评笞杖减刑名为减刑，实则增刑。

从元朝死刑立法和实践看，存在绞、斩、凌迟三种刑罚。虽然从元朝开始就有绞刑不存在之说，即认为元朝死刑种类上有斩无绞，但《事林广记·至元杂令》中有"绞罪至死"，说明绞刑存在。而且，元朝法律用语中"处死"就是绞刑的通用词。元朝流刑较为发达，虽然法律上仍然分三等，但由于国家疆域辽阔，形成一种南北对流的流配制度，即南方人犯流北方，主是辽阳行省（今东北地区），北方人犯流南方，主要是岭南地区。

烧埋银是元朝在人身伤害行为中致人死亡时施害者给予受害者家属民事赔偿的一种特别附加刑。元朝赔偿烧埋银法定标准是每位死者赔偿白银 50 两。元朝烧埋银赔偿适用范围十分广泛，遍及各种致人死亡事件，不分故意犯罪和过失犯罪，甚至是不可抗力等案件，只要死亡与某人有直接、间接关系，都得赔偿。若遇到大赦，可以免除人犯的刑事责任，但不能免除烧埋银赔偿，同时加倍赔偿。

元朝在刑罚上实行"警迹人"和"红泥粉壁"两种特别治安处罚制度。两种制度适用对象是累犯轻罪人员，本质是社区强制劳动管理和示众相结合的处罚制度，在中国古代刑事处罚制度中属于较有特色的一种。

3. 大宗政府、宣政院等拥有特别审判权

宗正府在秦汉就已经设置，职权是"掌皇族之事务"，之后各朝屡有变动。元朝大宗正府虽然品秩与刑部不同，但拥有重要的司法审判权。大宗政府在蒙古汗国时称为扎鲁忽赤，主要受理蒙古人、色目人、宗室、北方汉人等案件。1272 年后，主要受理与蒙古族和宗室有关的案件。宣政院是负责管理西藏事务的专门机构，同时也承担宗教人员诉讼案件的审判职能。1311 年，元仁宗下诏"罢宣政院理问僧人词讼"。宣政院不再有审理僧侣间诉讼案件的权力。

（三）民事法律制度的变化

1. 加大对佃户的权益保护

元朝在继承宋朝保护民间私人的不动产田宅交易下，明显增加了对佃户权益保

护的内容。元朝法律规定佃户可以退佃，但田主不得夺佃；官员无理夺占民户佃种官田的，须受到处罚；佃户允许转佃。《通制条格》记载："据佃种官田人户，欲转兑佃与人，须要具兑佃情由，赴本处官司陈告，勘当别无违碍，开写是何名色官田顷亩，合纳官租，明白附簿，许立私约兑佃，随即过割，承佃人依数纳租，违者断罪。"对转佃进行严格规定，严格转佃程序，目的是严禁有权势之家和官员强迫佃户以转佃的方式为自身谋取不正当利益。禁止地主在出卖田产的同时典卖佃户、霸占佃户妻女为奴等。元朝法律上禁止监临官与所管民户借贷钱物，进行交易，如《通制条格》中规定："今后郡县在任官员，不得于富民借贷钱物，转行营运。违者，肃政廉访司体察究治。"

2. 扩大"义绝"的适用范围

古代中国，在以"礼"为核心的家庭伦理价值体系下形成了特有的五服制度，在家庭成员之间构建起不平等的法律原则。依血缘亲疏而创制的服制体现在家庭成员互犯时，尊长与卑幼在量刑上存在显著的不平等。为了约束五服制下尊长的滥权，保护每个个体作为社会主体的人身安全和生命尊严，传统法律制度用"义"进行约束，在婚姻关系上采用"义绝"约束尊长对卑幼的无理伤害。在法律上，宋朝律学形成"义胜于服，则舍服而论义"的原则。对此，元朝沈仲伟在《刑统赋疏》中指出："以服制亲疏定罪之轻重者，法之常；以恩义厚薄为罪之轻重者，法之变也。"元朝律学家王亮指出法律应以"义"为基本原则，"当以天然之理推穷至极，百合其义"（《刑统赋解》）。"义"在整个司法中对五服制适用构成了约束。元朝在法律分类上，除沿袭唐律、宋律、金律中传统离婚的"义绝"范围外，在"诸恶"下独立列出"不义"门，如"夫殴伤妻母""尊长挟嫌谋杀卑幼""将妻休转卖嫁人""逼令妻妾为娼"等都属"义绝"范围。

3. 加强对孤幼财产的保护

元朝继承宋朝保护孤幼的法律，其中的户绝户幼女和父母双亡之家幼男的权益成为保护重点。户绝户幼女和父母双亡之家幼男的财产受到官府严格保护。"户绝女幼，官为知在，候长召嫁，继户当差"[①]；"抛下男女，十岁以下，付亲属可托者抚养，度其所需支给。虽有母招后夫，或携以适人者，其财产亦官为知数。如或嫁娶，或年十五，尽数给还。若母寡子幼，其母不得非理典卖田宅人口，放贱为良。若须合典卖者，经所属陈告，勘当得实，方许交易"[②]。也就是说，父母双亡的家庭仅有幼年男女，由亲属抚养时，财产要由官府登记监管，官府按具体情况支付生活

[①] 黄时鉴. 元代法律资料辑存：大元通制 [M]. 杭州：浙江古籍出版社，1988：71.
[②] 黄时鉴. 元代法律资料辑存：大元通制 [M]. 杭州：浙江古籍出版社，1988：72.

费；幼男年龄达十五岁或结婚后，幼女结婚后，财产由官府交还；若有母亲但子女年幼的，如母亲改嫁或招后夫，财产要受官府监管；若母亲不改嫁，重大财产处理必须向官府提出申请和说明，才能处分。

（四）司法诉讼制度的变化

元朝中央司法机关主要有刑部、大宗正府、御史台、宣政院等，其中刑部是中央司法机构的核心。元朝中央司法机构不设大理寺，它的职能转给刑部，使得刑部职能扩大，这成为明、清两朝刑部职能扩大的渊源。大宗正府主要受理宗室和蒙古族的案件。地方拥有完整的司法机关和审判权限。

元朝是第一次把"诉讼"作为专门法律独立立法的王朝。元朝"诉讼"门下分书状、听讼、告事、问事、元告、被告、首告、诬告、称冤、越诉、代诉、折证、约会、停务、告拦、禁例等目，内容有起诉写状格式、原告、被告、审理等，内容十分详备。

元朝司法机制设置上的重要特点是有大量属人性和职业性的专门司法机关，专门审理不同宗教、民族和职业群体内部的诉讼，使得全国地方的诉讼权十分分散，如佛教、儒士、道士、军人、畏兀儿人、乐户、医户等都有自己专门的司法机构。

元朝诉讼制度中"约会"制度十分重要。元朝的"约会"有广义和狭义之分。广义的"约会"是指当某事件涉及两个或两个以上互不统属部门时，在处理或解决时，各部门管理者会齐同审，提出自己看法，达成解决方案。广义的"约会"包含行政、司法等方面。狭义的"约会"是元朝司法制度中的一种特殊诉讼制度。"约会"审理是指当诉讼当事人分属互不相统属的主管部门，且在诉讼中双方当事人各自有不同权利和义务时，相关当事人的上司会齐同审的制度。元朝"约会"制度产生于司法管辖上严格属人性设置，这就导致司法审判机关的多样性。

元朝民事诉讼出现繁多的现象，史称"诸狱讼之繁，婚田为甚"[1]。国家为解决诉讼数量的增加问题，除积极进行正常的司法审理外，还采用调解和承认和解结果等方式来加快民事纠纷的解决。元朝调解主要有官员和基层社长主持两种。元朝著名儒士官员胡祗遹指出："民有父子兄弟相讼者，必恳切谕以天伦之重，不获已，则绳以法。"（《元史·胡祗遹传》）张养浩在《牧民忠告·听讼》中指出："起讼有原书，讼牒者是也。盖蚩蚩之氓暗于刑宪，书讼者诚能开之以枉直，而晓之以利害，鲜有不愧服，两释而退者。"元朝在法律中明确规定农村基层组织中的社长拥有调解民事纠纷的权力，《通制条例》记载："诸论诉婚姻、家财、田宅、债负，若不系

---

[1] 黄时鉴. 元代法律资料辑存：至元新格[M]. 杭州：浙江古籍出版社，1988：34.

违法重事,并听社长以理谕解,免使妨废农务,烦扰官司。"元朝在法律上规定除非和解存在违法等情况,否则当事人之间达成的和解协议具有法律效力。《元典章》记载:"今后凡告婚姻、田宅、家财、债负,若有愿告拦,详审别无违枉,准告以后,不许妄生词讼,违者治罪。"这里的"告拦"就是当事人的和解。

本章小结

辽、西夏、金、元诸朝法律发展的基本特点是都把唐朝律、令、格、式作为基础,很少制定独立的、完整的法典来构建自己的法典法体系。辽、西夏、金、元四朝都把唐朝开元年间的律、令、格、式四典和《唐六典》《开元礼》作为各自法律、官制、礼制的直接来源,并结合本民族传统,构建了具有中国传统法律特色和民族时代特色的法律制度。四朝对唐朝法律形式继承程度较高,以律令为中心构建自己的法律体系,其中金朝建立起完整的律令法典,代表"北支"唐朝法律发展的最高水平。元朝建国初期基本继承金朝法律,1271年后开始形成自己风格的法律。辽、西夏、金、元四朝法律的特质是:①四朝法律精神和基本原则都以唐朝法律为宗;②四朝立法上直接把唐朝法律作为损益对象。

思考题

1. 试述《天盛律令》的法律文化特征。
2. 比较元朝断例与条例的内容与特征。
3. 试述辽、西夏、金、元诸朝法律形式变迁的特征。
4. 试述唐朝法律在辽、西夏、金、元诸朝法律发展中的地位与作用。

第十章 明朝法律

导 言

明朝于1368年由明太祖在应天府（今南京）建立，至1644年灭亡，享国277年。明朝是15—16世纪世界上政治体系最成熟、经济体量最大的国家，在社会、经济、文化、思想等各个方面都取得了较高成就。明初太祖对当时社会做出"乱世"的判定，成为他选择"重典治国"的理论基础。明初废除中书省和宰相制，设内阁制等让皇权得到加强。在官员选拔上，科举成为正途，捐纳是富人通向官僚的重要渠道。奸党罪、文字狱的出现，充军刑、廷杖、赎刑等的发展是明朝刑罚中的重要特色。"一田二主"让所有权与使用权分离，加上绝卖和典卖等形式的充分发展，让田宅等不动产交易高度商品化、市场化。"开豁贱籍"、佃户与田主、雇工与雇主之间法律地位的平等化，对当时社会贵贱等级制度产生深刻的影响。禁海令在明朝反复出现，让中国失去了自由对外贸易和交往的机会，使得中国无法正常融入15世纪以后的世界。刑部司法职能的专业化、地方刑名幕友的发达，让明朝司法有较高职业化倾向；大审和朝审改变着明朝死刑适用的机制。

学习目标

通过本章学习，掌握以下主要内容：
1. 明朝的社会形势与立法思想的变化。
2. 明朝法律体系的发展变化。
3. 明朝的职官制度、行政制度、刑事法律和司法诉讼制度。

第一节　法律思想与法律体系

一、法律思想

朱元璋建国后，针对元朝后期疲政、乱政的情况，判定当时是"乱世"，根据中国古代"三世论"中"刑乱世用重典"的理论，在国家治理上，实行"反元政，尚严厉"的政策，这成为明朝法律思想的基本内容。

（一）"明刑弼教"成为基本法律原则

明太祖为了改变元朝法制的"宽纵"，建国后确立了"重典治国""明刑弼教"的法制思想，在国家治理上形成"明礼以导民，定律以绳顽"的原则。其中，"明刑弼教"成为法制的基本原则，标志着在唐朝完成法律儒家化后，通过法律保护儒家的纲常名教成为国家法制建设的核心目标。

明初，在经历元朝后期的疲政和农民起义的混战后，明太祖判定当时属于"乱世"。同时，明太祖认为这是由于元朝在法律上的"宽纵"所致。"胡元以宽失，朕收平中国，非猛不可"（《诚意伯文集》），所以，他提出"反元政，尚严厉"的治国原则。此外，明太祖出身贫苦，对官吏的滥权和压迫有亲身体验。出于以上原因，明太祖在法制建设上提出"刑乱世用重典"的基本原则，主要体现在重典治吏和重典治民两个方面。重典治吏是采用严厉手段打击官吏贪污，法律上"严犯赃官吏之禁"，重惩贪赃官吏，如洪武年间"郭桓贪污案"中数万人被处罚；对官吏贪赃在六十两以上，处枭首示众、剥皮实草之罚。明太祖对官吏严惩事迹在《明大诰》中有全面记载。重典治民是对百姓中"贼盗""乱臣贼子"的加重处罚，采用法外用刑。如1372年对南海"黑鬼"盗者捕斩370人；1374年对广东儋州参与陈逢愆起事者1 400多人处以剐刑；1382年在广州"铲平王"起事中处死8 800多人等。

重典治吏、重典治民是手段，目标是实现儒家理想中的"礼治"。明太祖为强化专制统治，大力整肃纲纪，同时积极完善礼法制度，十分重视礼制的作用，认为"礼立而上下之分定，分定而名正，名正而天下治矣"（《明太祖实录》）；反复强调："礼者，国之防范，人道之纪纲，朝廷所当先务，不可一日无也。"（《明太祖实录》）1368年，明太祖下令中书省会同礼官拟定祀典及官吏百姓丧服、官民房舍及服色，《明太祖实录》记载："古昔帝王之治天下，必定礼制，以辨贵贱，明等威，是以汉高初兴，即有衣锦绣绮縠、操兵乘马之禁，历代皆然。近世风俗相承，流于僭侈，闾里之民，服食居处，与公卿无异……贵贱无等，僭礼败度，此元之失政也。中书其以官民房舍、服色等等，明立禁条，颁布中外，俾各有所守，以正名分。"1369年，明太祖下诏诸儒纂修礼书。次年礼书撰成，赐名《大明集礼》，其对各种交往仪节、制度名数进行详细规定。洪武年间，先后修成《孝慈录》《洪武礼制》《礼仪定式》《稽古定制》《大礼要议》《大明礼制》等礼仪法典。明成祖永乐年间，颁《文公家礼》于天下，成为士绅百姓的基本礼仪。嘉靖年间，颁布《明伦大典》《祀仪成典》《郊祀考议》等。明孝宗时把明初以来修纂的各种仪礼撰入《大明会典》，形成完备的礼制典章。明朝所修礼仪制度十分详备，成为以礼导民的重要保障。

（二）提倡"法贵简严"的立法原则

明太祖认为元朝法律过于复杂繁多，导致司法官员无法全面掌握，普通百姓难以知法守法，容易造成官吏徇私舞弊。明太祖指出若法律繁杂，就会"吏得因缘为奸，非法意也。夫网密则水无大鱼，法密则国无全民"（《明史·刑法志》）。所以，他提出"法贵简当，使人易晓"的立法原则。焦竑在《玉堂丛语》中记载："芟繁就简，使之归一，直言其事，庶几人人易知而难犯。"对此，清人在《明史·刑法志》中指出，"大抵明律视唐简核，而宽厚不如宋。"比较《大明律》和《唐律疏议》的条文用语，我们会发现《大明律》较《唐律疏议》言辞简练，通俗平实，明白易知。从立法精神看，明朝与宋朝的法律相比，更加严厉。为了让百姓能读懂法律，明太祖采用"直言其事"的方式，以较为通俗易懂的语言亲自编定、作序《明大诰》后颁行天下。《明大诰》总结了当时严刑峻法、惩戒官民的典型案例，以"害民事理，昭示天下诸司"，让天下臣民知法遵法，实现对臣民的训诫。

（三）继承宋儒理学思想及批判启蒙法律思想并存

明朝在法律思想上有两个重要发展：首先，在继承发展宋儒的理学思想基础上，对正统法律思想进行修正和发展，代表人物有王阳明、张居正、海瑞、邱濬等；其次，出现了一批启蒙思想家对正统君主专制思想和制度进行批判的思想潮，代表人物有李贽、黄宗羲、顾炎武、王夫之等。

明朝对法律思想影响最大的是王阳明的心学。王明阳的心学是一种变化发展的儒家学说，强调"心即是理"的认识论，提倡"知行合一"，注重教化，在法律上要求因时因地制宜制定法律；坚持以教化治民。张居正作为明朝最重要的政治改革家，在思想上深受阳明学说，特别是"知行合一"实践论的影响，为此，他提出"信心任真，求本元一念"的理论，更加注重务实致用，反对空谈，坚守礼义、重典治贪。作为明朝清官的代表者——海瑞指出儒学核心不在格物致知而在于心性，对儒家"义利之辨"做了中肯评价，肯定"利"的价值；其在坚持维护法律威严、秉公执法、公正审判的同时也十分强调教化作用。邱濬作为明朝知识最渊博的士大夫，坚持"经世济用"的思想，在强调"义"的基础上，承认"利"的价值，强调不论是个人还是统治者都要平衡好二者的关系，认为"利之为利，居义之下、害之上，进一等则为义，经制得其宜则有无穷之福；退一等则为害，经制失其宜则有无穷之祸。后世之明君硕辅，尚明其所以取舍、敛散乎哉"（《大学衍义补》）。另外，他还主张隆礼义、正纪纲来加强国家法制，坚持保民为先，崇教化为本，有"礼、乐、政、刑四者，王道之治具也"（《大学衍义补》）之论。

明朝思想家在坚持继承发展宋儒思想的同时，开始出现批判正统思想的"异端"思想家，其中最有影响的除李贽外，还有黄宗羲、王夫之、顾炎武，后三人由于生活在明清之际，所以又称"明清三大家"。他们的思想带有启蒙思想的性质，因而在中国学术史上具有重要地位。李贽的思想具有极强的批判性，他以"异端"自居，否认孔孟学说以及宋代以来理学的权威，否认儒家学说的正统地位和礼教；批判重农抑商，倡导功利价值，对男尊女卑、腐败贪污等社会现象大加批判，反对思想禁锢，这对正统思想造成了强烈的冲击。黄宗羲作为明末清初新生市民阶层的代表，他在《明夷待访录》中提出"天下为主，君为客"的思想和"藏天下于天下"的制度构建，成为"反专制""法治限制君权"的理论基石，具有民主启蒙的作用。王夫之反对传统的正统观念，认为正统并不存在，只有符合"公天下"原则的政权才是正统，反对中央高度集权，提出"人治"和"法治"，主张分权"私天下"，注重教化在治理国家中的功用。顾炎武的理论是针对明末清初政治现实的反思与批判，喊出"天下兴亡，匹夫有责"的口号，提出"分权"的思想，主张用理性制度来平衡君与臣、中央与地方的权力，达到"众治"的目的。另外，他针对当时流行的阳明心学，从"私"和"欲"的现实人性和社会生活实际出发，强调"经世致用"的治学思想，开一代朴实学风的先河。

二、立法成果

明朝最早在立法上坚持唐、宋两朝律令分典立法的基本结构，制定了《大明律》和《大明令》，但这种律令分典立法的结构并没有成为洪武年间立法的基础，明太祖把立法的重点放在《大明律》及官制、礼制立法上，导致《大明令》在洪武年间没有得到进一步完善，形成唐、宋令典式的基本法典。明朝中期以后，法律形式基本由"律"和"例"两类构成，可称为律例法律体系或律例法体系。[1] 明朝法律由律典和各种例组成，改变了秦、汉以来形成的以律令为中心的法律分类体系，特别是宋朝以律、敕、令、格、式、申明、断例等形式构成的复杂法律分类体系。明朝法律形式简化成律和例，法律分类更加简明。明朝中期，国家对律例诸法律进行综合编纂，修成"会典"，整个法典发展出新变化，构成明清法律形式变迁上的重要内容。

（一）《大明律》和《大明令》

《大明律》和《大明令》是明初立法的重要成果，两者相辅相成，构成了明初律令法律体系的基础。《明史·刑法志》记载："明太祖平武昌，即议律令……（吴元年）十二月，书成，凡为令一百四十五条，律二百八十五条。"明太祖论及《大明律》和《大明令》的立法目的时曾指出："惟律令者，治天下之法也。令以教之于先，律以齐之于后。"（《大学衍义补》）这里体现了明太祖想采用儒家"先教而后罚"的法律思想构建国家法律体系的努力。

1.《大明律》

《大明律》是明朝法律的核心，是整个明朝法律的基础，也是洪武年间立法的中心和标志性成果。《明史·刑法志》记载，《大明律》的编纂在洪武年间历经了30年之久，经过五次反复修订后才最终完成。《大明律》在洪武年间有吴元年律，洪武七年律、九年律、二十二年律、三十年律五个版本。吴元年的《律典》共有285条，主要采用元朝编纂法典的体例。洪武七年律采用唐律十二篇体例，内容以唐律为准，共有30卷，606条。洪武九年律对洪武七年律进行修订，具体修改了13条。洪武二十二年律在结构上恢复以六部为纲的体例。洪武三十年修订成最后版本。此后，仅在万历十三年把《问刑条例》编入相应律文下，形成《大明律附例》，同时对律文中55个字进行修改，所以说洪武三十年的《大明律》在整个明朝没有发生过实质性修订，成为明朝最稳定的法典。

洪武三十年律在结构上改变了隋唐时期律典十二篇的体例，除沿用《名例》外，分则部分采用以六部为纲，下分30门的结构体例。《大明律》中"门"的篇名

---

[1] 刘笃才提出明清两朝的法律形式可称为律例法律体系，他在《律令法体系向律例法体系的转换》中对此理论进行了全面阐述。

主要是综合唐、宋两朝律典与令典的篇名，加上辽、金、元诸朝创立的篇名而成，具体有：名例；吏律，下有职制、公式；户律，下有户役、田宅、婚姻、仓库、课程、钱债、市场；礼律，下有祭祀、仪制；兵律，下有宫卫、军政、关津、厩牧、邮驿；刑律，下有贼盗、人命、斗殴、骂詈、诉讼、受赃、诈伪、犯奸、杂犯、捕亡、断狱；工律，下有营造、河防。《大明律》篇名结构融合了此前法律篇名命名中"事类"和"机构"两种形式，这种篇名结构体现的是一种适用型而不是逻辑型分类。《大明律》将此前律典和令典的篇名融合，在本质上破坏了西晋确立的律令分典的法律分类方式。

《大明律》在体例和内容上较唐律都发生实质性变化。在体例上，《大明律》除总则"名例"沿用《唐律疏议》外，分则采用以六部为纲，下分"门"，"门"下分"条"的结构。在条文上，《大明律》有460条，对《唐律疏议》502条删除146条，剩下356条合并成285条，新增175条，源自《唐律疏议》的条文达61.96%，创新的占38.04%。在内容上，《大明律》体现出"重其重罪，轻其轻罪"的特点，具体来说，《大明律》中"事关典礼及风俗教化等"较《唐律疏议》处罚轻，而对"贼盗及有关帑项、钱粮等事"和恶逆、诬告、妖书妖言、诈伪制书等"谋盗诸罪"较《唐律疏议》处重。此外，《大明律》中对商品经济等立法较明显，在《大明律·户律》中对赋税差役、钞法、钱法、盐法、私茶、匿税、钱债和市场等进行了立法。这让《大明律》中一些条文具有"设事制"的"令"类法律的性质。

通过对体例和内容的调整，《大明律》囊括了国家社会生活中的政治、经济、礼制、官制等各方面内容，从技术上解决了律典为"干"，例为"支"的法律结构的内在运行问题。

2.《大明令》

《大明令》是1366年制定并颁布的以"令"为名的法典。《大明令》仿唐令编纂，但篇幅和条数已经大大缩减，同时篇名结构采用吏、户、礼、兵、刑、工六部为纲的体例，不同于晋、唐、宋诸朝令典的体例。《大明令》的具体内容是：《吏令》20条，《户令》24条，《礼令》17条，《兵令》11条，《刑令》71条，《工令》2条，共145条，1卷。《大明令》的制定，让明初法律体系在形式上仍然继承唐、宋两朝律令体系。《大明令》自制定后，整个洪武年间没有对其进行重新修纂，一直把其作为基本法律使用。明中期修纂《大明会典》时，《大明令》被收入其中，不再作为独立法律存在，这标志着西晋以来形成的令典在形式上走向终结。《大明令》也是中国古代最后一部以"令"为名的法典。

（二）大诰和榜文

1. 《明大诰》

《明大诰》是明初最有影响的法律之一。从适用时间看，《明大诰》适用较短，但影响很大。《明大诰》是明太祖在修纂《大明律》的同时，为防止"法外遗奸"，实现"劝民从善""惩治奸顽""重典治吏"等目的而特别制定的法律，是"重典治国"和"引民以礼"的法律保障。《明大诰》共有四编，分别是《御制大诰》《御制大诰续编》《御制大诰三编》（合称为"三编"），外加颁给诸军衙门的《大诰武臣》。四编大诰共有236条，由案例、法令、训诫三类法律组成。《明大诰》是明太祖将其亲自审理的案例加以整理汇编形成的，附上因案而发的"训谕"，作为训诫臣民的特别法而颁行天下。《明大诰》以惩治贪官和豪强为中心，法典的156个案例中，有128个是处罚官吏的。《明大诰》在刑罚上不仅很重，且有大量"律外刑"，如斩枭、墨面文身挑筋去指、墨面文身挑筋去膝盖、剁指、断手、刖足、阉割为奴、斩趾枷令、常枷号令、枷项游历等，对《大明律》的法定刑构成了破坏。明太祖为达劝导百姓、警醒奸顽的目的，要求天下臣民人人诵读《明大诰》，科举考试考《明大诰》，乡民举行乡约时讲诵《明大诰》，《明大诰》成为中国历史上最为普及的法律。《明大诰》由于刑罚残酷，在明太祖死后很快被废止。

2. 榜文

榜文是中国古代法律文件的一种称谓，在明朝具有国家法律的性质。榜文在明朝是基于统治需要，以皇帝名义，或部院衙门及地方官员奉旨发布的文告，它能迅速反映统治者的意志，明确当前治理的重点和惩治对象。[①] 榜文是一种政策法令公文，也是法律的传播方式，同时还承担着教化宣扬的职能。现在所见明朝史料中，代表性的榜文有：《南京刑部志》中45榜，《教民榜文》一榜 共41条，《铁榜文》一榜共9条，《大明会典》中7榜，《明太祖实录》中32榜，《明史》中2榜，《皇明经世文编》中1榜。榜文前一般题有"为禁约事"或者"申明教化事"，颁布时悬挂于各地衙门门首或申明亭中。榜文的功能有：一为发布政令；二为完善政策法令；三为招募悬赏；四为申明教化。其中，1398年颁行的《教民榜文》最有影响力，《教民榜文》共41条，主要是关于基层组织、老人、教化法律的设置和规范，是明朝基层社会治理中的基本法律，对明清基层社会治理中的制度设置、纠纷解决机制等都产生了深远影响。明朝榜文可以作为司法判决中的法律依据。

---

① 柏桦．榜谕与榜示：明代榜文的法律效力［J］．学术评论，2012（2）：40．

(三)《问刑条例》

例在中国古代作为一种法律形式出现时间较早,唐朝开始大量使用,宋元时成为重要法律名称。对随时随事颁布的法律、案例等例类法律进行编纂,不仅有创制新法的功能,还有对原有条例进行修改、补充、废止和合并、移动等功能。明朝对例类法律立法不仅频繁,而且内容较多。明朝制定例的时间较早,洪武年间就已开始。明朝例类法律可以分为条例和则例两大类,二者在性质上很难做出明确的区分。明朝条例类法律主要有《马政条例》《给驿条例》《责任条例》《吏部条例》《工部条例》《军政条例》《宗藩条例》《宪纲条例》《六部条例》《六部纂修条例》《吏部四司条例》《考功验封司条例》《兵部武选司条例》《南京工部职掌条例》等;则例类法律主要有《官田则例》《民田则例》《屯田则例》《开中纳米则例》《收税则例》《赎罪则例》《捐纳则例》《赎罪与收赎钱钞则例》《老少废疾并妇人收赎则例》《在京杂犯死罪并徒流笞杖纳豆则例》《陕西纳草赎罪则例》《纳粟赎罪则例》等。从例的发展史看,明清是中国古代例类法律最成熟和鼎盛的时期。

明朝在修例上,最有影响力的是弘治年间修成的《问刑条例》。《问刑条例》是明朝弘治年间刑事立法的代表性成果。《问刑条例》的出现,本质上是由于明太祖在制定洪武三十年律典后,公开禁止子孙修律的变通成果。《问刑条例》是明朝中后期刑事立法的核心,现有弘治、嘉靖和万历三个版本。《大明律》制定后,明太祖规定子孙不得修改律文,于是大量新出现的刑事法律只能通过条例来立法。经历数朝积累,例的数量越来越多,必须进行整理修纂。1492年,刑部尚书彭韶议在奏折中对此有说明:"刑书所载有限,天下之情无穷。故有情轻罪重,亦有情重罪轻,往往取自上裁,斟酌损益,著为事例。盖此例行于在京法司者多,而行于在外法司者少,故在外问刑官多至轻重失宜。宜选属官,汇萃前后奏准事例,分类编集,会官裁定成编,通行内外,与《大明律》兼用。"(《明太祖实录》)1498年,明孝宗下诏修例,两年后修成,史称《弘治问刑条例》(简称《问刑条例》),共有279条。《问刑条例》最初以单行本颁行。为了方便使用,民间很快有人把律例合编刊印出售。最早的律例合刊本是1521年胡琼的《大明律集解》三十卷本。1550年重修《问刑条例》,条文达376条,1555年再修,条文增至385条,如此,嘉靖年间有单行本和律例合刊本两种。1585年,再次重修《问刑条例》,条文为382条。这次修订主要是对律例进行更加详细的整合,采用"律为正文,例为附注"的体例,形成律例两种法律形式合为一体的律典修撰体例。

明朝《问刑条例》与《大明律》的关系是"例以辅律"。如在弘治年间的《问刑条例》与《大明律》中,新增114条,补充131条,修正18条,抵触4条,另外

4 条与律文完全相同。分析条例和律文关系，除抵触 4 条外，其他条例和律文关系是：或与原文略有关联，或直接源于律，或完全与律相同等。① 所以不能得出"例以破律"的结论。明朝律例法律体系的形成，在刑事法律上实现了律文超稳定、例文随事随时变化的双重功能的结构，让刑事法律在渊源上形成了稳定性和及时性，同时可以获得的一种特别法律结构。

（四）《大明会典》

会典的编纂是明朝中后期国家立法的重要内容。学术界一般认为明清会典是中国古代行政立法的重要形式。从内容上看，会典是一种集法律和典章制度为一体的中国古代特有的法典编纂体例，包括当代法律分类中的国家组织法律、行政法、刑法、民事法、诉讼法等法律。会典体例源于宋朝的《会要》，而非《唐六典》，因为《明会要》与《唐六典》相比，《唐六典》是以规范官制设置和职能作为基本内容的。

《大明会典》始编于 1497 年，完成于 1502 年，1509 年李东阳重校，1511 年由司礼监刻印颁行，共 180 卷。《大明会典》把明朝建国以来，至 1502 年各级行政机构、设官职掌、典章法律和事例等内容全面整理，编在一部统一的典制政书中。嘉靖年间重新修订，增入 1503 年以后事例，撰成稿本 200 卷，但未刊行；万历年间重新修订，增入 1549 年以后事例，1587 年重新修订的《大明会典》有 228 卷。万历本是当前流传的通行本。从内容上看，《大明会典》首卷是宗人府，后依次为吏、礼、户、兵、刑、工六部，都察院、六科与各寺、府、监、司等，全面记载了明朝中央、地方政府机构、职掌、官吏任免、文书制度、少数民族地区的管理，农业、手工业、商业和土地制度、赋税、户役、财政等经济政策，以及天文、历法、习俗、文教法律制度等。《大明会典》在体例上以官职制度为纲，形成"官领其事，事归于职，以备一代之制"的典制政书；在内容上以六部为纲，分述诸司职掌，并附以事例冠服、仪礼等，是集法律和典章制度于一体的特殊政书。从体例和效力上看，《大明会典》可以视为一种综合性仪注规范法典。

第二节　行政法律制度

明朝是帝制时期皇权专制得到强化的王朝，这体现在皇权与相权的斗争中，相

---

① 黄源盛. 中国法史导论［M］. 桂林：广西师范大学出版社，2014：297.

权进一步失位，皇权独尊。在中央行政机关设置上，明初废除中书省和宰相制后，设立六部制和内阁制，从制度上保证了皇权在国家政治生活上的独尊地位。

一、行政机构变化

明朝行政机构上的变化，在中央主要表现在中书省和宰相制的废除，六部制、内阁制的形成，廷议会议制度的形成；在地方主要表现在省制稳定及分权，道和总督巡抚制的出现。

（一）六部制

明朝建国初期，中央行政机构沿袭元制，由中书省、都督府、御史台分掌行政、军事、监察三大事务。中书省为中央最高行政机构，总理全国政务。明太祖为了加强皇权，借"胡惟庸"案废除了中书省和宰相制，让原来直属于中书省的吏、户、礼、兵、刑、工部六部直接对皇帝负责，构成新的中央权力机构。《明史·职官制》记载："罢丞相不设，析中书省之政归六部。"明太祖为保证皇权集中，下诏禁止大臣奏请复设中书省和宰相制度。若有奏请设立者，文武群臣可以即时劾奏，处以重刑。废除中书省和宰相制后，中央形成"中书之政，分于六部，彼此颉颃，不敢相压，事皆朝廷总之"（《大明会典·吏部》）的稳定政治格局。中央六部直接对皇帝负责后，六部成为中央最高行政机关，六部长官——尚书成为中央最重要的官员。明朝六部各设尚书一人，正二品，左右侍郎各一人，正三品。各部下再设清吏司负责具体事务。其中，吏部设文选、验封、稽勋、考功四司；礼部设仪制、祠祭、主客、精膳四司；兵部设武选、职方、车驾、武库四司；工部设营缮、虞衡、都水、屯田四司；户部、刑部按全国所设省数分设十三个清吏司，分别对应各省相应事务，成为六部中事务最繁剧的两个部。

（二）内阁制

明太祖废除丞相后，中央事务全部收归皇帝，但皇帝无法承担对所有政务亲自裁决的要求。《明太祖实录》记载，当时给事中张文辅统计，从1381年的9月14日至21日，共8日之内，明太祖批阅全国内外诸司呈送皇帝批复的奏札达1 660件，总计3 391事。这要求皇帝每天须处理约420件政事。为了解决皇帝的工作压力，皇帝只好设立秘书处帮助自己处理政务。1382年，明太祖仿宋制设殿阁大学士，协助皇帝处理政务。明成祖时改为内阁大学士，因其办公地设在皇宫内而称"内阁"。内阁大学士最初仅由正五品文官组成，只是帮助皇帝处理公文事务的"备顾问"秘书而已。在实践运行中,由于内阁大臣与六部执行部门不相统属,造成决策与执行脱节,导致国家行政效率低下。为此,明成祖只好提高内阁大臣地位,让内阁大臣开始参与机务,即参与最高决策。明仁宗、明宣宗时,内阁大臣开始在六部尚书中选任,同时提高没有尚书职衔的内阁大臣级别至正二品,让内阁大臣在职位上得到提升。明宣宗时,在内阁中设制敕房、诰敕房等官署,给予内阁大臣票拟批答权,让内阁成为中央决策部门,并转向成为中央最高决策机构。正统年间,国有大事时由内阁大学士会同各衙门组成内阁会议,让内阁成为中央最高决策机构。在权力上,内阁获得诸司"关白""票拟批答"等权后,成为中央决策的核心机构。在内阁大臣选任上,最初由皇帝选任,称为"特简",后来改由廷臣推举,称为"廷推"。嘉靖之后,"廷推"成为正式制度。内阁大臣人数不固定,少则二三人,多则十几人。内阁大臣中拥有主导地位的大臣称为"首辅",实际承担以前丞相的职权,如张居正任内阁首辅后,成为最有影响力的朝中大臣。明朝内阁从临时秘书处发展成为中央最高决策机构,是帝制时期中央行政机构变迁的重要内容。

(三)廷议会议

明朝中央决策机制中,最重要的是廷议会议制度。廷议就是朝廷大臣会议。明朝出现"事关大利害"的政事时,皇帝把事项交给中央群臣集体讨论,群臣集议后做出拟定决议,奏请皇帝裁决或核准执行。明朝皇帝一般不参与廷议会议。参加廷议会议的大臣少则二三十人,多则上百人。明朝廷议会议分为面议、部议、专家会议三种。

面议由皇帝主持,其他参议人员不固定,人数各不相同,多是公、侯、伯、九卿、六科、侍中、侍郎等官员参与。面议由皇帝当场裁决,并交有关部门执行。面议决策效率极高,但不是明朝廷议的主体。

部议是皇帝下旨就某件国家大事,由各部大臣商议,提出解决方案后,奏请皇帝裁决形成决定后执行。部议参加人员依据所议事项性质而定,人数多少不定。若是某部单独会议,参议者是该部成员,人数相对较少;若是几个部联合集议,会议人员为几个部的重要官员,人数较多。

专家会议是由皇帝召集专门人员组成的专家小组,对某件特定事项进行商讨决策的形式。专家会议参加者职位及人数不确定,依该事重要程度而定。明朝前期在对礼仪制度修订时,皇帝多召集熟知古今仪礼的儒臣,组成专家组进行议定,保证所定仪礼合理、有效。专家会议是明朝前期制定礼仪制度的重要形式。

明朝廷议事项在不同时期略有不同,明太祖时会议的主要内容是创立诸制度,主要与儒臣考订古制,修立礼仪、朝纲,建立国家各项制度和纲常伦理;明成祖统治时期，会议的主要内容是军事、漕运事宜；明仁宗、明宣宗统治时期，以户部议事较多，事务集中在民政方面。

明朝廷议，在政治上，主要有议官制增设与裁撤、议官员升迁、议太子废立、议都城迁徙、议纳米赎罪例、议灾荒救济等；在经济上，议漕运粮运、议盐法、议屯田法、议茶马互市、议钞法等；在礼制文化上，议礼制规范的设立，如家庙礼仪、帝王陵寝制、冠服制、郊祀社稷礼、官民相见礼、朝贺朝会礼、五辂乘舆制、袭爵礼、婚丧礼、封赠赏赐礼、亲王之国礼等；在军事上，主要是遇重大军事问题时，议如何出兵应对等。[①]

明朝廷议是皇帝专权下广集大臣智慧的一种具有"民主议事"性质的特别议事制度，是保证国家决策能够全面吸收群臣意见的重要机制。廷议在现实中具有弥补皇帝个人智慧不足和有效调动廷臣参政积极性的双重作用。

二、地方行政机构

明朝地方行政实行省、府、县三级制。在省级行政机构上，明太祖改元朝行中书省为承宣布政使司，作为地方第一级行政机构。承宣布政使司"与六部均重"。明朝地方行政机构中，除设"两京"（今北京和南京）外，全国还设陕西、山西、山东、河南、浙江、江西、湖广、四川、广东、福建、广西、贵州、云南13个省级行政机构。省级行政机构采用分权制，设承宣布政使司作为地方最高行政长官，总管一省民事事务；设都指挥使司主管全省军务，听命于兵部和五军都督府；设提刑按察使司负责地方刑名监察司事务。省级三个长官分别称为"藩司""都司""臬司"，合称"三司"，地位平级，互不统属，直接对皇帝负责。明朝地方上的这种行政设置，让元朝的省制得以继承，省成为明清时期地方最高行政机构。

明太祖在地方行政设置中裁撤元朝的"路"级行政机构，在布政使司之下设府，府成为明朝第二级行政区划。明朝府设知府、同知、通判、推官等主要职官，其中，知府的主要职责为掌一府一切政务，督察下属州县"奉法循理，为下仪表"（《明史·职官志》）。每府管辖数州县，是重要的地方行政机构。其中"两京"（应天府和顺天府）分别划入南、北直隶直辖，行政级别等同于府。府下设有州和县，作为第三级行政区划。州县设一主官，在州为知州，在县为知县，州县主官掌管辖区内一切刑名钱谷事务。明朝州分为直隶州和府属州，直隶州直属于省，级别与府同级；府属州，隶属于府，地位相当于县，又称散州。

---

① 吴志宏. 明代前期廷议述论［J］. 明长陵营建600周年学术研讨会论文集，2009：159-162.

督抚是总督和巡抚的简称，是明朝中央政府为处理地方某方面事务而临时派遣到地方的主事官员。省级行政官员在设置上，三司互不统属，导致地方存在行政机构运转失灵、办事效率低下、政事无法及时解决等问题，明朝为此设置巡抚，即派中央官员总理地方。起初巡抚并非官职，没有品级，由中央官员兼任，有事派出，事毕返京。在派出期间，总管地方官吏考察和军民事宜。1427年以后，巡抚开始由临时遣派向定制过渡，常设巡抚，并开始形成以省为管辖单位的巡抚制。总督的主要职责是总理一省或几数省军务，同时对各种事务都有参与决定权，可以协调控制文武官员。由于总督具有文官掌管军务和巡抚巡查地方的双重职责，同时管辖范围比巡抚广，品秩也比巡抚高，所以成为地方军政事务中的要员。1441年，明朝对云南麓川用兵，以兵部尚书王骥总督军民事务，总督之名始见。此后，明朝开始不定时、定地地设总督，如设有两广、九边等总督，嘉靖年间成为常设。明朝在省与府之间，根据需要，增设监察区——道，根据具体需要设有督粮道、提学道、兵备道、屯田道、盐法道、漕运道、水利道等。

三、职官选任、考核、监察制度

（一）选任制度

明朝官员选拔制度主要有科举、荫袭、捐纳三种。科举是一般百姓和地主家庭人员出仕的基本途径，称为正途，其他称为异途。明朝异途选官制度主要有荫袭和捐纳。明朝在科举选拔官员上，考试内容是"四书五经"，文体形式是八股文。自明朝始，科举考试从形式到内容都开始教条化，对选拔官员产生了深远影响。

1. 科举考试

在官员选拔上，《明史·选举志序》记载："选举之法大略有四：曰学校，曰科目，曰荐举，曰铨选。"明朝科举考试是选拔官员的基本制度，是国家重臣的主要来源。明朝参与科举的人员主要是一般百姓和地主家庭人员。明朝科举考试分为乡试、会试、殿试。乡试每三年举行一次，在省城举行，考中者称举人。会试在乡试次年举行，考中者称进士。殿试由皇帝主持，录取者分为三甲，一甲是前三名，赐进士及第；二甲约有100名，赐进士出身；三甲约有200名，赐同进士出身。明朝科举考试的内容集中在"四书五经"中，采用八股官牍文体。考中进士者仅获得为官资格，要出任官职，得参加吏部铨选。吏部铨选按性质分为文选与武选，文选由吏部主持，武选由兵部主持。

明朝选官分为：①大选，双月进行，主要选新科进士和官员大考升迁；②急选，一般单月举行，选文官改授、改降、丁忧和候补等；③远方选，即对边远地区官员的委任；④岁贡就教选，即在会试落选举人中选授学正、教谕之类的教育官员。

2. 恩荫和捐纳

恩荫是指因为上辈的功绩或者特殊地位而使下辈获得任官的特殊待遇。明朝恩荫较严格。洪武年间对恩荫进行了立法规制，文官七品以上皆得荫一子以世受俸禄，称为恩荫生。永乐之后，恩荫制度越发严格，需要三品以上，考满著绩，方得请荫。明朝荫子可以直接承袭恩荫所赐的品秩和俸禄，荫子袭职存在文武区别。文官荫子荫袭文职者必须经过科举考试；武官子荫只需要接受一定学校教育，并参加比武考试，比试优异者就可袭职。

捐纳又称开纳、捐输，是指国家根据需求出卖官爵虚衔或实职等行为。明朝捐纳主要是获得国子监生员资格、义官、散官等职衔，或获得封典和诰敕等荣誉性职爵。捐纳成为明朝获取官职的重要途径，国家通过公开卖官鬻爵的手段增加财政收入。明朝洪武、永乐、洪熙、宣德年间，尚无捐纳之举。自明景帝、明景泰起至明末，朝廷常常是在遇到灾荒或边防等急用时，出于筹措粮米或有关物资的需要，鼓励官民捐纳，根据出资多寡，给予官员以记录、加级，给予百姓以入仕的出身资格，对捐纳的官民给匾示旌、顶带荣身等奖励。明朝的捐纳以明码标价的公开方式进行，每逢捐纳都制定了相应的捐纳则例，就官民捐纳的数量和应受的待遇予以明确规定。① 明朝通过公开捐纳获得实职的很少，多数仅获得监生身份。

（二）考核制度

明朝官吏考核制度主要有考满和考察两种形式。考满是指任职期限届满，对官吏在任期内的德业勤绩等进行综合评定，根据法定等级，确定等次后对考核官吏给予去留及职务升降的制度。考察是指中央人事管理机关、监察机关等对官吏的德、勤、能、绩和身体状况进行考察甄别，并按规定查处渎职和严重不称职官吏的制度。②《明史·选举志》记载："考满、考察，二者相辅而行。"明朝考满的时间是内外职官任满三年为一考，六年再考，九年通考。洪武年间对考满制度进行改革，确定考满考核分称职、平常、不称职三等，根据三次考核决定官员的"升、留、去"。考察法有京官和外官两类对象。"京察"是对京官六年一察，采用八法考核，即贪、酷、浮躁、不及、老、病、罢、不谨。根据八法做出不同评价，决定官员去留、升转等。明朝对外官考主要有朝觐考察和巡察。外官的朝觐考察，又称外察，

---

① 杨一凡，刘笃才. 历代例考 [M]. 北京：社会科学文献出版社，2009：249－250.
② 刘志坚，刘杰. 试论明代官吏考察制度 [J]. 西北师大学报，2001 (3)：99.

是在朝觐之时，根据地方官吏年度考核造册，由吏部会同都察院决定官吏奖惩，最后奏皇帝定夺的制度。巡察又称廉察，指由监察官员或受皇帝指派的官吏巡视考察地方官吏的制度。明朝官吏考核基本沿袭元制，参照周制，是中国古代考核制度发展中的重要一环。

（三）监察制度

明朝对监察制度进行了大幅度的改革，主要把元朝御史台改为都察院，统领十三道监察御史；增设六科给事中对中央六部——对应监察，并且与都察院互不统属、互相监督，构成两种不同的监察制度。

明初继承元朝设御史台作为监察机构，但洪武年间明太祖改御史台为都察院，都察院成为最高监察机关。在地方监察制度上，经过多次整顿，监察御史地位提高，职权加重，正式命名为十二道监察御史，后加贵州、云南道，减去北平道，合称十三道监察御史。明朝都察院作为国家正式监察机构，所属职官中主官有都御史、副都御史、佥都御史等；辅助官吏有经历、都事、司务、照磨、司狱等；属官有十三道监察御史，品级为正七品。都察院官员分区监察内外百官，内部御史掌南北两京科试，巡视京营，监临乡试、会试及武举考试，巡视光禄寺、仓场、内库、皇城、京师五城，轮值登闻鼓。在外则为巡按，称巡按御史，即"代天子巡狩"，职责是提督学校、巡盐、茶马、巡漕、巡关及马政、屯田等事，出师时则监军纪功。由于巡按系代天子巡狩，大事奏报，小事立断，权力极大，上至藩服大臣，下至州县官吏，均受其考察。明朝十三道监察御史在组织形式上归都察院统辖，但实质上由皇帝直接指挥，对皇帝负责。

明朝监察制度上的最大创新是创立以"科道"为中心的新型监察体制。所谓"科道"，是指吏、户、礼、兵、刑、工六科给事中及都察院中对全国13个省进行监察的十三道监察御史。他们彼此互不统属，横向并立，各自向皇帝负责。两者地位和执掌类似，故合称为"科道"，又称为"言官"。明太祖废中书省，罢丞相，分相权于吏、户、礼、兵、刑、工六部后，为防止六部权力过大而掣肘皇权，设六科给事中监察六部官吏及百官，因而六科给事中成为直接隶属皇帝的独立监察机关。明朝六科给事中官秩虽然只有七品，但职权非常大，不仅职掌规谏、补阙、拾遗、侍从、稽查六部百司，还职掌纠弹、封驳之事，可以参与廷议、廷推，监督朝廷会议和司法审理等，在明朝发挥着纠举弹劾百官、预防官员违法乱纪的重要作用。

第三节　刑事法律制度

一、刑事法律原则

明朝刑法受明太祖"乱世用重典"的刑事原则影响较为明显，在罪名和刑罚上都出现一些新的变化。

（一）"重其重罪，轻其轻罪"的刑事原则

明朝刑法的基本原则是"重其重罪，轻其轻罪"。《大明律》中事关典礼及风俗教化、轻微的户婚田土等罪名较《唐律疏议》处罚轻，如《大明律》中"祖父母、父母在，而子孙别籍、异财者"，处杖一百，《唐律疏议》中则处徒三年；对"父母丧，匿不举哀"，《大明律》杖六十、徒一年，《唐律疏议》则规定流二千里。对贼盗及有关币帛、钱粮等事和恶逆、诬告、妖书妖言、诈伪制书以及谋盗、贪赃诸罪，《大明律》则较《唐律疏议》处罚为重，如《唐律疏议》中"诸强盗，不得财，徒二年；一尺徒三年，二疋加一等；十疋及伤人者，绞；杀人者，斩"。《大明律》则规定："凡强盗已行，而不得财者，皆杖一百，流三千里；但得财者，不分首从，皆斩。"《唐律疏议》中的"窃盗"，最高刑是加役流，《大明律》则规定"三犯者绞"，并附刺字之刑。此外，《大明律》还增设了一些侵害皇权的罪名，如"大臣专擅选官""奸党"等都处以死刑。因此，薛允升在《唐明律合编》中指出《大明律》是"郊祀庙享，王者之所有事，亦国家大典礼也，稍有怠忽，不敬莫大焉。更以小者言之：婚姻者人道之始，万化之原也。不慎之于初，则本先拨矣，唐律于此等俱严其罚，明律悉改而从轻，甚至明明载在十恶，唐律载明应拟绞流者，亦俱改为杖罪，即此数端而论，两律之优劣，已可得其大凡"。

（二）坚持有限罪刑法定下的比附原则

《大明律》严格规定在案件判决中要"断罪引律令"。《大明律·刑律》记载："凡断罪皆须具引律令，违者，笞三十。若数事共条，止引所犯罪者，听。其特旨断罪，临事处治不为定律者，不得引比为律。若辄引比，致罪有出入者，以故失论。"这里从法律形式上确立了罪刑法定，要求在定罪刑量时应以明确的法律条文

作为首要依据。同时，明朝规定在出现"断罪无正条"的情况下，可以比附适用相关法律。《大明律·名例律》对比附的原则进行了明确规定："凡律令该载不尽事理，若断罪而无正条者，引律比附，应加应减，定拟罪名，转达刑部，议定奏闻。若辄断决，致罪有出入者，以故失论。"综合上述两种法律适用情况，可以得出明朝在法律适用上采用的是有限罪刑法定下的有条件比附适用原则。

（三）"化外人"法律适用上的属地原则

明朝在"化外人"的法律适用上，改变了唐朝确立的属人主义为主、属地主义为辅的原则，采用全面适用属地主义原则。《大明律·名例律》规定："凡化外人犯罪者，并依律拟断。"

二、罪名变化

（一）以奸党罪、结交近侍官罪打击大臣结党营私

明朝在加强皇权的同时，为防止大臣结党专权，制定了奸党罪。奸党罪从法律上严格限制大臣结党专权的出现。奸党罪设立于1380年"胡惟庸案"后，在1397年的《大明律·吏律·职制》中有"奸党罪"专条。奸党罪共分四款：①凡奸邪进谗言、左使杀人者，斩。②若犯罪，律该处死，其大臣小官，巧言谏免、暗邀人心者，亦斩。③若在朝官员，交结朋党，紊乱朝政者，皆斩。④妻子为奴，财产入官。《大明律·奸党》记载："若刑部及大小各衙门官吏，不执法律，听从上司主使出入人罪者，罪亦如之。若有不避权势，明具实迹，亲赴御前执法陈诉者，罪坐奸臣。言告之人与免本罪，仍将犯人财产均给充赏。有官者，升二等；无官者，量与一官，或赏银二千两。"

从上述内容可知，奸党罪分为"左使杀人""巧言谏免""交结朋党，紊乱朝政""不执法律，听从上司主使出入人罪"四类，以及"上言大臣德政"条中"上言宰执大臣美政才德"等。对奸党罪中后三类行为，从重量刑，人犯不分首从皆处斩刑，妻子为奴，财产没官。

明朝还制定交结近侍官罪以打击朝官与宫内太监等内官交往勾结的行为。《大明律·吏律·职制》规定："凡诸衙门官吏，若与内官及近侍人员互相交结，漏泄事情，夤缘作弊而符同奏启者，皆斩。妻子流二千里安置。"明朝的交结近侍官员律不仅继承了前朝露泄禁中、省中语的罪名，还特别强调"漏泄"行为。若是"漏泄"与夤缘作弊有关，则"皆斩"，比"漏泄军情大事"条处罚更加严厉，体现出

对交结罪重刑处罚的目的。这是明太祖为防止臣下揽权，严加治吏的体现，也是加强集权的重要手段。明朝律学家雷梦麟解释该法律条文曰："此条重在漏泄、夤缘、符同奏启，恶其相结为党，背上行私故也。若止以亲故往来交游，而无夤缘作弊、漏泄事情、符同奏启者，不用此律。"（《读律琐言》）除在《大明律》中有规定外，《问刑条例》相关条款对此也进行了较详细的规定："罢闲官吏在京潜住，有擅出入禁门交结的，各门官仔细盘诘，拿送锦衣卫，着实打一百，发烟瘴地面，永远充军。"

（二）以六赃犯罪为中心处罚官吏贪污

明朝法律在打击官吏贪污贿赂方面有较大发展，主要体现在对六赃犯罪的立法完善。明朝六赃罪立法与唐朝六赃罪立法存在不同。明朝六赃是监守盗、常人盗、窃盗、枉法赃、不枉法赃和坐赃。明朝在六赃罪中取消"强盗赃"，把"受所监临赃"分为枉法、不枉法两类，创立监守盗和常人盗两赃。明朝六赃中的监守盗是指监临主守官员盗取国家仓库钱粮等行为；常人盗又称"常人盗仓库钱粮"，是指常人（包括百姓和监临主守以外的官吏）盗取国家仓库中的钱粮行为；窃盗是盗取非国家财产的行为；枉法赃是指官吏收受他人财物而故意违法裁判的赃罪；不枉法赃是官吏收受他人财物而后并不违裁判的赃罪；坐赃是指官吏非因事索取他人财物或因失职致国家财产受损失而获罪的赃罪。明朝赃罪立法较为成熟。《大明律》"受赃门"下有"官吏受财""坐赃致罪""事后受财""有事以财请求""在京求索借贷人财物""家人求索""风宪官吏犯赃""因公擅科敛""私受公侯财物""尅留盗赃""官吏听许财物" 11 条。此外，《大明律》的《课程》和《盐法》中还有大量内容涉及赃罪处罚，如《课程》第十九条规定，对官吏贪污、盗窃、受贿罪从重论处。明初《大诰》也属于赃罪立法。从法律上看，明朝规定官吏贪污受贿，连同行贿者一同处罚。明朝六赃犯罪中除常人盗和窃盗主体包括百姓外，监守盗、枉法、不枉法和坐赃获罪的主体只能是官吏。监守盗、常人盗和窃盗属于侵犯公、私财产的犯罪，枉法赃、不枉法赃和坐赃属于职务犯罪。明朝官吏犯赃罪时，"有禄人"犯罪重于"无禄人"，"风宪官"犯罪比一般官吏加二等。明朝洪武年间对贪污受贿官吏进行史无前例的严罚，规定官吏赃至六十两以上，处以枭首示众、剥皮实草的极刑，如 1385 年户部侍郎郭桓等人盗贪官粮的"秋粮案"中，从中央到地方数万人被处死；开国元勋朱亮祖由于受贿枉法，被召入京城鞭死等。

（三）加强对重大犯罪的立法

明朝在刑律上对谋反罪、谋大逆罪、强盗罪等重大犯罪，尤其是政治性犯罪处罚苛重，不区分情节，株连广泛。这与《唐律疏议》相比，体现出"重其所重"的特点。例如，对谋反、谋大逆等政治性犯罪，唐律只限于本人及父子年十六以上者处死，明律则规定人犯不分首从一律凌迟处死，父子、祖孙、兄弟、伯叔、侄，以及同居男子，不管同姓异姓、不限籍之异同，扩大了株连的范围。

明朝在强盗、窃盗等财产犯罪上处罚较重，如在强盗罪上，不得财处以杖一百，流三千里；若得财，不论多少和首从，皆处以斩刑。明朝通过条例，扩大强盗罪的适用范围。明朝对窃盗罪增加附加刑——刺字，初犯刺右臂，再犯刺左臂。此外，还有枷号等处罚。犯白昼抢夺罪，规定得财者杖一百，徒三年；赃重的加窃盗罪二等；伤人者斩；为从者，减一等。明朝对强盗、抢夺、偷窃罪的区分和详细立法，体现了中国古代财产犯罪立法上的成熟，也体现出国家对财产保护的加强。

（四）通过文字狱加强文化思想专制

明朝是中国古代文字狱十分突出的时期，影响十分深远。明朝文字狱最突出的是洪武年间。洪武年间屡次大兴文字狱，其规模之大，程度之深，是前无古人的。清朝史学家赵翼把明初文字狱称为"表笺之祸。"明太祖统治时期规定，遇到圣节（皇帝生日）、冬至、元旦及加太皇太后、皇太后尊号、寿旦，册封太子等节日，内外文武官员必须上表笺祝贺。明太祖一方面通过这些歌功颂德的表笺来获得虚荣，另一方面对所上表笺中的使用文字十分敏感，发挥想象，大兴狱案。明太祖对自己曾当过和尚和红巾军的经历十分敏感，常因"贼""盗""僧""髡"等字的谐音字"则""道""生""坤"而杀人，如尉氏县教谕许元，所作《万寿贺表》内有"体乾法坤，藻饰太平"一句，被认为有讽刺皇帝"发髡""早失太平"之嫌而被处死。明太祖因文字联想而杀人的行为，成为中国古代文字狱中的重要事件，流毒深远。

三、刑罚的变化

明朝刑罚是承袭隋朝确定的笞、杖、徒、流、死五刑。除此之外，充军刑、凌迟刑、廷杖刑、赎刑等是明朝创立和完善的新刑或特色刑罚。

（一）充军刑

充军刑又称发配充军，最初是作为死刑减死的替代刑，后来还作为流刑的加等刑。明朝充军是把死刑人犯减死后发配卫所充作军籍，作为军人和军中杂役人员。明朝充军的出现与国家实行卫所军屯和军籍独立制度有关，两者相互依赖。明朝充军刑与流刑在性质上存在不同，充军刑是流刑的加等刑。明朝充军刑成为国家刑罚中的重要刑种，对国家死刑减等和流刑加等都产生重大影响。明朝充军立法十分发达，从现存法律看，《大明律》中有46条，《诸司职掌》中有22条，《问刑条例》中有189条，占《问刑条例》总数382条的近一半。充军刑最初主要适用于军人和军官，明朝中后期适用对象扩展到文人官吏及平民百姓，成为通用刑。充军刑根据充军的地理位置分等，明初分附近和边远两等，中期在《问刑条例》中分附近、边卫、边远、烟瘴、口外、极边卫六等；在时间上，分为终身与永远，终身是死后家属可以回原籍，永远是死后家属不能回原籍，世代居住在充军地。充军具有减刑、实边、迁移人口、开发边疆等多重功能。

（二）凌迟刑

凌迟亦称"陵迟""脔割""磔"，为死刑的一种执行方式，是以利刃割剖人犯肌肤，残害其肢体，使受刑人在极端痛苦中缓慢死亡的刑罚。凌迟刑在唐、宋两朝律典中不属于五刑，但宋朝时开始成为法定刑罚之一，元朝在法律上亦有凌迟刑。明律中凌迟刑主要适用在大逆、恶逆等特定罪名中。《大明律·刑律》记载："谋反大逆：凡谋反，谓谋危社稷；大逆，谓谋毁宗庙、山陵及宫阙。但共谋者，不分首从，皆凌迟处死。"

（三）廷杖刑

廷杖刑是明朝对犯颜直谏或忤旨犯过的官员，由皇帝下旨，在殿阶之下行刑的杖罚制度。明朝廷杖刑执行时，由宦官监刑，锦衣卫行刑，杖具为木棍，五杖一易人。廷杖刑在中国古代出现时间较早，东汉、北周时就有皇帝当廷刑杖大臣，隋唐两朝偶用，到明朝成为常制。明朝廷杖刑始于明太祖杖工部尚书薛祥，盛于明武宗、明世宗年间。明武宗时大臣谏皇帝南巡，武宗两次廷杖大臣146人，打死11人；明世宗时大臣因与皇帝发生大礼之争，皇帝怒杖134人，打死17人。对于廷杖刑，史称"公卿之辱，前所未有"。明朝廷杖刑的大量使用是皇权加强和滥用的表现，也是明朝文官大臣与皇帝矛盾加深的体现。

（四）赎刑

明朝赎刑较前朝有很大变化，不仅《大明律》中有关赎刑的规定较前朝适用对象有扩张、矜恤赎刑适用更加宽松，还通过制定大量赎罪则例，特别是修订《问刑条例》，扩大赎刑的适用范围。《大明会典·刑部》记载："赎法有二，有律得收赎者，有例得纳赎者。律赎无敢损益，而纳赎之例则因时权益。"律赎是指按《大明律》有关条款规定赎罪，其限制明确，且作为"祖制"不能损益。明朝律赎规定：

"文武官吏犯公罪该笞者,以俸赎罪;军官犯私罪该笞者,附近收赎;民年七十以上,十五以下及废疾犯流罪以下,收赎;妇人和习业已成、能专其事的天文生犯徒、流罪,各杖决一百,余罪收赎;家无以次成丁者犯徒、流罪,自杖一百,余罪收赎,存留养亲;过失杀伤人者,依律收赎;告二事以上情节有某些出入者该笞者,收赎。"① 例赎是依照各类例规定的赎罪条款实施,其内容因时而变,并不固定。例赎始于洪武年间,1397 年,明太祖命六部、都察院等官议定并颁行《赎罪事例》。同年,明太祖在颁布《大明律》时再次强调"除谋逆并律诰该载外,其杂犯大小之罪,悉依赎罪之例论断"(《明太祖实录》)。这样就正式确立了例赎制度。此后,明朝赎刑通过例赎得到极大丰富,各个时期的赎罪则例主要是针对罪犯因时因地,对赎罪具体方式、标准做出的详细规定。总体上,赎刑方式可分为纳赎和罚役两类,即以缴纳钱财和服劳役两种形式赎罪。

明朝律赎和例赎的区别:①律赎适用范围是律典所确定的特定范围,大致分为7 类事项,例赎则适用于除犯死罪外的所有罪犯。②"律得收赎"是赎余罪,"例得纳赎"是赎全罪。③律赎系明太祖钦定,具有稳定性,不能任意修改,例赎具有灵活性,可以随时随事修改。②

明朝赎刑适用的目的:①使立法与司法实际相适应,使刑罚能够有效执行。②增加国家财政收入,缓解各地所需物料、边防赈灾或朝廷急需物资等,《明史·刑法志》规定,"又国家得时藉其入,以佐缓急。而实边、足储、振荒、宫府颁给诸大费,往往取给于赃赎二者。故赎法比历代特详。"③通过赎刑使刑罚相对宽缓,达到矜恤的目的。明朝赎刑高度发达,具有方式繁多,适用范围和对象广泛,适用程序严格、规范等特点。

第四节 民事经济法律制度

一、土地权益和交易的多样化

明朝的土地法律主要涉及土地租佃、买卖形式、租佃制三个方面,对所有权、

---

① 杨一凡.明代赎罪则例刍议//陈金全,汪世荣.中国传统司法与司法传统.陕西师范大学出版社,2009:378.
② 杨一凡,刘笃才.历代例考[M].北京:社会科学文献出版社,2009:254-255.

佃权等的保护是其主要内容。

（一）通过"鱼鳞图册"形成对土地所有权的严格保护

元末明初，经历了二十多年的战争，人口大量死亡，土地荒芜，人烟稀少。朱元璋建立政权后，开始积极鼓励垦荒，给予垦荒者各种优惠，如免税三年、承认土地所有权等。经济得到恢复后，随之而来的土地权属争议和避税问题开始严重。1387年，明太祖命国子生武淳等人分行州县，核定田地数量，定纳税赋额。为此，明朝采用了划区设粮长的政策，对区内土地登记造清册，以《千字文》为编号，书写田主姓名、田亩数量、土地优劣、形状方圆，编类成册，一式四份，作为各级政府征收地税的依据。由于土地登记册通过画土地形状、方位，以确定田土四至、面积，甚至是科则、田主、佃户等，登记册形状像鱼鳞，所以称为"鱼鳞图册"。明朝"鱼鳞图册"除对耕地登记外，还对坟山、山地、沙荒地、盐碱地等进行全面登记，成为政府对地方土地权属确认的依据。明朝对土地清查登记后，当发生土地交易或产权纠纷时，国家能够确认交易以及土地所有者，其目的是保证国家赋税。

（二）土地权益和租佃法

1. 田面权和田底权

明朝的土地所有权大致分为私人所有和国家所有两种。明朝的土地私有制得到充分发展，土地的完全商品化和交易的市场化，进一步促进了地产市场的充分发展。明朝国家对土地不再进行强制限制兼并，而是积极保护土地所有权与交易的合法性，同时保护地主所有权和佃农使用权。明朝土地所有权在发展中出现所有权和使用权的分离并充分发展，形成完善的田面权和田底权，称为"一田二主"。田面权主要是指使用权，也称永佃权，田底权是指所有权和收益权。在这种制度下，所有者可以对田底权进行转让和出卖，永佃者可以把使用权转让和出卖，两种权益分离，各不影响，两者的关系仅在田租上。

2. 形式多样的地权交易

明朝在土地所有权买卖上形成活卖和绝卖两种基本形式。活卖是出卖者在土地所有权转让后保留回赎权，绝卖是所有者完全转出所有权，是真正意义上的出卖。明朝的土地房产等不动产交易契约，包括活卖契、找贴契、绝卖契三种类型。

活卖又称典卖，指把土地出卖给对方，但出卖人在一定年限内拥有回赎的权利，购买者获得对土地占有、使用、收益、处分的权利，但存在回赎权的限制。活卖的基本特征是出卖人在法定条件下可以赎回出让的土地。

找贴是活卖与绝卖之间的一种特殊形态。所有人在出卖所有权后，在一定时期内无力回赎，可以要求买主增加支付一定数额价金，但出卖人仍拥有回赎权。此外，还有一种是当回赎期到后，出卖人无力回赎时，可以通过找贴把活卖转成绝卖，全部转出所有权。

绝卖是所有人把土地所有权完全转让给买受方的交易。在契约上，绝卖称为死契、卖断契、休心断骨契、找断休心契等，以示交易的特定性质。绝卖后出卖人失去回赎、找贴的权利。

明朝随着土地成为越来越稀缺的资源，在田地等不动产交易上，活卖成为主要形式，虽然现实中很多交易最终变成绝卖，但所有人开始时往往只采用活卖。

3. 租佃制

由于国家不抑兼并，明朝土地集中快而明显。土地市场上形成地主通过收租获利、佃农通过租佃土地获得生存条件的共存模式。田租成为地主和佃农之间的联系纽带。明朝田租形成分成租、定额租、佃仆制三种，其中前两种是主流形式。

二、婚姻继承法的细化

明朝婚姻、继承法律主要沿袭唐、宋两朝，在具体内容上略有差异。明太祖洪武年间规定："凡男年十六，女年十四以上，并听婚娶。"（《大明会典·庶人纳妇》）《大明令·户令》中规定寡妇拥有继承权："凡妇人夫亡无子，守志者，合承老分，须凭族长择昭穆相当之人继嗣。其改嫁者，夫家财产及原有妆奁，并听前夫之家为主。"在丈夫死后，守节寡妇拥有遗产继承权，但改嫁的，夫家财产和她出嫁时的嫁妆归前夫家所有。

在继承法上，明朝在身份继承上采用嫡长子继承制，在财产继承上采用诸子均分制。明朝身份继承是以"宗祧继承"为核心。《大明律》对身份继承上违反嫡长子继承的有详细的处罚。《大明会典·户律》记载："凡立嫡子违法者，杖八十。其嫡妻年五十以上无子者，得立庶长子；不立长子者，罪亦同。"如果没有男性后代，就需要选立"嗣子"，法律对立"嗣子"有严格的规定。《大明令·户令》规定："凡无子者许令同宗昭穆相当之侄承继，先尽同父周亲，次及大功、小功、缌麻。如俱无，方许择立远房及同姓为嗣，若立嗣之后却生亲子，其家产与原立子均分。并不许乞养异姓为嗣，以乱宗族；立同姓者亦不得尊卑失序，以乱昭穆。"明朝在财产继承立法上，采取诸子均分制，同时也具有较强的灵活性。分析家财田产时，"不问妻妾婢生，止依子数均分"（《大明令·户令》）。若没有男性继承，可以由同宗继子继承，若都没有，由亲生女儿继承。《大明令·户令》规定："凡户绝财产，果无同宗应继者，所生亲女承分。无女者，入官。"明朝对家庭中具有特殊身份的继承人有特别规定，如奸生子可以参与继承，只是继承份额受到限制；赘婿拥有继承权，禁止逐女婿等。

三、"一条鞭法"与赋税改革

明朝的赋税制度建立在"鱼鳞图册"基础上，具体税赋制度继承宋元，到明朝中后期，推行"一条鞭法"，进行税制改革。"一条鞭法"是万历年间内阁首辅张居正进行的重要税制改革。《明史·食货志》记载："一条鞭法者，总括一州县之赋役，量地计丁，丁粮毕输于官。一岁之役，官为佥募。力差，则计其工食之费，量为增减；银差，则计其交纳之费，加以增耗。凡额办、派办、京库岁需与存留、供亿诸费，以及土贡方物，悉并为一条，皆计亩征银，折办于官，故谓之一条鞭。""一条鞭法"将赋役合并，计亩征银；赋税征收由实物转向白银，并用雇役制代替差役制；实行税赋官收官解，减轻了农民的赋役负担，人身依附也相应减弱，同时增加了国家财政收入，但"一条鞭法"随着张居正的陨落而被废止。

四、以盐、茶为中心的严苛商业立法

明朝在商业立法上，主要加大对盐、茶等大宗商品的管理。商业立法主要涉及钱法、盐法、私茶、匿税、钱债、市场等方面。《大明律》中对商品经济立法明显加强，在《户律》下制定有《茶法》《盐法》《钞法》《钱法》等。其中，《茶法》《盐法》规定对走私盐、茶者处以重刑，成为国家经济垄断和民间走私犯罪的主要法律；《钞法》《钱法》中严禁违法造钱币，保证国家货币的正常交易，促进经济正常运行。此外，明朝还通过大量的相关条例、则例等，制定数量繁多的商品经济法。明朝对大宗商品实行国家专卖政策，对盐、茶等进行官榷和征税，由国家统购统销，政府于产地收购盐、茶，然后出售给零售盐、茶商人，商人凭"引"贩运到各地销地零售。"盐引""茶引"载明货物种类、数量以及道里远近，便于商贩按"引"缴税，同时也方便征收税课，以及官府对偷税进行追查。《大明律》规定严禁买卖私盐、私茶，对走私盐、茶者处以重刑。《明史·食货志》中有"鬻盐有定所，刊诸铜版，犯私盐者罪至死，伪造引者如之，盐与引离，即以私盐论""凡犯私茶者，与私盐同罪，私茶出境，与关隘不讥者，并论死"等记载。

明初国家曾短暂禁止民间卖酒，采用官方专卖，但很快国家就不再对酒、醋实施专卖，任由平民私酿，只是征收相应课税。《大明律·户律》规定："凡客商匿税，及卖酒醋之家不纳课程者，笞五十。物货酒醋一半入官，于入官物内，以十分为率，三分付告人充赏，务官攒拦自获者不赏。入门不吊引，同匿税法。"《大明会典》记载，"酒曲课钞：凡诸色人等，踏造酒曲货卖者，须要赴务投税，方许货卖。违者，并依匿税科断。自行造酒家用者，曲货不在投税之限。如卖酒之家，自无曲货者，须要收买曾经投税曲货，造酒货卖，依例办纳酒课。若系自行造曲者，其曲亦须赴务投税。"明朝酒、醋等纳税已经成为定制，为此设有专门酒税征收机构，在京城设宣课司，在地方设通课司。

明朝对盐、茶、酒等主要商品进行立法，其主要目的：一方面，国家要对盐、茶、酒等商品进行管控，实现对主要商品征税的调节和规范，保障国家财政收入；另一方面，通过复杂的严刑峻法来维持国家对主要经济的垄断及打击民间走私犯罪。

五、明朝禁海法律与海外贸易

明朝是当时世界上最大的经济体，内部贸易十分发达，但对海上贸易基本采用禁止政策，主要是禁止民间自由从事海上贸易，禁止民间自由制造大型船舶，严格限制出海货物品种，对出海人员严格登记，禁止外国人自由到中国沿海港口贸易等。

明太祖禁止海上贸易是为了防止海盗侵扰。1371年，禁止濒海百姓私自出海，1381年，禁止濒海百姓私通海外诸国。从历史上看，明朝通过禁止海外贸易防止海盗并没有起到预期效果，反而加剧了海盗行为。

明朝虽然在明成祖时有过发达的海外朝贡贸易，但对国家海外贸易发展的影响十分有限。明朝禁止海外贸易，让中国对外贸易受到阻碍，无法开展正常的对外交流，使中国失去与国外进行正常贸易、开拓海外市场的机会，也使百姓失去通过自然交流、学习海外知识文化的机会。

第五节　司法诉讼制度

明朝中央司法机关由三法司组成，即刑部、大理寺和都察院。此外，还有宗正府、户部等负责特定领域的司法机关。在地方司法机构上，由省、府、县三级构成。在司法制度上影响较大的有会审制度，以及明朝的厂卫特务组织和形成于明朝中后期并全盛于清朝的刑名幕友制度等。

一、司法机构

（一）以刑部为中心的分权司法制度

明朝的中央司法主要由刑部、大理寺、都察院分职承担，三大司法机关合称三法司。关于明朝中央的三大司法机关，其职能与唐、宋两朝相较有很大不同，从职能上看，刑部和大理寺的职能出现相互交换，形成了刑部主审判、大理寺主复核、都察院主监督的分权结构。洪武年间规定："命天下诸司刑狱皆用刑部、都察院详议平允，又送大理审覆，然后决之。"（《明实录·附录五》）明朝中央司法机关在职能变化上，主要是刑部权力扩大并成为三法司的核心，都察院和大理寺没有司法审判权，仅有参与和监察权，其中大理寺弱化成为次要部门。

刑部成为明朝中央最高司法机关，承担着全国重刑案件复审复核和京城案件的直接审理工作。刑部之下按省分设有河南、山东、山西、陕西、浙江、江西、湖广、广东、广西、四川、福建、云南、贵州13个清吏司，每个清吏司掌该省刑名之事，并量其繁简，带管所分直隶府州、在京衙门。明朝大理寺不再是审判机关，转成复核机关。《明史·职官志》记载："凡刑部、都察院、五军断事官所推狱讼，皆移案牍，引囚徒，诣寺详谳。左、右寺寺正，各随其所辖而覆审之。"大理寺成为对刑部、都察院及中央其他司法部门及地方司法机关审理的案件进行复审，以平反冤错、纠查驳正的司法监督部门。都察院作为专门的监察机关，主要参与三司会审、纠察百官、监督审判活动，巡按御史出巡各地时审录罪囚、监察有无冤假错案等。

（二）以提刑按察司为中心构建地方司法机关

明朝地方省级行政机关中设提刑按察使专职负责一省司法事务，"掌一省刑名按劾之事"（《明史·职官志》）。提刑按察司设有按察使一员，副使、佥事等数名，没有定员，根据所管地方人口、区域大小而设，设司狱司专门管理本司监狱事宜。府级行政机构设有推官、同知等专司司法，县和散州由辖区行政长官兼理本行政区的司法。都察院的巡按御史对辖区内案件进行复查。

明太祖在1372年创建申明亭，作为乡村基层社会中读法宣教、引民向善、明理断讼、辅弼刑制的场所。里老是申明亭制度的核心，每个里推选一名年高有德的老人掌管其事。里老与里甲共同调处里甲内民众轻微刑事案件和民事纠纷。里老在申明亭的调处具有一定强制性，类似诉讼前置程序。对不经里老审理而直诉至官府的，在处罚后发回申明亭调处。里老对官府审理判决不公的案子，可以审查。经过里老审理，存在不公的可以上诉到官府。申明亭自设置后，虽然在明初落实得较好，对维护乡村基层社会秩序也起到积极作用，但自宣德年间开始衰落，正德、嘉靖年间申明亭制度基本瓦解，无法正常运行。

二、会审制度

明朝在司法审判制度上，最大的特点是各种会审制度的出现和完善，取代过去的录囚制度，形成新的国家"恤刑""慎刑"制度。会审制度本质上是一种慎刑制度，目的是制约单一司法机关带来的滥权。明朝会审主要有九卿会审、热审、朝审、大审等。

九卿会审是指六部尚书加都察院左都御史、大理寺卿、通政使联合组成的审判委员会会审，又称圆审。九卿会审审理的案件是皇帝交给审理和重大案件中三法司审理判决后囚犯不服翻供的案件。

热审是明朝实行的一种恤刑制度，是为了防止夏天天气酷热导致狱囚病死而清理刑狱的方式。热审始于明太祖初年，于每年小满节后十余日举行，由司礼监传旨刑部，会同都察院、锦衣卫提请审录在押囚犯。最初针对笞杖等轻罪人犯，后及于徒流以下人犯。对笞杖犯给予决刑后放遣，对徒流犯采用减等纳赎罚后放遣。

朝审始于明英宗天顺年间，每年霜降后由三法司会同公侯伯会审，由吏部尚书或户部尚书主持，审理的是京师重刑囚犯。此制成为清朝对京师死刑犯朝审的渊源。

大审始于1481年，由皇帝命司礼监太监一员，会同三法司堂官，在大理寺审录重刑人犯；规定五年一次，目的是清理疑狱，对象是多年监禁的囚徒；审理的结果分为情重罪实的秋后处决、矜疑死刑人犯改判充军、杂犯死罪减等发落。

三、厂卫特务组织

明朝司法活动中，最大的特点是直属于皇帝的厂卫特务组织的出现和公开活动，对正常司法秩序构成了破坏。明朝的厂卫特务组织有锦衣卫、东厂、西厂、内行厂等，其拥有侦缉和审判权力。

厂卫特务组织中，卫是锦衣卫，原属皇帝十二卫亲军，由镇抚司管辖。厂最早是明成祖设立的东厂；明宪宗为监督东厂和锦衣卫，增设西厂；明武宗为监督东厂、西厂，增设内行厂。各厂的首领由皇帝任命亲信太监出任。厂卫特务组织直属于皇帝，凌驾在正常司法机关之上，拥有特殊司法特权，其活动不受监察机关监督，在司法上产生了恶劣影响。厂卫特务组织拥有以下职权：

（1）侦查缉捕权。厂卫侦查缉捕的对象是涉及国家政权安全的政治要案，对一般刑事案件不参与。在侦查缉捕时不受中央和地方官府干预，成为特权、法外组织。

（2）监督审判权。厂卫在法律上无审判权，仅有审讯权。《明史·刑法志》规定，厂卫所获人犯"必移镇抚再鞠"，完成审讯后，移送司法机构，即"大狱经讯，即送法司拟罪，未尝具狱词。"但他们在审讯人犯时经常法外用刑，恣意刑讯逼供，其他司法机关不敢监督和平反。在涉及重要政治性案件中，锦衣卫会派人员参与三法司审理，或参与承天门外会审；东厂会派人参与"听记"，监督后直接报告皇帝。这些都影响了司法机关的正常审判活动。

（3）法外施刑。厂卫经常法外用刑，《明史·刑法志》称："廷杖、东西厂、锦衣卫、镇抚司狱是已。是数者，杀人至惨，而不丽于法。"厂卫特务组织常用酷刑杀人却不负法律责任，如魏忠贤用三百斤重枷监禁人犯，导致人犯数日死者达六七十人。

四、刑名幕友

明朝科举考试只考经学和策论两种，对地方官员日常管理中的两大事务：司法和税赋管理技能，在选官考核上完全忽视，导致国家各级官员在履行专司决策、专门业务上技能严重不足。同时，明朝在地方各级政府中，特别在州县上，不再设专司法律、财政的辅助官员。官员为解决法律专业知识和管理财政技能上的不足，只好自己招募从事刑名、钱谷的幕友，辅助自己处理相关事务，慢慢形成独特的幕友制度。明朝中后期开始出现"幕友"这类非国家官吏人员的特殊职业阶层，迄及清朝，繁盛一时，影响帝制时期国家治理五百年之久。

幕友又称夫子、西席、师爷、幕宾、幕客等。幕友具有以下特点：①他们不是国家官吏，是官员私人聘请的师友和宾客；②幕友是主官私人聘请的顾问和帮办，由主官支付薪金；③官幕之间不是行政上的上下级关系，是主客关系，来去自由；④幕友学有专长，为主官提供专业服务；⑤幕友与主官之间是建立在相互信任基础上的一种雇佣关系，幕友地位高于衙门内的胥吏。明清两朝的幕友分工较细，分为刑名、钱谷、书启、挂号、帐房等七八种，其中以专理司法的刑名幕友和专管赋税的钱谷幕友为核心。明朝幕友构成特殊的专业和利益群体，影响着地方治理中的司法、财务及整个国家公牍文书的文体风格。

明朝刑名幕友是整个地方司法中的中坚力量。刑名幕友构成从地方基层——县级衙门到地方最高机构——督抚衙署中的司法主体，成为地方司法审判中的专业群体。地方司法中刑名幕友的职权有：①审拟控词，对原告诉状文书进行审查，做出处理意见，如审查诉状是当事人自书还是请人代书，要不要受理等；②做开庭前的准备工作，根据法定不理刑名日期、案件情况、主官事务安排，确定案件审理日期，发出传票给原被告、证人；③制作勘验详案，即对案件中原被告、被害人家属和证人查证，制作勘验报告；④定拟判决，对笞杖刑，代州县官员做出拟判，对徒、流、死等案件制作详细呈报，并做出拟判；⑤审转复核，明朝在司法上实行法定呈报复审制度，在层层审转和复核中会产生驳文和上控等各种司法文书，其中上级衙门对上报法律文书质疑和不同意见时，下级呈报机构必须做出答复。以上五个方面的工作可以总结为拟判引律和批答案牍两个工作中心。

在司法制度上，明朝通过严密的审转复核制度，让刑部专业官员对全国司法审判活动进行了全面管控和监督；同时，通过中央刑部颁行具有约束力和指导意义的各类成案，促使全国地方司法官员在法律适用上更加准确，弥补成文法典的不足，让地方官吏在成文法适用上具有相对精确的标准。为适应这种司法要求，地方官僚通过招聘具有法律专业知识的刑名幕友来弥补自己在专司决策、专门业务上的不足，平民百姓通过聘请民间讼师来弥补自己在法律知识和技能上的不足。如此，明朝开始在国家法律运行机制中，形成具有不同目标任务的三大法律人群体：刑部内部高度专业化的法律官吏、地方政府中的刑名幕友和流动于民间的讼师群体，他们在不同目标下，在诉讼场域中用法律进行"言说"，促使国家司法活动向职业化方向发展。

本章小结

明初在"乱世"和"反元政，尚严厉"的前提下，确立了"明刑弼教""明礼以导民，定律以绳顽""刑乱世用重典"等法制原则，这对其法律的发展产生了重要的影响。明朝法律形式由律和例构成，改变了唐、宋两朝以律令为基础的法律体系。《大明律》构成稳定的国家基本法，例成为最活跃的法律形式。中书省和宰相制的废除，六部制、内阁制的形成改变了中央行政机构；总督和巡抚改变了地方行政管理。选官有正途的科举，异途的恩荫和捐纳也对官员选拔产生重要影响。对奸党罪、谋逆罪、强盗罪的立法严密，文字狱的极端发展对刑法产生重大影响。"鱼鳞图册"制、"一田二主"、活卖、找贴、绝卖等让民事法律获得新发展。九卿会审、热审、朝审、大审、厂卫特务组织、刑名幕友等的出现影响着明朝司法的运行。

思考题

1. 试述明朝六部制法律体系的特点和影响。
2. 简述明朝财产法律的特征。
3. 论述明朝田宅所有权的变迁与国家法律设置的特点。
4. 论述明朝中央机构变迁与皇权变化的关系。

第十一章 清朝法律(上)

导 言

聚居于东北地区的女真族在12—13世纪,曾一度统一,建立与宋、辽并立的金朝。金朝被宋蒙灭亡之后,女真族又陷于分裂。到了明朝统治的后期,女真族的领袖努尔哈赤再次统一女真各部,并于1616年建立后金政权。努尔哈赤死后,皇太极继承汗位,改女真族为满洲,并于1636年称帝,改国号为清。1644年清军入山海关,定都北京,进而逐步确立了在全国范围内的统治。从1644年清军入关到1912年清帝逊位,清朝的统治延续了268年之久,其间中国经历了两个性质不同的社会发展阶段,即1840年以前的传统社会和1840年以后的半殖民地半封建社会。本章叙述的是1840年以前清朝的法律制度。清朝统治者入主中原以来,基本上能够顺应历史发展的潮流,主动接受汉族的先进文化,采取了有利于多民族统一、促进社会经济发展的统治政策。在法律方面,清朝统治者不但继承了明朝法制的优秀成果,而且对前朝刑罚酷滥、宦官与特务干预司法的弊制予以纠正。为了在广阔的疆域内对少数民族实行有效的司法管辖,清朝因应各少数民族的风俗习惯立法建制,既维护了中央政权的司法统一,又兼顾少数民族的特殊性。这是清朝法制发展完备的积极方面。但是,由于清王朝是以少数满洲贵族为主体的专制政权,其法制不仅带有专制性,还带有强烈的民族压迫性。所以,清朝法制具有沿着专制性与民族压迫性进一步发展的消极倾向。总之,清朝法制是中国传统社会法制的最后形态,同时又是传统社会法制的完备形态。

> **学习目标**
>
> 通过本章的学习，掌握以下主要内容：
> 1. 清朝对明朝法制的继承与发展。
> 2. 清朝法律体系所包含的法律形式。
> 3. 清朝的律例关系。
> 4. 清朝刑事法律的变化。
> 5. 清朝会审制度的发展。

第一节 法律思想与法律体系

一、"参汉酌金"的立法思想

清军入关之前，努尔哈赤与皇太极将均重视法制，将法制作为治国之策，"禁悖乱、辑盗贼，法制以立"（《清史稿·刑法志一》）。皇太极在位期间，政权发展初具规模，他意识到吸收汉族法律文化对社会发展和政权稳定的意义，提出了"参汉酌金"的立法原则。所谓"参汉酌金"，是指一方面保留后金政权原有的民族习惯，根据本民族的需要建立法律体制；另一方面积极吸收明朝法律制度和汉族法律文化。在这一原则的指导下，满族统治政权的法制发展从形式与内容上都越来越受到汉族儒家文化的影响，并为入关后立法奠定了思想基础。

清军入关后，清初统治者面临着复杂的社会情况和严重的民族矛盾。在一些汉人的影响和启发下，清朝统治者对中国传统文化的政治内涵与作用有着清醒的认识，提出"以汉治汉"的策略，将汉族文化理念融合到政治生活的各个方面。在法律制度上，清初统治者延续"参汉酌金"的立法思想，进一步提出"详译明律，参以国制"。在对明律仔细参详的基础上，再结合满族自身的特点及社会现实，制定出一套既能体现传统儒家的精神，又适合清朝政治统治的法律体系。

从顺治帝开始，经历康熙帝、雍正帝，至乾隆帝，"详译明律，参以国制"的方针不断推向深入。以《大明律》为蓝本制定的《大清律例》和仿照《大明会典》制定的《大清会典》、各部院则例，都是"参汉酌金"立法思想和原则在全国范围内的实施。

二、律学的发展

（一）以考证和注释为主要方法的律学

清朝的律学是中国传统律学之集大成者，是中国历史上私家注律的最后形态。清朝的律学在承继明朝律学的基础上发展而来，具有中国传统律学的基本特点。传统律学在其漫长的历史发展过程中，基本贯穿了儒家的精神——纲常名教。从汉朝的说经解律到清朝的注释律学，一直贯穿了礼法结合、任法与任礼并举的精神，这也是中国传统社会法制的一个主要特点。中国的传统律学与西方的"法学"有着根本性的区别：中国的传统律学着眼于实用，是适应司法实践需要而发展起来的，具有明显的"经验主义"特色，律学的最高成就是综合这些"新"经验使其条文化，并成为国家变法修律的主要内容；而西方的"法学"，具有很强的理论性，这也是中国传统律学的不足之处。

由于清朝对百姓实行严格的思想控制，经世致用的传统律学逐渐转向了脱离现实的考据和注释之学。在清朝的律学体系中，以考证为特点的注律著作，成为其一个重要的组成部分。律学家致力于考证条文的沿革变化，并进行历史的探源溯流，通过历史的发展变化、参校得失，阐释立法的原意及变动的缘由。清朝考证律学的代表人物是曾任刑部侍郎的吴坛和曾任刑部尚书的薛允升。

吴坛，字紫庭，山东海丰人，1760年中进士后，授刑部主事，再迁郎中。此后任江苏按察使、迁布政使等职，1772年任刑部侍郎。吴坛所著《大清律例通考》共30册，40卷，对上迄唐虞、下至乾隆四十四年的历代律文条例的源流、沿革进行考证，特别是考证了《大清律例》的篇名、门名、律目与律、例条文的变化、因革关系。吴坛在考证律例变动的同时，还以评注按语的形式阐明自己的见解。沈家本推重此书是考证《大清律例》历史沿革的最重要之作，"国朝之讲求律学者，惟乾隆间海丰吴紫峰中丞《通考》一书，于例之增删修改，甄核精详"（《寄簃文存·读例存疑序》）。

薛允升，清末著名律学家，字云阶，又字克猷，陕西长安（今陕西西安市）人，1856年进士及第，历任山西按察使、山东布政使、署漕运总督、刑部尚书等职，在刑部工作达30余年（历任刑部主事、郎中、侍郎、尚书）。他为官清廉，在晚清政治黑暗、衙风腐败的情况下，主持刑部，有严格的衙规，对受贿卖法者从不宽容。他执法如山，不媚权贵，甚至敢于冒犯慈禧太后，且善于剖析疑难案件，任职期间平反了大量冤案，为人所称颂。薛允升著有《读例存疑》《汉律辑存》《唐明律合编》《薛大司寇遗集》，他主张研究律例应考其源流，相互比较；彼此歧异和畸轻畸重者，均应加以疏证。他首先提出了改革法制、民刑分离，废除酷法刑讯。他认为律是"民命攸关"的，应详慎周密、整齐划一、轻重得平、简括得体。他提倡"省刑薄敛""刑法与教化相辅而行"，主张"惩之于已然，何如禁之于未然"。

薛允升所著《读例存疑》共40册，54卷，该书上起乾隆四十四年，下迄光绪年间。从某种意义上说，《读例存疑》是《大清律例通考》的续编，在体例上仍沿袭《大清律例通考》，对乾隆四十四年以后的律例条文的发展变化进行考证，特别是对光绪年间通行的《大清律例》逐条加附按语，疏证其源流因革过程，指出其彼此抵牾、前后歧异，或畸重不当，或分析未明以及应增应减之处。《唐明律合编》一书对唐明律的异同、增减、得失做了比较研究。《唐明律合编》是对中国古代法律加以比较研究的一种尝试，是一部具有重要的学术参考价值的史籍。

沈之奇是清朝注释律学的代表。他完成的《大清律辑注》不仅标志着清朝律学独立发展的新开始，而且影响此后清朝律学的发展达百年之久。

在专制主义的拘围下，君主专制制度限制学术与思想的自由发展。律学家只能在肯定现行律例合理性的前提下，研究对条文的理解和适用，不得对现行律例进行自由评价，更不允许批判。由于专制主义越强化，就越注重对法律的统一适用，越强调明确律义，因而也就越需要律学家的注律活动。与此同时，清朝统治者也通过各种形式警戒他们应怎样注释法律、宣讲法律。统治者倡言律学，是和加强对国家的控制结合在一起的。如此，律学家们集中于研究律例操作的实用性，只讲求用法的宽严、字义的疏解，而勿论理论上的是非，以求得见容于国家，并且，他们的研究成果的价值也取决于是否能够得到皇帝的认可。

（二）律学的主要特点

1. 官私并举，流派纷呈

清朝的注律学家，一部分是司法官员和地方官吏，如王明德、吴坛、薛允升等；另一部分是刑名幕友，如沈之奇、万维翰、王又槐等。官僚注律学家是清朝注律的主力军，他们的注律活动，虽非受命于朝廷，但由于其特殊的身份和地位，应该说带有官方注律的性质。私家注律的主体是刑名幕友，他们的注律能得到主官的支持，主要集中于如何准确地适用律例。乾隆年间著名的刑名幕友万维翰在其所著《大清律例集注》中对此表达得十分明确，"阐发律例中之精蕴，而听狱讼者得资以为观指"。

2. 源于传统，超越传统

清朝的注释律学，继承了中国的传统律学，特别是对明朝的律学有着直接的继受关系。但是，随着清朝政权的稳固和社会经济的发展，注律学家把注律的焦点转移到社会现实上来。康熙年间王明德所著《读律佩觿》，是清朝律学摆脱明人影响的开端。其后，康熙年间沈之奇编纂的《大清律辑注》，标志着清朝律学走向独立的发展道路。

3. 考证详审，阐释细微

清朝的律学家们对律例进行的"考镜源流"工作，开阔了执法者的知识领域，使其便于从因革关系中把握清律的发展规律。这在吴坛的《大清律例通考》和薛允升的《读例存疑》中得到了充分的阐解。

4. 改进立法，改善司法

清朝的注释律学针对性强，始终着眼于实际，而且多为司法实践经验的总结，因而在一定程度上改进了立法，改善了司法，促进了清朝法制的发展。

按照《大清律例》的体例，律中有小注，每篇正文后有总注，以疏解律义。雍正帝颁布的《大清律集解》，开始在律后的总注中辑入沈之奇的《大清律辑注》和王明德的《读律佩觿》注律成果，从而将私家注律引入律典，成为其组成部分。

清朝的注律成果对司法也起着一定的指导作用。地方司法机关在审判实践中较多参考《大清律辑注》，当《大清律辑注》中的观点与《大清律例》稍有歧异或相悖时，司法官常引私注而弃律例。据《刑案汇览》记载，引用《大清律辑注》等私注观点作为审断案件依据的有近40个案例。私家注律使律文更具操作性，也增强了适用法律的准确性，提高了司法效能。

三、立法概况与法律体系

（一）入关前的法制

关于清军入关前的法制状况，顺治帝在《大清律集解附例》序文中作过"太祖、太宗创业东方，民淳法简，大辟之外，惟有鞭笞"的概况，《皇朝文献通考·刑考》也记载努尔哈赤统治时期"俗淳政简，所著为令，鞭扑斩决而已"。这大致反映了当时的真实情况。1615年后金政权建立时，努尔哈赤即"整顿围猎用兵的规则，制定法令"（《满文老档·太祖》）。1621年，努尔哈赤颁布《禁单身行路令》，旨在保护八旗兵民安全。皇太极统治时期颁布了《离主条例》，允许告发主子犯罪属实的奴隶离开原主获得自由。皇太极约于1632年颁布了《盛京定例》，可能仅是关于蒙古地区的特别法令。1643年，皇太极复颁布《会典》五十二条，史称《崇德会典》，近世天聪朝重要谕令的汇编，内容虽然包括礼制、官制、刑制、婚姻、诉讼、经济、宗教等方面的内容,但均相当简单。这说明,在清军入关前的法律制度均不过是君主谕令汇编,没有形成完整体例的成文法典,内容也极不完备。

(二) 入关后的法制

1. 《大清律例》的制定

清朝政权偏居东北时,多因时立制,不尽垂诸久远。抚临中夏以后,统治者一方面暂时援用明律,另一方面开始仿照明律制定本朝法典。1645 年清世祖降旨编制清律,次年制定完成《大清律集解附例》,1647 年正式颁行实施。这是清朝制定的第一部成文法典。由于时间仓促,《大清律集解附例》基本上是明律的翻版,仅删去明律中关于钞法的 3 条,增加边远充军 1 条,移动 2 条,律文 459 条(明律 460 条),甚至大明律中"允依大诰减等"之类的词句都转抄不误。虽然 1656 年又用满文颁布了这部法典,但是,由于它与清朝社会现实相脱离,满汉官员都没能认真地贯彻执行。康熙帝继位之后,对《大清律集解附例》的正文进行了多次修订,在原有小注以外又加入总注,置于每篇之后疏解律义。不过,终康熙之世,新的法典终未颁行。

雍正帝即位后,命大学士朱轼等为总裁,对原有的大清律和顺治、康熙以来的新例进行统一编定。1727 年颁行《大清律集解》,其中律文 436 条,附例 824 条。这部法律实际上是大清律律文的定本,"自时厥后,虽屡经纂修,然仅续增附律之条例,而律文未之或改"(《清史稿·刑法志》)。

乾隆帝即位后,又命王泰等对《大清律集解》重加修订,1740 年修订完成,以《大清律例》为名正式公布。《大清律例》是乾隆以后清朝的基本法,也是中国历史上最后一部以刑为主、诸法合体的法典。它的篇章结构同于明律,仍采用律、例合编的体例:律文 436 条,分别为名例律、吏律、户律、礼律、兵律、刑律、工律七篇;例文 1 049 条,分别附于七篇律文之后。《大清律例》与明律、例相比,律保持了它的稳定性,例更体现了它的适应性。

2. 条例的增修与律、例并行

1647 年颁布的《大清律集解附例》,律文之后所附例文多承袭明朝的定例。至 1668 年才开始对顺治、康熙以来新产生的条例进行汇编。1669 年再次汇编新例,并将更订后的条例别自为书,定名为《刑部现行则例》颁行天下。《刑部现行则例》确是清朝自己的法律,而不是明朝定例的转录。清初社会的一些特殊法律关系,如旗地、旗产、奴婢等问题,在其中都有规定。1707 年曾把《刑部现行则例》分门别类地附入大清律,但是没有正式颁行。到了雍正帝,对明朝原有定例和清朝新增加的条例进行统一编定，最后确定附在律文后边的条例有815条，包括原例、新增例和钦定例三种：康熙以前累朝旧例321条，称为原例，它主要是明朝旧有的定例；康熙帝新修条例290条，称为新增例，主要源于《刑部现行则例》；雍正帝新颁布的条例有204条，称为钦定律。律文所不载的新问题通过修订条例反映到法律中来。加之例与律、例与例之间往往相互矛盾，需要统一，于是，乾隆帝于1746年定制：条例五年一小修，十年一大修。在刑部之下特设律例馆，主持条例修订事务。随着社会的发展变化，条例累朝增修。1740年颁布的《大清律例》中附例1 049条，至清末条例已增至1 892条。

清朝的例，是指针对特别事件所发布的上谕、政府颁行的单行法令以及判案成例，经过皇帝的批准，成为具有普遍适用效力的法律规范。与固定不变的律相比，例是一种灵活的法律形式，更能适应社会生活的发展变化，统治者也往往通过修例将其意志上升为国家法律。在司法实践中，例受到了极大的重视。总体来讲，律体现了整个清朝的立法、司法的基本价值理念，维护了法典的稳定性，它以其成熟性、稳定性和概括性，在法律体系中居于核心地位，是各种法律渊源的基础。例针对性强，便于司法援引，可以补律之不足。

第二节　行政法律制度

清朝是中国专制主义中央集权制度的最后形态，皇权极端膨胀。但是清朝的行政机构严密，行政法规完备，形成了包括五朝会典、各部院则例以及各种单行法在内的法律体系。这正是清朝能够长期延续、官僚机器能够长期正常运转的原因。

一、职官立法

清朝法律以《大清律例》为主干，以《大清会典》为支干，又辅以特别法，形成了一个完备的体系。这一完备的法律体系初创于顺治帝，到乾隆帝臻于完备，历时100多年。

（一）《大清会典》的编纂

《大清会典》是清朝行政立法的总汇。为了规范行政活动，提高行政效能，1684年，康熙下诏仿照明会典修订清会典，于1690年修订完成，历史上称作《康熙会典》。此后，雍正、乾隆、嘉庆、光绪四朝皆修会典，统称为《大清会典》，又称作"五朝会典"。《康熙会典》采取"以官统事，以事隶官"的编纂体例，按照宗人府、内阁和吏、户、礼、兵、刑、工六部，以及理藩院、都察院、通政司等行政机关分卷。每个行政机关之下，具体规定该机关的职掌、职官设置、处理政务的程序方法等，这些"经久常行之制"构成了会典的正文；正文之末又附有与本机关相关的则例，作为正文的补充。自《乾隆会典》起，鉴于典与例的性质不同，典经久不衰，例因时损益，于是采取"以典为纲，以则例为目"，典、例分别编辑的新体例，以避免典例不分、妄相牵引的弊端。

《大清会典》详细记述了清朝从开国之初到清末的行政法规和各种事例，迄至《光绪会典》，其正文有典100卷，事例1 220卷，另有附图270卷，总计达1 590卷。《大清会典》中五朝首尾相接，内容翔实繁富、体例严谨，是中国传统时代最为完备的行政法典，在世界法制史上也是首屈一指的。

（二）各部院则例的修订

清朝为使部院活动规范化而制定的各部院则例，是行政法律的重要形式。

1734年，雍正帝下令制定以各部的职掌、官员的铨选和品级，以及对各部违法行为的处分为主要内容的《钦定吏部则例》。之后，乾隆、嘉庆、光绪各朝均续加修纂。此外，还针对六部官员建制及不法行为制定了《六部处分则例》。

1776年，乾隆帝下令制定以户部执掌及有关户口、田赋、库藏、漕运、盐法、参课、钱法、关税、兵饷等为主要内容的、具有民事经济行政法性质的《钦定户部则例》，此则例后经多次修订。

1804年，嘉庆帝下令制定以仪制、伺祭、主客、精膳为主要内容的《钦定礼部则例》，这是关于国家礼仪方面的行政法规。

此外，还有关于兵部和工部执掌的《钦定中枢政考》和《钦定工部则例》。

二、高度集权的职官管理体制

自皇太极始，清朝建立了一套脱离固有八旗制度的国家行政机构，以后各朝继续集中皇权，削弱旗主的权力，彻底消除了干扰皇权的障碍，保证了专制主义中央集权制度的高度发展。在清朝的整个行政管理体制中，皇帝拥有至高无上的权力，一切军政事务均由其独断。同时，为防止宦官专权和臣下"党援门户"，严禁宦官参与政治，严禁大臣交结朋党及内外官的交结，犯者一律按"奸党罪"处斩。

（一）议政王大臣会议的裁撤

议政王大臣会议是满洲军事民主制的遗制，它由满洲贵族组成，是清初的中枢决策机构。凡有关军国大事，一般由议政王大臣会议集议，向皇帝具奏之后，再交具体职能部门执行。但是，议政王大臣会议决策国事的权力与皇帝"乾纲独断"的无上权威势必发生冲突。康熙帝在位期间，主张"天下大权，唯一人操之，不可旁落"（《康熙政要》），国家大政应由皇帝亲自决断。议政王大臣会议的决策权开始受到侵夺。雍正帝继位以后，以军机处作为承旨办事的专责机关，彻底排除了议政王大臣会议对国家大政的实质性参与。到了乾隆帝，议政王大臣会议已无应办之事，最终被正式裁撤。议政王大臣会议的裁撤标志着满洲贵族民主参政体制的终结，皇帝的个人专制得到了巩固和加强。

（二）内阁与军机处并存

清朝仿明制，于皇帝以下设内阁，但内阁大学士的实权远逊于明朝。内阁起源于关外时期的内三院（内国史院、内秘书院、内弘文院），1658年正式改内三院为内阁。此后，为防止阁权过重，又曾废内阁，恢复内三院。康熙帝基本上解决了皇权与内阁的从属关系，他把内阁限定为赞理机务、代拟谕旨、呈进奏章的机构。在内阁主事的大学士以满、汉大臣共同组成，其勋位虽高，"然其职权仅票拟诏旨，非如古所谓秉钧执政之宰相也"（《东华录》）。内阁大学士名额不定。而且，内外大臣的奏折概由皇帝批答，一切重大决策完全由皇帝一人做出，内阁大学士的职责只是皇帝顾问，将皇帝的旨意起草成诏书而已，不能参与实质性决策。

雍正帝即位以后，因西北用兵而设立军机处，取代传统的议政王大臣会议，这是清朝皇帝集权的重要措施，也是清朝行政体制区别于前朝的突出标志。军机处原是临时设立的办理机务的机构，既无公署，又无专官，所以《大清会典》只称其为"办理军机处"。由于军机处便于指挥一切军政事务，并没有因对西北用兵结束而裁撤，相反，它成为常设机构。军机处在清朝国家机关体系中的特殊地位和权势，说明其是皇权高度发展的产物。它不仅侵夺了内阁对重大政务票拟批答的职权，而且有权修改内阁的票拟，使得内阁逐渐形同虚设。

在内阁与军机处并存的中枢体制中，内阁只处理一般性政务，军机处则总揽大政。但是，它们都要听命于皇帝，没有独立的决策权。

（三）其他各级行政机关

清朝的中央行政管理机关，仍沿用明制，建立吏、户、礼、兵、刑、工六部，分设满、汉尚书各一人。六部长官对皇帝负责，只能奏请皇帝办理必要的诏令，无权向地方官发布直接的命令。

六部之外的院、寺、府、监均有较大的裁并，九寺只剩下审理刑狱的大理寺，管理祭祀的太常寺，管理典祀、筵宴的光禄寺和鸿胪寺，以及管理马政的太仆寺。五监仅剩下掌管国学政令的国子监。只有培养统治人才的翰林院仍旧维持明朝的地位。

清朝的中央监察机关仍为都察院。地方政权机关分为省、道、府、县四级。布政使和按察使已失去行政上的独立性，成为隶属于督抚的分理地方民政、刑狱的两个机关。督抚的重要活动必须秉承朝廷指示行事。清朝的基层组织是负责征收赋税钱粮的里甲和负责防范盗贼的保甲。

此外，清朝还设立了专门管理民族事务的理藩院和管理皇族事务的宗人府，前者同时还管理一部分国家事务及对俄交涉事宜，后者掌管皇族属籍，纂修"玉牒"，议叙或议处皇族官员，审理皇族之间的争讼。宗人府的地位在内阁六部之上。清朝还有掌管宫廷事务和为皇帝衣食住行服务的机关——内务府，该机构庞大，属员众多，职要权重，反映了皇帝专制权威的发展。

三、职官管理的进一步法制化

清朝职官管理制度主要包括选任制度、考绩制度、监察制度三个方面。

（一）选任制度

清朝的职官选任主要有科举考试、捐纳、门荫三种途径。

清朝选任职官以科举为正途，每三年一考，分乡试、会试、殿试三级。乡试在省城举行，凡取得秀才资格者皆可以参加。会试在京城由礼部主持，取得举人资格者可以参加。考中会试再参加皇帝亲自主持的殿试。清朝虽然规定满、汉官员均须经过科举考试，但满人做官主要靠特权，科举只是为汉人铺设的一条做官的道路。科举考试的内容仍然采用明朝的八股文，用以禁锢士大夫的思想。康熙帝曾于正科之外，增加特科，如"博学鸿词科""经济特科""孝廉方正科"等，以录取知名之士。除科举之外，凡由皇帝直接任用的叫"特简"，由大臣互推任用的叫"会推"，同时还实行荐举制度。

除了科举正途外，捐纳和门荫被称为异途。为补财政之不足，清初实行捐纳法，既可以捐官，也可以捐衔，或捐出身。捐纳制度的实行，虽然为清政府补充了一项临时财政收入，开辟了地主、商人进入仕途的捷径，却使得官僚机构无限膨胀，加速了吏治的破坏。门荫制度分恩荫、难荫和特荫三种。所谓恩荫,早在顺治帝时规定:文官在京四品,在外三品,武官二品以上,各送一子入国子监读书,学习期满授予官职;所谓难荫,是指殁于王事的官员,可荫一子如监读书,期满候选;所谓特荫,是指功臣子孙可以送部引见加恩赐官。

清朝在选任官吏方面还创立了官缺制度,以适应多民族统治的需要。官缺分为满官缺、蒙古官缺、汉军官缺、汉官缺四种。固定的官缺需要补任官吏时,必须按照原缺的民族要求来补授。但是,汉官缺可以由满人补任,满官缺却不许汉官补任。清朝通过官缺制度把官职的分配固定下来,以保证满洲贵族控制国家要害部门。

(二)考绩制度

清朝的考绩由吏部考功司主持,分为京察与大计两种。清初,对职官考绩沿用明时的考满法,至康熙帝废除考满法,实行京察与大计。京察是对京官的考绩,每三年举行一次,三品以上京官和地方总督、巡抚自陈政事得失,由皇帝敕裁;三品以下京官由吏部和都察院负责考核。京察分三等,一等为称职,二等为勤职,三等位供职,根据等级,实行奖惩。大计是对外官的考绩,也是三年一次。大计的范围除督抚外,还包括藩、臬、道、府及州县官。大计的程序是先期藩、臬、道、府递察其贤否,申之督抚,督抚核其事状,注考造册,送吏部复核。大计的等第分卓异与供职两等,按等予以奖惩。

无论京察与大计,考绩都以"四格""六法"为标准。所谓"四格",是指才(长、平、短)、守(廉、平、贪)、政(勤、平、怠)、年(青、中、老)。所谓"六法",是指不谨、罢软无为、浮躁、才力不足、年老、有疾。清朝考绩制度的完备与法律规定的详密都远超明朝。

(三)监察制度

清朝的监察机关基本上沿袭明朝,中央仍为都察院。都察院长官兼任中央最高审级三法司的成员。为集中皇权,雍正帝即位后取消六科给事中的封驳权,并六科于都察院。六科给事中与十五道监察御史合称"科道",分别负责对京内外官吏的监察和纠弹。自唐朝以来的"台""谏"并列体制,至此改变。

监察权的集中是清朝监察机关的特点,它适应了加强皇权的需要。为了充分发挥科道官员作为皇帝耳目之官的作用,康熙帝令左都御史为议政大臣参与议政。雍正帝还实行科道官员密折言事制度,除军机处外都在监察机关广泛稽查的范围之内。但在极端专制主义统治下,监察御史唯恐一言触禁而丢官丧命,因此,条奏内容大都无关紧要。此现象一直到乾隆年间都很普遍。乾隆五年上谕中说:"科道为朝廷耳目之官……乃数年中条奏虽多，非猥琐陋见，即剿袭陈言，求其见诸施行，能收实效者何事乎？近日即科道官敷奏者亦属寥寥，即间有条奏，多无可采。"（《光绪会典事例》）

第三节　刑事法律制度

清朝作为我国的末代王朝，其刑事立法不仅保持了传统社会法律的一般特征，而且具有自己的鲜明特点。专制主义中央集权制度的高度发展，社会经济关系的进一步复杂化，满洲贵族维护其一族统治的狭隘性，无不反映到刑事法律之中，致使《大清律例》在刑罚制度、刑事政策等方面都有了新的变化。

一、刑罚制度的变化

（一）笞刑、杖刑的变化

清朝对唐律以来的笞刑、杖刑进行了改革。首先，将笞刑、杖刑的刑具统一为竹板，削去竹节毛根，大头宽为二寸（约为今6.4厘米），小头宽为一寸五（约为今4.8厘米），长五尺（约为今160厘米），总重不得超过两斤。其次，将原来的笞刑从笞十到五十共五等，分别改为笞四板、笞五板、笞十板、笞十五板、笞二十板。杖刑由原来的六十到一百共五等，分别改为杖二十板，杖二十五板，杖三十板，杖三十五板，杖四十板。笞刑、杖刑总体由重改轻，体现了"明刑弼教""修德安民"的用刑指导思想。

（二）迁徙、充军、发遣成为法定刑

清朝的流刑在《大清律例》规定的两千里、两千五百里、三千里三等流刑之外，增加了迁徙、充军、发遣。迁徙，明朝已有之，清朝承袭，是一种较流刑较轻的刑罚，一般是指将犯人及其家属迁离原籍一千里外安置的刑罚。充军较之流刑更重。清朝虽沿用明朝的充军名目，但是变化很大，废除了终身和永远充军之制，分为附近（两千里）、近边（两千五百里）、边远（三千里）、极边（三千五百里）、烟瘴（四千里）五等。发遣的严重程度仅次于死刑，是把罪犯从内地发往边疆地区为驻防官兵当差为奴的严重刑罚，为清朝所特别创立。

（三）死刑制度的变化

《大清律例》将斩刑和绞刑按照执行时间分为立决和监候，即绞立决、斩立决、绞监候、斩监候。立决是指立即执行，因此又称为"决不待时"。监候则等秋审、朝审之后，分情实、缓决、矜疑等情况分别处理，因此监候罪犯还有生存的一线机会。

清朝刑罚有进一步残酷化的趋势，如死刑在绞、斩之外还有凌迟、枭首等酷刑。凌迟在行刑方式极为残酷，《大清律集成》记载："凌迟者，其法乃寸而磔之，必至体无残胔……"一般凌迟适用于谋反、谋大逆、杀一家三人因奸杀死亲夫谋杀祖父母或父母等极其严重的犯罪行为中。清朝还继承了古老的枭首刑，清初枭首适用严格，只适用于凌迟重犯，后适用范围不断扩大。

（四）附加刑

作为一种古老的刑罚，刺字刑在清朝的适用达到了一个高峰。《清史稿·刑法志》记载："刺字，古肉刑之一，律第严于贼盗。乃其后条例滋多，刺缘坐、刺凶犯，刺逃军、逃流，刺外遣、改遣、改发，有刺事由者，有刺地方者，并有分刺满汉文字者。"清朝律典中对刺字刑的规定极少，然而清朝法律的变化主要在条例，从清初至同治年间，清朝新增刺字条例繁多。清朝刺字刑是以针刺面，写成字符，并涂以墨色。字的大小、粗细都有详细的规定。作为一种耻辱刑，刺字刑起到标志罪犯身份、防止逃脱等作用。

清朝枷号刑延续明朝，并逐渐发展出自己的特色。清朝的枷号刑已成为常法，用作替代刑或附加刑。清初，为了使旗人可以免受军、流、徒罪等重罪处罚，可以枷号刑替代之。后发展为在犯奸、赌博、逃军、逃流等广泛的罪行处罚上酌量加枷。清朝对枷号的规格几经修订，最后确定为：凡寻常枷号，重二十五斤。重枷，重三十五斤。枷面，各长二尺五寸，阔二尺四寸。（《读例存疑》卷一）

（五）满汉异罚，满人在刑罚的适用上享有特权

清朝统治者为了维护满族的统治民族地位，坚持"首崇满洲"的原则，在法律上确认和保护满族贵族和旗人的特权。《大清律例·名例律》"犯罪免发遣"条规定："凡旗人犯罪，笞杖照数鞭责，军、流、徒免发遣，分别枷号。"旗人犯罪，徒刑、流刑、极边充军均可以一定时间的枷号刑替代，免于执行原刑罚，死罪斩立决可减为斩监候。旗人的案件由专门的机关管辖，如需监禁，也不入汉人的普通监狱，贵族宗室入宗人府空房，一般旗人入内务府监所。对满族司法特权的保护，反映出

清朝鲜明的民族统治色彩。

清朝刑罚制度有由重变轻的方面,但更主要的是由轻变重。这完全是由于统治阶级强化统治秩序、实行威吓预防的需要。

二、以严刑峻法加强专制主义统治

(一) 严惩谋反、谋大逆、谋叛等重罪

作为传统社会的最后一个王朝,清朝进一步加重了对谋反、谋大逆、谋叛等危害国家政权和皇帝安全的重罪的惩处力度。《大清律例》将谋反、谋大逆、谋叛、大不敬四种列为"十恶"重罪,明确要加重处罚。其中,谋大逆与谋反被清朝统治者视为最严重的威胁,规定了最严酷的处罚。《大清律例·名例》记载:"凡谋反及大逆,但共谋者,不分首、从(己、未行),皆凌迟处死。(正犯之)祖父、父、子孙、兄弟及同居之人(如本族无服亲属,及外祖父、妻父、女婿之类),不分异姓,及(正犯之期亲)伯叔父、兄弟之子,不限(己未析居)籍之同异,(男)年十六以上,不论笃疾、废疾,皆斩。其十五以下及(正犯)之母女、妻妾、姊妹,若子之妻妾,给付功臣之家为奴。(正犯)财产入官。"可见,只要是谋反、谋大逆,无论主从,已遂、未遂,都处以极刑,并且株连范围较之前朝更为广泛。

此外,清朝统治者还根据统治的需要,任意扩大了谋反、谋大逆、谋叛的范围。上书奏事犯讳或奏疏不当者,常以"殊属丧心病狂""妄议朝政"等名目,按大逆律例治罪。异姓结盟结拜、聚众抗粮、罢考等,列为谋反罪的内容。

(二) 钳制思想文化,大兴文字狱

明末清初以来,随着江南地区资本主义的萌芽和反清复明运动的开展,在汉族知识分子中兴起了抨击专制统治的启蒙思想和反满的民族主义思潮。无论是启蒙思想还是反满思潮,都动摇了清朝专制统治的基础。清朝统治者为了加强满族的君主专制统治,在思想文化领域中,一方面尊崇孔孟之道,把程朱理学作为束缚人民思想的"正学"。康熙帝曾明确宣布"理学之书,为立身之本",其他与儒家正统相违背的学说皆为"异端";同时,他还任用理学名士为官,以示对理学儒术的推崇。乾隆帝通过编修《四库全书》来推行文化专制政策,凡是有利于加强专制统治的书籍尽行收录,把不利于加强专制统治的文化典籍大量毁弃,与秦始皇焚书无异。另一方面严厉打击具有启蒙思想和反满思潮的知识分子,大兴文字狱。所谓文字狱,

是指统治者通过对知识分子著述中的文字进行附会苛责、演绎犯罪，故意来罗织罪名，以达到铲除"异端"的目的。从刑法的角度看，清朝文字狱具有以下特点：

（1）文字狱打击的对象是具有启蒙思想和反满民族意识的知识分子。例如康熙年间发生的"明史案"，浙江士子庄廷鑨组织学人编印朱国桢所著《明史》，书中称努尔哈赤为建州都督，不书清帝年号而代之以南明的纪年。被人告发后，庄廷鑨、朱国桢两家以传播反满思想、有兴复明室之心被治罪。

（2）《大清律例》中对因文字产生的犯罪并无正条，但在定罪量刑过程中，比附谋反、谋大逆的条款来拟断。因此，文字狱是对反、逆罪的类推适用，不仅对犯罪者本人处刑极重，而且株连极为广泛。在"明史案"中，当时庄廷鑨已死，清朝仍令开棺戮尸，其兄弟、子侄以及刊刻书稿者、《明史》一书的读者、保存者，甚至事先未能察举的地方官共70余人，一律处死，其中凌迟者18人。受株连被发遣、充军、流放者700余人。

（3）文字狱是因皇帝的猜疑之心而起，往往是"缘心"定罪，极易造成冤案。例如，雍正年间礼部侍郎查嗣庭在科举出题的过程中，选用《易经》和《诗经》中的词语，命题为"维民所止"。其中"维""止"二字被人指控为"去雍正之头"之意，由此，查嗣庭以诽谤皇帝、大逆不道而入狱。

从顺治帝到乾隆帝的一百多年间里，发生文字狱100多起。文字狱充分暴露了皇帝个人专断、以一家之法为祸天下的惨痛历史。

（三）严法约束臣下，加强君主个人集权

在明朝专制主义高度发展的基础上，清朝为强化君主集权，设置了更多的禁令约束臣下，对贵族、官僚的特权大加限制，以凸显君权独尊。

1. 严禁内外官交结

首先，防止各旗王公培植党羽对抗皇权，《大清律例》规定各旗王公所属人员不得私下谒见、贿赂本管王公，否则交宗人府议处。其次，限制京官、地方官互相交结，凡内外官交结、朋比为奸的，本人处斩，妻子流二千里安置。

2. 明令宦官不得干政

明朝宦官曾广泛地参与朝政、干涉司法，致使皇权旁落、法制败坏。鉴于前朝的历史教训，顺治帝特铸铁牌令子孙世守之：凡太监违法擅奏外事，窃权纳贿干预朝政，皆凌迟处死。经此严法整饬，清朝没出现像明朝那样严重的阉患。

3. 削减贵族、官僚的特权

自魏晋以来，贵族、官僚就开始享有各种法定特权。《唐律疏议》中对权贵们

的礼遇是无微不至,除犯"十恶"及故意杀人等重罪以外,他们可按等级享有"八议"、上请减刑、除名抵刑、免官抵刑、纳赎抵刑等特权。《大清律例》沿袭了《大明律》的规定,权贵只有在犯笞刑、杖刑的情况下,方可享有按官爵抵刑的优待,犯其他重罪,仍照常人处罚。非但如此,雍正帝以"八议"不足为训,在修律时特颁谕旨加以申明:"我朝律例虽载其文而实未尝实行。"(《清实录》)实质上废止了"八议"条款的效力。这既是加强皇权的一项措施,又是中国传统法律在刑罚方面趋于平等的一大进步。

三、维护原有经济基础,摧残资本主义萌芽

自明朝中后期以来,我国东南沿海地区的手工业和商业有了很大发展,在这一地区资本主义开始萌芽。这种新的生产关系对以封闭的自然经济为基础的专制制度起着瓦解作用,清朝统治者从维护其专制统治出发,运用刑罚手段对新生的资本主义萌芽大加摧残。

首先,以严刑峻法限制民间采矿和冶矿。采矿和冶矿是手工业中最为基础的行业,其他行业的发展都有赖矿冶业的兴盛。但是矿藏多在偏远地区,矿工又易聚难散,采矿往往容易酿成民众暴乱;冶矿业又与兵器制造密切相关,一旦民间可以自由冶矿,政府就难以控制私人拥有武器。权衡利弊,清朝宁可舍弃采矿、冶矿对社会发展的巨大利益,也要把维护安定的统治秩序视为头等大事。于是民间倘有私开矿产者,就要"即行封禁,照例治罪";对于涉及兵器制造的冶矿业限制更严,《大清律·兵律》规定:民人煎煮、窝藏、兴贩硝磺,十斤以下杖六十,十斤以上杖一百,百斤以上发近边充军。只有领取了执照,缴纳高额矿税之后,才允许民间开矿、冶矿。其次,实行严格的禁榷制度。清朝对盐、铁、矾、茶等重要商品实行禁榷,并以严酷的刑罚保护禁榷制度。《户律·课程门》规定,"凡贩私盐者,杖一百徒三年","凡买食私盐者,杖一百"。私自买卖茶、矾者以私盐法论罪。清朝还极力禁止阻挠对外贸易。顺治年间为了镇压在台湾的抗清力量,便首颁禁海令,违禁下海者以通敌罪论。此后,顺治帝、康熙帝又多次颁布迁海令,强制东南沿海居民内迁五十里,越界立斩。收复台湾后,1684年海禁曾一度废弛,准许出洋贸易。但是好景不长,1717年再颁禁海令,只允许少数口岸对外贸易。清朝一味强化其专制统治,实行海禁,造成了与外部世界的隔绝,国内手工业和商业的发展缓慢,最终导致国力衰弱,逐渐落后于同时期实行自由贸易的西方国家。

四、少数民族立法

清朝是一个疆域广阔的多民族国家,聚居于边疆地区的少数民族风俗各异,难以统一适用《大清律例》。为了加强中央对少数民族地区的行政管理和司法管辖,同时兼顾少数民族的风俗习惯,清朝颁布了一系列适用于少数民族地区的单行法。主要有适用于蒙古族的《蒙古律例》,适用于宁夏、青海、甘肃等地少数民族的《西宁青海番夷成例》《回律》,适用于藏民的《禁约十二事》《酌定西藏善后章程》《藏内善后章程》等。上述适用于少数民族的单行法具有三个共同特点:其一,这些单行法针对特定的主体,在少数民族聚居区优先于《大清律例》的适用;其二,它们是根据少数民族聚居地区的风俗习惯制定的;其三,适用于少数民族的单行法是清朝法律体系的一部分,是中央统一司法管辖的体现。

第四节 民商经济法律制度

清朝的社会经济经过康熙帝、雍正帝、乾隆帝的恢复和发展,达到了传统社会末期的鼎盛时期。在自然经济繁盛的基础上,商品经济也有了超越前代的发展。趋于复杂化的经济关系又促使清朝的民事立法产生了许多变化。

一、身份制度的变化

(一)准许奴婢赎身、"开户"

贱民是指与良民社会地位不同的社会阶层。清律将贱民界定为一个阶层,包括奴婢、娼优、隶卒等。《清史稿》记载:"四民为良,奴仆及娼优为贱。凡衙署应役之皂隶、马快、步快、小马、禁卒、门子、弓兵、仵作、粮差及巡捕营番役,皆为贱役,长随与奴仆等。"还有一些人,所从事的职业在社会习俗中被时人认为是低贱的,被列入贱籍,在当时社会中也被认为是贱民。如陕西和山西的乐户、江浙的丐户、安徽的伴当、广东的疍户等。无论是法律上的贱民,还是社会习俗中的贱民,均社会地位低下,各项人身权利和政治权利受到限制。

清初沿袭入关前的遗风,满汉贵族蓄养奴婢的现象严重。清朝统治者逐渐意识到蓄养奴婢对社会经济的破坏作用。为了促进生产的发展和昭示仁政，清初从康熙到乾隆年间，多次颁布法令允许奴婢赎身为民，允许八旗所管理的奴隶"开户"，即自立其户，取得半独立身份，甚至是经过主人的同意，放出为民。

（二）废除贱籍

对于陕西和山西的乐户、江浙的丐户、安徽的伴当、广东的疍户等贱民身份，雍正朝曾多次颁行法令废除贱民户籍。1723 年，清世宗颁布谕旨废除乐户贱籍："各省乐户不论出身是否卑微，不计世代从其职业，都消原籍，准许其赎身为良，若地棍绅衿再欺凌压迫，必治其罪。"此外，还曾在同年下令废除丐户贱籍，并陆续颁行废除伴当、疍户贱籍的法令。此后，乾隆朝也曾颁行过此类开豁贱籍的法律。雍正、乾隆年间废除贱籍的开明政策，提高了贱民的地位，虽然在实践中实行的并不彻底，仍有其进步意义。

二、实行"摊丁入亩，地丁合一"

明朝的一条鞭法只是部分地实现了田赋与丁银（人头税）的统一。到了清朝康熙中叶以后，全国各地出现了"富豪之家，田连阡陌，不应差徭"（《清实录》），而"贫民无地立锥，反多徭役"（《清实录》）的社会问题，以致平民百姓为逃避按人头征收的丁银而大量逃亡。为解决贫富之家征税不均的弊病，康熙帝下令，以 1711 年的人丁数（人丁二千四百六十二万，丁银三百三十五万两）作为今后每年征收丁银的依据，并且"但据五十年丁册定为常额，续生人丁，永不加赋"（《大清会典》）。康熙帝的"续生人丁，永不加赋"为以后实行"地丁合一"打下了基础。1723 年，清世宗正式在全国范围内推行"摊丁入亩，地丁合一"的新税制。"摊丁入亩，地丁合一"是指丁银随田赋起征，丁徭与田赋合而为一，百姓除纳田赋之外，别无按人丁征收的丁徭。"摊丁入亩，地丁合一"不仅简化了国家征税的标准，还取消了我国古代因袭了两千多年的人头税。对于无地的贫民和手工业者来讲，户籍不再是征税的身份依据，贫民的负担减轻，隐瞒户口的现象也减少了。

三、保护旗地、旗产制度的废弛

清军入关之初，为满足旗人对土地的要求，于顺治年间颁布了圈占土地的法令，将京畿附近各府、州、县的土地，圈占、没收归旗人所有。清初还颁布"投充法"，强制失去土地的汉人投充到旗下，或带地投充。"圈地令"和"投充法"都是专为保护旗人的利益而设，但是严重侵害了广大汉人的利益，同时也破坏了社会生产力。鉴于此，康熙帝继位之后，不得不宣布停止圈地，"投充法"亦渐趋废弛。其他保护旗人特权的法律制度也随着社会经济的发展而松动。例如，清朝法令规定"汉人不准典买旗地、旗房"，还禁止"旗人交产"，可是旗人多不善于耕作，随着人口的增长，很多旗人的生活日渐艰难。于是旗人多有典卖土地、房产，以维持生计。为巩固清朝政权的统治基础，从清初开始，清朝多次重申禁止"旗人交产"，亦多次由政府出资回赎旗人典卖给汉人的土地、房产。然而旗人在实际生活中迫于生计，往往通过"长租""长种"的形式，变相典卖房产、土地，以规避法律。1760年，乾隆帝颁布《违禁私行长租之例》，试图阻止旗民以各种形式典卖旗产。清朝统治者保护旗产的主观愿望最终难以抗拒经济发展的规律，到咸丰帝时制定了《旗地买卖章程》，不得不允许旗产自由典卖。《大清律例》中保留的禁止"旗民交产"的条款，实际上成为具文。

四、亲属与继承制度的发展

清朝统治者继承中国旧有传统，把亲属间的和谐亲睦作为稳定国家秩序的基础。在利用亲属秩序方面，清朝甚至超过了以前的任何一个朝代。首先，清朝将族长入律，明确规定族长在亲属团体中的法律地位及法律责任。其次，国家法律承认家法的效力。雍正帝定例，"怙恶不悛，为合族之所共恶者"，准许"以家法处治，至于身死，免其抵罪"（《大清会典事例》）。亲属关系本属于私法范畴，但是在我国古代是一种纵向服从关系。清朝通过确认族长的权力和家法的效力，把亲属秩序进一步公法化，亲属秩序是国家秩序的基础和重要组成部分。

在身份继承制度方面，清朝创设了"独子兼祧"制度，即一家之独子在继承本族宗祧的同时，可以过继给昭穆相当的亲族，继承其亲族的宗祧，即一人承继两房宗祧。

第五节　司法诉讼制度

努尔哈赤在创设八旗制度、建立大金国政权的过程中，已初步确立了简单的司法制度。根据八旗建制，在旗下设有牛录，牛录既是基层军政组织，又是最低审级。在牛录之上，重大案件或上诉案件由"扎尔固齐"先行审理，次达理政听讼大臣鞫问，再达诸王，大汗努尔哈赤握有最后的决定权。皇太极继承汗位以后，在固有制度的基础上，又参照明制，进一步发展了本朝的司法制度。直到入关以后，清朝统治者因应社会发展和民族统治的需要，逐步形成了既承袭明制，又富有本朝特色的司法制度。

一、司法机构

和中国古代其他王朝一样，大清国皇帝是最高的司法官，一切重大案件须报请皇帝做最终裁决。在皇帝之下，形成了一套自中央到地方的完整的司法机关体系，其成为法律的实际执行者。

（一）中央司法机构

清朝仿效明制，在中央设有刑部、大理寺、都察院，合称三法司。三法司共同行使司法权，它们直接对皇帝负责。刑部职掌全国"法律刑名"，在三法司中居于主导地位，其下属机构主要有十七省清吏司、追捕"逃人"的督捕司、办理秋审的秋审处、修订律例的律例馆等。各省刑案的复核、京师徒刑以上重案的审理、秋审和朝审的办理、律例的修订俱由刑部主持其事，但刑部仅有权决定处流刑以下的案件。对于死刑案件，刑部只能提出处理意见，经皇帝批准后才能生效。大理寺职掌案件的复审和平反，如发现刑部定罪量刑有误，可以驳回重审；同时，它还主持一年一度的热审。都察院既是行政监察机关，又是司法机关，负责司法监察。凡是刑部审理不当、大理寺复核失误，都察院都有权弹劾，它还可以直接受理纠举官吏不法的案件。总之，清朝的三法司在其共同行使司法权的过程中，既有分工，又相互制约，既保证了皇帝握有最高裁决权，又有利于法律的公正适用。

为了维护旗人的司法特权，适应对少数民族地区司法管辖的需要，清朝在中央专门设立了审理旗人和其他少数民族案件的司法机关：

（1）宗人府、内务府慎刑司、户部现审处。满洲贵族的诉讼案件由宗人府会同刑部、户部共同审理，一般司法机关无权过问。内务府慎刑司负责审理在宫廷当差的满人案件，旗人地亩等民事纠纷由户部现审处受理审断。

（2）理藩院理刑司。理藩院是清朝管理蒙古、西藏、回部等少数民族地区事务的最高国家机关，其下设的理刑司负责受理少数民族地区的上诉案件，同时派出司官会同少数民族官员一起审理地方的重大案件。理藩院理刑司受理判处流刑以上的案件，要会同刑部共同裁决；死刑案件须经三法司会审、呈报皇帝批准后，才能定案。

（二）地方司法机构

清朝地方司法机关分为县、府、省按察使司、总督巡抚四级。县（厅、州与县同级）为第一审级，有权决定笞刑、杖刑、徒刑案件。发生在州、县之内的田土、户婚、钱债等民事纠纷以及处笞刑、杖刑以下的轻微刑事案件，可由州、县官自行审结，这类案件称作州、县"自理案件"。府（道）为第二审级。省提刑按察使司（又称"臬司"）为第三审级。总督（统辖一省或数省）、巡抚（统辖一省），由原来明朝的临时性监察机构，发展为地方最高的行政司法机关，为第四审级。地方上的第二至第四审级主要审决第一审徒刑以下案件和受理下一审级的上诉。流刑以上案件，地方司法机关只能就案件事实的认定、所应适用的法律提出意见，然后上报刑部裁决。

清朝在地方还设有审理旗人诉讼的司法机关：在外省，满洲将军、正副都统负责审理所在省区的一般满人案件；盛京刑部专门审理盛京地区旗人与边外蒙古人案件；在八旗军队中设有理事厅、理事通判、理事同三级机构，相当于地方司法机关中的省、府、县三级司法机关，负责审理驻防地的旗人诉讼。在京师地区，步军统领衙门受理京畿所在地的普通旗人讼案，可自行审结杖罪以下案件。以上管辖旗人诉讼的专门司法机关，独立于普通的地方司法机关之外，以保障旗人享有司法上的特权。

二、诉讼程序与审判程序

清朝基本上沿袭了明朝的诉讼、审判制度，只是在限制诉权、会审制度方面有所发展。

（一）限制诉权，广泛适用调解息讼

1. 在起诉时间上加以限制

清朝法律规定，每年四月一日至七月三十日为"农忙止讼"期。在此期间内，除谋反、大逆、盗贼、人命等重案外，不得就其他轻微案件进行起诉。在"农忙止讼"期间以外，还特别规定了"词讼日"。对于涉及户婚、田土、钱债等民间诉讼，只能在每月特定的时间内提起诉讼。清初每月逢三、六、九为"词讼日"，清朝中后期改为逢三、八为"词讼日"。非"词讼日"，民间提起诉讼，官府不予受理。

2. 在程序上对起诉加以限制

清朝的起诉程序比明朝更加烦琐，如诉状的格式、字数都有严格的限制，并且

禁止"越诉","军民人等遇有冤抑之事,应先赴州县衙门具控,如审断不公,再赴该管上司呈明"(《嘉庆六年续纂条例》),如果越级控告,即使案情属实也要笞五十。

3. 严格限制讼师参与诉讼

清朝平民百姓能够读书识字的不足百分之二,不识字者若要起诉须找人代书诉状,于是在民间有专以代人词讼为业的"讼师"。清朝为限制百姓健讼、滥诉,明令凡代人书写状纸者要有官府发给的凭证,否则不准代写诉状。讼师为人代写诉状,若不据实陈述即构成诬告罪;若受人财物,则接受财枉法罪处罚。

在限制诉权的同时,清朝特别强调"调解息讼"的原则。对于尚未严重侵害统治者利益、危及统治秩序的民事诉讼和轻微的刑事诉讼,地方官往往通过调解来息事宁人。除官府主持的调处之外,还有基层主持的保甲调处、乡邻调处、族长调处,各种调处方式使民间纠纷通过非诉讼的形式得到解决。

(二)会审制度的进一步完备

早在顺治统治时期,明朝的朝审就发展成秋审和朝审两种会审制度。乾隆年间,又编修了专门规范秋审和朝审的特别法——《秋审条款》。《秋审条款》详细地规定了秋审、朝审的时间,参加会审的机关以及管辖范围、具体处理办法等内容。它的颁布和实施标志着清朝会审制度的完备化。所谓秋审,是由九卿、詹事、科道官员共同复审各省上报的斩、绞监候案件的审判制度。因其每年都在农历秋八月进行,所以被称为秋审。秋审的具体程序是:各省督抚在每年五月以前,将本省审勘完毕的斩、绞监候案件具册呈报刑部;八月九卿、詹事、科道官员在天安门外金水桥西共同复审,然后由刑部就审录结果向皇帝具题。朝审是指由九卿、詹事、科道官员共同复审京师地区的斩、绞监候案件的审判制度。按照惯例,朝审都是在每年霜降以后、秋审的前一天进行。经过秋审和朝审的案件,根据具体情节对案犯做以下处理:①情实。罪情属实,量刑恰当,一般在冬至以前执行死刑。②缓决。案情虽属实,但危害性较小,先暂时关押,等待下一年会审,若经三次复审定为缓决则可免死。③可矜。罪行虽属实,但情有可原,予以减等发落。④留养承祀。罪行属实,但祖父母、父母无人奉养或为家中独子,免死改为杖责、枷号示众,然后释放。

清朝还有热审制度,就是在每年小满后十日到立秋之前,由大理寺左右二寺官员会同各道御史及刑部承办司,审理发生在京师的笞、杖案件。

秋审、朝审、热审等会审制度,虽然存在形式主义和文牍主义的弊端,但是通过会审,有助于法律的统一适用,也加强了皇帝对各省及中央司法活动的监督与控制。因此,"重人命而昭钦恤"的会审,被清朝统治者夸赞为国家"大典"。

三、胥吏、幕友干预司法

胥吏与幕友干预司法是清朝司法制度的一大特点。清朝的司法官多是通过科举考试而入仕的文人,他们以八股文为晋身之阶,除谙熟"四书五经"以外,对国家的刑名律例并没有专门的学习。在司法审判过程中,所要选择适用的律例又极为纷繁复杂,并且错误地引用律、例,是要治罪的,这使得司法官面对疑难案件,不知所措,难以抉择。没有司法裁判权、却具有一定刑名法例知识的胥吏与幕友正是借助于司法官适用法律困难,而趁机干预司法的。胥吏是指在各级官府中办理各种事务的文案人员,其中专门办理司法事务的被称作刑名胥吏。他们依靠所掌握的刑名法例知识,在司法审判过程中发挥着重要作用,甚至可以左右缺乏律例知识的司法官。幕友不是国家官吏,而是官员以私人名义聘请的顾问和帮办,与官员是主宾关系。那些熟知律例,又有司法经验的幕友被称作刑名幕友。刑名幕友受司法官员聘请,代司法官员在幕后处理刑案,并以官员的名义代写判词、批语等其他司法文件。胥吏与幕友都具有较系统的律例知识,在参与处理司法事务的过程中有利于正确适用法律,但是他们往往利用干预司法的机会,纳贿徇私,加剧了司法腐败。

本章小结

完备性是清朝法律的总体特点,具体表现在:

(1) 在全国建立了空前统一的法制秩序。清朝以"参汉酌金"为立法总的指导思想,建立了成熟的典例体系,以典为纲,以例为目。

(2) 注重少数民族地区的立法。清朝针对聚居边陲之地的少数民族进行了统一的,但又因地、因俗制宜的立法调整,一些少数民族的传统习惯被作为法律确认下来。清朝的民族立法在数量和内容上都达到了中国古代民族立法的顶峰。

(3) 在立法内容上,清朝全面加强专制主义的统治。清朝是我国专制主义中央集权制度极端强化的时代,法律全面维护和加强专制主义统治,确保以皇帝为枢纽的国家机器的运转。

(4) 在司法制度上,清朝从中央到地方形成了完整的体系。清朝审级清晰、管辖分明,建立了一套严密的程序。就审判而言,清朝的秋审制度,使中国古代的死刑复核、复审达到相当完备的程度。

思考题

1. 简述清朝对明朝法制的继承与发展。
2. 简述清朝律与例的关系。
3. 简述清朝少数民族立法的特点。
4. 简述清朝刑事法律的变化。
5. 简述秋审与朝审的区别。

第十二章 清朝法律（下）

导言

遭受了太平天国运动的沉重打击，加之鸦片战争失败后所签订的一系列不平等条约，内忧外患危局中的清朝统治者不得不发起以"富国强兵"为目标的近代化改革。自洋务运动开始引进西方军工技术，建立中国近代工商业，编练新式军队，开办新式学堂、派学员出国留学。中日甲午战争的空前惨败，证明了器物层面和局部制度层面的近代化改革彻底失败。1898年虽有短暂的"百日维新"，但改革派旋即被慈禧太后所镇压，这表明清朝统治者在近代化改革方面还没有形成共识，尚未做好全面改革的准备。

1900年八国联军入侵后，清朝统治者不得不下定决心实行全面的近代化法律改革。1902年以后，大臣沈家本、伍廷芳开始删修旧律，翻译外国法律典籍，起草刑律、诉讼律等新近代化法典。1907年清朝确定以宪政编查馆为宪法性法律起草机关，并负责审核其他法律草案，以修订法律馆为宪法以外的各项基本法律的起草机关；同时，明确了"中体西用"的近代化法律改革的指导方针，要求做到"兼采列邦之良规，无违中国之礼教"。

学习目标

通过本章学习，掌握以下主要内容：
1. 清末法律思想与近代化法律改革。
2. "预备立宪"的主要活动。
3. 《大清民律草案》的编纂及其篇章结构与特点。

4. 《大清现行刑律》与《大清新刑律》。
5. 清末司法制度改革。
6. 不平等条约与司法半殖民地化。

第一节 近代化思潮与法律思想

一、鸦片战争时期的变法思想

清朝嘉庆、道光年间，时局愈发动荡，社会危机日益深重，一大批进步的政治家、思想家大力倡导"经世致用"的思想，力求改革以救亡图存。以林则徐、龚自珍、魏源为代表的先进知识分子针砭时弊，试图为毫无生机的社会注入思想上的活力，挽救国家和民族于危亡。

（一）林则徐的法律思想

鸦片战争爆发于中西两种社会制度碰撞所产生的巨大冲击之中。鸦片战争之前，中国一直闭关自守，英国鸦片和坚船利炮的入侵使清朝统治者在"天朝上国"的美梦中惊醒。这一时期涌现了大批仁人志士，他们以国家的安危存亡为己任，奋勇抵御西方列强的侵略，伟大的爱国者林则徐便是其中之一。他目睹鸦片对中国社会产生的巨大危害，领导了震惊中外的虎门销烟。其严禁鸦片的态度十分坚决，"若鸦片一日未绝，本大臣一日不回，誓与此事相始终，断无终止之理"（《信及录》）。林则徐还提出了"师敌之长技以制敌"的主张，认为对外国侵略者要坚决抵御，但是不排斥学习敌人先进的技术以富国强兵。他是向西方学习的思想先驱者。在广州任职期间，林则徐组织幕僚翻译了英国人慕瑞的《世界地理大全》，撰成《四洲志》一书。该书内容涵盖四大洲、三十几个国家的历史、地理和政治、法律情况，被誉为"近代中国最早的百科全书"，林则徐也被称为近代中国"睁眼看世界的第一人"。

（二）龚自珍的法律思想

龚自珍的法律思想主要有两方面的体现。一方面，他痛批现实，强烈表达了对腐败吏治的不满和期望整顿吏治的愿望；另一方面，他主张"更法改图"，内心充满对人才的渴求和对美好未来的向往。龚自珍将"世道"分为三种，"治世为一等，乱世为一等，衰世别为一等"（《龚自珍全集》）。鸦片战争前期的中国社会经济落后，民生凋敝，正处于"衰世"阶段。在龚自珍看来，"衰世"主要是由专制腐朽的政治体制和繁苛的法律导致的，人才也在这样的环境中被隐藏埋没。因此，龚自珍大声疾呼要求变革。他曾在《己亥杂诗》中写道："九州生气恃风雷，万马齐喑究可哀。我劝天公重抖擞，不拘一格降人材。"龚自珍热切期盼天降人才来力挽狂澜，将国家、民族从危亡中拯救出来，改变"万马齐喑究可哀"的境况。他渴求人才、力求变革的思想之形成，标志着近代史上思想启蒙序幕的开启，也对资产阶级维新派产生了深远影响。康有为将龚自珍的公羊今文学进一步发展并取得了显著的成果。然而，龚自珍的思想也存在局限性，他"更法改图"的方案大多仿照古制，力求恢复古制以变革当下，显然未能触及统治制度的核心，仅仅是"药方只贩古时丹"。[①]

（三）魏源的法律思想

魏源和龚自珍同为19世纪地主阶级改革派的进步思想家。魏源受林则徐的嘱托，以林则徐的《四洲志》一书为基础编成了《海国图志》。《海国图志》成书于1842年，是中国近代史上第一部介绍世界各国历史、地理、政治、法律情况的完备著作。其中提出的"师夷长技以制夷"的主张，是对林则徐"师敌之长技以制敌"思想的延续和发展。在魏源看来，"师夷长技以制夷"应当分为两个部分，其中"师夷"是"制夷"的前提和基础，也是"制夷"的手段，"制夷"是"师夷"的目的，是学习夷之长技需要达到的目标。"善师四夷者，能制四夷，不善师外夷者，外夷制之"，这一爱国主义思想不仅表达了近代思想家们坚决抵抗外国侵略的精神，也为提升自身国力以抵御外侮提供了方法。

魏源认为，外国对中国进行侵略，依靠的不仅是坚船利炮。"人但知船炮为西夷之长技，而不知西夷之所长，不徒船炮也。"（《海国图志》）魏源在《海国图志》中将"夷之长技"总结为"一战舰，二火器，三养兵练兵之法"。在他看来，需要借助西方先进的军事和工业技术，来发展中国近代的军事工业和民用工业。《海国图志》中有大量篇幅详细介绍了轮船、火器、火车、火轮机等的制造工艺。魏源不仅对中国近代工业赶上世界先进水平怀有信心，对社会变革也充满抱负和希望。他和龚自珍一样，对腐败吏治极为不满，认为应当整顿官僚体制，使人才在社会改良中真正的发挥作用。魏源社会变革的思想具有进步意义，但是因为其代表地主阶级

[①] "药方只贩古时丹"出自龚自珍的《己亥杂诗》，全诗为："霜毫掷罢倚天寒，任作淋漓淡墨看。何敢自矜医国手？药方只贩古时丹。"

改革派的利益，实际上拥护的是统治制度，故他所期待的社会变革程度非常有限。

二、太平天国运动领袖的法律思想

（一）洪秀全的法律思想

洪秀全，原名仁坤，广东花县人。1851年1月10日，洪秀全在广西桂平县金田村发动农民起义，建立了"太平天国"。洪秀全不仅是领导农民起义反抗清朝统治的领袖，也是中国近代向西方寻求真理的代表人物之一。他创作的《原道觉世训》《原道救世歌》《原道醒世训》等充满革命激情的作品和他允准颁布的太平天国的法律、法令、诏书等文件都能反映出他的法律思想。

1. 反对清朝统治者及其统治

洪秀全将农民阶级视为"良""善"的化身，将清朝统治者及其统治称为"妖""邪"。他在《太平救世歌》中有这样的论述："除妖安良，政教皆本天法；斩邪留正，生杀胥秉至公。"洪秀全认为，拜上帝教秉承天法，指导农民阶级发动反清战争是正义的。清朝的统治是残酷的，只有推翻暴政，才能实现真正的善良秩序，为百姓营造和谐的社会氛围。

2. 平等和绝对平均主义思想

太平天国时期颁发的纲领性文件《天朝田亩制度》，完整地阐述了洪秀全的平等和绝对平均主义思想。这一思想对于斗争中的农民起到了鼓舞人心的作用。洪秀全所期待并试图实现的是"有田同耕，有饭同食，有衣同穿，有钱同使，无处不均匀，无人不饱暖"的理想图景。《天朝田亩制度》主张废除土地私有制，使财产公有，实现"天下为公"。但是，极端的平均主义无疑是脱离社会现实的空想，《天朝田亩制度》中提出的"人无私财"等主张背离了社会客观规律，是不可能实现的。

（二）洪仁玕的法律思想

洪仁玕，字益谦，号吉甫，广东花县人。他于1859年完成了《资政新篇》和《立法制演谕》，这两部作品集中体现了他的法律思想。洪仁玕认为，应当废除传统帝制的法律制度，清朝的法律制度已落后于时代，只有积极地引进西方先进的资本主义制度，才能顺应历史发展的潮流。他倡导向西方学习科学技术，成立和发展资本主义性质的近代企业，并且向西方的资产阶级民主政治寻求借鉴。洪仁玕对清朝统治者夜郎自大的愚昧表达了强烈的不满，他将中国历史上"以法治国"的思想和近代西方资本主义国家的法治原则融合起来，其独具特色的法律思想符合时代前进的方向。

三、洋务运动时期的变法思想

19世纪60年代，清朝陷于严重危机之中，此时朝廷在内部遭到太平天国农民起义的沉重打击，在外部面临英法联军的疯狂入侵。为了抵抗帝国主义的侵略和平息农民革命，学习西方、主张改革的洋务派由此诞生。洋务派清醒地认识到，要挽救清朝的统治，朝廷必须从"天朝上国"的美梦中醒来，利用西方的先进技术提升国力，实现富国强兵的目标。

（一）以"自强"为核心的军事法律思想

洋务派的主要代表人物多是清朝的军政大员，他们提出"自强以练兵为要，练兵又以制器为先"的方针，将增强军事作为"自强"的重点。1861年，曾国藩设立安庆内军械所；1862年，李鸿章设立上海洋炮局，之后江南制造总局、金陵机器局、福州船政局和天津机器局等军工企业也陆续兴建成立。19世纪70年代中期以后，为抵御日本从海上入侵，洋务派开始创建近代海军，以加强海防。1888年，海军衙门颁布施行了《北洋海军章程》，该章程仿效英国海军章程，其内容完备，对船制、升擢、俸饷、军规、武备等各方面都做出了详尽的规定。

（二）以"求富"为目的的经济法律思想

以"欲自强，必先裕饷，欲浚饷源，莫如振兴商务"（《李文忠公全集·朋僚函稿》）为理念，曾国藩、李鸿章等人逐渐冲破中国传统社会"重农抑商"的藩篱，开始兴建近代民用企业。由于晚清统治者需要持续偿还对外国的大量赔款，已经没有足够的经费支撑洋务派兴建实业，而民间资本又非常有限，于是洋务派萌生了引进外资的想法。李鸿章认为，"若论切实办法，必筹造铁路，而后能富能强"（《李文忠公全集·译署函稿》），这一想法首先在兴建铁路上付诸实践。洋务派的经济法律思想为刺激近代新式工商业的发展提供了新思路，对改变中国古老的经济结构起到了推动作用。

（三）以培养近代法律人才为目标的法律教育思想

洋务派非常重视实务人才的培养。李鸿章曾说，"用人最是急务，储才尤为远图"（《筹议海防折》）。1862年以后，清朝统治者在李鸿章的倡议下批准设立了京师同文馆、上海广方言馆等，这些洋务学堂皆以教授外语为主要任务。除了培养精通外语的人才，同文馆还担负着翻译西方著作的任务。张之洞曾说，"尝考讲求西学之法，以译书为第一义……欲令天下士人皆通西学，莫若译成中文之书，俾中国百万学人，人人能解，成才自众，然后可给国家之用"（《上海强学会章程》）。除了自然科学图书外，同文馆还翻译了不少外国法律和法学著作，包括《公法总论》《佐治刍言》《各国交涉公法论》等。这些翻译著作的问世，为传播西方法律知识和培养新式法学人才都发挥了积极作用。此外，洋务派还向西方派遣了大量的留学生，他们学成归国后应用所学技艺，推动了中国社会的进步，促进了西方法律知识的传播。

四、戊戌变法时期的法律思想

甲午海战失败后，中华民族面临的危机日益深重，社会中的爱国知识分子强烈表达了维新变法、救亡图存的思想意愿。1895 年由康有为等发动的"公车上书"，揭开了维新变法运动的序幕。1898 年 6 月 11 日，光绪皇帝颁布"明定国是"的诏书，标志着变法运动的正式开始，到 9 月 21 日以慈禧太后为首的顽固派发动政变，戊戌变法历时 103 天，史称"百日维新"。以康有为、梁启超为代表的维新派的变法思想主要包括以下几个方面。

（一）设议院

康有为是正式、直接地向皇帝上书要求设立议院的第一人。他认为，设议院是"立国自强之策"，应当作为变法的核心内容。设立议院之后，就能达到"君民同体""休戚与共""君与国民共议一国之政法"的政治目的。但是，康有为所提倡设立的议院，是保证君主掌握至高无上权力的议院，与西方资产阶级国家的议院有本质上的不同，并不能完全实现民众的参政议政。

（二）制定宪法

康有为希望借鉴日本制定明治宪法的成功经验，将制定宪法作为维新运动的重要举措。他认为，"各国之一切大政皆奉宪法为圭臬"（《康有为集·上清帝第六书》）。梁启超也是立宪的积极拥护者。他们二人皆赞同通过立宪来限制君权、保障民权的观点，君主的权力不是被臣民限制，而是被宪法限制，臣民的权利则由宪法来保障，"宪法与民权，二者不可相离，此实不易之理，而万国所经验而得之也"（《饮冰室合集·立宪法议》）。

（三）实行三权分立

康有为和梁启超都在理论上拥护孟德斯鸠的分权论，认为中国也应当效仿西方国家实行三权分立的体制。康有为曾说，"近泰西政论，皆言三权：有议政之官，有行政之官，有司法之官。三权立，然后政体备"（《应诏统筹全局折》），他认为构建三权分立的体制是实现完备政体的前提和基础。梁启超借用西方国家的三权分立原则，结合中国社会的实际情况，形成了自己独特的三权分立学说。在他看来，由国会行使立法权、国务大臣行使行政权、独立审判厅行使司法权是具有合理性的。

以康有为、梁启超为代表的维新派也曾呼吁学习西方先进的法律制度，构建新的法律体系，他们组织翻译了大量西方国家的政治学和法学理论著作，将资产阶级民主主义启蒙思想和法理思想引入中国，详尽地论证了借鉴西方政体和制度的优越性。维新派所勾画出的君主立宪制蓝图试图帮助中国民众实现民主、富强，但最终不敌强大的守旧势力，戊戌变法以失败而告终。

五、清末修律时期的法律思想

（一）张之洞、刘坤一与《江楚会奏变法三折》

1900年1月29日，在"庚子事变"中流亡西安的慈禧太后以光绪皇帝的名义发布新政改革的上谕，清末全面的近代化法律改革自此开始。作为对朝廷新政变法的复奏，1901年5月至7月，张之洞和刘坤一上奏了《江楚会奏变法三折》，其中提出了一系列改革措施，具体包括：

第一折：设文武学堂、酌改文科、停罢武科、奖励游学。

第二折：崇节俭、破常格、停捐纳、课官重禄、去书吏、去差役、恤刑狱、改选法、筹八旗生计、裁屯卫、裁绿营、简文法。

第三折：广派游历，练外国操，广军实，修农政，劝工艺，定矿律、路律、商律、交涉刑律，用银圆，行印花税，推行邮政，官收洋药，多译东西各国书。

《江楚会奏变法三折》中所提出的各项建议切实可行，契合中国近代化的需求，成为清末新政的重要纲领。这些改革措施反映出张之洞和刘坤一的变法思想。1898年，张之洞撰写了《劝学篇》，全面阐发了"中学为体，西学为用"的宗旨，对维新变法运动做出了思想上的回应。《江楚会奏变法三折》延续了"中体西用"的精神，将之应用到处理中西文化关系的问题上。张之洞强调的"中学"以孔孟之道为核心，是儒家经典所倡导的纲常名教，"西学"是西方先进的政治学说、制度、技术、文化等。张之洞认为，要坚持"中体西用"，就应该向西方学习，取西方之长以补中学之短，但是绝不能使其成为统治制度的核心，撼动"中学"的地位。"中体西用"既表明"中学为体"和"西学为用"是紧密联系的，又明确阐述了这两者的地位，即"西学"是为"中学"服务的。

（二）沈家本的法律思想

沈家本，字子淳，又作子敦，别号寄簃，清朝归安（今浙江吴兴县）人。沈家本在主持修律活动中的指导思想，可以概括为"折衷各国大同之良规，兼采近世最新之学说"，而又"不戾乎我国历世相沿之礼教民情"（《修订法律大臣沈家本等奏进呈刑律分则草案折》）。他认为，将世界各国之法、近世各国最先进的法律学说和中国相沿数千年的礼教民情结合起来，能够制定出最良善的法律，以适应清末社会的现实需要。以此法律思想为指导，沈家本主持了一系列的变法修律活动。他是清末法制变革中的关键人物。

1. "采近世最新之学说"

沈家本认为，欲学习西方先进的法律制度，首要的是翻译西方国家的法律法规和法学著作，"参酌各国法律，首重翻译"，"欲明西法之宗旨，必研究西人之学，尤必编译西人之书"（《寄簃文存·新译法规大全序》）。沈家本组织了大量的翻译工作，广泛地吸纳人才，翻译各国最新最先进的法律文献。为使所译之书能最准确地表达原书之意，沈家本与翻译人员逐字逐句进行探讨和琢磨，并延聘外国法律专家以备顾问。

在法律体系的建构方面，沈家本深感以传统刑律为主的法律体系难以适应新的社会现实，应当仿照大陆法系国家的法律体系，对我国相沿数千年的诸法合体之法典体例做出调整。沈家本担任修订法律大臣后，在修订法律馆内分设专科，主持制定了民律、商律、民事诉讼律、刑事诉讼律、法院编制法等部门法典，并在清朝覆亡之前编纂完成了中国近代第一部近代化刑法典——《大清新刑律》。

沈家本认为，"法律为专门之学，非俗吏所能通晓，必有专门之人"（《寄簃文存》），遂奏请朝廷开设法律学堂，培养专业的法律人才，1906年9月，中国第一个专门法律学堂——京师法律学堂在北京成立。沈家本聘请日本法学家冈田朝太郎、松冈义正等为学员讲授课程。之后，各省纷纷开设法政学堂，培养了一大批专业的法政人才。

2. "不戾乎我国历世相沿之礼教民情"

沈家本自幼熟读儒家经典，尤其精通经学和文字学。由于深受儒家思想的影响，沈家本推崇儒家经典所倡导的"三纲五常"。在变法修律活动中，沈家本以开放包容的态度接受了西方法治文化，但并没有忽视中国传统法律的重要地位。中国历史悠久，"礼教风俗不与欧美同，即日本为同洲之国，而亦不能尽同。若遽令法之悉同于彼，其有阻力也固宜然"（《寄簃文存·裁判访问录序》）。1910年正月，沈家本奏请派员分赴各省调查民事、商事习惯，并着手制定《调查民事习惯章程十条》。民事、商事习惯是传统礼教习俗的承载形式，民事、商事习惯调查本身及整理成果体现了立法者对传统文化的敬畏和尊重。沈家本所主持的民事、商事习惯调查，对清末修律活动赓续传统法律文化起到了重要作用，同时为中华民国时期民法典的制定奠定了基础。

（三）伍廷芳的法律思想

伍廷芳，字文爵，号秩庸，广东新会县人。洋务运动时期朝廷广派留学生出国学习西方先进的技术和文化，伍廷芳便是优秀的留学生代表。伍廷芳在英国学习期间，深受资产阶级法律思想的影响。归国之后，他积极投身变法修律活动，将自己的法律思想付于法律改革的实践之中。

伍廷芳和沈家本同为修订法律大臣期间，参与修订了新刑律草案、民律草案，以及刑事民事诉讼律草案等。伍廷芳坚决抨击清朝的专制政体，对变法图强表达了明确的态度。他认为，清朝腐朽的政治法律制度亟待改革，唯有变革才能使社会自上而下呈现出崭新的面貌。然而，清朝统治者对伍廷芳的主张抱有漠视的态度，对变法改革也采取消极的措施，导致伍廷芳对清朝逐渐失去信心，在民国时期转而支持孙中山领导的资产阶级革命。在伍廷芳看来，人民应当享有平等和自由的权利。他所倡导的平等，是法律范围内的平等，即法律面前人人平等，自由是法律赋予的，守法是自由的前提，这也是资产阶级的法制原则之一。在改良司法方面，伍廷芳认为，欧美国家强于中国的根本原因是优越的政治制度，"中国政治，欲有所进步，须先从司法一门入手"（《中华民国图治刍议》），因此，应当变革司法，按照资产阶级三权分立的原则，实行司法独立。他主张改良审判制度，废除刑讯制度，重视证据和情理在断案中的作用，实现司法文明、审判文明。伍廷芳是资产阶级民主与法制的拥护者，在将西方资本主义法律原则和制度与中国法律的融合上贡献了毕生精力。

（四）劳乃宣的思想与"礼法之争"

清朝开展的变法修律活动，实际上是以慈禧太后为首的统治集团在内外交困时局中的自救行为。统治者并没有做好全面变革法制的准备，仍然将"纲常名教"作为不可变革的国之根本。而在以沈家本为代表的修订法律大臣看来，相较于中国传统法律，西方的法律制度和文化是更加文明和进步的。这一想法显然超乎了统治者固守传统礼教的界限，中国近代史上最大的法律论争——"礼法之争"由此展开。"礼法之争"的双方是以沈家本、杨度为代表的法理派和以张之洞、劳乃宣为代表的礼教派。双方的争议主要集中在1906年修订法律馆上奏的《大清民事刑事诉讼律》及次年上奏的《大清新刑律草案》上。对于中国的纲常名教是否应当在新律中加以体现这一问题，法理派从西方近现代法学理论出发，引入了"罪刑法定""正当防卫"等概念和制度，试图将"干名犯义""存留养亲"等制度以及一些因亲属身份等级关系而设立的罪名和制度删除，并且对道德和法律做出区分。而礼教派的观点是，"三纲五常"是立国之本，变法修律应当以"中学为体，西学为用"为指导。西方的法律术语可以被引入中国的法律中，但是法律的基本原则和精神不能超乎传统纲常名教的范围。

劳乃宣反对将中国固有的法律全盘西化，主张在"道不变"的基础上进行变革。他认为古圣先贤的思想应当成为变法修律的指导。"礼法之争"的焦点在于，新刑律中是否应当保留亲属相犯加重或减轻处罚的条文，以及刑法是否应当惩罚无夫妇女和奸的行为。劳乃宣认为，在《大清新刑律》中保留这些"干名犯义"的条款，是对中国传统习俗的尊重。礼教派的观点代表清朝上层官僚、士大夫等保守势力对变法的态度，1909年2月17日，清朝针对变法修律过程中的争议，正式发布上谕："惟是刑法之源，本乎礼教。中外各国礼教不同，故刑法亦因之而异。中国素重纲常，故于干犯名义之条，立法特为严重。良以三纲五常，阐自唐虞，圣帝明王，兢兢保守，实为数千年相传之国粹，立国之大本。今寰海大通，国际每多交涉，固不宜墨守故常，致失通变宜民之意，但祇可采彼所长，益我所短。凡我旧律义关伦常诸条，不可率行变革，庶以维天理民彝于不敝。该大臣务本此意，以为修改宗旨，是为至要。"（《大清法规大全·法律部》）"礼法之争"最终以法理派的妥协退让而告终，变法修律被限定在中国传统礼教伦常的框架中，"干名犯义"的条款也在《大清新刑律》中得以保留。

第二节 "预备立宪"与近代化法律改革

宪政编查馆与修订法律馆为清末重要的法律起草机关，它们起草的宪法性法律或者法律草案交资政院讨论后由皇帝颁布。1905年11月，为考察西方各国政治，收集政治与宪法资料，同时调查国内政情，朝廷设立考察政治馆。1907年8月，改考察政治馆为宪政编查馆，直属军机处，下设编制、设计、官报三局，庶务、译书、图书三处。宪政编查馆负责调查、议复有关宪法奏报，负责起草宪法草案，考核修订法律馆起草的各项法律草案，考核各部院、各省编订的单行法草案、行政法规。除考核修订法律馆和部院的法律、单行法、规章等法律草案以外，宪政编查馆起草并经朝廷审定、颁行了《钦定宪法大纲》《咨议局章程》《资政院章程》，以及"预备立宪"的"钦定逐年筹备事宜清单"，并起草宪法草案。1911年5月，清朝成立内阁，裁撤宪政编查馆。武昌起义后，由资政院起草了《宪法重大信条十九条》，并由朝廷审定颁布。

1902年5月，清朝初设修订法律大臣，由沈家本、伍廷芳兼任。1904年，修订法律馆开馆，1907年，修订法律馆改组，由修订法律大臣（初设三人，后来增至六人）主持馆务，下设提调二人秉承大臣总司馆务，分设二科（分别负责民律商律的调查起草、刑事民事诉讼律的调查起草）、三处（译书处、编案处、庶务处）。该馆职掌奉旨交议的各项法律，拟定各项法典草案及附属法律。清末从兼任的修订法律大臣，到独立的修订法律馆，其立法计划分为三步：修订旧律、制定过渡性法律、颁布全新的法典。修订法律大臣沈家本从删修旧有律例开始，之后修订颁布了简易的商法《商人通例》《公司律》，过渡性的《大清现行刑律》，以及《大理院审判编制法》《各级审判厅试办章程》；制定并颁布的近代化法律有《大清新刑律》《法院编制法》等。

《刑事民事诉讼法草案》和后来的《刑事诉讼律草案》《民事诉讼律草案》，以及《大清民律草案》《大清商律草案》等，都没有最终完成。

一、"预备立宪"的启动

1904年的日俄战争，以小国日本战胜大国沙俄而告终，这一结果令世人大为震惊。有识之士皆以为"立宪"是小国战胜大国的根本原因，是20世纪世界发展的潮流。日本战胜沙俄之后，取得了在东北的驻军、开矿等权益，其对清朝的威胁已在卧榻之侧。加之，朝廷上下纷纷要求立宪，一方面为挽救国家危亡，不为列强所瓜分；另一方面唯有立宪才能上下同心，在体制上保障国家达致富强。在各方面压力之下，1905年，朝廷不得不"仿行立宪"。为推进"仿行立宪"，朝廷于1905年11月成立考察政治馆，12月派五大臣出国考察日本与欧美各国宪政。五大臣分为两路，戴鸿慈、端方为一路，载泽、李盛铎、尚其亨为另一路，1905年12月出发，至1906年7月返回。在半年多的时间里，两路考察大臣先后考察了日本、美国、英国、法国、德国、意大利、俄国等14个国家。考察大臣及其随员带回了大量的政治法律书籍，并向朝廷报告了东洋、西洋各主要国家的宪法制度。此时，国内局势日趋动荡，君主立宪派势力逐渐壮大，资产阶级革命派和立宪派的活动都极为频繁，朝廷迫于政治压力，于1906年9月颁"预备立宪"上谕，以"大权统于朝廷，庶政公诸舆论"为立宪的根本原则。1907年8月，考察政治馆更名为宪政编查馆，作为统筹仿行立宪的专门机构。1907年11月，朝廷再次派达寿、于式枚分别考察日本、德国的宪政。考察归来后，考察大臣认为，立宪对于朝廷有三大利：一曰皇位永固；二曰外患渐轻；三曰内乱可弭。考察大臣还提出，"预备立宪"应以德国、日本为榜样。因为德国、日本均实行的是二元君主制，君主的地位和权力得到宪法确认；德国、日本的宪法模式具有集权和高效率的特征，德国宪法颁布后使其一跃成为欧洲大陆最强大的国家，日本实施宪法之后，先是战胜清朝，继而打败俄国，在短短十几年的时间里跻身于世界强国之列。为推进"预备立宪"，1908年8月27日，清朝统治者公布了由宪政编查馆与资政院共同拟定的"钦定逐年筹备事宜清单"，即"预备立宪"为期9年的具体计划。

二、《钦定宪法大纲》

在近代法律体系中，宪法规定国家权力的来源，保障公民的基本权利，是国家根本大法。清朝既已确定君主的权力源于上天所受，宪法由君主钦定，国会及其他国家机构的权责均由君主钦定宪法而定，臣民权利义务亦以宪法为定衡。因此，清末"预备立宪"的重要步骤之一是确定宪法的纲目与原则，并作为正式宪法的基础。1908年8月，朝廷颁布了由宪政编查馆制订的《钦定宪法大纲》，《钦定宪法大纲》成为中国近代第一部宪法性文件。《钦定宪法大纲》仿照1889年日本帝国宪法，确立二元君主立宪体制，《钦定宪法大纲》分为正文"君上大权"和附录"臣民权利义务"两部分，共23条。宪政编查馆对《钦定宪法大纲》的结构曾有明确说明："首列（君上）大权事项，以明君为臣纲之义。次列臣民权利义务事项，以示民为邦本之义，虽君民上下同处于法律范围之内，而大权仍统于朝廷。""君上大权"共14条，开宗明义规定："大清皇帝统治大清帝国，万世一系，永永尊戴"；"君上神圣尊严，不可侵犯"；并具体规定皇帝行使最高行政权、召集和解散议会之权、总揽司法等最高权力，皇帝拥有统率陆海军的军权，以及代表国家对外交往的权力等。区别于专制政体中皇帝权力的无限制性，《钦定宪法大纲》对皇权的行使也做了一些限制：皇帝总揽司法权，主要体现为审判官的委任权，但在司法审判活动中，审判官以已颁布生效的法律为审判依据；皇帝以发布命令的方式，行使最高行政权；但不得以行政命令更改或废止法律。"臣民权利义务"共9条，规定了臣民享有的权利包括：担任官吏和议员的权利；在法律范围内，有言论、著作、出版、集会、结社等自由；臣民非依法规定，不受逮捕监禁处罚，以及进行诉讼，专受司法机关审判等权利。臣民在享受权利的同时，必须承担纳税、服兵役、遵守法律等义务。

《钦定宪法大纲》以近代的宪法形式，确认和维护了君主的专制权力，臣民仅仅是君权的服从者，并非国家的主人，其权利义务仅仅是君上大权的附录。这是中国近代第一部宪法性文件，第一次以法律限制了至高无上的君权，是中国法律史上的一大进步。

三、资政院与谘[①]议局

（一）资政院

1906年，朝廷下诏宣布"预备立宪"，便参考日本的做法，在宪法颁行前设立资政院作为"预备立宪"时期的中央咨询机关。1907年，皇帝诏令在中央筹设资政院，作为今后设立议院的基础。1908年，朝廷公布《资政院院章》。《资政院院章》第一条规定："资政院钦尊谕旨，以取决公论，预立上下议院基础为宗旨。"根据《资政院院章》规定，资政院的权力主要包括三项：立法权，制定各项法典，以及对各项法律的修改；财政议决权，议决国家财政预、决算，议决政府公债等；对行政机构的监督权。从资政院的职掌可以看到，资政院已具备西方宪政体制下议会的部分职能。但是，资政院的一切决议，须会同军机大臣或各部行政大臣"请旨裁夺"，议决事项的决定权仍然掌握在皇帝手中。而且，皇帝可以发布特旨谕令责令资政院停会，乃至解散。资政院的议员包括"钦选"与"民选"各100名。"钦选"议员大部分是宗室成员、满汉王公、高官显贵、硕学通儒以及纳税额多者，审判官、检察官及巡警官不在其列；"民选"议员则是由各省谘议局议员"互选"产生，但最后要由各省督抚"圈定"。

1910年9月23日，资政院召集议员，举行成立会议。10月3日，资政院举行开院大典与第一次常年会。在短短100天里，资政院提出了一系列重大议决案，包括：商办铁路非经国会协赞不得收为国有案、划一刑律案、弹劾军机大臣案、速开国会案、速设责任内阁案、昭雪戊戌冤狱案、著作权律案、报律案、剪发易服案、速立官制案等。资政院虽然是"取决公论"的咨询机关，没有国会的实际权力，可

[①] 谘现简化为"咨"，此处为尊重当时的机构名及其语义语境，故不作修改。下同。

是资政院却被清朝内部的立宪派所主导，在一定程度上发挥了"准国会"的作用。

（二）谘议局

谘议局是清末"预备立宪"过程中朝廷设立的地方咨询机构，各省谘议局筹建于1907年。1908年，朝廷颁布设立谘议局的上谕，颁行《各省谘议局章程》《谘议局议员选举章程》，并要求各省于一年之内设立谘议局。到1909年秋，全国除新疆外，各省谘议局陆续成立。根据《各省谘议局章程》，谘议局设立的宗旨是"钦尊谕旨为各省采取舆论之地，以指陈通省利病，筹计地方治安"，其职权主要包括：议决本省应兴应革事件；议决本省之预算决算、税法、公债及担任义务之增加，权利之存废事件；议决本省单行章程规则之增删修改；选举资政院议员；申复资政院及督抚咨询事件；收受本省自治会或人民陈请建议事件；公断和解本省自治会之争议事件。谘议局会议也分常年会与临时会两种，但均由本省督抚召集。谘议局所议定事项，可决权全在本省督抚。本省督抚对于谘议局，不仅有监督、裁夺的权力，而且有令其停会及奏请解散之权。各省谘议局成为立宪派的聚集地，他们可以合法地参政议政，这为立宪派组织"速开国会运动"以及辛亥革命后各省的独立奠定了组织基础。

四、《宪法重大信条十九条》与"预备立宪"的终结

清朝在推进"预备立宪"的过程中，遭到资产阶级革命派的坚决反对，各地革命党组织的武装暴动不断发生，而依托资政院、谘议局不断聚集、壮大的立宪派，在参政议政的过程中对清朝改革的迟缓、筹备召开国会的拖延越发不满。从1909年12月到1911年1月，立宪派组织了三次声势浩大的国会请愿活动，要求尽快制定颁行宪法，迅速召开国会。资产阶级革命派的武装起义、立宪派的请愿活动以及各省督抚的联名电请，对清政府造成了巨大的政治压力。清朝统治者被迫将"预备立宪"期限从九年改为五年，并决定首先组建新内阁。1911年5月，朝廷颁布《内阁官制暨内阁办事暂行章程》，组织成立新内阁，以奕劻为内阁总理大臣，那桐、徐世昌为协理大臣，外务大臣梁敦彦、民政大臣善耆、度支大臣载泽、学务大臣唐景崇、陆军大臣荫昌、海军大臣载洵、司法大臣绍昌、农工商大臣溥伦、邮传大臣盛宣怀、理藩大臣寿耆，共13人，其中，满族大臣8人（有5人为皇族），汉族大臣4人，蒙古族大臣1人，因而新内阁又被称为"皇族内阁"。"皇族内阁"暴露了清朝统治者独裁的本质，遭到资产阶级革命党和立宪派的一致抨击，也令全国人民大失所望。

1911年10月10日，辛亥革命爆发，各省纷纷宣布独立。在内外压力下，清朝

统治者于 10 月 30 日下"罪己诏",并令资政院迅速草拟宪法,仅用了三天时间便制定和通过了《宪法重大信条十九条》(以下简称"十九信条")。11 月 3 日,清朝统治者公布实施"十九信条"。与二元君主模式的《钦定宪法大纲》相比较,"十九信条"主张建立英国模式,扩大国会的权力,采取责任内阁制,对皇权做出法定限制:皇帝的权力及皇位继承,均以宪法规定为依据;皇帝拥有对内阁总理大臣及国务大臣的任命权,但总理大臣的人选,由国会公举,国务大臣人选,由总理大臣推举;皇族成员不得担任总理大臣、国务大臣、各省行政长官;国际条约的缔结、官制官规的制定等权力,均由国会行使。但是,作为重要宪法性文件,"十九信条"并未提及关于人民基本权利的问题。

"十九信条"是在辛亥革命的巨大压力下,清朝统治者为挽救危局被迫制定颁布的宪法文件。根据"十九信条",袁世凯由资政院投票选举选出,再由皇帝任命其为总理大臣。"十九信条"未能改变清朝覆亡的命运,1912 年 2 月 12 日清帝溥仪宣布退位,前后经历 6 年多的"预备立宪"宣告终结,中国持续了两千多年的帝制也就此结束。

第三节 官制改革与行政法律制度

官制改革是清末新政的重要内容之一,在改革中形成了新的政府组织机构和行政法令体系。1906 年朝廷发布"预备立宪"上谕,提出"预备立宪"之推行,需以官制改革为基础,从而进入了全面官制改革、制定各部门组织法与各种行政法令的时期。

一、中央官制改革

清朝统治者宣布实行新政之后,不断有新设政府机构与改组成立的政府机构。1901 年 3 月,朝廷设立督办政务处,作为筹划官制改革的专责机关,该机构最初附属军机处,继而转属内阁。其政务大臣除多由军机大臣兼任外,也有由内阁大学士兼任者。直至 1911 年责任内阁组织成立后,督办政务处才被撤销。1901 年 6 月,总理各国事务衙门改为外务部;1903 年 7 月,设立商部;1905 年 12 月,设立学部。同时,朝廷还对宗人府、军机处、翰林院、吏部等机构进行内部调整。

1906 年 8 月 25 日,刚刚考察归国不久的戴鸿慈等上《奏请改定全国官制以为预备立宪折》，仿照日本预备立宪的先例，提出八项官制改革的措施，包括：略仿责任内阁制，以求中央行政之统一；定中央、地方之间的权限；内外各重要衙门皆宜设辅佐官，中央各部主官之事权归于统一；中央各官宜酌量增置、裁撤、归并；宜变通地方行政制度；裁判与收税事务，不宜与地方官合为一职；内外衙署，宜皆以书记官代吏胥；宜更定任用、升转、惩戒、俸给、恩赏诸法及官吏体制。① 同年11月，奕劻、孙家鼐等奏请《厘定中央各衙门官制缮单进呈折》，提出以三权分立原则为官制改革的基本方针，以奠定"预备立宪"之基础。朝廷随即发布《裁定奕劻等覆拟中央各衙门官制谕》，官制改革的内容包括：各部尚书均充任参与政务大臣；内阁、军机处照旧，外务部、吏部、学部仍旧；巡警部改为民政部；户部改为度支部，以财政处并入；礼部著以太常、光禄、鸿胪三寺并入；兵部改为陆军部，以练兵处、太仆寺并入；应行设立海军部及军咨府，未设之前，暂归陆军部办理；刑部改为法部，专任司法；大理寺改为大理院，专掌审判；工部并入商部，改为农工商部；轮船、铁路、电线、邮政应设专司，著名为邮传部；理藩院改为理藩部；除外务部堂官员缺照旧外，各部堂官均设尚书一员，侍郎二员，不分满汉；都察院改设都御史一员，副都御史二员；六科给事中改为给事中，与御史各员缺均暂如旧；资政院、审计院均著设立；其余衙门毋庸更改。② 此次公布的中央官制，共设置十一部，后来又增设海军部，改礼部为典礼院。在"毋庸更改"的衙门中，包括朝廷明令"五不议"的事项，即"军机处事不议""内务府事不议""旗事不议""翰林院事不议""太监事不议"。涉及"五不议"的衙门及其职事，都与皇帝的权力与切身利益密切相关，因此，"预备立宪"体系下的官制改革，只不过是增设、调整、合并了一些政府机构，皇帝集权的旧体制并没有发生实质性的改变。

二、地方官制改革

中央官制改革方案确定后，朝廷次第开展地方官制的改革。中央政府试图借地方官制改革之机，削弱地方督抚的权力，特别是把地方督抚的军事权、财政权收归中央。地方官制改革涉及地方督抚权力的消长，各省督抚对此反应强烈。朝廷遂以东三省为试点，再行推广。由东三省先行开办，直隶、江苏两省试行，其他各省则限15年一律办齐。自1907年4月起，东三省开始改革地方体制。同年6月，朝廷发布《总核官制大臣奏改订外省官制折并清单》，仍以总督、巡抚统领地方政务，

---

① 故宫博物院明清档案部. 清末筹备立宪档案史料 [M]. 北京：中华书局，1979：367 – 383.
② 故宫博物院明清档案部. 清末筹备立宪档案史料 [M]. 北京：中华书局，1979：367 – 383.

除东三省外，各省均置布政司、提学司、提法司；省以下设府、州、县各级政府。为维护治安、发展经济，各省普遍增设巡警、劝业两道。

三、行政法律法规

在官制改革过程中，增设、调整或者合并成立的各部院，在奉旨开办之初即拟定章程，明定机构职责、内设部门、各部门编制、岗位任职条件等。地方政府依照《各省官制通则》，对既有各级政府机构加以改革。随着中央和地方官制改革的开展，各级政府、政府部门的行政组织法体系逐渐形成，政府机构行使职权的法令依据也不断丰富。清末推行官制改革仅有五六年的时间，与新官制相适应的行政法律法规体系只是初具规模，难以称得上完备。

第四节 民商事法律变革

中国传统社会以自然经济为主体，加之地域广阔、区域差异大，很难形成统一的贸易体系，因而在固有法律体系中没有发达而统一的民法。清末新政以降，为国家富强计，同时为了适应对外通商和收回领事裁判权的需要，清朝最先开始编纂的近代法律就是商法。在近代法律体系中，无论是学说基础还是条文规模，民法最为复杂、最为庞大，清朝最后启动的编纂工作就是民法。

一、商事法律

19世纪后半期，海禁大开，对外贸易首先在通商口岸迅速发展起来，随着商品经济的不断扩展，对外贸易向内地辐射渗透。然而，中国传统法律体系中缺少统一的商事规范，既不能保障商民的合法权益，又不利于维护商事交易秩序，难以适应新兴商品经济的需要。自甲午战争之后，不少有识之士看到近代国家的竞争不仅是军事力量，更是国家的经济基础，因而提出了商战最终决定国势的主张。1901年，朝廷发布变法上谕之后，张之洞、刘坤一在《江楚会奏变法三折》中提出，我国没有商律，商业活动无章可循，国家对商业活动不能给予保护和支持，导致商业力量不能有效地发展、壮大，因此，应该尽快制定商律。

1903年4月，清朝统治者令载振、伍廷芳等主持编订商律。同年7月，朝廷设立商部，继续由该部推进商律的编订。鉴于商法典内容庞杂，短期内难以完成全部编订任务，而且当务之急是对商事主体和近代的公司加以规范，因此决定首先编订《公司律》，同时编订具有商律总则性质的《商人通例》。1904年1月21日，《商人通例》与《公司律》编订完成，经朝廷核准后定名为《钦定大清商律》，并正式公布。《钦定大清商律》由《商人通例》（共9条）和《公司律》（共131条）组成，是清末法制改革中正式出台的第一部法律，其内容基本仿效外国商法。

为保护商业发展，维护商业秩序，1906年，朝廷颁布实施《破产律》（共69条）。根据《破产律》，商人因贸易亏损或因意外事件而资不抵债的，可以申请破产。商人申请破产后，经商会审核并经地方官批准后，由商会组织债主会议，清算财产，确定清偿比例。

为编订一部完整的商法典，1908年，修订法律馆聘请日本法学家志田钾太郎等起草《大清商律草案》。该草案包括总则、商行为、公司律、海船律、票据法五编，共1008条。《大清商律草案》几易其稿，但并未最终完成。

1910年，各地商会以志田钾太郎等起草的《大清商律草案》基本仿照日本法，与中国的社会现实不相符合，且未能兼顾中国固有的商事习惯为由，自行组织调查本国商业习惯，并吸收西方商事立法的最新成果，编纂完成《商法调查案》。新成立的农工商部以其为基础，略加修改完善，改名为《大清商律草案》，提交资政院审议。但很快辛亥革命爆发，《大清商律草案》尚未完成立法程序，清朝即已覆亡。

二、《大清民律草案》

（一）《大清民律草案》的编纂

按照"预备立宪逐年筹备事宜清单"，民律草案应当由修订法律馆在1911年呈交审核，于1913年颁布施行。可是在清末修律的进程中，民律草案的编纂启动最晚。民律草案迟迟未能开展，主要有两方面的原因：一方面，由于我国固有法中没有独立的民法规范体系，清末国内也没有可以独立承担民法起草工作的专家，不得不聘请日本法律家帮助起草，选聘日本民法专家的工作耽搁了很多时间；另一方面，修订法律馆计划以民事调查作为编纂民律草案的事先预备，在民事调查的基础上再进行民律的编订工作。1907年11月，沈家本上《修订法律大臣奏拟修订法律大概办法折》，提出应先行开展"民事调查"，以为编纂民律草案的基础，他所谓的"民事调查"实际包括了三方面的内容：调查外国民事法律资料、调查本国礼制、调查全国各地的民事习惯。

朝廷最初选聘的编纂民律草案的理想人选是日本民法学家梅谦次郎，但并未能如愿聘得。1908年，修订法律馆最后确定，聘请日本法学家松冈义正起草前三编，由章宗元、朱献文、高种、陈箓四位留学归国的法律家起草亲属编和继承编。至1911年年初，也就是朝廷所定的最后期限，修订法律馆编纂完成了民律草案五编的"条文稿"，但只有条文1 569条，没有详细的立法理由。由于"条文稿"只有一个总的说明，各编、各章、各条均无具体说明，宪政编查馆难以考核。因此，宪政编查馆责成修订法律馆继续完成"详细说明"，这等于给修订法律馆宽展了编订民律草案的期限。又经过9个月的编纂，修订法律馆在"条文稿"的基础上，完成了民律草案前三编的"说明稿"。由于亲属编、继承编关涉本国礼教风俗，需由修订法律馆会商礼学馆共同修订，一时未能如期完成。1911年10月，修订法律馆奏呈《修订法律大臣俞廉三等奏编辑民律前三编草案告成缮册呈览折》，将民律草案正式定名为《大清民律草案》。

为了将本国的优良民事习惯纳入民律之中，1910年2月，修订法律馆制定《民事习惯调查章程》（共10条）和《调查民事习惯问题》（共213问），以推进民事习惯调查。但是，全国各省民事习惯调查进度差异极大，有些省份至1911年年底仍未完成调查任务。当时民律草案条文基本已经起草完成，全国范围的民事习惯调查对民律草案的编纂所发挥的作用远不及预期。

（二）《大清民律草案》的内容与特点

《大清民律草案》是我国近代第一部完整的民法典草案，分为总则、债权、物权、亲属、继承五编，共36章，1 569条。编订者称该草案"注重世界最普通之法则"，"原本后出最精之法理"，"求最适于中国民情之法则"，"期于改进上最有利益之法则"（《修订法律大臣俞廉三等奏编辑民律前三编草案告成缮册呈览折》），似乎完全符合清朝"兼采列邦之良规，无违中国之礼教"的要求。

由日本法学家松冈义正起草的总则、债权、物权三编，体现了大陆法系近代民法"私权神圣""契约自由""过失责任"的基本原则，绝少有中国固有法。仅在总则第一章"法例"规定了民律未规定者，可以适用习惯法和条理（第1条）；第二章"人"规定了妻的行为能力、附属于夫的地位，如第9条规定，"达于成年兼有识别能力者，有行为能力。但妻不在此限。"第46条规定，"妻以夫之住址为住址"。以及在物权第四章规定了"永佃权"（第1 086条至第1 101条）。这些内容似乎"符合中国民情"，但这些规定都来自日本民法，并非出自中国固有法。因此，日本法学家所起草的前三编，从体系结构到具体规范均继受于外国法。鉴于此，曾在清末修订法律馆从事编修工作的江庸曾在《五十年来中国之法制》中批评《大清民律草案》,他说:"(一)前案仿于德日,偏重个人利益,现在社会情状变迁,非更进一步以社会为本位,不足以应时势之需求。(二)前案多继受外国法,于本国固有法源,未甚措意。如民法债权篇于通行之'会',物权篇于'老佃'、'典'、'先买'……,而此等法典之得失,于社会经济消长盈虚,影响极巨,未可置之不顾。"

《大清民律草案》后二编由中国法律家起草,被认为最能体现"求最适于中国民情之法则"。修订法律大臣在奏折中也指出:"亲属、婚姻、继承等事除与立宪相背酌量变通外,或本诸经义,或参诸道德,或取诸现行法制,务期整饬风纪,以维持数千年民彝于不敝。"(《修订法律大臣俞廉三等奏编辑民律前三编草案告成缮册呈览折》)当时亲属、继承的"说明稿"尚未完全完成,两部分草案条文都是独立从第1条开始,并未与前三编统编为一体,仍由修订法律馆与礼学馆共同商定。亲属法体系不采"个人主义",而采"家属主义",《亲属法草案》第1条依照传统三族之范围,将亲属分为"宗亲""外亲""妻亲";第2条沿袭服制图所定亲等礼仪。《亲属法编》第二章先定家制,第三章再规定婚姻,以家与家族之团体为中心,与前三编的"个人主义"大相径庭。固有法之规则多被直接采用,在家制方面,"凡隶于一户籍者,为一家。父母在欲别立户籍者,须经父母允许"(第7条);"家政统于家长"(第11条)。在婚姻制度方面,"同宗者,不得结婚"(第17条);"结婚须由父母允许"(第22条);"关于同居之事务由夫决定"(第35条)。亲子关系方面,"亲权",子女嫡庶有别,特重嗣子之选立,承继家族血统(第70至86条)。上述这些来源于"经义道德"和《大清律例》的固有法,不免与前三编的"个人主义"大相抵牾,形成了家属主义与个人主义的二元结构,且与社会的发展趋势相抵牾。因此,江庸在《五十年来中国之法制》中对亲属编、继承编进行猛烈批评:"旧律中亲属、继承之规定,与社会情形悬隔天壤,适用极感困难,法曹类能言之,欲存旧制,适成恶法,改弦更张,又滋纠纷,何去何从,非斟酌尽美,不能遽断。"

第五节 刑事法律变革

在中国固有的法律体系之中,律典居于重要地位,其编纂技术也最为成熟。然而,在与西方交往的过程中,刑律往往被指责为"刑罚野蛮残酷""违背人道主义",成为列强主张领事裁判权的重要理由。自1902年朝廷正式决定变法修律开始,便把修订刑律作为新政的重点工作,一方面适应近代化的社会转型需要,强化社会治安；另一方面去除"野蛮"之污名，希望通过刑法的文明化收回领事裁判权。刑律的修订由沈家本亲自主持，他本着循序渐进的原则，以"兼采列邦之良规，无违中国之礼教"为指导，从删改旧律着手，继而修订过渡性法典，最后编纂全新的近代化刑法典。

一、《大清现行刑律》

1902年，朝廷命沈家本、伍廷芳修律。沈家本考虑骤然编纂新律恐扞格难通，于1903年奏请先将《大清律例》加以修订，作为编纂施行新律之过渡。

在修订《大清律例》的过程中，沈家本对其中不适宜近代社会的部分内容作了删修。删修的内容包括三个方面：①删除凌迟、枭首、戮尸等酷刑，并适当减少《大清律例》所规定的死刑罪；②对于缘坐条款，除了保留知情者治罪条款，其余一律废止；③废除兼有肉刑和人格羞辱作用的刺字刑。

对《大清律例》的整体修订于1909年初完成，修订之后的律例称作《大清现行刑律》，并于1910年颁布。《大清现行刑律》共30篇，389条，附条例1 327条，另附《禁烟条例》12条，《秋审条款》165条。《大清现行刑律》是一部介乎于《大清律例》与《大清新刑律》之间的过渡性法典，对《大清律例》的删修主要体现在四个方面：①改"律例"为"刑律"，删除吏、户、礼、兵、刑、工六部之名，设刑律总目，自"名例"至"河防"分为30门，36卷。②改革刑罚，确认清末删修旧律的成果，删除凌迟、枭首、戮尸、缘坐、刺字等酷刑，将充军改为安置，将流刑、徒刑改为习艺劳动，确定新的五刑制：罚金、徒刑、流刑、遣刑、死刑。③区分刑事规范与民事规范，对于婚姻、继承、钱债、买卖等民事行为不再科刑。④增加部分内容，删减例文，删除不合时宜的内容。为适应近代社会发展的需要，增加了破坏铁路、电讯等新罪名，删改旧律"良贱有别"的内容，将条例从1 800多条，删减到1 300多条。《大清现行刑律》颁布后不久，清朝即为辛亥革命所推翻，只有"现行律民事部分"在民国初期被继续援用。

二、《大清新刑律》

《大清现行刑律》仅是刑事法改革的一个过渡形态，最终目标是颁行近代化的刑法典，因此，朝廷在修订旧律的同时开始网罗人才、翻译外国法律，为编纂新的刑律草案做准备。1905年，沈家本全面启动刑律草案的编纂，次年延聘日本法学家冈田朝太郎参加编纂工作，至1907年9月刑律草案编纂完成，《修订法律大臣沈家本等奏进呈刑律分则草案折》中指出，刑律草案对旧律所作变革主要包括更定刑名、酌减死刑、死刑唯一、删除比附、惩治教育。宪政编查馆遂将刑律草案交部院大臣和各省疆吏签注评议，以符合中国社会现实之需要。在评议过程中，各部院大臣和各省疆吏多指责草案违背中国固有礼教，其中反对最烈的是张之洞、劳乃宣等人。随后宪政编查馆按照多数意见，将草案交由法部会同修订法律大臣加以修订。修订法律馆将草案重加修改，再交法部会商修订。法部尚书廷杰增加关涉纲常名教的5条内容，作为暂行章程。宪政编查馆对法部与修订法律馆会奏的修正草案再加审核后，交资政院审议。资政院于第一期会议通过总则，分则尚未议决，因预定颁行期限已到，遂将总则、分则一并奏呈，定名为《大清新刑律》。1911年1月，内阁奉谕旨颁布《大清新刑律》，未及确定具体施行日期，辛亥革命已然爆发。

《大清新刑律》共53章，411条，附暂行章程（5条）。它是中国近代第一部专门的刑法典，抛弃了《大清律例》诸法合体的编纂形式，以罪名和刑罚等专属刑法范畴的条文作为刑法典的唯一内容；在体例上抛弃了旧律的结构形式，将法典分为总则和分则。总则包括17章，分则以罪名分章，包括36章。

总则采用了德国、日本等外国刑法原则和近代刑法学术语，确立了罪刑法定、法律面前人人平等等刑法原则，规定了缓刑、假释、正当防卫等制度，删除了旧律中"八议""十恶"等名目，增加了一些新的罪名。在刑罚制度方面，设置主刑五种：死刑、无期徒刑、有期徒刑、拘役、罚金；从刑二种：褫夺公权和没收。整个刑罚体系以自由刑为主体，删除了违反人道主义的酷刑，死刑一般采取绞刑，只有少数罪大恶极的适用斩刑。

分则规定了各种具体犯罪及相应的法定刑罚。罪名的设立及界定，既体现对西方刑法理论和刑法制度的吸收，又体现对于固有传统的继承。分则所规定的罪名分为五类：侵犯皇室罪，政治犯罪及破坏行政秩序的犯罪，危害社会公益及司法秩序的犯罪，正风俗、防止社会生活受破坏的犯罪，以侵害国民个人的生命、身体、财产等权利的危害国民私益的犯罪。仿照德国、日本等外国刑法，创设了妨害选举罪、妨害交通罪、妨害卫生罪、妨害国家罪，适应了中国社会的近代化，以及保护列强在华利益的需要。

传统法律在律例中对于罪名一般不作构成要件的详细界定，而采取对犯罪方式与犯罪过程的描述，或以附加文字对罪名做进一步解释。《大清新刑律》借鉴外国近代刑法的立法技术，对于各种罪名一般先作概括性定义，明确该罪名的具体内涵和构成要件。在量刑方面，传统法律采取绝对确定法定刑原则，即对于每一犯罪，确定唯一的法定刑，《大清新刑律》则采取相对确定法定刑为主、绝对确定法定刑为辅的原则，对不同的犯罪一般规定一个量刑幅度，审判官可以根据具体情节，在法定刑范围之内量刑。

《大清新刑律》所附暂行章程（5条），是在"列邦之良规"之外挂上的中国传统"纲常名教"，体现了"兼采列邦之良规，无违中国之礼教"的修律思想。"暂行章程"主要内容包括：加强对于君权、父权、夫权的保护；对侵犯尊亲属的行为，不得适用正当防卫；增设"无夫奸罪"，与无夫妇女通奸者，通奸双方均构成犯罪；加重处罚毁弃、盗取尸体罪以及发掘尊亲属坟墓等罪；加重对于严重危害国家统治、危害社会安全等犯罪的处罚。

第六节 司法制度改革与司法制度的半殖民地化

一、司法理念的近代化

清末变法之初，对于近代化司法改革尚缺少明确的计划。1902年9月，清朝与英国签订了《中英续议通商行船条约》，1903年10月分别与美国、日本签订了《中美通商行船续订条约》《中日通商行船条约》。签约各国允诺，一俟中国之法律及施行该项法律之办法并他项事宜皆能满意时，即预备放弃其领事裁判权。与列强议定商约，使清朝开始明确司法改革的方向：将本国固有体制与外国司法制度改同一律，务期中外通行。仿效东洋、西洋司法制度，具体指导近代化改革的思想原则大体有四个方面：①贯彻司法独立之原则与思想，司法独立首先是审判机构独立于行政机构、立法机构，其核心是法官独立。法官只服从法律，根据法律进行裁判，不受任何干涉。②司法独立旨在维护公正的社会秩序，保护合法民众的权益，民众接受普通司法机构的审判而不受特别审判，是其中一项重要的基本权利。③区分程序法与实体法，程序法中又区分民事诉讼、刑事诉讼与行政诉讼，中国传统法律体系中并没有实体法与程序法的区分，因而近代化改革意味着以专门的程序法规定不同种类的诉讼。④为保障司法公正，法律职业有法定资格要求，法官、检察官、律师须有明确的法定资格标准，实行司法专业化、职业化，以保障司法的水准。司法改革既可以帮助实现司法制度的近代化、文明化，同时，又是与列强交涉、收回领事裁判权的条件。

二、诉讼制度

在中国传统的法律体系中，以官统事，官府职事并不区分实体法与程序法。清末法制改革仿效外国法律制度，开始区分实体法与程序法，起草独立的程序法。从1905年开始，朝廷曾多次派大臣赴欧美、日本等考察法律制度，已涉及对外国诉讼制度的学习。1910年，朝廷派京师高等检察厅检察长徐谦、奉天高等审判厅厅丞许世英等人赴发达国家专门考察司法制度。考察团归国之后在提交的考察报告中，从司法行政、审判、监狱管理、感化院、司法警察五个方面系统地陈述了近代化司法制度，为全面学习西方国家司法制度与推进司法改革奠定了基础。清末为建立近代化诉讼制度，起草了《刑事民事诉讼法草案》《刑事诉讼律草案》《民事诉讼律草案》和《各级审判厅试办章程》。

（一）《刑事民事诉讼法草案》

鉴于中国古代并无专门的诉讼律，刑事诉讼与民事诉讼也没有严格区分，1905年，修订法律大臣提出先行制定一部简明诉讼法，将刑事诉讼与民事诉讼规定在一部法律之中，随即开始诉讼法的起草。1906年5月，修订法律馆进呈《刑事民事诉讼法草案》，并认为刑律和民律为主法，诉讼程序为辅助之法，应在刑律、民律颁布之前议定实施。

《刑事民事诉讼法草案》分为总纲、刑事规则、民事规则、刑事民事通用规则、中外交涉案件五章，共260条，并附施行条例3条。该草案吸收西方近代诉讼原则，并直接采纳其先进的诉讼制度，包括诉讼活动中的平等、公正原则以及公开审判、律师辩护、陪审等制度。《刑事民事诉讼法草案》奏请后，朝廷为慎重起见，责成将草案交由各将军、督抚、都统等悉心研究，探讨究竟于民情风俗能否通行。至1907年，各地先后复奏，多数地方疆吏认为《刑事民事诉讼法草案》应展缓施行。张之洞、劳乃宣等朝廷大臣及封疆大吏对于《刑事民事诉讼法草案》提出诸多批评意见，认为其所确立之制度与中国传统习俗多有扞格，全新的陪审制度、律师制度等缺少现实基础。部院大臣及封疆大吏还建议将《刑事民事诉讼法草案》交法部核定。法部则提出，各级审判厅试办在即，应拟定试办章程，最终将《刑事民事诉讼法草案》搁置。

（二）《刑事诉讼律草案》与《民事诉讼律草案》

在《刑事民事诉讼法草案》被搁置之际，修订法律馆已有另行分别起草刑事、民事诉讼律的计划，不采取当事人主义的对抗式诉讼模式，转而仿效德国、日本以审判衙门为主导的诉讼模式。修订法律馆在吸收部院大臣及封疆大吏意见的基础上，参照德国、日本相关立法，重新修订刑事、民事诉讼律。1910年12月，完成《刑事诉讼律草案》和《民事诉讼律草案》，新的诉讼律草案改变了集刑民诉讼于一体的模式。

《刑事诉讼律草案》分为总则、第一审、上诉、再审、特别诉讼程序、裁判之执行六编，共515条。该草案主要效仿1890年的《日本刑事诉讼法》，采用告劾式的诉讼方式，实行审判公开原则和三审终审制；刑事诉讼一般由检察官公诉，预审权也归于检察官；采取干涉主义，审判官为查明案件法律事实，可以依职权进行调查，不受当事人言辞拘束。《民事诉讼律草案》分为审判衙门、当事人、通常诉讼程序、特别诉讼程序四编，共800条。民事诉讼程序及相关规定，多以德国、奥地利等国制度为参照，规定采用了当事人主义原则、法院不干涉原则和辩论原则等。与1906年的《刑事民事诉讼法草案》相比，《刑事诉讼律草案》与《民事诉讼律草案》更多地吸收了德国、日本等大陆法系国家的诉讼原则和诉讼制度，仍保留了备受部院大臣及封疆大吏批评的陪审、律师辩护等制度。草案呈交宪政编查馆核议尚未有定论，辛亥革命已然爆发而未及公布。民国北京政府不仅援用了《刑事诉讼律草案》《民事诉讼律草案》的部分条文，还在其基础上修订了《刑事诉讼条例》（共514条）和《民事诉讼条例》（共755条），加以公布施行。

（三）《各级审判厅试办章程》

1906年以后，京师和天津已开始试办新式审判厅。直隶总督袁世凯公布实施《天津府属试办审判厅章程》，在天津开展地方司法改革。当时法部正需要一部全国通行的诉讼法，以规范全国地方各级审判厅。法部在放弃《刑事民事诉讼法》的同时，参考了沈家本奏呈的《法院编制法草案》和《天津府属试办审判厅章程》，1907年完成《各级审判厅试办章程》，并经宪政编查馆详核后，于1909年12月颁行。

《各级审判厅试办章程》分为总纲、审判通则、诉讼、各级检察厅、附则五章，共120条。该章程是一部关于法院组织和民事刑事诉讼的综合性法律，是法院编制法和民事刑事诉讼律颁行前的过渡性法典。《各级审判厅试办章程》明确区分了刑事案件与民事案件：刑事案件指"因诉讼而审定罪之有无者"，民事案件指"因诉讼而审定理之曲直者"；刑事案件实行公诉为主的起诉原则，除了"亲告乃论"案件，所有其他案件，无论是因被害人告诉案件，还是他人告发或警察移送的案件，都必须由检察官提起公诉；对于民事案件，则由当事人本人或代理人提起诉讼。

《各级审判厅试办章程》确立了检察官制度，检察官代表国家，在诉讼活动中为国家利益和社会利益执行职务；检察官相对于审判机构，独立行使职权。

三、司法制度改革

1906年，清朝统治者在官制改革的上谕中，改刑部为法部，"专任司法"；改大理寺为大理院，"专掌审判"，作为全国最高审判机构。此后，司法制度改革在全国范围内渐次展开，先后颁布了《大理院审判编制法》（1906年，仅限京师地区适用）、《各级审判厅试办章程》（1909年）、《法院编制法》（1910年）等法律。在地方层面，1907年直隶总督袁世凯颁行《天津府属试办审判厅章程》，1908年，奉天高等审判厅、高等检察厅先后建立。至1911年，全国18个省均已建立高等审判厅和高等检察厅，多数省会城市及部分大的商埠、城市，也已成立地方审判厅和地方检察厅。在有些地方，还设立了专门的审判机构，如奉天高等审判厅筹备在承德地方审判厅内设立"幼年审判庭"，并制订《奉天高等审判厅幼年审判庭试办简章》，作为审理16岁以下犯罪者的专门机构。

（一）《大理院审判编制法》

1906年12月，朝廷公布由法部拟定的《大理院审判编制法》。《大理院审判编制法》分为总纲、大理院、京师高等审判厅、城内外地方审判厅、城谳局五节，共45条。《大理院审判编制法》规定，采行四级三审制、审检合署制、审判合议制。城谳局作为第一审级，对轻微刑事案件及小额民事案件实施管辖。城内外地方审判厅作为城谳局的上一级审判机构，对不服城谳局判决而上诉的刑事、民事案件及不属于城谳局管辖的刑事、民事案件实施管辖；京师高等审判厅作为京师地方的审判机构，对不服城内外地方审判厅判决而提起上诉的刑事、民事案件实施管辖；大理院作为全国最高审判机构，对国事犯案件、官犯案件、地方各省的京控案件、不服京师高等审判厅判决而提起的上诉案件等实施管辖。

（二）《法院编制法》

《大理院审判编制法》仅限于在京师地区适用，并且只是部分规定了大理院内部的运作机制，对于司法行政权与审判权的界定不够清晰，导致法部与大理院为争夺司法权，发生了"部院之争"。为进一步明确司法行政权与审判权的关系，确立全国的法院组织体系，修订法律馆于1907年9月奏呈《法院组织法草案》。经宪政编查馆核定，由朝廷于1910年2月颁行《法院编制法》。《法院编制法》共164条，分为16章。根据《法院编制法》，司法审判实行四级三审制。四级审判机构为：初级审判厅、地方审判厅、高等审判厅、大理院。《法院编制法》较为全面地吸收了西方近代司法原则和制度，规定实行审判独立、审检分立、民刑分理、律师辩护、公开审判、废除刑讯逼供等制度。

四、司法的半殖民地化

由于清朝统治者的腐败无能，朝廷在和列强签订的不平等条约中接受了领事裁判权条款和会审公廨制度，以及在事实上承认了外国领事官员的观审权，这些司法特权严重侵犯了中国的司法主权，侵害了中国人民的合法权益。废除这些列强的司法特权，也成为中国近代司法改革的外在驱动力。

（一）领事裁判权

列强在中国获得的领事裁判权，不是源于平等互惠的习惯，而是根据不平等条约。通过一系列的不平等条约，清朝丧失了对于中国境内外国侨民的司法管辖权。外国侨民利用这一特权肆意欺压中国人民，而清朝却无法依照本国法律给予管辖和制裁。依照条约在中国享有领事裁判权国家的公民，如果在中国境内成为民事、刑事诉讼的被告，由其本国领事依据其本国法律进行审理，不受中国司法机构的管辖，也不适用中国的法律。

领事裁判权始于1843年中英两国签订的《五口通商章程》，《五口通商章程》第13条规定：中英两国国民在中国境内发生诉讼纠纷，由英国领事出面劝息；对于英国国民作为刑事被告的案件，"其英人如何科罪，由英国议定章程、法律，发给管事官（领事）照办"。其后，美国、法国、瑞典、挪威、俄国等国又迫使中国与其签订一系列不平等条约，先后有19个国家在中国获得领事裁判权。列强各国通过不平等条约攫取领事裁判权的理由之一是中国法律落后、野蛮，各国为保护本国侨民权益而在条约中设立领事裁判权条款。列强国家提出，如果中国修改法律，使得法律与西方国家法律相一致，即可放弃领事裁判权。1902年，中英签订《中英续议通商行船条约》，其第12条规定："中国深欲整顿本国律例，以期与各西国律例改同一律，英国允愿尽力协助，以成此举。一俟查悉中国律例情形，及其审断办法，及一切相关事宜皆臻妥善，英国即允弃其治外法权。"美国、日本、葡萄牙等国也先后做出类似表示。

对于朝廷和普通中国人而言，领事裁判权的存在，不仅扰乱了中国的司法秩序，而且使得中国政府和人民饱受屈辱。因此，尽快废止领事裁判权成为朝野上下的一致诉求。清末变法修律，引进西方法律体系和司法制度，"以期与各西国律例改同一律"，其直接动力即来自对于废止领事裁判权的期待。

中国的有识之士在改法修律的过程中，已看到收回领事裁判权的症结所在：收回领事裁判权与否，不在于中国是否"与各西国律例改同一律"，而是要看国家实力对比，看中国是否实现近代化、能否实现富强。历史证明，后来的南京国民政府虽然全面建立具有近代意义的六法体系，但列强并没有因此放弃领事裁判权，直到1943年因中国在抗日战争中付出巨大牺牲、发挥重大作用，美、英等国才最后放弃领事裁判权。

（二）会审公廨

会审公廨又称会审公堂，是1868年清朝与英、美等国驻上海领事协议在租界内设立的特殊审判机关。《洋泾浜设官会审章程》规定，租界内凡涉及外国人的案件，必须有领事官员参加会审；凡中国人与外国人之间的诉讼案，若被告系为有约国人，由其本国领事裁判；若被告为无约国人，也须由其国领事陪审。从形式上，中国会审官在会审公堂中居于主要地位，会审领事不过是陪审。而实际上所谓"会审"，只是空有其名，甚至租界内纯中国人之间的诉讼，也须外国领事"观审"，判决进程和裁判结果受其左右。会审公廨制度的确立，是外国在华领事裁判权的扩充和延伸，进一步损害了中国的司法主权。在公共租界内，有工部局作为管理机构，工部局由外国驻上海领事团每年选举三人组成一个领事法庭，管理特定案件。

本章小结

在严重的统治危机之下，清朝实行了近代化法律改革。其特点主要有：

（1）在立法上，清末修律始终贯彻"仿效外国资本主义法律形式，固守中国封建传统的方针"。

（2）在内容上，清末修订的法律，表现出专制主义传统和西方资本主义法学最新成果的混合。

（3）在法典编纂形式上，清末修律改变了传统的"诸法合体"的形式，明确了各部门法之间、实体法和程序法之间的差别，形成了近代法律体系的雏形。

（4）在实质上，它是统治者为维护其摇摇欲坠的反动统治，在保持君主专制政体的前提下进行的，不能反映人民群众的要求和愿望。

清末修律使得古老的中华法系发生重大变革。它导致了中华法系走向解体，也为中国法律的近代化奠定了初步的基础。

思考题

1. 试述"兼采列邦之良规,无违中国之礼教"在变法中的体现。
2. 试述清末"预备立宪"的主要活动,并对其加以评论。
3. 试述《大清民律草案》的篇章结构与主要特点。
4. 比较《大清现行刑律》与《大清新刑律》的区别。
5. 试述清末司法改革的主要内容。
6. 试述清末司法半殖民地化的主要表现。

第十三章 中华民国时期的法律

导言

随着辛亥革命武昌首义的第一枪打响,各地的革命党人纷起响应,各省纷纷宣布脱离清朝而独立,中国历史上第一个共和国——中华民国随之诞生。在中华民国时期,宪法的制订弥足重要,从混沌应急的《临时约法》,到1946年《中华民国宪法》最终通过,尽管宪法的更换与尝试十分频繁,但也意味着近代中国对宪法制度的选择与创作方面的经验之丰富,在一定程度上可能弥补了近代中国宪法学的相对贫乏,甚至在纸面上赶超了当时的欧美典范。

中华民国时期的其他法律法规与司法制度,一方面部分沿用、吸收了晚清修律的立法成果,另一方面有鼎新革故、破除社会陋习、提倡近代文明、改进社会风尚的法律制度与规定。在司法制度方面,临时政府时期的司法部拟制了一系列关于司法机关体制建设的方案,颁行了不少革除司法弊端的法令,可惜临时中央审判所与最高法院的实践在此时期未及实现;北洋政府时期的中央审判机关(如大理院、平政院)的工作取得了一定的成绩;南京政府时期的司法院在现代化("西化")的同时,也保有不可抹杀的中国特色。审级制度则从四级三审制改为三级三审制,地方法院制度虽探索颇多,但总体来说,并无太大的进展。

学习目标

通过本章学习,掌握以下主要内容:
1. 南京临时政府时期的重要法律及历史意义。

2. 北洋政府时期立法活动的特点。

3. 北洋政府时期的司法制度。

4. 南京国民政府时期法律制度的主要特点。

5. 南京国民政府时期的司法制度。

6. 中华民国时期宪法政体的选择。

第一节 南京临时政府时期的法律

一、宪法和宪法性文件

(一)《中华民国临时政府组织大纲》

1911年10月10日，革命党人打响了武昌起义的第一枪，随后革命党人攻占汉阳和汉口，待起义军掌控武汉三镇后，湖北军政府成立，黎元洪被推举为都督，改国号为中华民国。之后，各省纷纷响应，宣布脱离清朝独立，"不数月而十五省皆光复矣"。[①] 独立各省先后建立都督府或军政府，但因无统一机关，对内对外颇感不便，因此各方纷纷倡议组织联合统一机关。因通信不畅，1911年11月15日，江苏都督府代表、沪军都督府代表以及福建都督府代表为组织临时政府，率先在上海召开了第一次会议，定名为各省都督府代表联合会（以下简称各省代表会）。

1911年11月20日，上海召开的各省代表会议决承认在武昌设立中华民国中央军政府。11月24日，各省代表会又议决各省代表赴武昌商组临时政府，各留一人以上在上海通信。11月29日，江苏、浙江、山东等11省23位代表齐聚武汉汉口，11月30日再次召开各省代表会，推举谭人凤为议长，决议组织中华民国临时政府。12月3日，各省代表签名公布了《中华民国临时政府组织大纲》（以下简称《临时政府组织大纲》），同时各省代表会决议，如袁世凯反正，则公举他为临时大总统。12月4日，南京光复，各省代表会遂议决以南京为临时政府所在地，并于南京继续进行各省代表会。12月29日，在南京召开的各省代表会推选孙中山为南京临时政府第一任临时大总统。12月31日，各省代表会在南京结束。

---

① 许师慎. 国父革命缘起详注 [M]. 台北：正中书局，1947：174.

《临时政府组织大纲》分四章，共21条：第一章"临时大总统"，规定临时大总统的选举与权限；第二章"参议院"，规定参议院的组成与职权；第三章"行政各部"，规定各部编制与权限；第四章"附则"，规定临时政府施行期限与召集国民议会的方式和时间。《临时政府组织大纲》因其制定目的是迅速组织临时政府，所以，其规定只为应一时需要，内容较为空疏。不久情势变迁，《临时政府组织大纲》在内容和理论上都有修改的必要，因而在之后又对其进行了修正。① 《临时政府组织大纲》规定："施行期限，以中华民国宪法成立之日为止。"因而《临时政府组织大纲》是具有临时宪法性质的政府组织法，其特点是：以美国的国家制度为蓝本，仿照美国总统制的中央政府体制，同时确立临时政府为总统制共和政府，实行所谓的"三权分立"。其主要内容包括：

（1）临时大总统、副总统由各省都督府代表选举产生，每省有一票权，总数三分之二以上者当选。临时大总统是国家元首，又是政府首脑，有统治全国、统率海陆军之权，得参议院的同意，有宣战、媾和、缔约及设立临时中央审判所之权。临时大总统得参议院同意，还有制定官制及任免国务员、外交专使之权。

（2）参议院由各省都督府委派三名参议员组成，是行使立法权的机关。参议院职权有议决暂行法律、预算、税法、币制、发行公债、检查政府出纳、宣战、媾和、缔约和设立临时中央审判所之权，对临时大总统行使任免国务员和外交专使职权时有承诺权；议决临时大总统交议事件，答复临时大总统咨询事件。参议院由议员选出议长，过半数即为当选，副议长主持院务。一般的议案，以到会议员过半数同意为有效，而对宣战、媾和及缔约等重大事项，则须到会参议员之三分之二同意，才能议决。议决事项由议长具报，临时大总统盖印后发交行政各部执行。

（3）行政各部为临时大总统下设的机构，行政各部各设部长一人，辅佐大总统办理各部事务。在《临时政府组织大纲》中，行政各部的分部为外交、内务、财政、军务、交通五部，后在《修正临时政府组织大纲》中全部删除，仅规定部长"国务员"的名义，而不定行政部额数。在临时政府正式成立后，设陆军、海军、外交、司法、财政、内务、教育、实业、交通九部。

（4）临时中央审判所为行使司法权的机关。临时大总统得参议院同意后，有设立临时中央审判所之权。

《临时政府组织大纲》未设人民权利条款，且其政府体制设计也颇多缺漏，所规定的"六个月以内召集国会"在"事实上又难如愿"②，于是，由临时参议院进

---

① 杨幼炯. 近代中国立法史 [M]. 上海：商务印书馆，1936：82—85.
② 钱端升，萨师炯，等. 民国政制史：上册 [M]. 北京：商务印书馆，2018：12.

行修正，草拟了《大中华民国临时约法草案》，仍采用总统制的政府运作模式。

（二）《中华民国临时约法》

南北议和成功后，根据协议由袁世凯来做临时大总统，但革命党人对刚刚易帜的袁世凯非常不放心，担心他掌权后会背誓毁法，破坏共和政体。《中华民国临时约法》（以下简称《临时约法》）就是在这样的背景下制订的。"北方将士以袁世凯为首领，与予议和。夫北方将士与革命军相距于汉阳，明明为反对民国者。今虽曰服从民国，安能保其心之无他？故予奉临时约法而使之服从。盖以服从临时约法为服从民国之证据。予犹虑其不足信，故必令袁世凯宣誓遵守约法，矢忠不贰，然后许其议和。故临时约法者，南北统一之条件，而民国所由构成也。"[1] 制订《临时约法》的目的是令袁世凯宣誓遵守，从而对其进行约束。因此，承认《临时约法》的效力和权威是南北统一的条件，《临时约法》也是中华民国的立国之本。

1912年2月，由参议院组织编辑委员会拟具草案，孙中山主持南京临时参议院，召开制定约法会议，一个月后便完成了《临时约法》的起草、讨论和三读通过的立法程序[2]。袁世凯在北京宣誓就任临时大总统次日（1912年3月11日），孙中山签署公布《临时约法》。

"临时约法七章五十六条，伦比宪法"[3]，它吸收了西方资产阶级国家"三权分立""私有财产神圣不可侵犯""平等自由"等宪法原则，是一部具有临时宪法性质的根本法。其中，七章分别是总纲、人民、参议院、临时大总统副总统、国务员、法院、附则，基本具备了比较完整的宪法结构，其主要内容包括：

1. 推翻帝制，建立民国

《临时约法》第一章"总纲"，宣布"中华民国由中华人民组织之"（第1条），并第一次规定了"中华民国之主权属于国民全体"（第2条），同时确定"中华民国领土为二十二行省、内外蒙古、西藏、青海"（第3条）。《临时约法》的颁布意味着中华人民推翻了在中国延续了两千多年的帝制，否定了君主专制制度，建立了第一个资产阶级民主共和国，同时第一次以国家根本法的形式界定了中国的领土疆域。

2. 确定人民的民主权利和义务

与《临时政府组织大纲》未设人民权利条款不同的是，《临时约法》第二章"人民"即确定了人民的民主权利和义务，规定"中华民国人民一律平等，无种族、

---

[1] 潘念之. 中国之革命［J］//孙中山. 中山丛书，上海：太平洋书店，1927：31.
[2] 临时参议院于1912年2月6日—3月8日三读通过。
[3] 参议院认袁总统受职电文［N］. 申报，1912-03-11（2）.

阶级、宗教之区别"（第5条），并规定了人民享有的自由权、请愿权、陈诉权、诉讼权、考试权、选举权等权利，以及依法纳税和服兵役的义务。这体现了中华民国对人民基本权利的尊重和对民主的重视。不过《临时约法》中也对人民的权利有所保留，"本章所载人民之权利，有认为增进公益、维持治安，或非常紧急必要时，得依法律限制之"（第15条）。对于此条，时人多有抨击，李剑农就批评道："第十五条就是束缚那种自由的铁链铁锁，就是给政府'摧残那种自由'的自由权。因为'增进公益''维持治安''非常紧急''必要'这些名词，都没有一定的界说；遇着恶劣政府，就可以任意伸缩……反对他们为恶的，他们就可以借'维持治安'等种种名词，来压迫你。"[①]

3. 确定中华民国的国家机构

《临时约法》"总纲"中规定了中华民国的国家机构为"以参议院、临时大总统、国务员、法院行使其统治权"（第4条）。其中参议院行使立法权，临时大总统、副总统及国务员行使行政权，法院行使司法权。

"参议院"一章共13条，规定了参议院的组成、性质和职权。参议院由地方选派的参议员组成，享有参议员会议表决权，参议员有很大的政治权力。参议院可自行集会、开会、闭会；参议员于院内言论及表决，对院外不负责任；会期中，参议员除现行犯、关于内乱外患或参议院许可外，不得被逮捕；参议院法由参议院自定；参议院以国会成立之日解散，职权由国会行使。

"临时大总统副总统"（共14条）和"国务员"（共5条）两章规定了临时大总统、副总统的选举办法、国务员的组成及其各自的职权。临时大总统、副总统由参议院选举产生，临时大总统代表临时政府，总揽政务，公布法律，发布命令，统帅全国海陆军队。有得参议院决议制定官制官规，得参议院同意行使任免权和宣战、媾和及缔结条约等权力。临时副总统于临时大总统因故去职或不能视事时，代行职权。国务员为国务总理及各部总长的称呼，辅佐临时大总统负其责任，副署临时大总统提出法律案、公布法律及发布命令。

"法院"一章共5条，规定了法院的组成、编制及职权。法院以临时大总统及司法总账分别任命的法官组成，法院编制及法官资格由法律规定。法院依《临时约法》审判民事诉讼和刑事诉讼，行政诉讼及其他特别诉讼，另有法律规定。法官当独立审判，不受上级官厅干涉，任中不得减俸或转职，非依法律不受刑罚宣言或应免职之惩戒处分，不得解职。临时大总统如受参议院弹劾，由最高法院全院审判官互选九人，组织特别法庭审判。

---

① 李剑农. 宪法上的言论出版自由权[J]. 太平洋（上海），1919，2（1）：2.

4. 制衡袁世凯，变更总统制为内阁制

为了制衡袁世凯，参议院拟参照法国第三共和国的责任内阁制，将《临时政府组织大纲》中的总统制改为内阁制，企图架空或至少限制总统的权力，于是有了《临时约法》的出台。《临时约法》规定"国务员辅佐临时大总统，负其责任"（第44条），"国务员于临时大总统提出法律案、公布法律及发布命令时，须副署之"（第45条），即令国务员牵制大总统的权力。这一变更"与其谓为制度上之选择，无宁认为基于人事之考虑"。① 为防袁世凯擅自变更、破坏约法，《临时约法》还规定了严格的修改程序："本约法由参议院参议员三分之二以上，或临时大总统之提议，经参议员五分之四以上之出席，出席员四分之三之可决，得增修之（第55条）。"但事实上，由于制宪者内部意见的不一致及其比较宪法知识的缺陷，《临时约法》"舍弃利于形成责任内阁制的条文，而多采源自美国总统制的条文"，与真正的责任内阁制相去甚远，堪称民国制宪史上的"离奇事迹"②，一纸约法根本无法约束袁世凯的野心与军阀的专权。

二、主要法律法规

（一）暂时沿用前清立法

1912年3月21日，司法总长伍廷芳建议适用前清民刑法律草案及民刑诉讼法，"窃自光复以来，前清政府之法规既已失效，中华民国之法律尚未颁行，而各省暂行规约，尤不一致。当此新旧递嬗之际，必有补救之法，始足以昭划一而示标准。本部现拟就前清制定之民律草案、第一次刑律草案、刑事民事诉讼法、法院编制法、商律、破产律、违警律中，除第一次刑律草案关于帝室之罪全章及关于内乱罪之死刑碍难适用外，余皆由民国政府声明继续有效，以为临时适用之法律，俾司法者有所根据。谨将所拟呈请大总统咨由参议院承认，然后以命令公布，通饬全国，一律遵行，俟中华民国法律颁布，即行废止。"③

对此呈文，孙中山原则上表示了赞许，他在要求参议院议决的咨文中指出："查编纂法典，事体重大，非聚中外硕学，积多年之调查研究，不易告成。而现在民国统一，司法机关将次第成立，民刑各律及诉讼法，均关紧要。该部长所请，自

---

① 钱端升，萨师炯. 民国政制史：上册 [M]. 北京：商务印书馆，2018：13.。
② 张茂霖. 错误移植的责任内阁制——《中华民国临时约法》制定过程重探 [J]. 法制史研究（9）：133-134.
③ 临时政府公报：第47号，1912-03-24.

是切要之图,合咨贵院,请烦查照前情议决见复可也。"①

参议院于 1912 年 4 月 3 日二读通过《新法律未颁行前暂适用旧有法律案》,在给大总统的咨文中指出:"佥以现在国体既更,所有前清之各种法规,已归无效,但中华民国之法律未能仓猝一时规定颁行,而当此新旧递嬗之交,又不可不设法补救之法,以为临时适用之。此次政府交议当新法律未经规定颁行以前,暂酌用旧有法律,自属可行。所有前清时规定之《法院编制法》《商律》……除与民主国体抵触之处,应行废止外,其余均准暂时适用。"② 不久,参议院宣告迁往北京。

南京临时政府时期除《临时约法》外,无其他重大立法成就,多沿用前清法律。但在此时期,为改革社会制度和推行政治主张,临时政府颁布了一系列行政法令。

(二) 保障民权、财权

清朝人口买卖现象严重,屡禁不止,更有大量人口被贩卖至海外。1912 年 3 月,孙中山发布三条大总统令——《大总统令内务部禁止买卖人口文》《大总统令广东都督严行禁止贩卖猪仔文》《大总统通令开放蛋户惰民等许其一体享有公权私权文》,希望能够通过解除人口买卖契约、消除主奴关系、禁止出口人口,提倡人人权利平等,推行平等、博爱,从而保障民权。

1912 年 1 月 28 日,内务部奉大总统令,发布了《内务部通饬保护人民财产令》,表示"临时政府成立以来,即以保护人民财产为急务",规定"凡在民国势力范围之人民,所有一切私产,均应归人民享有"③,以此安定民心,维护大局。

(三) 禁止刑讯、体罚

1912 年 3 月 2 日,孙中山以临时大总统的名义公布《大总统令内务司法两部通饬所属禁止刑讯文》,提倡人道,禁止刑讯。3 月 11 日,孙中山发布《大总统令内务、司法部通饬所属禁止体罚文》,"为此令仰该部速行通饬所属,不论司法、行政,各官署审理及判决民刑案件,不准再用笞杖、枷号及他项不法刑具,其罪当笞杖、枷号者,悉改科罚金、拘留。详细规定,俟之他日法典。"④ 彼时在开通最早、四方观听的上海,还出现了对妇女的体罚刑讯,为防止在民国初成、法律不健全的时期,各省官吏复萌故态,孙中山发布令文,提出"申明禁令,迅予革除"。

---

① 临时政府公报:第 47 号,1912 - 03 - 24.
② 朱勇. 中国法制通史:第九卷 [M]. 北京:法律出版社,1999:427 - 428.
③ 临时政府公报:第 6 号,1912 - 02 - 03.
④ 临时政府公报:第 35 号,1912 - 03 - 11.

（四）鼓励教育，革除陋习

此外，南京临时政府还颁布了一系列社会改革法令，《大总统令禁烟文》记载："若于旧染锢疾，不克拔涤净尽，虽有良法美制，岂能恃以图存。……其有饮鸩自安、沉湎往返者，不可为共和之民，当咨行参议院，于立法时剥夺其选举、被选一切公权，示不与齐民齿。"① 剥夺吸食鸦片人士的政治选举权利。《大总统令内务部晓示人民一律剪辫文》规定，如有不剪辫的，按违法论处；《大总统令内务部通饬各省劝禁缠足文》规定，"当此除旧布新之际，此等恶俗，尤宜先事革除，以培国本"②，如有不禁缠足的，则连同家属一并处罚。这一系列禁令都有相应的处罚以强制推行，一方面旨在革除社会陋习、提倡近代文明、改进社会风尚，另一方面为了鼎新革故、扫除前清的习惯，便于推行新的民俗习惯和法令。

在教育上，为改革学校教育制度，1912年1月，南京临时政府成立了教育部，蔡元培为第一任教育总长，1月19日，教育部公布教育法令《中华民国普通教育暂行办法》（共14条）和《普通教育暂行课程标准》（共11条），规定改学堂为学校、教科书务合乎共和民国宗旨、清学部所颁行的教科书一律禁用等条令，虽然是应急之举，但是法令内容尽可能废止前清有碍民国教育的部分，体现了民主共和精神，从而对教育制度进行了全面改革。

（五）振兴实业，发展经济

南京临时政府还颁布了一系列发展经济、振兴实业、发展民族资本主义的法令，如临时大总统颁布的《大总统令内务部通饬各省慎重农事文》，尽管应当注重实业，但仍视农事为"国本所关"，应当对农民严加保护，如遇耕种农具不给者，则公田由公款资助，私田由各田主资助，秋后计数取偿，以此解决农民失业、饥荒问题。实业部拟定的《大总统咨参议院提议实业部呈送商业注册章程文》，参考日本、英国、美国、俄罗斯等国的商业注册先例，提出要制定课税合理、统一的商业注册手续，以便统一管理，减少商户欺诈行为。在临时政府时期，实业部还批示了许多开办工厂、公司，设立农业公团、贸易会社，请造铁路的呈文。

三、司法制度

南京临时政府存续时间太短，诸多法治理想与司法改革方案未及实施，从这一

---

① 临时政府公报：第27号，1912-03-02.
② 临时政府公报：第37号，1912-03-13.

时期的相关立法来看，其司法体制大体如下。

（一）司法部

1912年1月30日，南京临时政府颁布《中华民国临时政府中央行政各部及其权限》，按其规定，设立司法部，目的是司法独立。"本部成立，拟实行司法独立，改良全国裁判所及监狱，以保护人民生命财产。"① 其中，司法部部长的管理事务权限为："关于民事、刑事、诉讼事件、户籍、监狱、保护出狱人事务，并其他一切司法行政事务，监督法官。"② 对于司法部官制及内部组织，可就当时各部职员名单中推求而得，司法部下设承政厅、法务司与狱务司。③ 1912年4月6日，参议院通过《司法部官制》，详细分配了各下属部门的职权：承政厅管理司法警察事项，法院之设置、废止及其管辖区域事项，法官及其他职员考试任免事项等；法务司管理关于民事、刑事及非讼事项，审判及检查事项，户籍事项，赦免、减刑、执行死刑事项等；狱务司管理监狱设置及废止事项，监狱官监督事项等。④ 司法部在临时政府时期进行了多项有关司法改革的调查研究，拟制了一些关于司法机关体制建设的方案，颁行了不少革除司法弊端的法令，积极推动了司法文明与法制建设。

（二）临时中央审判所与最高法院

南京临时政府设立临时中央审判所与最高法院的设想体现在《修正中华民国临时政府组织大纲》和《临时约法》的相关规定中。⑤ 以此观之，临时中央审判所当为设立最高法院之前的过渡。1912年3月，法制局拟制了《临时中央裁判所管制令草案》并呈送大总统，指出应当陆续编订全国裁判所各官职令，以便执行。但这一草案没有涉及立法程序，设立最高法院的计划在南京临时政府时期也未及实现。

（三）审级制度

南京临时政府在理论上暂行援用前清沈家本拟定的《法院编制法》，实际上并没有审级方面的统一规定，各地做法不一，孙中山本人则提倡清末的四级三审制。

---

① 临时政府公报：第23号，1912-02-27．
② 临时政府公报：第2号，1912-01-30．
③ 钱端升，萨师炯，等．民国政制史：上册［M］．北京：商务印书馆，2018：11．
④ 参议院议决案汇编：甲部一册［M］．复印本．北京：北京大学出版社，1989：95-96．
⑤ 《修正中华民国临时政府组织大纲》第6规定："临时大总统得参议院之同意，有设立临时中央审判所之权。"《临时约法》第41条规定："临时大总统受参议院弹劾后，由最高法院全院审判官互选九人组织特别法庭审判之。"第48条规定："法院以临时大总统及司法总长分别任命之法官组织之。法院之编制及法官之资格，以法律定之。"

清末的审判厅（法院）一般分为四级，分别是初级审判厅、地方审判厅、高等审判厅和大理院，轻微案件归初级审判厅管辖，如果起诉者不服初级审判厅的判决，可以逐级向地方审判厅、高级审判厅上告；如果起诉者不服地方审判厅的判决，可以逐级向高等审判厅、大理院上告。孙中山认为清末的四级三审制"较为完备"，不能因为前清曾经采用该制度便轻易废弃之。孙中山还专门驳斥"轻案可以采取二审制"这一提议，他认为"不知以案情之轻重，定审级之繁简，殊非慎重人民生命财产之道。且上诉权为人民权利之一种，关于权利存废问题，岂可率尔解决"。[①] 不能以案情轻重作为审级繁简的依据，这是对人民生命财产权利的慎重，同时也要保障人民的上诉权利。

第二节　北洋政府时期的法律

辛亥革命爆发后不久，新成立的南京临时政府与清朝举行南北和谈，其结果是清帝逊位，南北统一在民国旗帜下，由北洋军阀首领袁世凯接替孙中山担任临时大总统。1912 年 3 月 10 日，袁世凯在北京宣誓就任中华民国临时大总统；同年 4 月，参议院议决民国临时政府由南京迁往北京。北洋政府的法律制度，一方面承袭了南京临时政府时期的宪法与法律制度，另一方面吸收了晚清修律的立法成果。北洋政府时期的各方政治力量高度对立，导致政局反复动荡，甚至频繁发生军阀混战与法统的中断。受政局的影响，这一时期的宪法体制也呈现出高度不稳定的状态，国会立法成绩也比较有限；就司法而言，当时中央审判机关（如大理院、平政院）的工作取得了一定的成绩，但四级三审的现代审级制度始终无法得到真正落实。

一、宪法和宪法性文件

（一）"天坛宪草"的起草与国会的解散

清末筹备立宪多年，却迟迟未开国会，只有一个咨询性质的资政院。直到辛亥革命之后，中国才设立了现代意义上的国会。《临时政府组织大纲》设立了由各省选派代表组成的参议院作为代议机关，由参议院制定的《临时约法》承之，《临时

---

① 临时政府公报：第 34 号，1912-03-10.

约法》第 28 条规定:"参议院以国会成立之日解散,其职权由国会行使之。"可见制宪者认为参议院并非真正意义上的"国会",只是权益之计,是临时机构。袁世凯就任临时大总统之初,尚受《临时约法》的束缚。《临时约法》规定:"本约法施行后,限十个月内由临时大总统召集国会,其国会之组织及选举法,由参议院定之。"据此规定,北京临时参议院相继制定了《中华民国国会组织法》(以下简称《国会组织法》)、《参议院议员选举法》和《众议院议员选举法》,并于 1912 年 8 月 10 日由袁世凯公布施行。《国会组织法》共 22 条,规定国会由参议院和众议院组成,同时详细规定了两院的产生、议员任期及职权和会议制度等。《国会组织法》意在以议会政治限制袁世凯的独裁,确保民主共和。

1913 年 4 月 8 日,国会正式召集于北京,采参、众两院制,此为中国有正式国会之始。《临时约法》规定,国会同时也是制宪机关。《国会组织法》规定,由参、众两院各选出委员 30 名,组成宪法起草委员会,集会北京天坛祈年殿,开始宪法起草工作。与此同时,为了给选举民国正式大总统提供法源,国会制定的另一部宪法性法律《大总统选举法》,于 1913 年 10 月 5 日颁布。"自大总统选举法成立而后,中国制宪事业,倘从形式上说,或可告一结束;因为临时约法、国会组织法与大总统选举法三种法律,相互补足,实已构成一种与现代一般宪法相似的正式宪法。"①

完整的宪法典草案于 1913 年 10 月 14 日脱稿,史称"天坛宪草"。其特点如下:

(1) 规定三权分立的原则。"天坛宪草"规定:中华民国的立法权属国会,国会由参议院和众议院构成;行政权由大总统以国务员之赞襄行使;司法权由法院行之。

(2) 采用责任内阁制,赋予国会较大权力,以钳制总统。国会拥有立法权、弹劾、审判大总统、副总统和国务员的权力。"天坛宪草"还规定:在每年国会常会闭会前,由参、众两院于议员中各选出 20 名委员组成国会委员会,在国会闭会期间除行使一般职权外,还得受理请愿并建议及质问。国务总理的任命,须得到众议院的同意;国务员赞襄大总统,对众议院负责;大总统发布的命令及其他关系国务的文书,非经国务员的副署,不生效力。

由国民党占多数的国会单边垄断制宪,企图通过制宪进一步限缩总统袁世凯的权力,袁世凯则不满草案中限制总统权力的有关条文,乃于 1913 年 10 月 25 日通电各省都督民政长,反对宪法草案,谓(国)民党议员,干犯行政,欲图国会专制,要他们逐条讨论,迅速条陈电复。各省军政长官多数是袁世凯的旧部,自然一致反

---

① 王世杰,钱端升. 比较宪法[M]. 北京:中国政法大学出版社,1997:363.

对宪法草案，更有将国民党籍议员解职和解散国会之议。① 严格从法律技术上讲，1914年1月袁世凯并没有解散国会，而是通过解散国民党造成了国会的瘫痪。因为占国会约半数的国民党籍议员资格被取消，国会便因凑不齐法定的开议人数而流会。

（二）"袁记约法"与"洪宪帝制"

1914年年初，袁世凯导致国会瘫痪后，仍需要一个御用"民意机关"来装点门面，正好有一个熊希龄为"废省改制"而召集的各省代表会，有中央和地方代表80余人，名为"行政会议"；于是，袁世凯就将"行政会议"改名为"政治会议"，作为咨询机构；"政治会议"又通过立法创造出一个由57名代表组成的"约法会议"，为袁世凯量身打造了中华民国约法（"袁记约法"），以取代《中华民国临时约法》。②

"袁记约法"改变了《临时约法》议会内阁制的政治架构，但是，我们也不能认为其回归了《临时政府组织大纲》的总统制。因为"在总统制政府之下，大总统之权力，虽较内阁制度为大，但其与立法、司法两种机关，实为鼎足而三，互相牵制，而非将大总统建立在一切政治机构之上。但在新约法中，一方面扩大总统之权力，他方又取消一切对于大总统之有效的控制。因之，新约法不能认为系采总统制者"。③ 立法院为"袁记约法"中所规定之立法机关，虽曾宣布筹备，但始终未及成立，其权力由参政院代行。参政院虽然依约法为咨询机关，但其职权"实超出'咨询'范围之外，赋有若干特权：第一为解释约法权，第二为决定行政官署与司法官署之权限争议权，第三为起草宪法权，第四为对于大总统若干重要行动之同意权（立法院之解散，与法律有同等效力之教令，财政紧急处分，及不公布立法院通过两次之法案）"。另外，由于立法院始终未成立，"袁记约法"第68条规定，"立法院未成立以前，以参政院代行其职权"，"于是举立法院之权，悉为参政院所行使"。④ 古德诺作为袁世凯的政治顾问，撰文称"袁记约法"下"大总统之权，同于日本之君主，而与立法之关系，亦与日本君主与国会关系同，此种政治在日本行之已有明效大验，日本如此，中国何独不然"。⑤

袁世凯还操纵修改《大总统选举法》，其修改之关键有：其一，总统任期由五年改为十年，且连任无限制（第2条）。其二，每届应行大总统选举之年，参政院

---

① 荆知仁. 中国立宪史 [M]. 台北：台湾联经出版事业公司，1984：211.
② 黎澍. 辛亥革命与袁世凯 [M]. 北京：中国大百科全书出版社，2011：236－240.
③ 钱端升，萨师炯，等. 民国政制史 [M]. 上海：上海人民出版社，2008：79.
④ 钱端升，萨师炯，等. 民国政制史 [M]. 上海：上海人民出版社，2008：89.
⑤ 陈茹玄. 中国宪法史 [M]. 影印本. 台北：台湾文海出版社，1977：75.

参政认为政治上有必要时，得以三分之二以上之同意为现任大总统连任之议决（第10条），这意味着袁世凯无须选举即可连任，成为"终身大总统"。其三，现任大总统可推荐继任大总统人选三人，将名单书于嘉禾金简、藏于金匮石室（第3条），届行临时选举之日，由代行或摄行大总统之职权者……恭领金匮到会，当众宣布，就被推荐三人中，依第九条之规定，投票选举（第11条）；这在形式上是模仿清朝皇帝秘密建储，在实质上造成了袁世凯可指定子孙继任大总统。①

至此，袁世凯仍不满足，必欲身登宝殿而称万岁，但在共和体制下要复辟帝制，仍须组织公民投票来伪造所谓民意的授权。于是，御用代理国会参政院制定《国民代表会议组织法》，由地方最高级长官监督各省、特别行政区域及蒙古、西藏选出国民代表，以表决国体变更问题。对此，活跃于政、学两界的李剑农有如下记录：1915年10月8日《国民代表大会组织法》公布，"10月25日便开始选举了；10月28日以后，便继续国体投票了；不到一个月工夫，各省区决定君宪的已有十八处；在原定11月20日前国体投票，全国各区一律告竣；结果1 993票完全主张君宪，无一票反对的；办理的神速和成绩的优良，真是骇人；袁世凯的'神威'，真是要超过法国两个拿破仑了。"②

（三）"贿选宪法"

1916年，袁世凯的帝制破产后，国会恢复集会，被"袁记约法"取代的《临时约法》也"起死回生"，但很快又发生北洋军阀弄权与国会的二度解散。1913年，在"天坛宪草"的拟定过程中，国会议员们尚能勉强团结，但待到袁世凯的帝制破产、国会重开后，国会议员们表现得似乎不如从前。1916年宪法会议审议会辩论省制问题时，在议场竟发生轰动一时的大斗殴。代议政治乃是舶来品，不但皇帝、总统、大小军阀官僚没有"议会主权"的观念，议员们也缺乏必要的民主法治观念，他们陶醉于想象中的"国会无所不能"，完全无视其法律上的权力界限。于是形成如下怪象：一方面，国会缺乏足够的权威与实力；另一方面，议员们却越权滥权、毁法造法。如果说旧军阀、旧官僚是民国初期国会失败的外因，议员们自身素质欠佳则是其内因。国会议场之内欠缺基本的妥协与对话精神，议员对政府缺乏理解与尊重，议员彼此也不肯尊重对方"说话的权利"，意见稍有不合即报之以语言暴力、肢体暴力，议院不时上演"全武行"。"严格言之，民二国会议员无实际议会经验，此所以在议会中不知如何运用议论技巧，彼此意见不合，动辄冲突殴打。对于政府，

---

① 夏新华，等. 近代中国宪政历程：史料荟萃[M]. 北京：中国政法大学出版社，2004：464-465.
② 李剑农. 中国近百年政治史[M]. 上海：复旦大学出版社，2002：377-378.

一味强调责任内阁，不知进行协商；大言限制袁世凯的权力，岂知袁世凯拥有武力后盾。这是中国民主政治失败的原因之一。"① 雪上加霜的是，民国初期的国会乃是无原则且不稳定的派系，而非现代意义上的政党组成。在派系主义之下，"人人欲显身手，只问目的，不择手段"。② 派系合作的基础过于脆弱，且各派系本身极不稳定，国会勉强达成的共识难免以破裂告终，随之而来的便是政局的反复动荡与制宪事业的蹉跎。

直到1922年旧国会再次恢复后，发表宣言继续民国六年国会之工作，其中首要任务即完成制宪。可宪法会议常常因为人数不足而流会，为尽快完成制宪，国会便修法降低法定出席与可决人数，更增设出席费20元以利诱议员到会，于是议员于岁费旅费之外，又多了一份外快，"贪鄙之风，为世所仅见。其不为舆论所容固其宜也。"③ 当时国会议员们发生分歧，接受直系军阀曹锟津贴的议员主张，先解决复位的黎元洪总统的任期问题，尽快重新选举总统；而另一派则主张国会当下应专注于制宪大业，待到宪法公布后，再行改选总统。④ 曹锟一党以暴力逼走复位不久的黎元洪，此举引起部分议员的不满。1923年8月，国会议员离京南下的已有385人，但"南下者亦多为利而来，初无一定宗旨"。8月24日，北京议员开谈话会，议定议员每次出席费为100元，以利诱南下议员回京，再加上众议员任期当年10月10日即将届满，又提议延长任期至下届议员选出为止。于是南下议员纷纷返京。两院常会复开，通过了延长众议员任期案。

曹锟一党为了掩饰其急于谋夺大位的野心，宣言"先宪后选"，但宪法会议久未开成，曹锟一党终于猴急，由卖身议员提案先举行总统大选，先以500元出席费利诱议员参加总统选举会，却仍凑不足法定人数，只好再填送5 000元至万元不等大额支票收买选票，一番操作后，曹锟终于"合法"地当选总统。国会议员在以选票换了支票之后，无论为实践诺言，或为掩饰他们受贿卖身的罪恶，都不能不对制宪一事有所交代。于是在选举总统之后，国会竟只用了数日便匆匆完成了宪法草案的二读与三读程序，并于1923年10月10日曹锟就职之日将《中华民国宪法》予以宣布。"开会不过三次，为时不及七日，遂举十二年久孕不产之大法，全部完成。六七载之争议问题，不议而决。"⑤ 在这种情况下完成的宪法，当然不会得到人民的

---

① 张朋园. 中国民主政治的困境（1909—1949）：晚清以来历届议会选举述论 [M]. 长春：吉林出版集团有限责任公司，2008：103.
② 张朋园. 中国民主政治的困境（1909—1949）：晚清以来历届议会选举述论 [M]. 长春：吉林出版集团有限责任公司，2008：128-129.
③ 陈茹玄. 中国宪法史 [M]. 影印本. 台北：台湾文海出版社，1984：129.
④ 荆知仁. 中国立宪史 [M]. 台北：台湾联经出版事业公司，1984：328.
⑤ 陈茹玄. 中国宪法史 [M]. 影印本. 台北：台湾文海出版社，1984：135.

尊重与承认。1924年段祺瑞执政府成立后，便将这部宪法废止。平心而论，这部宪法的内容本身是比较进步的，甚至有些方面的规定还走在世界的前列。这样一部神圣而庄严的宪法，"在军阀政客及野心家的阻挠破坏之下，从起草到宣布，久经挫折，历史凡十一年，而其存在期间，却只不过一年，便被弃置，尤其是还落了个贿选宪法的恶名"。① "民国十三年以前，中国政治问题表面上所争的，只是一个'法'字。自所谓法统恢复后，那些坐在法统椅子上的先生们演出卖身的活剧，制成一部'遮羞的宪法'。从此没有人理会这个'法'字了。……国会既实行最后的自杀，从此法统也断绝了，护法的旗帜也没有人再要了。"②

（四）联省自治运动

1920年发生的联省自治运动（也称省宪运动），其目标除了各省制定省宪外，还要求由各省选举代表共同制定联邦宪法，这是对单一制下国会制宪权的重大挑战。③ 辛亥革命是以各省宣告独立的形式展开的，而认为各省自治优于中央集权的思想在清末已广泛传播。"大多数省份在革命后，也都以完全自治的姿态出现，无意于放弃其已得到的特权，包括统率地方的军队，截留税收，选任省级和省内地方官吏。与此同时，省级以下的县议会的影响力和信心，也大为增强。在地方主义者心目中，统一和自治两项要求，可以融合在联邦制的体制中。"④ 有美国由独立的州组成联邦、而省宪先于国宪之先例，加之民初中央政局不稳，联省自治与省宪运动便呼之欲出了。1920年，在湖南发起联省自治运动，有十个省积极响应，湖南、浙江、四川、江苏、山东、广东都各自起草了省宪。"尽管这些制定省宪的运动多半是政治性的门面活动，且皆非规范性宪法；但对于国民而言，能想到利用宪法作为政权合法性之依据与号召，诚比北方军阀悍然不顾宪法为何物，来得进步。"⑤ 1921年11月，湖南的省宪以全体省民投票的方式通过，它在原则上仍是当时中国所能见到的最激进的宪法，其中规定有普选权及省、县设立议会，教育自由及司法独立，省长由全省人民选举产生，人民享有创议、投票、弹劾等权利。湖南省宪甚至还仿照美国宪法的先例，规定公民可以购买枪支以行使自卫权（第13条），这在中国历史上是空前绝后的。"联省自治运动的目标是双重性的"，其一，各省自治，各省有权制定宪法，其内部事务不受中央或他省干涉；其二，联邦宪法应由各省选举代表

---

① 荆知仁. 中国立宪史 [M]. 台北：台湾联经出版事业公司，1984：332.
② 李剑农. 中国近百年政治史 [M] 上海：复旦大学出版社，2002：536-537.
③ 杜赞奇. 从民族国家拯救历史 [M]. 王宪明，等译. 南京：江苏人民出版社，2009：183-184.
④ 费正清，等. 剑桥中华民国史：上卷 [M]. 杨品泉，等译. 北京：中国社会科学出版社，1994：204.
⑤ 陈新民. 中华民国宪法释论 [M]. 自刊，2001：30-31.

共同制定。在实际运作中,各省已制定的省宪并未得到真正落实,而其联省自治运动"又被国民党的中央集权的民族主义所克制,后者正致力于军事统一"。北伐战争在攻占华南、华中各省的同时,也扫荡了各省的宪法与议会,"以便腾出地方,建立中央集权的民族国家"。[①]

二、主要法律法规

北洋政府的立法活动,首先为援用、删修清末新法律。1912年3月10日,袁世凯在北京宣誓就任中华民国临时大总统时,即发布《暂准援用前清法律及新刑律令》:"现在民国法律未经定议定颁布,所有从前施行之法律及新刑律,除与民国国体抵触各条,应失效力外,余均暂行援用,以资遵守。"[②] 4月3日,临时参议会又通过了《议决暂时适用前清之法律咨请政府查照办理文》,该文件指出:"所有前清时规定之法院编制法、商律、违警律及宣统三年颁布之新刑律、刑事民事诉讼律草案,并先后颁布之禁烟条例、国籍条例等,除与民主国体抵触之处,应行废止外,其余均准暂时适用。惟民律草案,前清时并未宣布,无从援用,嗣后凡关民事案件,应仍照前清现行律中各条规定办理,惟一面仍须由政府饬下法制局,将各种法律中与民主国体抵触各条,签注或签改后,交由本院议决公布施行。"[③]

北洋政府成立后,设立了专门的法律编纂机构——法典编纂会,由法制局局长兼任会长,从事民法、商法、民刑事诉讼法的起草修订工作。1914年2月,政府裁撤法典编纂会,设立法律编查会,隶属于司法部,由司长总长兼任会长。1918年7月,又改称修订法律馆,任用一些留学归国的法律人才,并聘请若干外国专家作顾问,继续开展制定、修改法律法规的工作。

(一) 行政法

1. 文官制度

文官制度是北洋政府行政立法的重点之一。当时关于文官的考试、任用、纠弹、惩戒和抚恤都有专门的法律规定,由此中国初步形成了近代化的文官管理法律体系。北洋政府将文官分为特任、简任、荐任、委任四类,除特任官外,其他三类文官又分为九等。关于文官的任用程序与考选办法,北洋政府颁布了《文官任职令》《文

---

① 杜赞奇. 从民族国家拯救历史 [M]. 王宪明,等译. 南京:江苏人民出版社,2009:183-184,194.
② 临时政府公报:第35号,1912-03-11.
③ 谢振民. 中华民国立法史:上册 [M]. 北京:中国政法大学出版社,2000:55-56.

官高等考试法》《文官普通考试法》《外交领事官考试法》等。关于文官之身份保障与惩戒，1913年1月，北洋政府特别以教令形式颁布了《文官保障法草案》，该草案规定："凡文官非受刑之宣告、惩戒法之处分及依据本法不得免官"（第2条），依法免官者须根据官等交付相应文官惩戒委员会审查（第4条），"凡文官非得其同意不得转任同等以下之官"（第5条）；并于同时颁布《文官惩戒法草案》，规定一般文官非据该法不受惩戒（第1条）。①《文官保障法草案》与《文官惩戒法草案》未经当时的临时国会（参议院）审议就通过为正式法律，其发生法律效力的依据乃是行政机关发布的《文官任免惩戒保障执行令》，声明以上各法案未经正式公布之前，"所有文官任用、惩戒、保障各项事宜仍暂行适用各该草案办理"。对照《临时约法》关于法官身份保障的条文与《文官保障法草案》《文官惩戒法草案》有关文官身份保障的规定，可以说是大体类似。依据现代行政法之原理，"官吏有要求国家不得任意而剥夺其官吏身份之权利。此现今各国关于官吏之惩戒，所由必设置特别之机关厘定严重之程序也"。② 1915年，北洋政府还制定颁布了《文官抚恤令》。

2. 财政税收法规

北洋政府经常爆发财政危机，政府不时需要依靠借贷外债度日。为改善财政状况，中央政府也颁行了一系列财政税收法规，以整顿国家财政、开拓税源、改革币制、加强官产管理，具体包括《盐税条例》《印花税法》《税契条例》《特种营业税条例》《贩卖烟酒特许牌照税条例》《所得税条例》《管理官产规则》《官产处分条例》《会计法》《审计法》《国币条例》及其实施细则等。

3. 其他法规

除上述法规外，北洋政府在宗教、文物保护、文教卫生、新闻出版、交通管理、治安等领域都颁布了一些管理法规；其中立法数量比较多的是治安管理法规，具体包括《戒严法》《治安警察条例》《违警罚法》《缉私条例》等。

（二）民法

1. "现行律民事有效部分"

1912年4月3日，参议院开会议决："嗣后凡关于民事案件，应仍照前清现行律中规定各条办理。" 1914年，大理院做出上字第304号判例："民国民法典尚未颁布，前清现行律除与国体及嗣后颁行成文法相抵触之部分外，当然继续有效。至前清现行律虽名为现行刑律，而除刑事部分外，关于民商事之规定仍属不少，自不能

---

① 临时政府公报，1913-09-01.
② 钟赓言. 钟赓言行政法讲义 [M]. 王贵松，等点校. 北京：法律出版社，2015：263.

以名称为刑律之故，即误会其为已废。"① 这些前清现行律中继续有效的民事各条，被称为"现行律民事有效部分"，包括《大清现行刑律》中的"服制图""服制""名例"有关条款和"户役""田宅""婚姻""钱债"等内容，以及清朝《户部则例》中户口、田赋等条款。"现行律民事有效部分"一直施行到南京国民政府《中华民国民法》公布实施后才废止，所以，它是"民国以来之实质民法"。

2. 《民律草案》的修订

民国成立后，法典编纂会开始草拟民法。1915 年，法律编查会将《民律草案》"亲属"编完成，其章目大致与《大清民律草案》"亲属"编相同。1922 年后，修订法律馆以清末制定的民律草案为基础，并调查各省的民商事习惯，参照各国最新立法例，于 1925—1926 年完成民律各编草案，称为《民律草案》。但由于政局动荡，这一草案终未能成为正式民法法典。《民律草案》分总则、债、物权、亲属和继承五编。相较于《大清民律草案》，总则、物权编变更较少；债权编改为债编，间采瑞士债务法，亲属编、继承编则加入了经由历年大理院解释例、判例的增损以及已经有所变化的"现行律民事有效部分"的内容。《民律草案》曾经被司法部通令各级法院作为事理援用。

（三）商法

北洋政府在修订商律时，本拟制定民商合一的法典，但考虑制定民商合一的法典繁而且难，不是短期内所能完成的，为迅速编订各项法典，以利于收回领事裁判权，北洋政府最终放弃了民商合编的计划，决定区分民商，分别着手，开始拟定商事法规草案。由于北洋政府在成立伊始，即考虑到商律的出台要付诸时日，于是首先删修、援用清末制定的商律，其后在此基础上修订公布了一系列单行的商事条例，并拟定了一些单行法草案，其中比较重要的有《公司条例》《商人通例》、票据法草案、破产法草案、公司法草案等。

（四）刑法

1. 《暂行新刑律》及其补充条例

袁世凯发布暂时援用前清法律命令后，又令法部对《大清新刑律》进行删修，并改名称为《暂行新刑律》，于 1912 年 4 月 30 日公布。1914 年，袁世凯为复辟帝制，企图以礼教号召天下，以重典胁服人心，遂于 12 月 24 日公布《暂行刑律补充

---

① 郭卫. 大理院判决例全书 [M]. 吴宏耀，等点校. 北京：中国政法大学出版社，2013：210.

条例》（共15条），内容与《大清新刑律》所附的暂行章程（共5条）大致相同，且有所扩充，并加重刑罚。

2. 两个刑法修正案

（1）《修正刑法草案》。1914 年，北洋政府成立法律编查会，开始修订刑法。1915 年 4 月 13 日，《修正刑法草案》全编完成并进呈审核。该次修订的要旨是："立法自必依乎礼俗""立法自必依乎政体"和"立法又必视乎吏民之程度"。①

（2）《刑法第二次修正案》。1918 年 7 月，北洋政府设立修订法律馆，董康、王宠惠认为，以前法律编查会在编订《修正刑法草案》时，尚处于袁世凯的专制之下，就不免要迎合或顾忌袁世凯的意旨，随着时势的变迁，刑事法律也应当予以变更，遂编成《刑法第二次修正案》。虽名为修正案，但其在立法原则与立法体例上都有重要的改进。

（五）诉讼法

1.《民事诉讼条例》与《刑事诉讼条例》

1921 年，修订法律馆编成《民事诉讼法草案》与《刑事诉讼法草案》，后改称《民事诉讼条例》与《刑事诉讼条例》，于 1922 年 1 月 1 日在部分地区先行施行，1922 年 7 月 1 日起，在全国施行。《民事诉讼条例》包括总则、第一审程序、上诉审程序、抗告程序、再审程序和特别诉讼程序六编。《刑事诉讼条例》包括总则、第一审、上诉、抗告、非常上告、再审、诉讼费用和执行八编。

2.《诉愿法》与《行政诉讼法》

《诉愿法》与《行政诉讼法》于 1914 年公布施行。《诉愿法》的主要内容是规定人民对于中央或地方行政官署之违法或不当处分，致损害其权利或利益者，得向原处分行政官署之直接上级行政官署提起诉愿，如不服其决定，并得向原决定行政官署之直接上级行政官署再提起诉愿。《行政诉讼法》包括行政诉讼之范围、行政诉讼之当事人、行政诉讼之程序和行政诉讼裁决之执行四章，共 35 条。

三、司法制度

（一）中央司法机关

1912 年 3 月，在北京就任临时大总统的袁世凯下令在民国法律未经议定颁布以

---

① 谢振民. 中华民国立法史：下册 [M]. 北京：中国政法大学出版社，2000：888 - 891.

前，暂行援用前清法律（与民国国体抵触者除外），1910 年，《法院编制法》亦被援用。① 北洋政府在中央设立大理院，由其掌理民刑案件的最高审判权，并行使统一解释法令之权，司法行政则归于司法部。1914 年，颁布《平政院编制令》，规定由平政院掌理行政诉讼，并察理官吏纠弹案件。②

1. 大理院

大理院设院长一人，总理全院事务，并监督院内行政事务。大理院内依民刑分立和事务繁简置民事庭和刑事庭各若干，每庭设推事若干人、庭长一人，庭长由推事或推丞兼任。大理院还设有民刑事处，下辖民刑事科，各设推丞一人，由某庭庭长兼任，监督本科事务，并决定案件分配。

北洋政府时期，刑法与民商法典均未颁布，削足适履地暂行援用前清法制，必将发生疑义。大理院通过行使最高审判权和法令统一解释权，作成判例和解释例，各法原则，略具其中，其实形同造法。1927 年国民政府定都南京之后，大理院判例和解释例除了与制定法明显抵触者外，仍得以继续沿用。大理院作为民初最高司法机关，取得了空前的独立审判权、规范控制权（大理院行使统一解释法令权）与行政自主权；大理院院长、庭长、推事亦学养深厚，相对洁身自好。在军阀混战、政局动荡的纷乱年代里，大理院为中国司法史留下一页清白。由于当时成文法典多未颁行，"大理院乃酌采欧亚法理，参照我国习惯，权衡折中，以为判决，日积月累，编为判例汇编，……一般国人，亦视若法规，遵行已久，论其性质，实同判例法矣"。③ 北洋政府时期正是中国法律大变革的时期，法律疑义甚多，大理院不得不应相关方面要求或主动做出解释，其解释"亦不厌长篇累牍论述学理、引证事实，备极精详"。④ "大理院又有最高审判的权限以为贯彻法令间接的后盾，故此种权限实足增长大理院的实力；大理院解释例全国亦均奉为圭臬，用作准绳。"⑤

2. 平政院/肃政厅

早在辛亥革命后不久，宋教仁所拟《中华民国临时政府组织法草案》就明确提出，人民"对于行政官署违法损害权利之行为，则诉于平政院"（第 14 条）。⑥ 1914 年 3 月 31 日，北洋政府颁布《平政院编制令》，正式确立与大理院普通审判分立的行政审判体制。平政院是"中西合璧"的产物，它结合了中国古代监察机关行使特

---

① 唯一的变化只是将颇具帝制色彩的大理院正卿、少卿的官名取消，大理院改设院长一人，综理院务。
② 罗志渊. 近代中国法制演变研究 [M]. 台北：台湾正中书局，1974：409-412.
③ 司法院史实纪要编辑委员会. 司法院史实纪要 [M]. 台北：司法院史实纪要编辑委员会. 1982：3.
④ 郭卫. 大理院解释例全文 [M]. 上海：会文堂新记书局，1931.
⑤ 黄源盛. 民初法律变迁与裁判：民初大理院 [M]. 台北：台湾政治大学法学丛书编辑委员会，2000：33.
⑥ 缪全吉. 中国制宪史资料汇编 [M]. 台北：台湾"国史馆"，1991：44.

殊审判权的传统与欧陆行政审判与普通审判分流的经验。它并非纯粹的司法机关，直接隶属于大总统，与行政权"似离又即"。①平政院组成人员有：院长一人，负责指挥、监督全院事务；评事 15 人，负责审理行政诉讼和纠弹案件；肃政厅②，它虽设于平政院，但独立行使职权，其长官为都肃政史，有肃政史编制 16 名，掌官吏纠弹。平政院由评事 5 人组成合议庭审判，审理行政诉讼或肃政史提出的纠弹案；肃政史需依法对人民提起行政诉讼、纠弹官员违法失职、监督平政院判决。③ 在行政诉讼中，肃政史与平政院的关系类似于检察官与法院的关系；在纠弹案件中，肃政厅与行政法院的关系又类似于后世国民政府五院体制下的监察院与司法院下的公务员惩戒委员会的关系。1916 年，袁世凯的帝制失败，接任总统的黎元洪明令恢复民元约法旧制，同年 6 月 29 日，贴有袁记标签的肃政厅被裁撤，《纠弹法》被废止，监察权回归国会，平政院失去察理纠弹权，成为单纯的行政裁判机关。④

1914 年与 1915 年，中央设立文官高等委员会及司法官惩戒委员会，分别由总统派大理院院长及平政院院长充任委员长，此开南京国民政府司法院公务员惩戒委员会之先河。⑤

3. 司法部

司法部上承清末之法部，其职能与欧洲大陆国家的司法部接近，掌管司法行政，并监督各级检察机关。需要强调指出的是，司法部的司法行政权不及于与其处于平行地位的大理院与平政院。另外，清末司法改革以来，除了区分司法审判与司法行政，也将审判与起诉分离，自大理院以下，对应各级审判机关，设立总检察厅和各级检察厅以行使检察职权，各级检察机关归司法部统一指挥。

（二）地方各级司法机关与审级制度

1. 四级三审制的"变通"

辛亥革命之后的南京临时政府理论上暂行援用前清的《法院编制法》，实际上并没有审级方面的统一规定，各地做法不一。北洋政府成立后，很快在法制上对四级三审制度进行了修正，初级审判厅被裁撤，改由县知事兼理司法，在省高等审判厅之下设立了各种变通的审判机构。除政治社会背景之外，这样的修正主要是由于

---

① 黄源盛. 民初法律变迁与裁判：平政院裁决书整编与初探 [M]. 台北：台湾政治大学法学丛书编辑委员会，2000：144.
② "肃政"之名可追溯到后周的"肃政台"（御史台）。
③ 赵晓耕. 中国法制史原理与案例教程 [M]. 北京：中国人民大学出版社，2006：430.
④ 监察院实录编辑委员会. 国民政府监察院实录 [M]. 台北：监察院秘书处，1981：27.
⑤ 费正清，等. 剑桥中华民国史：上卷 [M]. 杨品泉，等译. 北京：中国社会出版社，1994：232.

人才与经费的局限。1914年4月，由于各省行政与军事长官的倡议，加上司法人才的缺乏与财政等现实因素的考量，政治会议裁撤了原初级审判厅。《法院编制法》也进行了相应修订，改为于地方审判厅内设简易庭，受理原属于初级审判厅一审管辖的案件，这其实是将同一法院强分为两级，以贯彻所谓的四级三审之制，至此四级三审制名存实亡。[①]

2. 四级审判机关之外的分支审判机关（分支法院）

北洋政府时期除大理院和高等、地方、初级审判厅之外，还设立了各种分支审判机关。凡此种种，皆因事实需要而变通设置。我国版图辽阔，而当时又交通不便，再加上大理院和高等、地方审判厅人力有限、案件积压，各级法院不得不在下级法院或官厅设立分支审判机关，以解决现实问题。

（1）大理分院。各省因距离北京较远或交通不便，可以在其高等审判厅之内设置大理分院。（《法院编制法》第40条）大理分院得仅置民刑各一庭。（《法院编制法》第41条）大理分院推事除由大理院选任外，可以由分院所在省的高等审判庭推事兼任，但每庭兼任推事以2人为限。（《法院编制法》第42条）大理分院各庭审理上告案件如解释法令之意见与本庭或他庭"成案"有异，应函请大理院开总会审判之。（《法院编制法》第44条）[②]《法院编制法》第42条与第44条都是对变通设置的大理分院进行一定的规范，首先，兼任推事不得过半数[③]；其次，大理分院的裁判受到"成案"的约束，如果其裁判与"成案"不符，则应交由北京的大理院最终裁决。

（2）高等审判分厅。高等审判厅为一省的最高审判机关，依《法院编制法》，"各省因地方辽阔或其他不便情形得于高等审判厅所管之地方审判厅内设高等审判分厅"（《法院编制法》第28条）。高等审判分厅对事的管辖权与高等审判厅本厅相同。高等审判分厅可置民事、刑事各一庭。（《法院编制法》第29条）高等审判分厅的推事（法官）除由高等审判厅选任之外，可以由分厅所在的地方审判厅或临近地方审判厅的推事兼任，但此种兼任推事，三人合议庭每庭以1人为限，五人合议庭以2人为限。（《法院编制法》第30条）[④] 从《法院编制法》第30条的规定我们可以看出，当时司法人员（推事）缺乏，以至于高等审判分厅推事必须部分由分厅所在地方审判厅推事兼任，其所在地方审判厅推事不敷使用，甚至还可从临近地方审判厅借人。但《法院编制法》仍然试图对这种权宜的办法加以限制，故而规定兼

---

① 王用宾. 二十五年来之司法行政 [J]. 司法行政部，1936：9.
② 北洋政府司法部. 改订司法例规 [M]. 北洋政府司法部，1922：61-62.
③ 大理院及大理分院审判实行合议制，以推事五人组成合议庭审判。
④ 北洋政府司法部，改订司法例规 [M]. 北洋政府司法部，1922：60-61.

任法官在合议庭中必须是少数。事实上，由于当时司法人才的缺乏，不仅需要由地方审判厅的推事兼差于高等分厅，也可能由高等审判厅的推事兼任于其附设的地方审判厅参与审判。这就造成一个问题：同一名推事可能先后参与同一案件的两级审判，当地方审判厅是第二审时，情况尤为严重，如果再由同一名推事参与的高等审判分厅法庭为第三审（终审）判决，等于在事实上剥夺了当事人通过上诉获得公平审判的权利，三审终审的制度有等同于二审终审的危险。当时湖北、江西、河南、陕西等省纷纷提出这个问题，北洋政府于是通令各省高等审判厅分厅兼任地方庭所为第二审判决之终审应划归高等审判厅本厅受理。① 由此也可看出，北洋政府在现实的局限之下仍试图贯彻现代司法的理念。

（3）设于道署的高等分庭与附设司法人员。道（守道）乃前清旧有的一级区域，民国成立，道存而未废，全国总计有九十余道。1913 年 1 月，北洋政府颁布《划一现行各道地方行政官厅组织令》，规定各道之长官为观察使；1914 年 5 月又颁行道官制，在各道设行政公署，其长官为道尹。② 道署是北洋政府时期省与县之间的唯一行政组织，在各县与省城距离遥远、上诉不便的情形之下，于道署设立分支审判机构是理所当然的选择。

1914 年 9 月 24 日，北洋政府颁布高等分庭暂行条例，在《法院编制法》规定的高等审判分厅之外，又规定在距离省城较远的地方，可暂设高等分庭于道署所在地。高等分庭置设推事 3 人，以合议方式审理案件。高等分庭对事的管辖权小于高等审判厅及其分厅，民事上诉讼与刑事上处罚超过一定限度，则由高等审判厅直接受理。如有移送不便情形时，可以由高等审判厅委托高等分庭代为受理，但其判决仍由高等审判厅核定后方可宣告；当事人若不愿由高等分庭代为受理，也可声明抗告。③

于道署（道尹公署）附设司法人员，乃"补救办法中之补救办法"。由于财政与人才的局限，在全国省与县之间的广大区域里，高等审判厅分厅与分庭并未普遍设立，地方审判厅的设置也是极少的例外。"人民上诉每感不便，中央为谋补救计"，令各省高等审判厅，就省内各县指定若干县，使其可以受理临县的上诉案件。④ 但各县级别相同，以甲县作为乙县之上诉机关，其审理上诉之时，难免有因循顾忌之虞。"另置上诉机关之需要日急一日"，于是改为在道署设置司法人员以受

---

① 北洋政府司法部.改订司法例规［M］.北洋政府司法部，1922：475－478.
② 南京国民政府成立后，道署在各省先后被废止。（钱端升，萨师炯，等.民国政制史：下册［M］.上海：上海人民出版社，2008：480－482.）
③ 钱端升，萨师炯，等.民国政制史：下册［M］.上海：上海人民出版社，2008：457－460.
④ 当时还订立了《邻县上诉制度暂行章程》。

理一定范围内的上诉案件。该设置以"去省较远而附近又无上诉机关之道"为限，其对事的管辖权受到一定限制，并且规定一旦各处高等分庭设置成立，该司法人员便应立即裁撤。①

（4）地方审判厅分庭。地方审判厅分庭之制始于1914年，当年初级审判厅裁撤，地方审判厅受理案件骤增，诸多积压；且初级案件归并地方审判厅为第一审，其第三审均上诉于中央的大理院，"不胜其烦"。司法部于同年3月13日饬令前京师地方审判厅在初级审判厅原署设立地方分庭，初级案件归其管辖。1915年5月7日，司法部又通令各省仿造京师办法一律设置地方审判厅分庭。1917年4月22日，司法部厘定《暂行各县地方分庭组织法》十四条，颁行各省，并将此项制度推及各县。至此，所有已设地方法院区域内均得于附近各县政府内设置地方分庭，以县行政功能区域为其管辖区域，即称为某地方审判厅某县分庭。（第1条、第2条）在其管辖区内原属于初级或地方审判厅第一审管辖的民刑案件，均归该分庭审理。（第3条）对于分庭判决的上诉，原初级一审管辖案件上诉于地方审判厅，地方审判厅一审管辖案件则上诉于高等审判厅或其分厅。（第5条）

3. 审判厅之外的县级审判机关

（1）审检所。民国草创，各县并未普设初级审判厅，1912年3月在未设初级审判厅之县，开始设立审检所。审检所附设于县政府之内，除县知事外，设帮审员1~3人。帮审员的职务是办理其管辖境内的民刑事初审案件，同时办理邻县审检所之上诉案件。帮审员除审理诉讼外，不可兼任本县之行政事务。检察事务由县知事掌理。对于帮审员的裁决的上诉，原初级一审管辖案件上诉于地方审判厅，其距离地方审判厅较远者可上诉于邻县之审检所；地方审判厅一审管辖案件则上诉于高等审判厅或其分厅。1914年4月，县知事兼理司法制度颁行后，审检所即被废弃。

（2）县知事兼理司法。1914年4月的政治会议裁撤了初级审判厅，同月，北洋政府颁布《县知事兼理司法事务暂行条例》和《县知事审理诉讼暂行章程》，规定凡未设审判厅各县，第一审应属初级或地方厅管辖之民刑诉讼，均由县知事审理。（《县知事审理诉讼暂行章程》第1条）因县知事事务繁忙、无法专注于司法审判，县政府内又设承审员1~3人，助理县知事审理案件。承审员由县知事呈请高等审判厅厅长核准委用，在事务较简之地方，亦可暂缓设置。（《县知事兼理司法事务暂行条例》第4条）设有承审员各县，属于初级管辖案件由承审员独自审判，用县政府名义行之，但由承审员独自承担责任；属于地方管辖案件，可由县知事交由承审员审理，其审判由县知事与承审员共同承担责任。

---

① 钱端升，萨师炯，等. 民国政制史：下册 [M]. 上海：上海人民出版社，2008：460-461.

县知事作为一县之行政长官而兼理司法，其对于司法事务很难兼顾，更有复辟前清地方官集行政、审判与检控权于一身之嫌；助理其之承审员司法素质与独立性均堪忧，其承审诉讼难免有错误及不公之情形。民初以来长期任职于司法部门的阮毅成总结兼理司法制度，有如下弊端：其一，"以一县之大，由一二承审员包办民刑诉讼、履勘、验尸、执行判决，职重事繁，难期'妥''速'"；其二，承审员待遇清苦，且不具备法官身份，以至"中才之士"也不愿担任承审员；其三，县长往往干预司法，以彰显其"威信"；其四，县政府为行政机关，县长为了达到行政目的，可能会结交、迁就士绅，由此影响承审员公平判决……1914年9月，在县知事兼理司法制度实行后不到半年，北洋政府即颁布《覆判章程》，规定由县知事审理的刑事案件无论被告人上诉与否，都须限期将案卷等移送高等审判厅或其分厅审查（"覆判"），以济兼理司法之弊。①

（3）县司法公署。为了进一步革除县知事兼理司法之弊，1917年5月，北洋政府颁布《县司法公署组织章程》，规定凡未设初级审判厅之县原则上应设立县司法公署。（第1条）立县司法公署所在地的所有初审民刑案件，不分案情轻重均归该公署管辖。（第4条）县司法公署设于县行政公署内，由1~2名审判官与县知事组织之。（第2条、第4条）审判官由高等审判厅厅长依《审判官考试任用章程》办理，并呈由司法部任命之。（第5条）关于审判事务，概由审判官完全负责，县知事不得干涉；关于检举、缉捕、勘验、递解、刑事执行及其他检察事务，概归县知事办理，并由其完全负责。（第7条）《县司法公署组织章程》长期只是具文，以至于时人批评说正是其第1条所谓的"原则"规定造成了"例外"的滥用。② 直至1922年后各县始有设立，南京国民政府成立后相沿未改。

通过对北洋政府时期审级制度的审视，我们发现：从外国（主要是大陆法系国家）引进的现代司法理念创设的审级制度无法完全得以实现，基于现实的政治社会、人力财力原因，政府在不放弃现代司法理念大原则的前提下不得不设置例外，用特别法修改一般法。迁就现实的例外反倒成为常态，制度中所谓"原则"（理念）变得"毫无原则"；在实践中发挥效力的是特别法（如条例、暂行章程等），而一般法（法院编制法、组织法）描绘的四级三审制度成为一个美好的远景，在法典中聊备一格。兼理司法制度是其中最典型的例子，由县长（县知事）及其下属兼理司法事务，本来只是一个权宜的办法，因为纠纷的发生不能等到普设新式法院之后才有，

---

① 李启成. 民初覆判问题考察：清华法学（第五辑）[C]. 北京：清华大学出版社，2004：187-203.
② 《县司法公署组织章程》第1条，明定得因特殊情形呈准缓设，而开方便法门，而各省多借词不办，其已筹办之少数省份，率复旋即废止，无人理会，……是故终北洋政府时代，全国兼理司法之县数恒在百分之九十以上。

于是在政府有足够的经费与人才之前，暂时规定兼理司法制度，结果却是"权宜之计"的长期化。据统计，到 1926 年，除大理院与设于各省会的 23 所高等审判厅，以及位于通商要埠的 26 所高等审判厅分庭之外，在全国仅设立了 66 所地方审判厅及 23 所地方审判厅分庭，县知事兼理司法衙门多达 1 800 所。这造成了司法体制的分裂：在各省会和重要城市，都有新式的法院、施行新式的诉讼程序；"但在其他大多数的城乡，法律的执行与诉讼纷争的解决，相较于前清时代，进展可能并不太多"。①

第三节　南京国民政府时期的法律

一、宪法与宪法性法律

（一）《训政纲领》与《训政时期约法》

1928 年，国民党中央常务会议通过《训政纲领》②，同时公布《中华民国国民政府组织法》，作为政府组织的纲领。《训政纲领》全文共六条：中华民国于训政期间，由中国国民党全国代表大会代表国民大会领导国民行使政权；国民党全国代表大会闭会时，以政权付托中国国民党中央执行委员会执行之；人民应享有选举、罢免、创制、复决四种政权，应由国民党训练国民逐渐推行，以立宪政之基础；治权之行政、立法、司法、考试、监察五项，付托于国民政府总揽而执行之，以立宪政时民选政府之基础；指导监督国民政府重大国务之施行，由中国国民党中央执行委员会政治会议行之；《中华民国国民政府组织法》之修正及解释，由中国国民党中央执行委员会政治会议议决行之。1931 年 5 月，国民会议通过了《中华民国训政时期约法》（以下简称《训政时期约法》）。与《训政纲领》相比，《训政时期约法》增加了人民基本权利的规定，同时削弱了国民党组织对政府的控制权，扩大了政府的权力。

所谓训政，表面的意思是国民党代表民众实行"以党治国"。党治在制度上表现为中央执行委员会和中央政治会议被授予的权力。中央执行委员会是党的最高权

---

① 欧阳正．民国初期的法律与司法制度［M］//那思陆．中国审判制度史．台北：台湾正典出版文化有限公司，2004：342－343.
② 1929 年，《训政纲领》经过了国民党第三次全国代表大会追认。

力机关（全国代表大会短暂的会期除外；在南京的10年，只开了三次）。中央执行委员会特别是其常务委员会，负责制定党治的指导原则和全面指导党务。中央政治会议是连接党和政府机构的桥梁。虽然它只是中央执行委员会的一个下属委员会，但它在制度上是指导国民政府的最高权力机关，兼有立法和行政职能。作为立法机构，它能创制法规或传达中央执行委员会的决定给政府。从理论上说，中央政治会议对政府的文职部门实际上行使着无限的权力。事实上，中央政治会议也是政府权力之所在，因为中央政治会议的主席是蒋介石。蒋介石"对政权实行高于一切的控制""置正式指挥系统于不顾"，导致作为制定政策和进行管理的政府日渐失去活力。1937年8月，由军事委员会委员长蒋介石主持的"国防最高会议"（1939年改组为"国防最高委员会"）取代了中央执行委员会政治会议的地位，由此，蒋介石排除了党内的不同声音，政权与军权一手在握。[1]

（二）"五五宪草"

通常谈"五五宪草"，主要是指其定稿，有时也会提到吴经熊试拟稿（"吴稿"），其实，1933—1936年的三年间，"五五宪草"曾多次易稿。参与制宪者的个人试拟稿有吴经熊试拟稿（1933年6月8日[2]吴经熊以个人名义发表）与张知本试拟稿（张知本于1933年8月18日完成该稿，随后发表）。官方稿前后有：宪法草案主稿人初步草案（1933年11月16日主稿人会议三读通过）、宪法草案初稿（1934年2月28日宪法起草委员会通过）、宪法草案初稿审查修正案（1934年7月9日初稿审查委员会通过）、1934年10月16日立法院通过宪法草案、1935年10月25日立法院修正宪法草案、1936年5月5日国民政府公布宪法草案（"五五宪草"）。"五五宪草"公布后，立法院又于1935年10月25日通过修正案、对"五五宪草"略作修正，是为立法院"五五宪草"修正案。[3] "五五宪草"制定之时，正是日军蠢蠢欲动、国难日深之时，当局遂以造就"运用灵敏"的"万能政府"之名，而行独裁之实，"以救亡压倒了启蒙"。从某种意义上说，整个宪法草案修正的过程也是草案文本与当权者权益与偏见日趋一致，与现代宪法基本原理原则渐行渐远的过程。宪法草案的最后定稿，"对于国民大会代表及总统任期均有所增加，而各院院长及立监两委之任期，则略予减短。总统因不参加行政院会议，地位益见超然。而其召集五院院长会议，解决各院间争端之规定，更使总统成为五院之重心。至其统率海

---

[1] 费正清，等. 剑桥中华民国史：下卷 [M]. 杨品泉，等译. 北京：中国社会科学出版社，1994：134-135，555.
[2] 一说为6月7日发表。
[3] 立法院宪法草案宣传委员会. 中华民国宪法草案说明书 [M]. 重庆：正中书局，1940.

陆空军之权，不受法律之限制。且必要时可发布紧急命令及执行紧急处分，虽有终年不闭会之立法院，亦无须其同意。在过渡时期又有任命半数立法委员及半数监察委员之权。政府大权可谓已尽集中，其集权趋势，实超过现代任何行总统制之民主国家"。①

（三）政治协商会议与"政协宪草"的出炉

抗战结束后，原定于1945年10月10日召开国民大会，制定宪法，因为中国共产党与其他党派联合反对国民大会代表名额分配及"五五宪草"的内容，直至1946年1月10日，国民党才重新邀请共产党和民主同盟、青年党、民社党各党派代表以及社会贤达等共38人，在重庆召开政治协商会议。政治协商会议除大会外，又分设政府改组、施政纲领、军事、国民大会、宪法草案小组，分别就五大议题进行讨论。1月21日下午，政治协商会议宪法草案小组开始会议，前后计会商四次。1月23日，宪法草案小组在承认"五权宪法为世界最进步的政治原理"的前提下，对五院制度做出修正。宪法草案小组经多次会商，提出十二项修改"五五宪草"原则，并决议设立审议宪法草案审议委员会。宪法草案审议委员会的职权是根据政治协商会议所拟修改的"五五宪草"原则，参酌期成宪法草案与宪政实施协进会研讨成果，综合各方面意见，制定宪法草案修正案。② 1946年4月底，宪法草案审议委员会举行最后一次会议，"政协宪草""有保留"地通过了。③ 在"政协宪草"的起草过程中，张君劢个人起了重要作用，他是宪法草案的主稿人，其拟定的草案是宪法草案审议委员会讨论的基础。

（四）《中华民国宪法》的最后通过

由于国民党破坏了国共和解的气氛，共产党和民盟退出了制宪国民大会。④ 蒋介石不愿背上"一党制宪"名声，为了在形式上建立其统治的合法性（法统），他力求拉拢民社党、青年党参加国民大会。青年党声明参加国民大会的前提是民社党参加，而以张君劢为党魁的民社党参加的条件是国民党必须遵守政协协议和"政协宪草"。1946年4月"政协宪草"通过之后，由于政治军事形势的恶化，民社党党

---

① 陈茹玄. 中国宪法史［M］. 影印本. 台北：台湾文海出版社，1977：232-233.
② 蒋匀田. 中国近代史转折点［M］. 香港：香港友联出版社，1976：34-35.
③ 所谓"有保留"，首先是关于地方法官民选和行政院等问题并未完全达成一致意见；更重要的是，正如国民党代表吴铁城所言，未经国民大会通过的宪法草案只能视为会议记录。
④ 中国共产党和民盟是不承认这部"宪法"的合法性的，但也正是因为中国共产党力量的壮大改变了国民党一党独大的局面，第三方力量才能四两拨千斤，也才能起草通过这部在内容上比"五五宪草"要进步得多的"宪法"。

魁张君劢本来已将其主笔的"政协宪草"视为一纸空文。6月，张君劢将宪法草案翻译成英文，并呈给美国代表马歇尔，受到美方的重视。8月，吴铁城代表国民政府找到张君劢，说要接受"政协宪草"，并提交给即将召开的国民大会。① 张君劢本人作为宪法草案的主稿人，非常希望能通过宪法草案，再加上民社党内部期待参政的压力，民社党最终同意附条件地参加制宪国民大会，这也造成张君劢与民盟的决裂以及民社党内部的分裂。② 1946年11月15日，制宪国民大会在南京召开；12月25日，国民大会通过了《中华民国宪法》。该宪法由南京国民政府于1947年元旦公布，同年12月25日施行。制宪国民大会最后通过的《中华民国宪法》除文字上略作改动外，基本上与"政协宪草"保持一致。"张君劢以一个在野小党领导人的身份，利用特殊的条件，迫使处于立宪主导地位的国民党接受其宪法草案，在中国近代制宪史上确实是一个异数。"③

应该说，在制宪问题上，大家都做了一些妥协，整部宪法可以说是调和与折中的产物。例如，本来中国共产党和第三方力量都反对以三民主义冠国体，但国民党坚持，于是《中华民国宪法》第一条把国体规定为："中华民国基于三民主义，为民有、民治、民享之民主共和国。"这样就在一定程度上用"民有、民治、民享"的西方宪政理念偷换了原来孙中山的三民主义。社会普遍评价这部宪法比"五五宪草"要好得多。

在1946年制宪国民大会通过的《中华民国宪法》中，国民大会的权力大为缩减。与此同时，《中华民国宪法》将立法院由"五五宪草"中的中央专职立法机关变为代表人民行使职权的机关，这就在根本上放弃了孙中山"权能分治"的理论，重新采用了代议政治的制度，名为"有限度之责任内阁制"（或"修正式内阁制"）。在行政权与立法院的关系上，行政院院长人选由总统提名、立法院表决通过，行政院对立法院负责，这就建立了内阁制的中央政府运作模式。但其与典型内阁制的不同点是：①立法院对行政院没有倒阁权，行政院对立法院没有解散权，而代之以总统制下的复议制度④，以解决行政、立法两权冲突引发的政治僵局，这样设计的好处是避免频频倒阁造成的"阁潮"或立法院解散、改选而引起的政局动荡；②没有要求行政院负连带责任（"内阁集体负责"），这就避免了由于个别阁员

---

① 中华民国张君劢学会. 中国第三势力 [M]. 台北：台湾稻乡出版社，2005：198.
② 蒋匀田. 中国近代史转折点 [M]. 香港：香港友联出版社，1976：169-171.
③ 中研院近代史研究所. 近代中国历史人物论文集 [C]. 台北：台湾中研院近代史研究所，1993：265.
④ 美国式总统制下的复议制度的引入与制宪者的知识背景有关，可参阅如下掌故："（史尚宽）谓，王王（王宠惠与王世杰）两博士，均多读了外国书。昨日在第三审查会中研究立法院复议案时，是否应以委员总数或出席人数为计算标准，临时查明了美国宪法的规定，才肯赞成。"（阮毅成. 制宪日记 [M]. 台北：台湾商务印书馆股份有限公司，1970：49.）

的错误导致内阁总辞，也有利于政局的稳定；③没有要求行政院院长、副院长及部会首长（"内阁成员"）必须为国会议员，这大大拓宽了总统（行政院院长）选用人员的范围。以上三点"修正"在很大程度上同时赋予了总统相对于内阁制下国家元首更大的权力，这是政协原则与国民党意见折中的产物。① 就总统与行政院的关系而言，总统并非虚位，但其权力受到很大的制约，总统不得直接处理政务，根据《中华民国宪法》第37条，总统公布法律、发布命令，都必须经行政院院长或行政院院长及有关部会首长的副署。总统只能通过行政院院长的提名权以及裁定是否复议的权力间接影响政务。这样一种折中的设计，一方面保留了行政对立法负责这一内阁制的精髓，以避免总统完全控制行政以行独裁之实；另一方面满足了稳定政局、避免国会频频解散或倒阁的现实需要；还要兼顾政治强人（蒋介石）对于名（总统大位）与实（权）的要求。与"五五宪草"相比，《中华民国宪法》赋予地方较大的自治权。省成为地方一级自治单位，得制定省自治法，由地方选举产生的监察院拥有类似联邦国家参议院的职权。《中华民国宪法》下的五权宪法结构如图 13-1 所示。

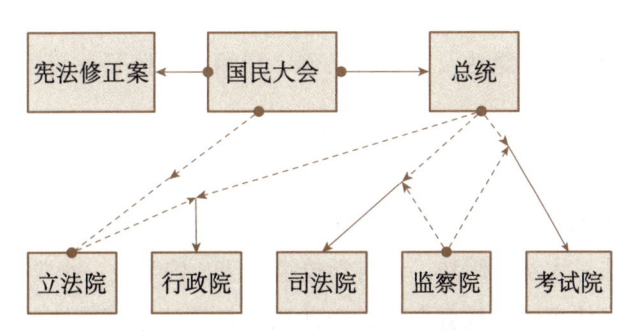

图 13-1　《中华民国宪法》下的五权宪法结构

依"政治协商会议的规定，国民大会须于停止内战、改组政府、结束训政及修正宪法草案完成后才能召开。但中国国民党为使其统治基础合法化，而撕毁政治协商会议的决议；接着，中国共产党与部分人民团体和民主党派也先后声明，表示不承认中国国民党召集的制宪国民大会和这次制宪的合法性"。②

二、主要法律法规

民国学者仿照日本等国，将法规分成宪法、民法、刑法、商法、诉讼法和法院

---

① 张君劢. 中华民国民主宪法十讲 [M]. 上海：商务印书馆，1947：70-71.
② 谢政道. 中华民国修宪史 [M]. 台北：台湾扬智文化事业有限公司，2001：37.

组织法六类①，将其汇编在一起，称为《六法全书》，亦称《六法大全》。在修订六法体系过程中，有学者坚持行政法为六法之一，商法可纳入民法或行政法内，这种意见被采纳后，六法变为宪法、民商法、刑法、诉讼法、行政法、法院组织法。六法是民国成文法的总称，构成了其法律制度的基本框架。

（一）行政法

1. 政府组织法

政府组织法在一定意义上是宪法性法律，在宪法颁布之前，南京国民政府的政府体制是由该法规范的。政府组织法始于1925年7月1日广州国民政府颁行的《中华民国国民政府组织法》，在南京国民政府成立后历经多次修正，确立了行政、立法、司法、考试、监察五院的政府体制。

2. 文官法

关于官等、官俸、文官考试、任用、弹劾，文官法中都有具体的规定。

3. 内政事务法规

内政事务法规包括国籍法及其施行条例、户籍法、监督慈善团体法、救灾准备金法等。

4. 单行的行政法规

单行的行政法规包括教育、财政、交通、司法行政四类。主要有：中央学会与中央研究院组织法、大学组织法、专科学校组织法、中学法、小学法、师范学校法、职业学校法、国民体育法、教育会法；会计法、审计法、预算法、统计法、营业税法、印花税法、国民政府监督地方财政暂行法；国道条例、港商条例、航路标记条例、监督商办航空事业条例；司法官惩戒法、警械使用条例等。

（二）民法典

1929年5月23日，南京国民政府公布了《民法总则》，1929年11月又公布了债编和物权编，1930年年底公布了继承编和亲属编。《中华民国民法》分为总则、债、物权、亲属、继承五编，共1 225条。

在南京国民政府颁布的《中华民国民法》亲属编与继承编中，保留了一些中国传统民事习惯的内容，具体包括：

（1）确认传统婚姻制度。亲属编规定：未成年人订立婚约应得法定代理人之同

---

① 有的分成宪法、民法、商法、刑法、民事诉讼法和刑事诉讼法六类。

意；如解除和违反婚姻，必须负赔偿之责。

（2）确认男尊女卑的父家长统治权。亲属编第6章"家"规定：家置家长，家长管理家务。第2章"婚姻"规定：妻姓冠以夫姓，子女从夫姓；妻以夫之住所为住所；夫妻联合财产由夫管理，子女之特有财产由父管理；父母对子女行使亲权的意见不一致时，由父行使之。

（3）确认传统的继承制度。继承编及有关判例、解释例规定：直系血亲卑亲属为第一顺序继承人，以亲等近者为先；妻无权继承夫之遗产，即使当时无人继承，也不得视为该妇财产；守节妇可代理应继承人，承受夫产，进行管理，但不能成为财产继承人，更不得滥行处分；女子继承财产，应以未嫁之女为限；养子女的应继份为婚生子女的二分之一。

（三）民商合一问题

法国于18世纪路易十四时代，最早创立了独立的商法，其商法独立于民法之外；1901年瑞士将商法定入民法典内，首创民商合一制。中国清末及北洋政府都采用民商分立制，分别编订民法典、商法典草案。南京国民政府原来也打算分别制定民法典和商法典。1929年5月《民法总则》颁布后，立法院院长胡汉民等人向国民党中央政治会议呈递编订民商统一法典的提案。随后，国民党中央政治会议通过《民商划一提案审查报告》，递交立法院，《民商划一提案审查报告》认为：中国自古以自然经济为主，未形成独立的商人阶级，无须单独为其规定立法；商法规定的事项无一定的范围，很难以总则统率全体；在民商分立的国家，商法的法律原则仍须援用民法原则，在适用上也互有重复；民商合一在世界上已成为趋势；商事活动中越来越多的非商人参加，如一方为商人，另一方为非商人，将出现适用法律的困难。国民党政治会议采纳了该报告的意见，决定"将通常属于商法总则之经理人及代办商、商行为之交互计算、行纪、仓库、运送营业及承揽运送"，均编入民法债权编，其他商事法规不能编入者，则另定单行法规。单行法规主要包括《公司法》《票据法》《海商法》《保险法》四大部分。[①]

（四）刑法

1. 1928年刑法

1928年3月10日，南京国民政府正式公布《中华民国刑法》，这是我国历史上第一部以"刑法"为名称的刑法典。《中华民国刑法》分总则编（14章）和分则

[①] 谢振民. 中华民国立法史：下册[M]. 北京：中国政法大学出版社，2000：802-803.

编（34 章），共 387 条。

2. 1935 年"新刑法"

1935 年 1 月 1 日，国民党政府公布修正后的《中华民国刑法》，人们通常称这部刑法为"新刑法"。"新刑法"分为总则编（12 章，99 条）和分则编（35 章，258 条），共 357 条。从具体内容上看，它与《中华民国刑法》基本上是一脉相承的，其特点有：①确立罪刑法定主义原则。《中华民国刑法》第 1 条规定："行为时之法律，无明文科以刑罚者，其行为不为罪。"在其"修正理由"中记载："本条为刑罚之根本主义，不许批附缓引，即学者所谓罪刑法定主义。凡行为受法律科处者为罪，否则不为罪是也。"1935 年又把它修改为："行为之处罚，以行为时法律有明文规定者，为限。"②增加了保安处分的规定。在"新刑法"中仿效 1930 年意大利法典，列有"保安处分"专章，详细规定保安处分的适用原则、保安处分的宣告、执行以及保安处分的种类。

3. 刑事特别立法

南京国民政府除制定 1928 年《中华民国刑法》和 1935 年"新刑法"外，还在不同时期先后颁布了许多特别刑事法规，它们是整个刑法体系的重要组成部分。特别刑事法规一般抛开通常的立法程序，直接由南京国民政府颁布，或由军事委员会或其他部、会进行制定并公布，甚至由国民党中央或地方党部秘密颁发。这类特别立法包括：《惩治盗匪暂行条例》《暂行反革命治罪法》《危害民国紧急治罪法》《维持治安紧急办法》《惩治盗匪暂行办法》《反省院条例》《反革命案件陪审暂行法》等。这些特别立法违反了南京国民政府普通法典中的罪刑法定、法官独立审判等现代法治原则。

（五）诉讼法

1.《刑事诉讼法》和《民事诉讼法》

南京国民政府成立之初，援用广州军政府和北洋政府颁行的刑事诉讼法、民事诉讼法。1927 年南京国民政府第 29 次会议决定：最高法院和西南各省继续援用广州军政府 1921 年 3 月 2 日公布的《民事诉讼律》和《刑事诉讼律》，其他各省则继续适用北洋政府颁布的《民事诉讼条例》和《刑事诉讼条例》。

1928 年，南京国民政府以北洋政府的《刑事诉讼条例》为蓝本，参照《中华民国刑法》制定《中华民国刑事诉讼法》（以下简称《刑事诉讼法》）。《刑事诉讼法》分总则、第一审、上诉、抗告、非常上诉、再审、简历程序、执行、附带民事诉讼九编，共 513 条。为适应《中华民国刑法》的修改，南京国民政府于 1931 年对

《刑事诉讼法》进行修订，1935年1月1日公布，同年7月1日施行。

1928年7月，南京国民政府以北洋政府《民事诉讼条例》为蓝本，拟定《民事诉讼法草案》五编，第一编至第五编前三章于1930年12月26日公布。第五编第四章于1930年12月根据《中华民国民法》亲属编、继承编重新起草，经立法院通过，由南京国民政府于1931年2月13日公布。《中华民国民事诉讼法》（以下简称《民事诉讼法》）分总则、第一审程序、上诉程序、再审程序、特别诉讼程序五编，共600条。为与修改后的《中华民国民法》相适应，立法院于1934年12月19日通过了修订的《民事诉讼法》，由南京国民政府于1935年公布、施行。修订后的《民事诉讼法》分总则、第一审程序、上诉程序、抗告程序、再审程序、督促程序、保全程序、公示催告程序、人事诉讼程序九编，共636条。

2. 律师与公证制度

中国近代律师公证制度始于北洋政府时期。1912年9月北洋政府制定的《律师暂行章程》《律师登录暂行章程》是中国律师立法之始；1920年东三省特别区域法院沿用俄国旧例办理公证，是中国公证制度的滥觞。南京国民政府在此基础上，先后制定了律师与公证法规，包括《律师章程》（1927年）、《律师法》（1941年）、《公证暂行规则》（1935年）及其试行细则（1936年）、《公证法》（1943年）等。

（六）判例与解释例

南京国民政府各级法院继续援用北洋政府大理院的判例、解释例，并于实践中大量增补。司法院从1929年2月16日至1948年6月23日，仅解释例就达4097号。判例、解释例是制定法的重要补充。

（七）"平均地权"原则的放弃与《土地法》的立而不用

有学者认为，孙中山提出的三民主义，其民生主义所包含的"平均地权、节制资本"，在清末民初的政治与经济背景下显得有些激进：资本主义工商业在近代中国才刚起步，节制资本的社会政策有可能限制了资本主义的发展；在政治上，地方士绅是立宪派的基础，对于地主地权的限制乃至剥夺无疑将其置于革命的对立面。三民主义之中，最能引起人民共鸣的应是民族主义之"驱逐鞑虏"，当时"革命排满"的口号"几成为无理由之宗教"。[①] 在同盟会成立之后，孙中山修正过的土地政策与之前相较已经比较温和，由土地国有、"不耕者不有其田"转变为"核定低价、

---

① 侯宜杰. 二十世纪初中国政治改革风潮——清末立宪运动史［M］. 北京：中国人民大学出版社，2011：128.

涨价归公"。1912年3月，同盟会吸收包括唐绍仪在内的其他士绅团体，由革命团体改组为公开政党——国民党。此次改组使国民党的政策发生重大变化，为达成妥协，国民党放弃了同盟会之前相对激进的社会革命政策，在其党纲中删除了同盟会"男女平权"的主张与孙中山关于地租与地权的政策。孙中山的土地政策尽管已经变激进为温和，但仍然让"出身上层社会"的人感到不安。[①]

尽管在地租与地权问题上，国民党为团结士绅，于民国草创之时即与其达成了妥协，但当时仍有很多人认为中国农村贫困的根源在于土地分配不均。1924年，孙中山改组中国国民党，实行"联俄、联共、扶助农工"的新三民主义后，又重提"耕者有其田"的理想。南京国民政府成立后，在立法院院长胡汉民的领导下，1930年立法院通过了《土地法》，以解决农村土地问题。《土地法》规定了佃租率的最高上限（收获量的37.5%），还提出消除地主所有制的远景，规定不在乡地主的佃户若连续耕作其土地十年以上，有权购买其土地。可是，1930年的《土地法》始终不过是一份极好的表达意向的文件，因为南京国民政府从未执行过。佃户继续缴纳主要收获量50%~70%的地租。《土地法》没有真正实施的原因是：南京国民政府害怕搞乱农村的社会经济关系；他们不希望因为土地政策疏远地主；他们害怕解决租佃制度会引起社会革命，其结果他们既不能控制，也无法预见。不管是基于什么理由，租佃率在南京国民政府时期并无实质变化。[②] 土地改革的使命落在中国共产党的肩上。

三、司法制度

（一）中央司法机关：司法院

1. 南京国民政府前期的司法院

1927年南京国民政府成立，改大理院为最高法院，一方面为全国民刑案件的终审机关，另一方面行使法律解释之权，是为当时全国最高司法机关。同时设司法部，掌理全国司法行政。[③] 1928年10月，南京国民政府第三次修正颁布《国民政府组织法》[④]，根据孙中山的五权宪法学说，南京国民政府设置行政、立法、司法、考试、

[①] 费正清，等. 剑桥中华民国史：上卷［M］. 杨品泉，等译. 北京：中国社会科学出版社，1994：211.
[②] 费正清，等. 剑桥中华民国史：下卷［M］. 杨品泉，等译. 北京：中国社会科学出版社，1994：150.
[③] 司法院史实纪要编辑委员会. 司法院史实纪要［M］. 台北：司法院史实纪要编辑委员会. 1982：3.
[④] 在1947年《中华民国宪法》公布之前，南京国民政府虽于1931年颁布了《训政时期约法》，但其对于政府组织言之不详，故而《国民政府组织法》是当时关于中央政府组织的最高指导规范。

监察五院。《国民政府组织法》规定:"司法院为国民政府最高司法机关,掌理司法审判、司法行政、官吏惩戒及行政审判之职权。"① 1928 年 10 月,南京国民政府公布《司法院组织法》,又于同年 11 月修正公布,司法院遂告成立。根据《司法院组织法》第 1 条,"司法院以下列机关组织之:一、司法行政部;二、最高法院;三、行政法院;四、公务员惩戒委员会"。② 也就是说,以上四个机关都是司法院的一部分,它们是司法院的内设机关。最高法院掌民刑案件终审(民刑事的最高审判机关),行政法院负责行政诉讼(一审终审),公务员惩戒委员会审议公务员惩戒案件。从某种意义上说,民国之初的平政院的职权被一分为三,行政法院司行政审判,监察院代替肃政厅掌纠弹官吏违法失职,公务员惩戒委员会则对官吏违法失职事件进行审查处理。司法院院长综理全院事务、指导司法行政,并组织最高法院院长及相关庭长统一解释法律、命令。

司法院成立之初,原司法部亦隶属于司法院,1928 年 11 月改组为司法行政部,司法行政部就主管事务对地方最高行政长官有指示监督之责。司法行政部部长综理部务,监督高等以下各级法院及分院,及全国各级检察机构。司法行政部监督权之行使,不影响审判独立。③ 司法行政部与最高法院、行政法院、公务员惩戒委员会同为司法院内平行单位,故而司法行政部管辖权不及于此三个院会,由其各自院长(委员长)掌理其内部行政事务,由司法院院长综理司法院内的重要行政事务。④

2. 《中华民国宪法》《司法院组织法》颁布之后的司法院

1947 年颁布的《中华民国宪法》在司法机关方面的一大创新是设立了大法官,并由其负责解释宪法和统一解释法律命令,这样司法院就将其抽象规范的解释权(规范控制权)扩大到宪法解释领域。(第 78 第、第 79 条)同年 12 月修正公布的《司法院组织法》规定解释权由大法官会议行使,大法官会议由大法官组织,司法院院长为会议主席。(第 3 条)至于长期存在争议的公务员惩戒权仍然归于司法院。

关于司法院是否应掌理司法行政,1947 年颁布的《中华民国宪法》并未言明。1943 年修正《国民政府组织法》以来,高等法院以下法院和各级检察部门的司法行政长期隶属于行政院下设的司法行政部管辖。由于宪法没有明文规定司法院掌理司法行政,司法行政部(附带还有各级检察部门)自 1943 年调整划归行政院便一去不复返。所以司法院虽是宪法上的"最高司法机关",但其司法行政权是不完整的,

---

① 夏新华,等. 近代中国宪政历程:史料荟萃[M]. 北京:中国政法大学出版社,2004:788.
② 夏新华,等. 近代中国宪政历程:史料荟萃[M]. 北京:中国政法大学出版社,2004:第 857.
③ 司法院史实纪要编辑委员会. 司法院史实纪要[M]. 台北:司法院史实纪要编辑委员会. 1982:7.
④ 大理院基于最高司法机关地位所获得的自主权(如独立的人事权与预算权)也移转给司法院院长。司法院院长综理事务包括院内司法官的调动权、准立法的规则制定权、相关法律提案权与预算编列权等。

只及于其直接隶属的最高法院、行政法院和公务员惩戒委员会。

1947年3月颁布的《司法院组织法》，本来打算部分吸收英美一元的审判模式，力图革新，规定司法院内分庭，不再设立最高法院、行政法院和公务员惩戒委员会。（第4条）可是《司法院组织法》一经颁布，立刻遭到代表既有体制利益的最高法院院长和全体法官的公开抵制。① 南京国民政府只好于1947年12月修正《司法院组织法》，仍然维持司法院内设立最高法院、行政法院和公务员惩戒委员会三院（会）的旧制。（第5条）

（二）地方法院与审级制度

1. 三级三审制

1927年南京国民政府成立之初，四级三审制在法制上并未立刻变动，只是改称大理院为最高法院，各级审判厅改称法院。1932年10月28日，南京国民政府公布《法院组织法》，根据《法院组织法》将改行三级三审制，从中央到地方设最高法院、高等法院、地方法院三级，以三审为原则、二审为例外。② 地方法院审理案件原则上取独任制，高等法院审判案件为三人合议，最高法院为五人合议审判。（第3条）《法院组织法》颁布后政府迟迟未将其予以施行，其主要的障碍是无法普设地方法院。直至1934年年底，《法院组织法》仍无法贯彻，于是南京国民政府缩小地方法院权限，增设高等法院分院，以变更管辖。1935年6月11日，政府明令《法院组织法》于同年7月1日施行，旋即又于当月18日由司法部颁布训令，准予广东等九省暂缓一年施行。③ 截至1947年，全国设立37所高等法院和119所高等法院分院，只有748个县设立了新式的地方法院，绝大多数的县份仍未能建立新式的法院。④ 检讨南京国民政府时期的审级制度，除了对此前北洋政府的制度进行有限的修补外，在组织法上改名存实亡的四级三审制为三级三审制，变革意义不大。

2. 县行政长官兼理司法问题的改良

肇始于北洋政府的县行政长官兼理司法制度，其明显弊端至少有三个：其一，审检混合不分；其二，承审员位卑俸低、素质堪忧，司法易受行政牵制；其三，律师制度之不适用。⑤ 尽管北洋政府创设了县司法公署以济其弊，但其设置并不普遍，

---

① 李学灯. 释宪纪要 [C] //司法院. 司法院大法官释宪五十周年纪念文集. 自刊. 1998: 713.
② 郑保华. 法院组织法释义 [M]. 上海: 会文堂新记书局, 1936: 58 – 59.
③ 钱端升, 等. 民国政制史: 上册 [M]. 上海: 上海人民出版社, 2008: 251, 306.
④ 谢冠生. 战时司法纪要: 二 [M]. 南京国民政府司法行政部, 1948: 1.
⑤ 郑保华. 法院组织法释义 [M]. 上海: 会文堂新记书局, 1936: 303 – 305.

直至1936年，全国由县长兼理司法者尚有1 436县。① 1929年司法行政部编订《训政时期工作分配年表》，本有分年筹设全国地方法院之六年计划，并以县法院为其过渡组织，但"计划自计划，事实自事实"，到1935年六年期满，计划全部落空；1932年颁布之《法院编制法》第9条所谓于各县市设立地方法院也只停留在纸面理论上。②

但政府也并非完全无所作为，1933年南京国民政府考试院公布《承审员考试暂行条例》，通过资格考试对承审员（助理县长进行审判）资格进行限制。以中国之大，兼理司法县份之多，普设地方法院于各县明显无法一蹴而就，作为一种过渡的办法，司法行政部草拟了《县司法处组织暂行条例》，并经立法院于1936年3月27日通过，当年7月1日公布施行。根据《县司法处组织暂行条例》，凡未设法院各县之司法事务，暂于县政府设司法处处理之。（第1条）县司法处置审判官，独立行使职权。（第2条）审判官由高等法院院长于具备相当法律专业资格的人员中选取，并呈请司法行政部核准任命，这与原兼理司法制度下承审员由县长（县知事）提请高等法院院长（高等审判厅厅长）任命相较，任命条件与程序更为严格；审判官享受荐任官待遇，根据南京国民政府官制，这意味着其与县长平级。（第5条）县司法处检察职务则由县长兼理。（第4条）立法院在通过《县司法处组织暂行条例》时增订一条，明定其施行期间以三年为限。（第13条）

司法行政部颁布《县司法处组织暂行条例》后，根据三年的时限通令各省高等法院，自1936年7月1日至1937年12月底，以6个月为一期，分期将各省所有兼理之县改设县司法处；自1938年1月1日起至1939年6月底，以6个月为一期，分期将各省所有县司法处改制为地方法院。③ 根据"各省第一期改设县司法（处）一览表"，第一期全国共改设司法处384个县，其中，1936年7月1日，山东、甘肃、陕西三省即全数改设县司法处完毕；国府所在的江苏省则免于改设县司法处，直接开始分期改设地方法院；但仍有7省尚无动作或未将数据呈报司法行政部。④ 很快，日军侵华的烽火打乱了司法行政部的计划，我们现在无从得知如果没有战争，三年计划能否实现，但可推知第二阶段计划的在全国各县普设地方法院的难度会比设立县司法处大很多。

到1946年，全国除新疆外，县长兼理司法制度已一律废止⑤，当年统计在案的

---

① 王用宾. 二十五年来之司法行政［M］. 南京国民政府司法行政部，1936：19.
② 王用宾. 二十五年来之司法行政［M］. 南京国民政府司法行政部，1936：16-17.
③ 王用宾. 二十五年来之司法行政［M］. 南京国民政府司法行政部，1936：18.
④ 王用宾. 二十五年来之司法行政［M］. 南京国民政府司法行政部，1936：21-23.
⑤ 谢冠生. 战时司法纪要：二［M］. 南京国民政府司法行政部，1948：1.

有 992 个县是由附属于县政府的司法处兼理司法。1947 年，全国司法行政检讨会议以县司法处为过渡组织，建议司法行政部定期一律改为正式法院。① 但建议归建议，现实归现实，南京国民政府统治的最后两年在建设地方法院方面并无大的进展。

3. 分支法院

与北洋政府时期类似，南京国民政府依然设有各种分支法院，其设置的法定理由仍为"区域辽阔"，两个时期的法律条文内容也很接近，如都设有地方法院分院（《法院组织法》第 9 条）、高等法院分院（《法院组织法》第 16 条）。制定组织法时，在最高审判机关（最高法院）是否可以设置分院的问题上存在争议。"我国幅员辽阔、诉讼繁多，若终审案件，均以中央政府所在地之最高分院为汇归，深恐寄递稽迟、案件积压，在民事则难免事过境迁、纠纷逾甚，在刑事则更或停囚待决、瘐毙堪虞。故由人民方面言之，尤见最高法院分院有不得不设之势。"② 可见这也是一种司法便民的举措。民国经历了二十几年的建设，到南京国民政府时期交通、邮政状况也有所改善，最高审法院设置分院在理论与实践上均有害于法制的统一。1930 年 4 月，司法院草拟了《法院组织法草案》，中央政治会议据此开列的立法原则第六项规定："在交通未发展以前，得于距离中央政府所在地较远之处，设立最高法院分院，但关于统一解释法令之事项，应加以限制。"③ 这是为了避免司法解释不统一造成司法实践领域的混乱。1932 年 7 月，司法行政部部长罗文干又拟具《法院组织法立法原则修正案》及说明理由，其中一项是"最高法院不设分院"，由行政院转呈中央政治会议讨论；于是中央政治会议便将"最高法院之唯一"列为《法院组织法》制定的原则之一，1932 年 10 月颁布的《法院组织法》最终不再设置最高法院分院。④

4. 巡回审判

南京国民政府设立巡回法院，始于 1928 年 8 月司法部⑤拟具的《暂行法院组织法草案》，在交通不便的辽阔地区设立法院分院费用较多，故而司法部考虑酌采巡回审判制度以部分代替之。⑥ 在草拟《法院组织法》时，曾有人提议设立巡回法院，但巡回审判制度有如下两点不便之处，故而未被采纳："①诉讼发生，宜于随时处理，巡回未及之际，贻误将多；②调查证据，往往不能立时完毕，审判开始后，久

---

① 谢冠生. 战时司法纪要：二 [M]. 南京国民政府司法行政部，1948：1.
② 谢振民. 中华民国立法史：下册 [M]. 北京：中国政法大学出版社，2000：1043.
③ 谢振民. 中华民国立法史：下册 [M]. 北京：中国政法大学出版社，2000：1043.
④ 谢振民. 中华民国立法史：下册 [M]. 北京：中国政法大学出版社，2000：1045-1049.
⑤ 1928 年 10 月《司法院组织法》颁布后，原司法部改组为司法行政部。
⑥ 谢振民. 中华民国立法史：下册 [M]. 北京：中国政法大学出版社，2000：1039.

驻其地，转失巡回之本意。"① 以上所引见解在今天看来尤为精辟。英美的巡回审判都是很久之前的司法制度，当时交通不发达，人们前往法院诉讼非常困难，且案件审判所需时间较短；现代社会交通便捷，人们来往法院比较容易，而审理一个案件耗时可能要超过一年，巡回审判制度就不适合了。1932年，中央政治会议议定《修正法院组织法原则》，认为对于外国的巡回审判制度可以"略师其意"：有些地方距离法院很远，但平时少有案件发生，故而不值得设立法院分院，当地遇有案件可由高等法院及地方法院指派推事前往该地，借用当地官署临时开庭审判。② 1932年颁布的《法院组织法》第64条据此规定：高等法院或地方法院于必要时得在管辖区域内未设分院地方临时开庭；参与临时开庭的推事除就本院推事中指派外，在高等法院得以其所属分院或下级地方法院推事兼任，在地方法院得以其所属分院推事兼任。但实际上因为高等法院与地方法院均可设立分院，分院在一定程度上替代了巡回法院的功能，《法院组织法》第64条规定的情形只是分院制度的例外与补充，不是真正意义上制度化的巡回审判。

南京国民政府巡回审判制度的真正实行，始于抗日战争时期，当时"战区各地交通失其常态，当事人上诉不便，第二审之审判与其当事人就法官，毋宁以法官就当事人"。1938年的《战区巡回审判办法》及《战区巡回审判民刑诉讼暂行办法》先后由司法院颁行，政府为此还专门致函中华民国驻英、美大使，让他们收集英国、美国有关巡回审判的资料。根据《战区巡回审判办法》第1条，"高等法院或分院于战区内为谋诉讼人之便利得派推事巡回审判其管辖之民刑诉讼案件"，明定巡回审判适用于战区第二审法院。"巡回审判就其管辖区域内司法机关或县政府或其他适宜处所开庭。"（《战区巡回审判办法》第5条）"关于书记官、录事、执达员、检验员、司法警察、庭丁、工役之事务由当地司法机关或县政府派人承办。但巡回审判推事于必要时得酌带法院人员办理。"（《战区巡回审判办法》第7条）1944年司法行政部以"巡回审判除司法本身价值之外能兼收提高人民法律常识之效果"，拟在非战区的后方各省交通不便地区推行巡回审判制度，并就此拟定了《高等法院巡回审判条例草案》。但因为抗战旋即结束，1945年12月《战区巡回审判办法》与《战区巡回审判民刑诉讼暂行办法》被废止，巡回审判制度随即终结。

（三）审检合署

北洋政府习自日本、法国，检察机关与审判机关比肩，自大理院以下，对应各

---

① 郑保华. 法院组织法释义［M］. 上海：会文堂新记书局，1936：243.
② 谢振民. 中华民国立法史：下册［M］. 北京：中国政法大学出版社，2000：1047.

级审判机关，设立总检察厅和各级检察厅以行使检察职权。南京国民政府认为审检并立之制导致审检官阶员额皆同，耗费经费过多，力求变通。于是裁撤各级检察厅，将检察官配置于法院之内，等于法院内之一"特别庭"，是为"审检合署"。除最高法院内置检察署外，其他各级法院均仅设检察官，其中有检察官 2 人以上者，以一人为首席检察官，首席检察官只是在经验、资历等方面优于其他检察官，他与其他检察官的关系类似于律所中资深合伙人与一般合伙人的关系，而非科层制下的绝对领导。

但是，审检合署以精简机构、强调专业为核心的改革最后只是流于形式，原因有：①在官僚文化之下，首席检察官并不以"首席"为满足，其往往把自己所在的检察部门称为某某法院检察处，本人也以处长自居。②在法院之内，检察部门常常会就经费、人事等问题与法院院长发生纠纷，当纠纷无法协调而提交中央的司法行政部裁决时，因检察部门是由司法行政部指挥、是其直接的下属，司法行政部往往在纠纷处理时偏袒检察部门。久而久之，法院院长不得不为检察部门划出独立的一块，在财务、人事等方面与检察"处长"井水不犯河水，检察部门成为法院之内的独立王国。在官僚体制的逻辑之下，检察机构必然逐渐膨胀，审检合署不免流于形式。

本章小结

民国时期政局动荡，宪法颁布频繁，从 1912 年的《临时约法》到 1947 年的《中华民国宪法》，制宪过程十分曲折。在其他立法成果方面，当时仿照日本等国体例，将法律汇编在一起称为《六法全书》，《六法全书》是成文法的总称，构成了民国法律制度的基本框架。在司法制度方面，北洋政府时期在中央设立大理院，由其掌理民刑案件的最高审判权，并行使统一解释法令之权，同时由平政院掌理行政诉讼、并察理官吏纠弹案件；在南京国民政府司法院体制下，最高法院、行政法院、公务员惩戒委员会分立，分工细化。在审级制度上，由早期的四级三审制改为三级三审制。民国处在新旧交替的时期，其在制度与思想上的探索、尝试与创新奠定了中国法律近代化的基础，尽管这个过程中也有反复和倒退。

思考题

1. 论述《临时政府组织大纲》和《临时约法》的性质及其历史意义。
2. 试述北洋政府时期立法活动的特点。

3. 试述北洋政府时期的审判制度。
4. 试述六法体系的主要内容和特点。
5. 试述《中华民国训政时期约法》的主要内容。
6. 试述 1947 年《中华民国宪法》的主要内容和意义。
7. 试述中华民国南京国民政府法律制度的主要特点。
8. 试述中华民国时期宪法政体选择的过程和特点。

第十四章 传承与发展中华优秀法律文化

导 言

中华优秀法律文化由中国古代优秀法律文化、近代移植外国法律及革命法律传统三部分组成。中国古代优秀法律文化在刑法、民事经济法、行政法及司法制度领域都有值得现代社会借鉴之处。当代刑法中的罪刑法定、罪刑相当、刑法面前人人平等、罪责自负原则在古代特定时期的刑法文化中都曾出现过。民事经济法领域的禁止官员与民争利、保护贱民基本权利、适度保护妇女的婚姻权利、财产平均继承、提倡轻税、保护生存环境、关爱弱势群体权益等做法,行政法领域的选贤能为官、对官员进行考核与监督的制度与实践,司法领域的重视案件真实及注重仁政司法都值得当今社会借鉴。

近代中国开始引进西方法律制度,但立法者也认识到外来法律只有为本土人民接受,才能达到其预定的效果。因此,近代中国在引进外国法律的同时,也注重对其进行本土化调适。此种引进和调适不是一步到位的,而是贯穿于近代法制建设的整个过程。法律的引进和调适在宪法、行政法、刑法、民事经济法及司法制度领域都有体现。

革命法律传统从中国共产党成立之初开始萌芽,苏维埃政权成立后形成了自己的传统,在抗日根据地时虽有一定的调整,但基本精神不变,解放区时期逐渐定型。革命法律传统与古代法律文化及近代法律虽一脉相传承,但仍存在极大不同,主要表现在宪法领域宣示人民当家做主,刑法领域强调人人平等,民法领域主张婚姻自由与男女平等,司法领域主张废止刑讯等。革命法律传统是中华人民共和国成立后立法继承的主体。

学习目标

通过本章学习，掌握以下主要内容：
1. 与当代社会兼容的中国古代刑法的主要原则及重要制度。
2. 中国古代民事经济法律的进步内容。
3. 中国古代的选贤任能制度及官员考核。
4. 近代法律移植的内容及其调适的表现。
5. 革命法律传统的内容及其与古代法律、近代法律的差异。
6. 革命法律传统的自身演进及其对中华人民共和国立法的影响。

第一节 中国古代优秀法律文化的传承与发展

中国古代优秀法律文化是中华法律文化的根脉。习近平指出："自古以来，我国形成了世界法制史上独树一帜的中华法系，积淀了深厚的法律文化。中华法系形成于秦朝，到隋唐时期逐步成熟，《唐律疏议》是代表性的法典，清末以后中华法系影响日渐衰微。与大陆法系、英美法系、伊斯兰法系等不同，中华法系是在我国特定历史条件下形成的，显示了中华民族的伟大创造力和中华法制文明的深厚底蕴。中华法系凝聚了中华民族的精神和智慧，有很多优秀的思想和理念值得我们传承。"中国古代优秀法律文化在刑事法律文化、民事经济法律文化、行政法律文化及司法文化等领域都有值得当代法制建设的借鉴之处。

一、刑事法律文化的传承与发展

（一）刑法原则的传承与发展

刑法在中国传统法律体系中长期占有重要地位。刑事法律文化是中国传统法律文化中最重要的组成部分。中国传统刑事法律文化在思想及制度上的一些内容至今依然具有生命力。我国当代刑法的三大基本原则在中国传统刑法文化中都有源头可寻。首先，刑法面前人人平等原则。中国古代虽无绝对的刑法面前人人平等，但刑法面前相对平等的思想是存在的。先秦时期法家主张刑法实施上"不别亲疏，不殊贵贱，一断于法""君臣上下贵贱皆从法""法不阿贵，绳不挠曲""刑过不避大臣，赏善不遗匹夫"。(《韩非子·有度》)在法家观念中，除君主之外，其他人在刑法面前都处于平等地位。其次，罪刑法定原则。《唐律疏议·断狱律》要求："诸断罪皆须具引律、令、格、式正文，违者笞三十。诸制敕断罪，临时处分，不为永格者，不得引为后比。"对于普通司法者而言，罪刑法定原则对他们是有约束力的。最后，罪刑相当原则。体现罪刑相当原则的刑法思想早在西周时期即已出现。《尚书·立政》记载了周公称赞司寇苏忿生之言："兹式有慎，以列用中罚。"孔颖达疏称："列用中常之罚，不轻不重。"所谓中罚，是指刑罚的严厉程度与犯罪行为造成的危害程度相比应当基本相等。

除三大基本原则之外，当代刑罚中的罪责自负原则、法不溯及既往原则、宽待弱者原则、有利被告原则在中国古代的刑法文化中亦有相应的内容。

（二）刑法制度的传承与发展

中国古代的刑法制度中，有相当一部分能够体现刑法的谦抑性和人道性，主要有自首减免刑制度、疑罪从轻从无制度、偶犯与过失犯罪从轻制度、亲亲相隐不为罪制度、保辜制度等。

自首减免刑制度在古代立法中很早就已出现。秦简《法律答问》记载："司寇盗百一十钱，先自告（自首），可（何）论？当耐为隶臣。"《唐律疏议·名例》记载："诸犯罪未发而自首者，原其罪。其轻罪虽发，因首重罪者，免其重罪。……即遣人代首者，若于法得相容隐者为首及相告言者，各听如罪人身自首法。"自首免罪并不是绝对的，法律有许多例外情况，其中，犯罪行为侵损于人的则不免。

疑罪从轻从无制度最早出现在西周时期。《尚书·大禹谟》记载"与其杀不辜，宁失不经"，也就是说，对于疑罪，从有处罚则可能冤杀无辜，不如不处罚，宁愿让法律得不到实施。这就是疑罪从无的态度。《礼记·王制》记载："疑狱，泛与众共之，众疑赦之，必察小大之比以成之。""众疑赦之"亦属于疑罪从无。《尚书·吕刑》记载："五辞简孚，正于五刑，五刑不简，正于五罚。"也就是说，当事人犯了应处五刑之罪，若证据确实，则入于五刑；若证据不确实，则入于五罚。五罚是五刑之罪有疑的做法，可以视为疑罪从轻。《唐律疏议·断狱》规定："诸疑罪，各依所犯，以赎论。"疑罪从赎是疑罪从轻具体的实施方式。

偶犯与过失犯罪从轻制度在西周时期就已出现。《尚书·康诰》载周公之言："人有小罪，非眚（音省），乃惟终自作不典，式尔，有厥罪小，乃不可不杀。乃有大罪，非终，乃惟眚灾；适尔，既道极厥辜，时乃不可杀。"眚是过失，非眚则是故意；惟终是犯法不改，非终则是偶犯。周公之言表达了对过失犯罪与偶犯应当从轻处罚的思想。秦律将故意称为端，过失为不端。同一行为如果是主观状态不同，则定性也不同。

亲亲相隐不为罪制度在先秦时期已经出现。孔子主张"父为子隐，子为父隐，直在其中"（《论语·子路》），成为后世亲亲相隐思想的源头。汉宣帝诏称："父子之亲，夫妇之道，天性也。虽有祸患，犹蒙死而存之。诚爱结于心，仁厚之至也，岂能违之哉？自今，子首匿父母、妻匿夫、孙匿大父母，皆勿坐。其父母匿子、夫匿妻、大父母匿孙，罪殊死，皆上请廷尉以闻。"（《汉书·宣帝纪》）此即"亲亲得相首匿"制度。到了唐朝，亲属相隐的范围有所扩大。

保辜制度是中国古代刑法中关于犯罪后果如何认定的制度。法律规定，凡是斗殴伤人案件，被告要在一定期限内对受害人的伤情变化负责。如果受害人在限期内因伤情恶化死亡，被告应按杀人罪论处。如超出期限，则按伤人论罪。此即保辜制度，所定期限称为辜限。

二、民事经济法律文化的传承与发展

（一）民事法律文化的传承与发展

中国传统社会中，民法虽不如刑法发达，但内容也相当丰富。其中不乏与现代社会价值能够兼容的部分。在民事主体、婚姻和继承等法律方面都有体现。

就民事主体方面的法律而言，首先，法律规定食禄之人不得与民争利。这一观念至迟在春秋时期已经形成。《史记·循吏列传》记载："公仪休……奉法循理……使食禄者不得与下民争利，受大者不得取小。"西汉时董仲舒主张："故受禄之家，食禄而已，不与民争业，然后利可均布，而民可家足。"（《汉书·董仲舒传》）公元624年，唐高祖明令"食禄之家，不得与下人争利"（《旧唐书·刑法志》），禁止贵族官僚从事工商业。唐太宗贞观年间两次颁布敕令，严禁五品以上的高级官员经商牟利。明初禁止地方四品以上官员经商，清朝康熙年间下令官员不得经商。其次，对贱民权益的保护。受时代局限，中国古代对民事主体长期存在良贱之分，但保障贱民基本权益的法律条文始终存在。官府经常有免贱为良的诏令。除了释贱为良，对于还保持贱民身份的人，法律也保护其基本权益。秦朝和汉初，奴主对奴婢尚有"谒杀"权；汉武帝以后，有相当一部分人因擅杀奴婢获罪。东汉光武帝曾下诏："天地之性人为贵。其杀奴婢，不得减罪""敢炙灼奴婢者论如律，免所炙灼者为庶民"（《后汉书·光武帝纪》），又除奴婢射伤人弃市律。东汉时私买奴婢亦为法律所禁。北魏推行了"均田制"，"奴从耕、婢从织者，皆可受田"，奴婢获得了土地，就有机会转变为了自耕农。北宋太宗、真宗时期，进一步保护奴婢的身体权与生命权，主人不得私自黥面及擅杀奴婢，更不能把奴婢视为畜产估价。

在婚姻法律方面，中国古代社会男女不平等也表现在离婚中，男子享有自主权，丈夫可以以七种理由出妻。法律对妻子的婚姻权亦有一定的保护措施，即"三不去"制度。此外，还存在体现妻子意愿的"和离"制度。

中国古代的继承制度特别是财产继承制度中亦有人性化的内容。中国古代家庭的子女中，虽有嫡庶之分，但对继承的影响主要表现在身份继承上，对财产继承影响不大。中国古代绝大部分时期，财产继承都实行诸子均分制度。而且，如果诸子中有先于父亲死亡的，其子可以承继父分，与今天的代位继承相似。此外，中国古代法律还在一定程度上承认女子的继承权。宋朝法律规定，在室女继承的份额可达男子聘财的一半。如是户绝家庭，在室女可继承全部财产，出嫁女可得三分之一财产。明朝则不问是在室还是出嫁，户绝家庭亲生女可继承全部财产。清朝法律承认奸生子的继承权，依子数量与半分。

（二）经济社会法律文化的传承

中国古代的经济社会法律观念与制度中，亦有许多能够体现仁政爱民思想的内容，主要有以下四个方面：

（1）轻税思想。税收是官府取之于民的财富，税负的轻重直接影响民众的生活状况。轻税思想在中国古代很早就已产生。在轻税思想影响下，官府往往也有轻税之举。

（2）均田思想及相应制度。农业是中国古代的主要生产方式，土地是最重要的生产资料。中国古代法律中保障"耕者有其田"的制度也成为土地制度中的重要组成部分。汉朝提出"限民占田"的主张，规定诸侯与吏民占有土地不得超过30顷，意在限制土地无限兼并。王莽时期短暂实行均田制。西晋时限制官民占田规模，规定男子占田70亩，女子占田30亩，各级官员按品级高低占50顷至10顷不等。北魏至唐朝前期，国家实行按人口授田的均田制度。清朝"实行摊丁入亩"的赋税制度，在客观上有利于限制土地无序兼并。

（3）优抚弱势群体的观念与制度。中国古代统治者重视仁政，非常关注弱者生存状况的改善。善待弱者不仅是官府的职责，也是乡里的责任。

（4）资源保护方面的思想与制度。资源保护就其本质而言，是重民生思想的扩展。古人保护自然资源是因为他们认识到自然资源是人民赖以生存的基础。自然资源被破坏会导致民生艰难。中国古代很早就出现限制自然资源过度使用的规范。周文王时《伐崇令》要求："毋坏屋，毋填井，毋伐树木，毋动六畜。有不如令者，死无赦。"(《说苑·指武》)以后历代都有保护自然资源的法律。《唐律疏议》具体地规定了保护自然环境和生活环境的措施及对违反者的处罚标准。北宋十分重视资源与环境保护方面的立法、执法，官府屡次颁布这方面的禁令，保护的对象包括山场、林木、植被、河流、湖泊、鸟兽、鱼鳖等众多。

三、行政法律文化的传承与发展

中国古代的行政法律文化同样有许多值得当今社会借鉴之处。中国古代统治者主张治国以治吏为先，为此在官制方面形成了良好的制度，主要有选贤任能制度、官员考核制度和监察制度。

（一）选贤任能制度

夏商周时期，实行世卿世禄制度选拔官员。秦朝实行军功爵制度，已有选贤任能的色彩。汉朝实行察举制度，"举孝廉"重视官员的道德，"举秀才"与"贤良文学"则重视官员的能力。隋朝以后实行科举制度选拔人才，科举制主要是以人的才能为依据。科举制度是中国古代存在时间最久的官员选拔制度。由此可见，中国古代的官员选拔以选贤任能为主，以门第为辅。在实行科举制度时，虽也有门荫与捐纳为补充，但高级官员特别是宰辅官员通常只能由科举出身的官员担任，如北宋出任宰相的71人中，就有64人为进士出身。

（二）官员考核制度

秦朝时已有官吏考核制度，称为"课殿最"，如南郡守就发布要课县官的文告。汉朝对官员考核分为三个系统：①对地方最高长官的考核，每年一次的考核称为常课，三年一次的详考称为大课；②地方上级对下级的考核；③各级主官对属吏的考核。唐朝对官员考核则明确了"四善二十七最"的标准。考核分为九个等级，考核结果作为官员升降的重要依据。宋朝对官员考核主要有磨勘制与历纸制。磨勘制是考核官员的政绩以定升迁；历纸制是记录官员功过的文字资料，作为考核的依据。这两种制度在实践中出现了重资历轻实绩的现象。明朝对官员考核实行考满法，三年一考，数考为满，据政绩以定陟黜。清朝实行京察与大计之法，京察是对京官与督抚的考核，三年一次；大计是对各省布按及以下官员的考核。无论京察与大计，考核都以"四格""八法"为标准。"四格"为才、守、政、年；"八法"即贪、酷、无为、不谨、年老、有疾、浮躁、才弱八种缺陷，后去贪、酷，称为"六法"。考核结果是优者赏，劣者罚。

(三)监察制度

秦朝已初步建立监察制度。御史大夫负责对中央官员的监察,地方各郡县设立监御史,负责对郡县官员的监察。汉朝对中央官员的监察三线并行:御史大夫专司监察,丞相司直负责行政监察,司隶校尉负责监察三公、外戚、宦官及京师附近的二千石官。在地方上,汉惠帝时有监察御史监察郡守与国相。汉武帝时设刺史监察郡守与国相,郡以下由郡守派督邮监察。汉朝监察法规主要有汉武帝时的《六条问事》,这是刺史监察郡守的主要依据。唐朝设御史台专司监察。御史台内设台院、殿院、察院。台院负责纠弹百官,殿院负责监察朝仪,察院主要负责监察六部及地方。地方分为十三道,由察院派出监察御史依据"六察法"进行监察。宋朝监察制度沿袭唐朝,不同的是唐朝专司规谏皇帝的谏官与台官一体化,谏官亦可以谏正百官,同时,宋朝还加强地方监察,路以监司、州以通判、沿边和战事地区以走马承受行使监察权,体系完备。明朝将御史台改为都察院,设十三道监察御史监察地方,设六科给事中监察六部。十三道监察御史和六科给事中并称科道官,品低而权重。清朝监察制度沿袭明朝。地方督抚兼职监察,省内有按察使、分巡道负责监察,监察以《钦定台规》《都察院则例》为主要依据。

四、司法文化的传承与发展

传统司法重视实体正义及体现仁政,强调发现案件真实、正确法律适用及宽厚对待诉讼参与人,为此形成了一系列有利于实现实体正义及仁政理念的制度。

(一)多重审理制度

多重审理的目的是减少案件判决的错误。早在先秦时期,就有多重审理的制度性规定。汉朝的多重审理有三类:①疑罪重审;②当事人不服的案件重审;③录囚。唐朝实行死刑执行的覆奏程序,京师地区的死刑案件,须经五覆奏;地方的死刑案件,须经三覆奏。清朝实行审转制,州县只能审决笞刑、杖刑案件,徒刑案件要经州县、府、按察使及督抚四级审理,流刑案件在此基础上增加刑部审理,死刑案件分为立决和监候两类,无论是哪一类,最终执行都要由皇帝批准。

(二)换推与别勘制度

司法公正需要法官与案件没有利害关系。对于这一点,古代立法者早就有清醒的认识,因此在立法上确立了法官回避制度。法官回避称为换推。唐朝首先确立了换推制度，审理者与当事人有五服内亲属，或其大功以上亲有婚姻关系、师生关系，曾为本部都督、刺史、县令者，此前曾有仇嫌关系者等情形，皆须回避。宋朝法官与被告为科考的同年、同门、同科目关系的也须回避。明律中有"听讼回避条"，回避的类型有：地区回避和身份回避。清朝回避的类型有：亲族回避、地区回避、职务回避。回避制度的实施主要是防止法官有偏袒或偏见，以保证官员能够公正审理案件。

（三）重视证据及情理

中国古代司法很早就重视证据的作用。西周时期设"司厉"，负责管理盗贼案件的工具与赃物；民事诉讼主张以地邻为证，土地纠纷以地图作为证据。秦朝重视命案的现场勘验，《睡虎地秦墓竹简·封诊式》中的《贼死》详细记载了案件现场的方位，死者的状况、衣服、伤口及出血情况。汉朝也很重视证据。周勃被控谋反无法自辩时，狱吏便教其以公主为证。唐朝更加重视证据，法律规定对于"赃状露验、理不可疑"的案件，即使被告人不认罪，亦可以直接认定有罪。《唐律疏议·断狱》规定对不能拷讯的人"皆据众证定罪"。宋朝同样重视证据，检验制度及理论都有很大发展。清朝则要求司法者只有在被告人之罪已被查至证据明白还不认罪时才可以适用，将证据作为刑讯适用的前提条件。

中国传统司法重视证据但又不简单地依靠证据，又主张通过情理来判断证据及发现真实。南宋郑克说："盖赃或非真，证或非实，唯以情理察之，然后不致枉滥。"（《折狱龟鉴》卷二）元人主张："其告指不明，无证验可据者，先须以理推寻，不得辄加拷掠。"（《元典章·刑部》）《大明令》要求："凡鞫问罪囚，必须依法详情推理，毋得非法苦楚。"（《明会典·刑部》）清朝也非常重视情理，王又槐认为："供词须近情理，若非情理，再要推问开导，使之吐露真情，切不可装点情节，以致不成信谳。"（《刑钱必览》）

（四）婚田入务

中国古代极重农业生产，而民事纠纷被官府视为小利之争。为了不使小利之争影响农业生产这一大事，古代社会形成了在特定时期不受理民间婚田案件的务限制度。如《大清律例》"告状不受理"门规定："每年自四月初一至七月三十日，时正农忙，一切民词，除谋反、叛逆、盗贼、人命及贪赃坏法等重情，并奸牙铺户骗劫客货，查有确据者，俱照常受理外。其一应户婚、田土等细事，一概不准受理；自八月初一以后方许听断。若农忙期内受理细事者，该督抚指名题参。"

（五）善待诉讼参加人

中国古代统治者重视仁政，其重要表现之一是在司法中善待诉讼参加人。秦朝强调慎用刑讯，主张治狱"毋笞掠而得人情为上，笞掠为下，有恐为败"（《睡虎地秦墓竹简·封诊式》）。汉朝路温舒亦反对刑讯，他认为："棰楚之下，何求不得。"（《尚德缓刑书》）汉景帝时定《棰令》，限制刑讯用具的使用。公元前152年，汉景帝下诏称，"长老，人所尊敬也；鳏寡，人所哀矜也。其着令：年八十以上，八岁以下，孕者未乳（乳，产），师、侏儒当鞫系者，颂系之（颂读曰容。容，宽，不桎梏）。"（《汉书·刑法志》）北魏时期的法律规定："妇人当刑而孕，产后百日乃决。"（《魏书·刑法志》）在法律上给孕妇一定程度的善待。唐律规定，对老幼疾者犯罪不得拷讯，只能依众证定罪；对普通犯人，亦规定拷讯不得过三度，总数不得过二百，杖罪以下不得过所犯之数。此外，唐律还规定给予无依靠的囚犯衣粮，生病给医药。明朝实行热审与寒审，显然考虑到减轻囚犯在监狱中的痛苦。

第二节　近代移植外国法律与本土化调适

中国近代在移植外国法律的过程中，立法者没有简单地照搬外国法律，而是对移植的法律做出了符合本国国情的调适。我们学习他人的好东西，要坚持以我为主、为我所用，认真鉴别、合理吸收，不能搞全盘西化，不能搞全面移植，不能照搬照抄；要从中国国情和实际出发，走适合自己的法治道路，绝不能走西方"宪政""三权鼎立""司法独立"的路子。中国近代社会对待外国法与本国固有传统的态度值得当代立法者学习。

一、宪法行政法律制度的移植与调适

（一）宪法的移植与调适

宪法是中国历史上前所未有的法律门类。清末移植宪法，对中国来说完全属于新生事物。清朝统治者显然也认识到引进新法可能引起的不适应，故而没有直接引入，而是采取"预备立宪"的做法，规定了九年的"预备立宪"期限，为宪法的移植适用准备了充足的调适空间。"预备立宪"期间，清朝统治者设立宪政编查馆，

负责宪政预备的编制、调查与审查。改革官制是宪法实施的另一个调适措施，有实质意义的主要有两个方面：一是地方设立各级审判厅，这是为实现司法权独立而进行的官制改革；二是中央设立资政院、地方设立谘议局。资政院是国会预备机构，但其功能主要是博采舆论，与立宪国家的国会职能相差很大。资政院与谘议局是立宪国家国会与地方议会机构引入中国的调适载体。

清末，作为宪法移植与调适的载体是 1908 年颁行的《钦定宪法大纲》。《钦定宪法大纲》努力调和传统的君主专制与现代社会的民主宪政，故而既规定了君主具有极大权力与不可侵犯的尊严，也规定了臣民的相应权利与义务，其与现代国家宪法的主权在民原则有别，与传统的君权至上同样有别。面对民众对《钦定宪法大纲》的不满，清朝统治者又颁行《宪法重大信条十九条》，规定皇帝的权力限于宪法所定，并将国家的实际统治权赋予国会。《宪法重大信条十九条》是在清朝即将灭亡的背景下制定的，采用的是"英国君主立宪主义"原则，相对限制了皇帝的权力。可以说，《宪法重大信条十九条》是宪法移植过程中进一步调适的产物。此外，资政院也拥有了选举总理大臣的实际权力。

清朝灭亡后，北洋政府认为南京临时政府的《临时约法》过于简单，主张开国会另行制定宪法，完成了被称为"天坛宪草"的宪法草案。后因国会被解散，宪法草案未能生效。袁世凯上台后，制定《中华民国约法》，大大扩充了总统的权力，为其称帝准备了条件。这可以说是宪法移植过程中一次倒退的调适。1923 年，在军阀混战中胜出的曹锟在"天坛宪草"的基础上修订了《中华民国宪法》，这部宪法采取地方自治制度，是直系军阀接受由自己主政中央、地方小军阀自治的政治军事格局的结果，也是宪法制定过程进行调适的结果。

南京国民政府成立后，于 1928 年通过《训政纲领》，在此基础上又于 1931 年制定《训政时期约法》。《训政时期约法》规定由国民党代表大会代表国民大会行使政权。这是为了强化国民党一党专政而进行的立宪调适。1947 年，南京国民政府召开伪国民大会，制定并公布《中华民国宪法》，依据这部宪法，中华民国实行总统制。总统凌驾于五院之上，掌握国家的各项重要权力，本质上是总统集权，与民主共和精神相悖。这次制宪是国民党为了实现个人独裁与国民党一党专政的一次调适。与前述几次立宪一样，这也是一次倒退的立宪调适。

（二）行政法的移植与调适

1910 年 4 月，宪政编查馆拟定了《钦定行政纲目》，这是清末制定的最重要的一部具有近代行政法性质的法律。《钦定行政纲目》"谨按宪法大纲，君主立宪政体，君上有统治国家之大权，凡立法行政司法皆归总揽。而以议院协赞立法，以政府辅弼行政，以法院遵律司法"，这说明此时已有在君权总揽的前提下确立三权分立的观念，行政纲目的主要内容"以属于国家行政事务为限"，表明它将国家事务和皇室事务分开，这显然和中国传统"朕即国家"的观念有质的区别。此外，清末还制定了民政部、度支部、学部、法部及各省官制章程等一系列行政法方面的文件。中国古代虽有官制法，但并无统一的行政法典。此次修律拟定行政法典，主要是移植他国法律的结果。此外，将此前成立的巡警部改称民政部，并将户部改为度支部。巡警部的成立原本就是移植西方国家法律的结果，此次改革，将原属户部的户籍婚姻等事务划入，户部成为纯粹的财政机关，故而改名度支部。这是对移植制度进行调适的结果。

民初南京临时政府制定《中央行政各部及权限》《各部官制通则》，将实业部分为农林部与工商部，使得职掌进一步细化。南京国民政府时期，行政立法进一步细化，有行政组织类法律（如《行政院组织法》）及各行政机关组织法、内政类法律（如《国籍法》《户籍法》）、教育类法律（如《考试法》）、军政类法律（如《军事征用法》）、财政类法律（如《银行法》）、经济类法律（如《矿业法》）、人事类法律（如《公务员服务法》）、专门职业类法律（如《会计师法》）。从内容上看，涉及行政主体、行政行为、行政救济及部门行政法多个层面。但南京国民政府时期的行政立法存在立法数量多，缺少统一法典，立法程序简单等问题。立法数量多意味着政府掌控的事务多、缺少统一法典是中国古代社会行政立法的传统。清末虽制定了行政法典，但并未生效。立法程序简单与立法数量多是相辅相成的。上述特征正是南京国民政府行政立法既注重移植又注意调适的结果。

二、刑事法律制度的移植与调适

（一）刑事法律制度的移植

清末修订刑律时移植他国刑法，在原则与制度上都有体现。在原则上，移植了罪行法定原则，删除了清律中的比附制度；移植了法律面前人人平等的原则，取消了因官秩、良贱、服制而在刑律适用上形成差别的制度，取消了沿用千年的"八议"制度；移植了尊重人权、人道主义的原则，删除了凌迟、枭首、戮尸、刺字等酷刑。废止笞刑、杖刑，死刑一律改为绞刑。

1912 年，北洋政府决定将清末的《大清新刑律》改为《中华民国暂行新刑律》加以适用，删除了《大清新刑律》中侵犯皇室罪十二条。1919 年，北洋政府成立修订法律馆修正刑法，仿各国立法例，明文规定故意犯罪与过失犯罪，依照 1902 年万国刑法学会议决议，规定犯人只能对其能预见的结果负责。同时，参照多数国家立法例，提高刑事责任年龄为十四岁。十四岁以上不满十六岁者，得减轻刑罚。增加由监护人缴纳保证金自行监督的管束方法。

南京国民政府于 1928 年修订刑法，引入短期自由刑可以易科罚金之制。1935 年修订的刑法，引入保安处分制度。对认为有犯罪嫌疑或有妨害社会秩序危险的人员采取隔离措施，以达到维护社会安定并预防犯罪的目的。

（二）刑事法律制度的调适

清末修订《大清新刑律》，以沈家本为代表的法理派与以张之洞、劳乃宣为代表的礼教派进行了激烈的"礼法之争"。"礼法之争"本质上是移植法律与本土价值观的冲突。双方争论的核心是如何理解并在新律中处理法律与道德的关系。结果，清廷以"凡我旧律义关伦常诸条，不可率行变革"的诏谕，结束了这场争论。新制定的《大清新刑律》，以律文之后的 5 条"暂行章程"，保留了这些维护纲常名教的条款。

1915 年，北洋政府成立法律编查会修正刑法草案。遵守立法依乎礼俗的原则，将中国古代刑律中"亲族加重"纳入修正案中，对直系尊亲属犯罪者，加重本刑二等；对旁系尊亲属犯罪者，加重本刑一等，可以加至死刑。将《暂行刑律补充条例》中的"限制（子孙卑幼对尊长）正当防卫"与"无夫奸"纳入修正案。增加侵犯大总统罪一章，列入分则第一则。同时增加私盐罪。上述条文有的体现了维护纲常名教的目的，有的出于维护最高统治者利益的考虑，也有的是增加官府收入，但它们都是传统刑律中的既有内容，体现了立法者对移植法律的调适。

北洋政府时期还颁布了大量的刑事特别法。1916 年，司法部发布的《妇女犯轻罪特别通饬》规定，妇女犯轻罪，不依《暂行新刑律》加以处罚，而是根据清朝律例予以宽免，由夫或父保释管束。又在特别法中规定官吏犯赃达到五百圆处死；地方军政长官可以将盗匪就地枪决。并颁行《徒刑改遣条例》《易笞条例》。将重罪徒刑改为发遣，轻罪徒刑改易笞刑。这些做法与刑法典相比，既有恢复传统法律做法的内容，也有方便官府镇压人民反抗的内容。同时，这也是对刑法内容的变通。

南京国民政府时期，1928 年的旧刑法规定短期自由刑可易科罚金，但实际亦未采用，致使各监狱的轻罪犯人人满为患。为了加大对内乱、外患罪的处罚力度，南京国民政府制定了大量的刑事特别法，对于内乱、外患罪量刑较刑法典规定得更重，如规定构成内乱罪者，为首要处以死刑，而刑法典规定的刑罚为无期徒刑。还规定对尊亲属犯罪较对普通人加重刑罚二分之一，亲族之间犯盗可以免于处罚，纳妾不属重婚犯罪。这些规定都与刑法典正文有别，体现了特别立法维护传统伦理的调适。

三、民商经济法律的移植与调适

（一）民法的移植与调适

清末修订法律馆修订的《大清民律草案》遵循四个原则：注重世界最普通之法则，原本后出最精之法理，求最适于中国民情之法则，期于改进上最有利益之法则。这四个原则表明修律者有移植法律及主动调适的自觉性。立法既参照德国、日本和瑞士的相关法律制度，同时又选派专员赴各省调查民俗习惯。《大清民律草案》移植了西方民法的诚实信用原则、明确行为能力原则，规范了法人制度。《大清民律草案》分为财产法和身份法。财产法多移植德国、日本等国法律，但对中国传统关注不够，比如规范了不动产质权，却未关注固有典权。身份法较多考虑中国传统的礼教民情风俗，如亲属法以宗亲为核心，家政统一于家长，亲等制采寺院法而非罗马法，从而与原服制图中的亲等更接近。1926 年，北洋政府修订法律馆完成《民律草案》的编纂。1931 年，南京国民政府颁行《中华民国民法》，内容分为总则、债编、物权编、亲属编与继承编。《中华民国民法》顺应民法由个人本位转向社会本位的潮流，采社会本位原则，限制所有权与契约自由，采取无过失责任。

（二）商法、经济法的移植与调适

清末修订法律，采民商分立体系，起草制定了《钦定大清商律》《破产律》《改定商律草案》等法律。《钦定大清商律》中的《公司律》首次以法律形式肯定了公司这一企业组织形式，将公司分为合资公司、合资有限公司、股份公司、股份有限公司，并区分企业责任与投资者的个人责任。《改定商律草案》对各种商业行为做出详细规定。清末商事法的制定更多的是移植欧陆法律的结果。北洋政府时期仍采民商分立立法体系，修订完成《公司法草案》《破产法草案》《票据法草案》等。

南京国民政府采取民商合一的立法体例，未制定独立的商法典，也无独立的商法总则，商法以单行法规的形式出现，有《公司法》《票据法》《海商法》《保险法》等。各部单行法的内容已相当完备。《票据法》不仅借鉴德国、日本票据法的内容，还部分借鉴了《海事票据公约》的相关内容，是移植法律比较成功的典范。

此外，南京国民政府时期还制定了大量的经济法规。这些法律规范了土地、赋税、市场管理等内容。经济法不在六法体系之内，没有基本法典，内容较为单一。经济法调整的法律关系在传统社会虽已存在，但它与传统社会的礼教关系不大，因而传统特色较弱，故而在法律移植过程中的调适没有成为立法关注的焦点。

四、司法制度的移植与调适

(一) 清末司法制度的移植与调适

1905 年，沈家本、伍廷芳上奏《议复江督等会奏恤刑狱折》，赞同有保留地废止刑讯。同时建议朝廷变更诉讼制度。随后制定《大清刑事民事诉讼法草案》。《大清刑事民事诉讼法草案》采英、美法律传统，实行律师制、陪审制与公开审判制。这是中国第一次开始实体法与程序法分立的尝试，其中的律师制、陪审制与公开审判制都为中国传统司法所无，是移植西方法律为我所用的法律继受。1909 年，《大清刑事诉讼律草案》完成。《大清刑事诉讼律草案》采用告劾式取代纠问式，检察官提起公诉，以自由心证、直接审理和言词辩论为发现真实原则，原被告待遇平等、审判公开、当事人无处分权、干涉主义和三审制度。上述内容是移植日本法律的结果。从法律传统上看，与英、美法律相比，德日法律与中国法律传统更为接近，因此，刑事诉讼立法借鉴对象的变化也是法律移植与调适的结果。同时，清末还起草了《大清民事诉讼律草案》，主要参考了日本的《民事诉讼法》。

在修订诉讼法律的同时，清朝统治者也对司法体制进行改革。改大理寺为大理院，为最高审判机关，建立四级三审制。地方设立高等审判厅、地方审判厅和初级审判厅。原地方的提刑按察使司改制为提法使司，承担地方司法行政职能。同时各级审判厅内分别设立总检察厅、高等检察厅、地方检察厅和初级检察厅，负责提起公诉、指挥警察逮捕犯罪者及监督审判。在科举已废的情况下，清朝统治者直接引入国外的法官考试制度，由法部负责。这些都是移植国外的做法，与中国传统做法并无明显冲突，因此，基本属于直接移植，进行调适的力度较小。

(二) 北洋政府时期的司法制度的移植与调适

南京临时政府时期颁布法令废止刑讯，并下令无论是民事诉讼还是刑事诉讼都禁止体罚当事人。北洋政府时期，《中华民国暂行法院编制法》承袭清末规定，设立各级审判厅。贯彻司法独立原则，声明院长亦不得指挥审判。还赋予了大理院解释法令的职权。在初级审判厅难以设立的情况下，中央政府允许县知事兼理应由初级审判厅的案件。这一做法不符合近代社会强调的司法独立标准，是传统中国行政兼理司法的再现，可以视为司法制度方面无可奈何的调适。1917 年，北洋政府又下令设立县司法公署，以保证审判权的独立行使。但未从根本上改变县知事兼理司法的状况。此外，北洋政府还颁布《平政院编制令》，设立平政院，直属于大总统，专门审理行政诉讼。平政院内设肃政厅，负责提起行政公诉。平政院还可变更原行政机关的裁决。平政院的设立是移植国外法制的结果，但其关于肃政厅的设置及直接隶属于大总统，受到中国传统司法体制与特色的影响，是本土化调适的结果。

（三）南京国民政府时期的司法制度的移植与调适

1932 年，南京国民政府公布《中华民国法院组织法》。法院分为普通法院和行政法院两类。普通法院分为地方法院、高等法院和最高法院三级，实行三级三审制，第三审仅为法律审。司法体制实行审检合署制。检察机关独立行使检察权。根据《行政法院组织法》及《行政诉讼法》的相关规定，行政法院负责全国行政审判事务。但行政法院全国仅设一所，且以一审为限，对其裁判不得上诉和抗告。此外，南京国民政府还设立特种刑事法庭，专门审理危害民国及反革命的案件。刑事法庭地位与最高法院相等，其裁判也不得上告。特种刑事法庭的设立是国民党一党专政、破坏司法独立的结果，是一种开历史倒车的法律调适。

1928 年南京国民政府颁行《刑事诉讼法》，1935 年修订时将四级三审制改为三级三审制，同时增加保安处分的内容。确立了自由心证原则，规定"证据之证明力由法院自由判断之"。1932 年南京国民政府颁行《民事诉讼法》，1935 年修订时在诉讼程序的设定上更简洁，内容上更完备。1930 年，立法院通过《民事调解法》，规定在一审法院附设民事调解处，初级管辖人事诉讼案件，不经调解程序，不得起诉。调解结案经书记官登记在记载簿后，与判决具有同等效力。依据《区乡镇坊调解委员会权限章程》，刑事案件经被害人同意，亦可由调解委员会调解。中国传统司法注重调解。近代社会在引入西方诉讼体制后，在立法上依然能够保证调解得到有效实施，是法律为适应国情而主动进行的调适。

第三节　革命法律传统的传承与发展

革命法律传统对我国当代社会主义法制建设具有基础性的意义。习近平指出："新中国成立初期，我们党在废除旧法统的同时，积极运用新民主主义革命时期根据地法制建设的成功经验，抓紧建设社会主义法治，初步奠定了社会主义法治的基础。"具体而言，革命法律传统在宪法法律传统、刑事法律传统、民事经济法律传统及司法传统方面都对新中国的法制建设产生深远影响。

一、宪法法律传统的传承与发展

（一）第一次国内革命战争时期党的宪法观念

1922年，《中国共产党第二次全国代表大会宣言》提出党的新民主主义革命奋斗目标。《中国共产党第二次全国代表大会宣言》主张，党的最低纲领是消除内乱，打倒军阀，建设国内和平；推翻国际帝国主义的压迫，达到中华民族完全独立；统一中国为真正的民主共和国；这是中国共产党关于未来国体的主张。此外，中国共产党还提出保障人民结社、集会、言论、出版自由的权利，实行无限制的普通选举，实行乡村自治，制定限制田租率的法律，改良工人待遇，承认男女平等，统一财政，废除苛捐杂税，改良教育制度，普及教育；改良司法，废止肉刑。上述内容是中国共产党为制定宪法而进行的早期探索，《中国共产党第二次全国代表大会宣言》是具有宪法性精神的文件。

（二）中华苏维埃共和国的宪法性文件

1931年11月，第一次苏维埃代表大会通过《中华苏维埃共和国宪法大纲》。1934年1月，第二次全国苏维埃代表大会对《中华苏维埃共和国宪法大纲》进行修正，规定红色政权的国体是工农民主专政，政体是工农兵苏维埃代表大会制度；规定政权的基本任务是消灭封建残余，赶走列强势力，统一中国；确定公民的基本权利，包括平等自由权、参政议政权、参军参战权、经济发展权、劳动权、受教育权、妇女解放与婚姻自由权、民族自治权与信教自由权。《中华苏维埃共和国宪法大纲》中关于政权目标与公民权利的内容显然是继承了《中国共产党第二次全国代表大会宣言》的内容，表明党的意志在政权建立后上升为国家意志，这是中国共产党人不忘初心的体现。

（三）抗日民主政权的宪法性文件

1941年11月，陕甘宁边区第二届参议会通过《陕甘宁边区施政纲领》，规定政权目标是保卫边区、保卫中国、驱逐日本帝国主义出中国；规定抗日民主专政的政权性质，是既赞成抗日又赞成民主的人民的政权，是革命阶级对反动派的民主专政，和反革命政权有区别，和工农民主专政政权也有区别；规定抗日人民的各项权利。《晋察冀边区目前施政纲领》最早提出了保障人权的问题。山东抗日根据地临时参议会制定《山东省保障人权条例》十二条。1940年12月，中共中央《论政策》肯定了人权保障原则，规定对任何犯人，应坚决废止肉刑，重证据而不轻信口供；规定只有司法机关和治安机关才有逮捕犯人的权力。与工农民主政权相比，抗日民主政权具有地方政权的性质，也有抗战这一时代的特殊性，因此宪法性文件的内容与工农民主政权的宪法性文件相比有一定的不同，如国体部分就由工农变为赞同抗日与民主者，但两者在本质上是一脉相承的关系。比如政权民主性以及对人民权利及人权的保障都是一以贯之的。

（四）解放区民主政权的宪法性文件

1946年4月，陕甘宁边区第三届参议会通过的《陕甘宁边区宪法原则》，虽未规定政权性质，但将政体表述为"边区、县、乡人民代表会议（参议会）为人民管理政权机关"。既然政权是人民政权，可见国体是人民当家做主。此外《陕甘宁边区宪法原则》还规定了人民享有广泛的权利，包括政治权利、经济与社会生活权利。各少数民族可以组织民族自治政权，在不与省宪抵触的原则下，可以订立自治法规。妇女有与男子平等的权利，此外，社会还应照顾妇女的特殊利益。各级司法机关独立行使职权，除服从法律外，不受任何干涉。除公安司法机关依法执行职务外，任何机关团体不得有逮捕审讯的行为。1948年8月，华北临时人民代表大会通过《华北人民政府施政方针》，在政治方面，要求建立各级人民代表会议，保障人民民主权利，开展文化教育工作。上述宪法性文件规定了中国的国体为人民当家做主，政体为人民代表会议或大会，广泛保障人民权利，促进社会发展。与前述三个时期相比，这一时期少了统一中国、反帝等内容。之所以有这一变化，是随着时代的变化，中国共产党领导人民反帝及统一中国的任务已基本完成。解放战争时期的宪法中关于人民民主的国体、人民代表大会的政体与之前的工农民主、苏维埃代表会议及抗日人民民主及参议会的政体具有明显的继承关系。对中华人民共和国成立后的人民民主专政的国体及人民代表大会制政体的选择无疑具有重大影响。

二、刑事法律传统的传承与发展

（一）第一次国内革命战争时期的刑法

1927年1月，湖南省制定《湖南省惩治土豪劣绅暂行条例》，3月，湖北省制定《湖北省惩治土豪劣绅暂行条例》，湖北省的条例列举了十一种罪行，分别规定各种刑罚，对贪没款的行为按数额不同规定了不同的量刑标准。湖北的刑事立法有两点可贵之处：一是立法走群众路线。草案拟定后，在报上全文刊载，征求群众意见，并在此基础上对草案条款进行增删和修正；二是立法规定犯罪行为的具体罪状并给予相应的处罚，已体现罪刑法定及罪刑相当的原则。

（二）中华苏维埃共和国的刑法

1934年4月，中央苏区颁布了《中华苏维埃共和国惩治反革命条例》，规定了反革命罪的概念和种类，采取概括和列举相结合的方式规定罪状。概括罪状为："凡一切图谋推翻或破坏苏维埃政府及工农民主革命所得到的权利，意图或恢复豪绅地主资产阶级的统治者，不论用保种方式，都是反革命行为。"列举罪状为：组织反革命武装侵犯苏区，在苏区内举行反革命暴动，组织反革命团体进行破坏活动，以反革命为目的杀害群众，投敌等。概括罪状和列举罪状相结合的办法既可以使司法机关精准打击反革命犯罪，又能够防止反革命分子钻法律漏洞逃脱处罚。此外，《中华苏维埃共和国惩治反革命条例》还规定了各种刑罚，有死刑、监禁、没收财产、剥夺公民权等。中华苏维埃共和国中央政府执行委员会于1932年12月颁布《关于惩治贪污浪费》训令，规定机关、国营企业及公共团体的工作人员贪污公款以图私利的，依数额不同，分别处以相应刑罚。这一规定同样体现罪刑相当的原则。

（三）抗日民主政权的刑法

1939年，陕甘宁边区政府制定《陕甘宁边区抗战时期惩治汉奸条例》，该条例规定：阴谋建立傀儡伪政权者，各种侦探、间谍特务、组织领导叛乱者，抢枪投敌者，纵火抢劫者，破坏借货币或紊乱金融者，视情节轻重判处有期徒刑或死刑，并没收本犯全部财产或处以罚金。同年制定的《陕甘宁边区抗战时期惩治盗匪条例》，列举了盗匪罪的十二种表现形式。《陕甘宁边区抗战时期惩治汉奸条例》的制定，体现了边区政府因时立法的特点。从具体条文上看，《陕甘宁边区抗战时期惩治汉奸条例》和《陕甘宁边区抗战时期惩治盗匪条例》都采用列举罪状的做法，这能够体现罪刑法定原则，而视情节轻重量刑则体现了罪刑相当原则。这一时期的刑事司法实践还能够体现刑法面前人人平等的原则，特别是边区法院在审理"黄克功逼婚不成杀害未达法定婚龄的刘茜案"中，黄克功虽立过战功，但并未对法律适用产生影响，最终还是依法被判死刑。由此可见，当代刑法的罪刑法定、罪刑相当、刑法面前人人平等三大原则在抗日民主政权的刑法及其实践中都有体现。

（四）解放区民主政权的刑法

解放战争时期，各解放区根据当时实际，分别制定了具有自身特色的刑事法律，如《苏皖边区危害解放区紧急治罪暂行条例》《苏皖边区第一行政区破坏解放区革命秩序治罪办法》《晋冀鲁豫边区破坏土地改革治罪条例》《华北人民政府解散所有会门道门封建迷信组织的布告》《东北解放区惩治贪污暂行条例》。1947年的《中国人民解放军宣言》中指出,对蒋方人员采取分别对待的方针,即首恶必办,胁从者不问,立功者受奖。在刑罚方面还创立了管制刑种,缓刑、减刑、假释也被广泛应用。

综观四个时期的刑事立法,我们发现,有些刑法原则从一开始就已经显现,比如罪刑法定原则与罪刑相当原则,有的原则是从实践中总结出来的,比如法律面前人人平等原则。这些原则长期传承,成为我国刑法的优秀传统,因此,它们在中华人民共和国的刑事立法中最终得以基本原则的形态呈现。从立法内容上看,打击危害政权的犯罪行为从反革命罪演进到危害解放区罪,这一演变轨迹与中华人民共和国刑法中反革命罪演变为危害国家安全罪极为相似,显然是受到革命时期刑法演进的影响。从革命根据地时期开始,刑法就很重视惩治贪污浪费行为,这一做法也得以长期传承,中华人民共和国成立之初的"三反""五反"运动就是传承了这一做法。直到今天,刑法依然是反腐败的利器。此外,解放战争时期各解放区制定了具有地方特色的刑事法规,刑事立法呈现多样化与区域性的特色。这一特色现在还影响着我国的刑事立法,如少数民族单行条例中就有刑事法律的特别规定。

三、民事经济法律的传承与发展

(一) 第一次国内革命战争时期的民事经济法律

1921年9月,浙江萧山《衙前农民协会章程》最早提出减轻地租的原则:以收成及会员平均的消费所剩余为标准。1923年广东海丰农民协会确定"至多三成交租",1925年中国共产党《告农民书》提出"二五减租"原则。1922年,中共中央委托中国劳动组合书记部制定劳动法,规定八小时工作制、最低工资制,并提出对女工及童工的保护措施。1926年,第三次全国劳动大会通过《劳动法大纲决议案》,对之前过高的规定做了调整,将每周休息一天半改为星期日休息。关于婚姻家庭的立法原则,党的历次代表大会提出解放妇女及婚姻家庭立法原则,如男女平等,婚姻自由,一夫一妻,保护妇女、儿童和老人的原则,明确女子享有财产权及继承权。省港罢工工人代表大会通过决议与广州政府商定在海关征收"二五附加税"作为结束罢工的条件。海关附加税的征收显然有利于保护中国工人的利益。

(二) 革命根据地的民事经济法律

1928年颁布的《井冈山土地法》规定没收一切土地。1929年颁布的《兴国土地法》规定"没收一切公共土地及地主阶级的土地"。1931年12月颁布的《中华苏维埃共和国土地法》规定没收封建地主、豪绅、军阀、官僚、富农以及一切反革命分子的土地，分给贫农、中农、劳动贫民。1935年颁布的《关于改变富农政策的命令》规定，停止对富农土地的没收。1931年11月颁布的《中华苏维埃共和国劳动法》规定了八小时工作制及最低工资，女工产假为六至八个星期，照常发工资。1931年12月颁布的《中华苏维埃共和国婚姻条例》及1934年颁布的《中华苏维埃共和国婚姻法》规定了男女婚姻自由，废除包办婚姻、强迫和买卖婚姻，禁止童养媳，实行一夫一妻制。苏维埃政府还颁布了《关于经济政策的决议案》《工商投资暂行条例》等经济法规，在一定程度上促进了经济发展。

（三）抗日民主政权的民事经济法律

抗日战争时期，抗日根据地停止没收地主土地，实行减租减息，原则上"二五减租"。借债年息以一分半为准。1940年12月，中共中央发布的《论政策》提出，不宜普遍推行八小时工作制，允许某些生产部门实行十小时工作制。抗日根据地婚姻立法沿用苏区立法，都实行婚姻自由，一夫一妻原则，但在具体问题上各根据地有灵活规定。比如最低婚龄，有的地区规定男二十岁，女十八岁，有些地区则规定男十八岁，女十六岁；有的地方承认订婚的程序性效力，有的地区则不承认订婚的程序性效力。在经济政策方面，以发展经济保障供给为总方针，遵守公私兼顾、军民兼顾、统一领导、分散经营的原则。此外还制定许多具体的行业发展法规。

（四）解放区民主政权的民事经济法律

1946年5月，中共中央发表《关于土地问题的指示》，决定将减租减息改为没收地主土地分给农民。1947年公布的《中国土地法大纲》规定："废除封建性及半封建性剥削的土地制度，废除一切地主的土地所有权。"没收地主土地，按乡村人口平均分配，地主富农也分给土地。1948年第六次全国劳动大会通过的《关于中国职工运动当前任务的决议》和《中华全国总工会章程》规定，实行八到十小时工作制，保障职工最低水准的工资。在婚姻方面，沿用抗日根据地的法律。中央法制委员会确立了婚姻家庭立法四项原则：男女平等，婚姻自由，一夫一妻，保护妇女、儿童和老人的合法权益。在经济法律上，确立了"发展生产，繁荣经济，公私兼顾，劳资两利"的总目标。

从民事经济立法的演进我们可以看出，对于婚姻家庭立法，基本上以延续为主，土地立法虽然常有变化，但实行土地公有的精神一直没有变，承认土地私有都是特殊时期的要求。劳动立法亦以保护劳工利益为宗旨，对资方进行让步同样是特殊时期的要求。总的来看，民事经济法律在精神上一脉相承，对中华人民共和国成立后的立法产生了深远的影响。

四、司法传统的传承与发展

（一）第一次国内革命战争时期的司法制度

第一次国内革命战争时期，湖南省与湖北省分别制定了《湖南省审判土豪劣绅特别法庭组织条例》《湖北省审判土豪劣绅委员会暂行条例》。湖南省成立省县两级特别法庭，湖北省成立省、县两级审判委员会。湖北省实行上诉制度，两审终审，上诉期限为五日；省级一审为一审终审。湖南省实行自动复审，一审审完后第二审复核；有疑义的提案复审。省港罢工委员会下设会审处和军法处，后又与广州国民政府联合成立特别法庭，专门审理破坏罢工的重要案犯，由政府派出审判员三人和委员会派出陪审员三人组成。此为我国陪审制度的源头。

（二）中华苏维埃共和国的司法制度

1931年11月，中央设立临时最高法庭，1934年改为最高法院。地方设省、县、区三级裁判部，在红军中设初级、高级军事裁判所。采取审检合一制，检察机关设在审判机关之内，独立行使检察权。在政府的人民委员部中设司法人民委员部，为司法行政机关。最高法院有解释法律的职权，并审查各裁判部及军事裁判所的判决书及决议。案件审理允许上诉与抗议。上诉由被告人提出，抗议则由检察员提出。上诉与抗议都须逐级进行。

（三）抗日民主政权的司法制度

抗日战争时期，陕甘宁边区设高等法院，所辖各县设司法处，实行两级两审制。1942年7月，陕甘宁边区政府设立审判委员会，受理三审上诉案件。此后实行三级三审制。1944年2月，撤销陕甘宁边区政府审判委员会，陕甘宁边区司法恢复两审终审制，后在陕甘宁边区各分区设立边区高等法院分庭，由各专员兼任分庭庭长，以便人民上诉。陕甘宁边区高等法院分庭受理不服该分区内所辖各地方法院或县司法处第一审判决上诉的民刑案件。

（四）解放区民主政权的司法制度

解放战争时期，解放区的司法制度有了较大变化。土地改革运动中建立了土地革命人民法庭，在新解放城市的军事管制时期，成立军事法庭。各大行政区形成后，设立三级人民法院：大区高级人民法院、省人民法院、县市人民法院。其中，华北和东北人民政府还成立司法部，负责辖区内的司法行政工作。

在新民主主义革命时期，司法制度非常重视群众路线。贯彻群众路线在组织上的重要表现：①成立巡回法庭。巡回法庭便于司法者在案件发生地进行审理，可以吸引群众旁听，既可教育群众，又能方便司法者听取群众意见，从而更便于发现案件真实及做出合理的裁判。②推行人民调解制度。著名的马锡五审判方式就是巡回法庭与人民调解制度结合的典范。

本章小结

中国古代法律的优秀部分在当代仍有价值，主要表现在四个方面：

（1）在刑法领域，主要有罪刑法定、罪刑相当、刑法面前相对人人平等原则及自首减免刑、疑罪从轻从无、亲亲相隐不为罪及保辜制度。

（2）在民事经济法领域，禁止官员与民争利、保护贱民权利、适度保护妇女婚姻权利、财产平均继承、提倡轻税、保护生存环境、关爱弱势群体。

（3）在行政法领域，选贤能者为官，对官员进行考核与监督。

（4）在司法领域，多重审理、重视证据与情理相结合，注重仁政司法。

近代移植西方法律注重与中国国情的适应性，这一思路值得当代借鉴。

革命法律传统在宪法法律传统、刑事法律传统、民事经济法律传统及司法传统方面都对中华人民共和国的法制建设产生深远影响，包括：建立人民当家做主的政权，保护人民权利；间接体现罪刑法定与罪刑相当原则；强调婚姻自由、男女平等及保护劳工权益；禁用刑讯，重视调解。

思考题

1. 中国古代刑法制度与观念中体现罪刑法定、罪刑相当、罪责自负、刑法面前人人平等的内容及其局限。
2. 试述中国古代婚姻制度中保护妇女的内容。
3. 试述中国古代官员的考核与监督制度。
4. 试述中国对西方法律制度的移植与调适。
5. 试述革命法律传统的主要内容及时代意义。

参考文献

[1] 郭卫. 大理院判决例全书 [M]. 吴宏耀, 等点校. 北京：中国政法大学出版社, 2013.

[2] 王国维. 殷周制度论 [M]. 北京：北京图书馆出版社, 1998.

[3] 谢振民. 中华民国立法史 [M]. 北京：中国政法大学出版社, 2000.

[4] 杨鸿烈. 中国法律发达史 [M]. 上海：上海书店, 1990.

[5] 钱穆. 中国历代政治得失 [M]. 北京：九州出版社, 2012.

[6] 徐复观. 两汉思想史 [M]. 上海：华东师范大学出版社, 2001.

[7] 杜建录. 《天盛律令》与西夏法律制度研究 [M]. 银川：宁夏人民出版社, 2005.

[8] 李锡厚, 白滨. 辽金西夏史 [M]. 上海：上海人民出版社, 2015.

[9] 黄时鉴. 元代法律资料辑存 [M]. 杭州：浙江古籍出版社, 1988.

[10] 杨幼炯. 近代中国立法史 [M]. 上海：商务印书馆, 1936.

[11] 钱端升, 萨师炯, 等. 民国政制史 [M]. 北京：商务印书馆, 2018.

[12] 黎澍. 辛亥革命与袁世凯 [M]. 北京：中国大百科全书出版社, 2011.

[13] 费正清, 等. 剑桥中华民国史 [M]. 杨品泉, 等译. 北京：中国社会科学出版社, 1994.

[14] 瞿同祖. 中国法律与中国社会 [M]. 北京：中华书局, 2007.

[15] 张晋藩. 中国法律的传统与近代转型 [M]. 北京：法律出版社, 2019.

[16] 张生. 中国近代民法法典化研究（1901—1949）[M]. 北京：中国政法大学出版社, 2004.